Neumann · Wettbewerbspolitik

Die Wirtschaftswissenschaften
Horst Albach (Hrsg.)

Manfred Neumann

Wettbewerbspolitik

Geschichte, Theorie und Praxis

Prof. Dr. Manfred Neumann ist Vorstand des Volkswirtschaftlichen Instituts an der Friedrich-Alexander-Universität Erlangen-Nürnberg.

Die Deutsche Bibliothek – CIP-Einheitsaufnahme
Ein Titeldatensatz für diese Publikation ist bei der Deutschen Bibliothek erhältlich.

Alle Rechte vorbehalten

© Betriebswirtschaftlicher Verlag Dr. Th. Gabler GmbH, Wiesbaden 2000
Lektorat: Ralf Wettlaufer / Renate Schilling

Der Gabler Verlag ist ein Unternehmen der Fachverlagsgruppe BertelsmannSpringer.

Das Werk einschließlich aller seiner Teile ist urheberrechtlich geschützt. Jede Verwertung außerhalb der engen Grenzen des Urheberrechtsgesetzes ist ohne Zustimmung des Verlages unzulässig und strafbar. Das gilt insbesondere für Vervielfältigungen, Übersetzungen, Mikroverfilmungen und die Einspeicherung und Verarbeitung in elektronischen Systemen.

http://www.gabler.de

Höchste inhaltliche und technische Qualität unserer Produkte ist unser Ziel. Bei der Produktion und Verbreitung unserer Bücher wollen wir die Umwelt schonen. Dieses Buch ist auf säurefreiem und chlorfrei gebleichtem Papier gedruckt. Die Einschweißfolie besteht deshalb aus Polyäthylen und damit aus organischen Grundstoffen, die weder bei der Herstellung noch bei der Verbrennung Schadstoffe freisetzen.

Die Wiedergabe von Gebrauchsnamen, Handelsnamen, Warenbezeichnungen usw. in diesem Werk berechtigt auch ohne besondere Kennzeichnung nicht zu der Annahme, dass solche Namen im Sinne der Warenzeichen- und Markenschutz-Gesetzgebung als frei zu betrachten wären und daher von jedermann benutzt werden dürften.

ISBN-13: 978-3-409-11569-8   e-ISBN-13: 978-3-322-84436-1
DOI: 10.1007/978-3-322-84436-1

Vorwort

Die historischen Wurzeln der Wettbewerbspolitik gehen weit zurück. Schon im Mittelalter gab es staatliche Regulierungen von Monopolen. „Indeed, a great part of medieval industry is a system of organized monopolies, endowed with a public status, which must be watched with jealous eyes to see that they do not abuse their powers" (Tawney 1926, S. 40). Die moderne Geschichte der Wettbewerbspolitik beginnt im letzten Drittel des 19. Jahrhunderts, als eine Epoche des Freihandels durch verbreitete Schutzzollpolitik abgelöst wurde und Gewerbefreiheit als Freibrief für die Gründung von Kartellen und Trusts verstanden wurde. Mit der Antitrustpolitik in den USA einerseits und mit einer kartellfreundlichen Politik in Deutschland und darüber hinaus in Europa andererseits wurden sehr unterschiedliche Wege eingeschlagen. Nach einem Prozeß von Versuch und Irrtum jedoch ist seit dem Ende des zweiten Weltkriegs eine Konvergenz der Wettbewerbspolitik in den USA und Europa zu beobachten, die im Zuge der Globalisierung innerhalb der World Trade Organisation weit darüber hinausgeht. Wirtschaftspolitische und gesellschaftspolitische Probleme, die in der Vergangenheit zur Wettbewerbspolitik führten, Wettbewerbsbeschränkungen durch Kartelle und Fusionen, sind heute wie vor hundert Jahren im Prinzip die gleichen. Während Kartelle heute überwiegend kritisch beurteilt werden, ist gegenüber Fusionen eine ambivalente Einstellung zu beobachten. Megafusionen, wie sie jüngst realisiert wurden, rufen - wie vor hundert Jahren in den USA - einerseits Besorgnisse, andererseits aber auch Bewunderung hervor. Das kommt sehr schön in einer von Nevins und Commager (1981, S. 276) zitierten Parodie von Finley Peter Dunne vom Ende des 19. Jahrhunderts zum Ausdruck: „Th' thrusts are heejous monsthers built up by th' inlightened intherprise ov th' men that have done so much to advance progress in our beloved counthry. On wan hand I wud stamp them undher fut; on th' other hand, not so fast". Nicht selten blicken kleinere Konkurrenten gebannt auf einen mächtigen Marktführer und wagen nicht, ihn anzugreifen. Ein gutes aktuelles Beispiel ist Microsoft, wo anscheinend erst durch die Einleitung eines Antitrustverfahrens der Bann gebrochen wurde („The Microsoft Factor", Business Week December 7, 1998, S. 64).

Wettbewerbspolitik steht wegen der hohen Aktualität und der Betroffenheit unterschiedlicher Interessen stets auch im Kreuzfeuer politischer Kontroversen. Einerseits werden Fusionen zur Bildung von Großunternehmen im Interesse der internationalen Wettbewerbsfähigkeit eines Landes begrüßt, andererseits begegnet man der damit verbundenen Verschiebung im politischen Machtgefüge mit Besorgnis. Der durch die Globalisierung verstärkte Wettbewerb wird einerseits als unvermeidlich angesehen, andererseits verbinden sich damit Befürchtungen für die eigene Wirtschaft. Wettbewerb überhaupt gilt für viele als Nullsummenspiel, bei dem wenige riesige Gewinne erzielen und die meisten anderen verlieren. In einer vom Kölner Forschungsinstitut für Ordnungspolitik durchgeführten Umfrage stimmten fast 60 % der Befragten der Aussage zu, daß Wettbewerb zwischen den Menschen Kälte schaffe und eingeschränkt werden müsse (Wirtschaftswoche Nr. 51 v. 10.12.98, S. 40ff.). Aus einer solchen Gemengelage von widerstreitenden Meinungen heraus ist häufig staatliche Lenkung gefordert worden. Staatliche Industriepolitik jedoch hat die in sie gesetzten Hoffnungen nicht erfüllen können, wie kürzlich von dem damals für die Industriepolitik der Europäischen Union verantwortlichen Kommissionsmitglied der EU, Martin Bangemann, in einem Interview mit der Frankfurter Allgemeinen Zeitung (FAZ v. 15.1.99, S. 20) eingeräumt wurde. Er plädierte stattdessen dafür, daß sich international operierende Unternehmen auf Verhaltenskodizes verständigen, um Auswüchse des Wettbewerbs einzudämmen, ein Plädoyer für eine Selbstorganisation der Wirtschaft durch Kartelle!

Angesichts dieser widerstreitenden Meinungen und der darin zum Ausdruck kommenden Unsicherheit über die Rolle der Wettbewerbspolitik ist ökonomischer und juristischer Sachverstand gefragt, um eine sachlich fundierte Wettbewerbspolitik zu begründen und durchzuführen. Während gegen Ende des 19. Jahrhunderts überwiegend juristische Argumente den Ton angaben, wird die Diskussion in jüngerer Zeit zunehmend von ökonomischen Argumenten beherrscht. Wettbewerbspolitik manifestiert sich freilich in Gesetzen und wird von Behörden und Gerichten implementiert. Deshalb gehen Wirtschafts- und Rechtswissenschaft in der Wettbewerbspolitik eine interessante Symbiose ein. Das vorliegende Buch wendet sich deshalb an Ökonomen und Juristen, wobei erstens die ökonomischen Argumente zur Begründung der Wettbewerbspolitik herauszuarbeiten sind und zweitens durch einen Überblick über die rechtlichen Regelungen in den USA und Europa ein Einblick in die Praxis der Wettbewerbspolitik verschafft werden soll.

Im ersten Kapitel wird die historische Entwicklung der Wettbewerbspolitik, wie sie sich in den jeweils vorgetragenen wirtschafts- und gesellschaftspolitischen Argumenten und dem Recht widerspiegelt, in den Grundzügen dargestellt. Die Aufgaben, vor denen die Wettbewerbspolitik steht, werden einmal durch die Beschreibung historischer Prozesse der Kartellierung und der industriellen Konzentration und ihrer jeweiligen wirtschafts- und gesellschaftspolitischen Beurteilung aufgezeigt. Andererseits wird durch die Darstellung der in der ökonomischen Theorie entwickelten elementaren Modelle der vollständigen Konkurrenz und des Monopols bzw. des Monopsons der Rahmen für eine theoretisch begründete Beurteilung von Wettbewerbsbeschränkungen abgesteckt.

Im zweiten Kapitel folgt mit einem Überblick über den gegenwärtigen Stand der wettbewerbspolitisch relevanten ökonomischen Theorie, der sog. Industrieökonomik, eine vertiefte Analyse der Grundlagen der Wettbewerbspolitik. Das Kernstück bildet die Theorie des Oligopols, der in der Realität am häufigsten anzutreffenden Marktstruktur, in der eine begrenzte Zahl von Produzenten miteinander konkurriert. Es zeigt sich, daß sich aus der Theorie ableitbare Zusammenhänge empirisch bestätigen lassen, so daß die ökonomische Theorie als verläßliche Basis für die wirtschaftspolitische Beurteilung von Wettbewerbsbeschränkungen dienen kann. Das Gewicht, das der Wettbewerbspolitik zukommt, erweist sich nicht zuletzt darin, daß Wettbewerbsbeschränkungen zu quantitativ erheblichen Verlusten an ökonomischer Wohlfahrt führen, die durch eine wirksame Wettbewerbspolitik weitgehend vermeidbar sind.

Im dritten Kapitel wird das Zusammenspiel von ökonomischen Argumenten und rechtlichen Regelungen, also der Praxis der Wettbewerbspolitik, in Bezug auf Kartelle, Fusionen und vertikale Wettbewerbsbeschränkungen dargelegt. Die Probleme, die sich auf den verschiedenen Feldern der Praxis der Wettbewerbspolitik ergeben, werden in erster Linie für die USA, Deutschland und die Europäische Union durch Bezugnahme auf die jeweiligen gesetzlichen Grundlagen und die Rechtsprechung der Gerichte erläutert. Dieser rechtsvergleichende Ansatz verdeutlicht, in wie hohem Maße mittlerweile, nicht zuletzt durch die Bezugnahme auf die ökonomische Theorie, einheitliche Beurteilungsmaßstäbe entwickelt worden sind und angewandt werden.

Im vierten Kapitel schließlich folgt eine Diskussion des wirtschaftspolitischen Rahmens, soweit er für die Wettbewerbspolitik von Bedeutung ist. Erörtert wird, inwieweit für eine marktwirtschaftliche Ordnung konstitutive Eigentumsrechte Wettbewerb ermöglichen und beschränken, welche Rolle die internationale Handelspolitik und die Ordnung der Finanzmärkte für die Wettbewerbspolitik spielen. Das Kapitel wird abgeschlossen mit einer Diskussion des Verhältnisses zwischen Staatsaufgaben und der Wettbewerbspolitik.

Zu danken habe ich Horst Albach, dem Herausgeber der Reihe, in der dieses Buch erscheint. Er gab den Anstoß dazu, daß ich einen lange gehegten Plan endlich in Angriff nahm. Mein Dank gilt ferner Kollegen und Freunden, Alfred Haid, Harald Herrmann, Michael Kläver, Harald Otto Lübbert, Doris Neuberger, Karl Albrecht Schachtschneider und Manfred Stadler sowie last but not least meinen derzeitigen Mitarbeitern Uli Fell, Alexandra Groß, Markus Münter und Jürgen Weigand. Sie alle haben durch gute Anregungen zum Gelingen des Werkes beigetragen. Markus Münter hat darüber hinaus die Zeichnungen angefertigt und zusammen mit Uli Fell das Sach- und Personenregister zusammengestellt. Frau Ursula Briceño danke ich für die Herstellung des druckfertigen Manuskripts. Für alle verbliebenen Mängel bin allein ich verantwortlich.

Nürnberg, im Oktober 1999

Manfred Neumann

Inhaltsüberblick

Kapitel I
Gegenstand und Ziele der Wettbewerbspolitik
1. Wettbewerb in der Marktwirtschaft
2. Horizontale Konzentration
3. Aushöhlung des Wettbewerbs durch Laissez Faire
4. Ansätze der Wettbewerbspolitik in den USA, Deutschland und der Europäischen Union
5. Fazit

Kapitel II
Industrieökonomik als Grundlage der Wettbewerbspolitik
1. Wettbewerb im Oligopol
2. Wettbewerbsbeschränkungen im Oligopol
3. Das „Structure-Conduct-Performance"- Paradigma
4. Wohlfahrtsverlust durch Monopolmacht
5. Fazit

Kapitel III
Eindämmung von Wettbewerbsbeschränkungen
1. Kollusion
2. Fusionskontrolle
3. Mißbrauch von Marktmacht
4. Regulierung, Deregulierung und Privatisierung
5. Fazit

Kapitel IV
Rahmenbedingungen der Wettbewerbspolitik
1. Wettbewerbsfreiheit und Eigentumsrechte
2. Wettbewerbspolitik und Handelspolitik
3. Finanzmärkte und Wettbewerb auf Gütermärkten
4. Staatsaufgaben und Wettbewerbspolitik
5. Fazit

Literatur

Autoren- und Stichwortverzeichnis

Inhalt

Kapitel I
Gegenstand und Ziele der Wettbewerbspolitik — 1

1. Wettbewerb in der Marktwirtschaft — 4
   - Wettbewerb als Institution bedarf des Schutzes — 5
   - Wettbewerb vs. Monopolmacht — 6
   - Monopson — 13
   - Kurze Sicht vs. Lange Sicht — 15
   - Wettbewerb als Entdeckungsverfahren — 16
   - Gewinnerosion im dynamischen Wettbewerb — 17
   - Monopolgewinn und Quasirenten als wettbewerbspolitisches Problem — 19

2. Horizontale Konzentration — 20
   - Potentieller vs. aktueller Wettbewerb — 20
   - Maße der horizontalen Konzentration — 21
   - Gibrats Gesetz — 22
   - Mostellers Zufallsgesetz — 23

3. Aushöhlung des Wettbewerbs durch Laissez Faire — 28
   - Kontroverse Beurteilung von Kartellen — 28
   - Wettbewerbspolitik ist notwendig — 32
   - Wettbewerbspolitik und Industriepolitik — 33

4. Ansätze der Wettbewerbspolitik in den USA, Deutschland und der Europäischen Union — 36
   - Amerikanische Antitrust-Politik — 36
   - Deutschland — 44
   - Europäische Union — 47
   - Vereinigtes Königreich — 49
   - Frankreich — 51
   - Konvergenz der Wettbewerbspolitik — 52

5. Fazit — 52

Kapitel II
Industrieökonomik als Grundlage der Wettbewerbspolitik — 55

1. Wettbewerb im Oligopol — 55
   - Homogener Markt: Cournot-Gleichgewicht — 55
   - Kostenunterschiede — 60
   - Verfahrensinnovationen im Oligopol — 61

Strategische Handelspolitik	63
Stackelberg-Fall	65
Monopolistische Konkurrenz	66
Bertrand-Nash-Gleichgewicht bei Produktdifferenzierung	67
Gleichgewicht bei freiem Marktzutritt im Cournot-Gleichgewicht	70
Marktgröße, Fixkosten und horizontale Konzentration	73
2. Wettbewerbsbeschränkungen im Oligopol	78
Maximierung des gemeinsamen Gewinns	78
Stabilität der Kollusion in spieltheoretischer Sicht	79
Attraktivität einer Kollusion in Abhängigkeit vom Beteiligungsgrad	82
Kollusion und freier Marktzutritt	85
3. Das „Structure-Conduct-Performance"-Paradigma	86
Preis-Kosten-Marge und Marktstruktur im homogenen Oligopol	87
Preis-Kosten-Marge und Marktstruktur bei Produktdifferenzierung	90
Empirische Evidenz	91
Profitabilität und Marktstruktur	96
4. Wohlfahrtsverlust durch Monopolmacht	101
Statischer Wohlfahrtsverlust	101
Höhere Kosten durch „Rentensuche"	105
Statischer Effizienz-Trade-off	107
Dynamischer Trade-off	109
Abhängigkeit der Wachstumsrate vom statischen Wohlfahrtsverlust	112
„Theorie des Zweitbesten" zur Begründung von Wettbewerbsbeschränkungen	115
5. Fazit	116

Kapitel III
Eindämmung von Wettbewerbsbeschränkungen 119

1. Kollusion	119
Per se-Verbot von Kartellen in den USA	120
Ausnahmen vom Kartellverbot in Deutschland und der Europäischen Gemeinschaft	122
Strukturkrisenkartelle	125
Aufeinander abgestimmtes Verhalten	126
Informationsaustauschsysteme	128
2. Fusionskontrolle	133
Fusionstypen	133

Natürliche Auslese oder Wettbewerbsbeschränkung?	135
Präventive Fusionskontrolle	137
Relevanter Markt	138
Vermutungskriterien	144
Konglomerate und vertikale Fusionen	150
Potentielle Konkurrenz	151
Efficiency Defense	153
Untersagung, Auflösung und Auflagen	157
Gemeinschaftsunternehmen	159
Kooperation in Forschung und Entwicklung	161
Vertikale Fusionen	163
3. Mißbrauch von Marktmacht	165
Ausbeutungsmißbrauch	166
Vertikale Vertriebsbindungen	167
Preisbindung der zweiten Hand	171
Koppelungsverträge	176
Kampfpreise	177
Nachfragemacht	184
4. Regulierung, Deregulierung und Privatisierung	189
Ursachen für die Unmöglichkeit funktionsfähigen Wettbewerbs	190
Preiskontrolle	192
Privatisierung	195
5. Fazit	196

Kapitel IV
Rahmenbedingungen der Wettbewerbspolitik   199

1. Wettbewerbsfreiheit und Eigentumsrechte	199
Patente	200
Warenzeichen und Werbung	203
Verbot unlauteren Wettbewerbs	205
Regionalpolitik	206
Verbraucherschutz als Wettbewerbsbeschränkung	206
Netzwerkeffekte	208
Eigentumsrechte als Eintrittsbarriere	209
2. Wettbewerbspolitik und Handelspolitik	211
Strategische Handelspolitik und Exportkartelle	211
Dumping und Antidumping	212

Exterritorialität nationaler Wettbewerbspolitik und internationale
Wettbewerbspolitik 214

3. Finanzmärkte und Wettbewerb auf Gütermärkten 216
   Finanzierungsquellen in alternativen Finanzsystemen 216
   Asymmetrische Information als Eintrittsbarriere 217
   Alternative Finanzsysteme im Wettbewerb 218
   Banken und Gütermärkte 219

4. Staatsaufgaben und Wettbewerbspolitik 221
   Subventionen (Beihilfen des Staates für die private Wirtschaft) 222
   Vergabe öffentlicher Aufträge 225
   Wettbewerb im Verhältnis zur Sozialpolitik 227

5. Fazit 229

Literatur 233
Autorenverzeichnis 253
Stichwortverzeichnis 259

Kapitel I
Gegenstand und Ziele der Wettbewerbspolitik

In einer Marktwirtschaft bildet die Wettbewerbspolitik den Eckstein der Wirtschaftspolitik. Sie wird flankiert durch eine Politik des stabilen Geldes, eine durch Privateigentum und Vertragsfreiheit charakterisierte Rechtsordnung und ergänzt durch Sozialpolitik sowie eine makroökonomische Stabilisierungspolitik. Ziele und Mittel der Wettbewerbspolitik werden in mancherlei Hinsicht kontrovers diskutiert. Auf der einen Seite findet man die Verfechter des Mottos eines extremen Wirtschaftsliberalismus „Laissez faire, laissez passer, le monde va de lui-même", die wirtschaftliche Freiheit und den daraus erwachsenden Wettbewerb als Ziel an sich ansehen. Auf der anderen Seite stehen diejenigen, die Wettbewerbspolitik als Teil einer interventionistischen Industriepolitik auffassen. Wettbewerbspolitik soll danach darauf ausgerichtet werden, wirtschaftliche Strukturen zu schaffen und wirtschaftliches Verhalten der Unternehmen so zu lenken, daß ökonomischer Wohlstand gefördert wird. Im Rahmen dieser Spannweite unterschiedlicher Auffassungen lassen sich vier wirtschaftspolitische Ziele identifizieren, die von der Wettbewerbspolitik verfolgt werden sollen.

– Etablierung und Sicherung einer Wettbewerbsordnung zur Förderung der ökonomischen Effizienz sowie des technischen und wirtschaftlichen Fortschritts.

– Sicherung der Wettbewerbsordnung als eigenständiges Ziel, um individuelle Freiheit wirtschaftlicher Betätigung zu gewährleisten.

– Schaffung und Erhaltung gleicher Startbedingungen („a level playing field") für einen fairen Leistungswettbewerb und Verbot unlauteren Wettbewerbs durch Täuschung, Betrug, Drohung und Erpressung und staatliche Subventionen.

– Erhaltung eines ausgewogenen Verhältnisses zwischen Großunternehmen sowie kleinen und mittelgroßen Unternehmen, da im wirtschaftlichen Mittelstand das Rückgrat einer demokratischen Gesellschaft erblickt wird.

Diese Ziele (Kaysen und Turner 1959) stehen zueinander teils in einem Konkurrenzverhältnis, teils sind sie zueinander komplementär. Letzteres gilt insbesondere für die beiden zuerst genannten Ziele, die wirtschaftspolitisch das größte Gewicht besitzen. Aus den Erfahrungen des letzten Drittels des 19. Jahrhunderts wurde der Schluß gezogen, daß ein „Laissez faire" die Gefahr in sich birgt, daß eine Wettbewerbsordnung unterminiert und wirtschaftliche Freiheit schließlich beseitigt wird. Deshalb gelten für viele Wettbewerb und Begrenzung von Marktmacht unabhängig von Effizienzerwägungen als Ziele an sich. Daß Wettbewerb auch den ökonomischen Wohlstand fördern könne, sei zwar begrüßenswert, liefert aber nach dieser Auffassung nicht die Begründung für die Wettbewerbspolitik (Hoppmann 1966, Pitofsky 1979). Von diesem Standpunkt aus ist auch zu verstehen, daß die Erhaltung eines wirtschaftlichen Mittelstands Ziel der Wettbewerbspolitik sein soll. Darüber hinaus wird eine dezentrale Struktur der Wirtschaft deshalb als erstrebenswert angesehen, weil sie im Sinne des von Jefferson, einem der Väter der US-amerikanischen Verfassung, propagierten Ideals einer mittelständischen Gesellschaft als Fundament einer Demokratie gilt. Von den Verfechtern einer Laissez-faire-Politik freilich wird eine in diesem Sinne betriebene Wettbewerbspolitik als interventionistische Regulierung der Wirtschaft gescholten. Als Teil der Deregulierungspolitik der amerikanischen Regierung wurde unter der Präsidentschaft von Ronald Reagan deshalb ein Abbau der Antitrust-Politik betrieben.

Der Vorwurf, Wettbewerbspolitik sei ein die wirtschaftliche Freiheit beschränkender Interventionismus, ist gegenüber einer industriepolitisch verstandenen Wettbewerbspolitik nicht unberechtigt. In der Tat ist die Grenze zwischen einer freiheitlich orientierten Wettbewerbspolitik und einer interventionistischen Industriepolitik fließend. Monopolistische Marktmacht wird vielfach in einem Atemzug genannt mit einem sog. Marktversagen infolge von „economies of scale", von Externalitäten und unvollständiger Information. Um ein als ideal vorgestelltes Wohlfahrtsoptimum zu erreichen, werden staatliche Eingriffe vorgeschlagen und durchgeführt. Allzu oft obsiegen dabei freilich Partikularinteressen. Die an ökonomischen Effizienzkriterien orientierten Interventionen des Staates werden ausgehebelt durch verteilungspolitische Forderungen, die im Interesse der sozialen Gerechtigkeit erhoben werden und im politischen Prozeß gegenüber Effizienzerwägungen gewöhnlich die Oberhand behalten. Ohne daß das angebliche Marktversagen beseitigt wird, entsteht eine „Politikversagen".

Wegen dieser Gefahr sollte sich die Wettbewerbspolitik damit bescheiden, Wettbewerbsbeschränkungen zu verhindern und auf diese Weise eine Wettbewerbsordnung zu schaffen, durch die Spielregeln wirtschaftlicher Aktivität festgelegt werden. „Wie der Rechtsstaat, so soll auch die Wettbewerbsordnung einen Rahmen schaffen, in dem die freie Betätigung des einzelnen durch die Freiheitssphäre des anderen begrenzt wird und so die menschlichen Freiheitsbereiche ins Gleichgewicht gelangen" (Eucken 1959, S. 156). Der wesentliche Vorteil einer solchen Wettbewerbspolitik besteht darin, daß die Wirtschaftspolitik des Staates entlastet wird. Durch Wettbewerb an den Märkten tritt eine anonyme Koordinierung an die Stelle einer andernfalls erforderlichen Regulierung durch staatliche Bürokratie. Dadurch werden Handlungsspielräume für private Initiativen eröffnet, die sich gleichzeitig wohlstandsfördernd auswirken.

Im Rahmen einer solchen Wirtschaftsordnung, die in der Rechtsordnung zum Ausdruck kommt, tritt an die Stelle der Herrschaft durch Anordnungen von Behörden die Herrschaft des Rechts, die Herrschaft durch Gesetze. An die Stelle von zugeteilten Rechten („Privilegien") treten allgemein gültige Regeln. Damit kommt die ökonomische Theorie ins Spiel. Um Regeln aufzustellen, bedarf es einer Prognose über ihre Wirkungen. Dazu bedarf es der ökonomischen Theorie. Diese freilich ist am besten gerüstet, langfristige Zusammenhänge zu erklären und Prognosen über langfristige Effekte ökonomischer Institutionen und Verhaltensweisen aufzustellen. Im kurzfristigen Bereich besteht demgegenüber recht große Unsicherheit. Kurzfristig spielen Strategien, die mit Hilfe der Spieltheorie analysiert werden können, eine große Rolle. Häufig existieren mehrere Gleichgewichte, so daß eindeutige Voraussagen nicht möglich sind. In der Wettbewerbspolitik, die allgemeine Regeln sucht und diese in rechtlich verbindliche Formen gießt, kommt es aber vor allem darauf an, daß langfristige Entwicklungen, die positive Wohlstandseffekte nach sich ziehen, durch Wettbewerbsbeschränkungen nicht blockiert werden können.

Klarheit und Eindeutigkeit erhält die Wettbewerbspolitik durch ihre Zielsetzung. Wenn Wettbewerbspolitik dem politischen Meinungsstreit entzogen werden soll, ist eine eindeutige Zielsetzung von ausschlaggebender Bedeutung. Posner (1976) und Bork (1965, 1978) plädieren dafür, daß Wettbewerbspolitik von dem alleinigen Ziel der Wohlfahrtsmaximierung geleitet sein soll. Aus diesem Ziel lassen sich aufgrund der ökonomischen Theorie Leitlinien für die Wettbewerbspolitik ableiten. Damit treten die übrigen oben genannten Ziele der Wettbewerbspolitik in den Hintergrund. Sollen sie nicht aufgegeben werden, ergibt sich für die Wettbewerbspolitik ein zweistufiges Verfahren. Zuerst sind von den mit der Implementierung der Wettbewerbspolitik betrauten Behörden Entscheidungen zu treffen, die vom Ziel der Wohlfahrtsmaximierung geleitet werden. In einer zweiten Stufe können im politischen Prozeß alternative und möglicherweise konfligierende Ziele ins Spiel gebracht werden. Kein Konflikt besteht zwischen den Zielen der Freiheitssicherung und der Wohlfahrtsmaximierung, denn durch eine Wettbewerbsordnung wird beiden Zielen Rechnung getragen.

1. Wettbewerb in der Marktwirtschaft

Wettbewerb ist das Korrelat wirtschaftlicher Freiheit. Philosophische Grundlage bildet die auf John Locke (1690) zurückgehende Idee, daß jedermann das unveräußerliche Recht besitze, sein Glück zu machen, seine eigenen Interessen zu definieren und zu verfolgen. Politische Sprengkraft erhielt die Idee in der berühmten Bill of Rights of Virginia von 1776, in der Verfassung der USA und in der Französischen Revolution von 1789 und wurde zum Kernbestand der freiheitlichen Verfassungen der Staaten in der westlichen Welt, so auch des Grundgesetzes der Bundesrepublik Deutschland. Der individuellen Freiheit sind Grenzen dadurch gesetzt, daß entgegenstehende Rechte anderer Personen nicht verletzt werden dürfen. Im wirtschaftlichen Wettbewerb vollzieht sich zwar regelmäßig „schöpferische Zerstörung" (Schumpeter 1942), in dem neue Produkte und neue Produktionsverfahren Altes verdrängen, so daß es von Tag zu Tag Gewinner, aber auch Verlierer gibt. Doch auf die Dauer können alle gewinnen, wenn das Recht zur wirtschaftlichen Aktivität nicht beschnitten wird. Die Rechtsordnung muß deshalb Freiheit des Wettbewerbs für alle sichern. In seinem populären Essay „On Liberty" hat John Stuart Mill (1859, S. 16f.) dieses Prinzip in großer Klarheit formuliert:

> „The only freedom which deserves the name is that of pursuing our own good in our own way, so long as we do not attempt to deprive others of theirs or impede their efforts to obtain it."[1]

Bei wirtschaftlicher Freiheit ergeben sich der Umfang der Wirtschaftstätigkeit, die Größe der Produktion und ihre Zusammensetzung sowie die Verteilung des Volkseinkommens als Resultat der autonomen Entscheidungen der Individuen. Wie von Hayek (1973) überzeugend dargelegt wurde, entsteht aufgrund individueller Handlungsfreiheit eine spontane Ordnung, die von niemandem im einzelnen entworfen ist. Hayek (1973, S. 41) schreibt:

> „Since a spontaneous order results from the individual elements adapting themselves to circumstances which directly affect only some of them, and which in their totality need not be known to anyone, it may extend to circumstances so complex that no mind can comprehend them all."

Aufgrund der Spontaneität des individuellen Handelns ist das Ergebnis der Wirtschaftstätigkeit immer offen, enthält zahlreiche Möglichkeiten und entzieht

---

[1] In seiner Schrift „Utilitarianism" (1861, S. 22) gibt Mill diesem Prinzip eine positive Wendung. Er zitiert dazu Jesu Wort aus dem Matthäus-Evangelium 7,12 „Alles nun, was ihr wollt, daß euch die Leute tun sollen, das tut ihnen auch!" und bezeichnet es als „ideal perfection of utilitarian morality".

sich einer exakten Prognose. Das Ziel der Wirtschaft ist unbekannt. Ein Gemeinwohl läßt sich deshalb prinzipiell inhaltlich nicht fixieren. Richtig ist jedoch, daß die Realisierung der individuellen Ziele am ehesten möglich ist, wenn individuelle Freiheit gewährleistet ist. Wirtschaftsfreiheit allein, das Recht zur Verfolgung des jeweils eigenen Interesses, kann jedoch dazu führen, daß wirtschaftliche Macht entsteht, durch die die Handlungsmöglichkeiten anderer eingeschränkt werden, so daß die Freiheit letztlich selbst beseitigt wird. Daraus folgt unmittelbar das Ziel der Wettbewerbspolitik: Die Entstehung freiheitsbeschränkender Wirtschaftsmacht muß verhindert werden, und wo dies nicht möglich ist, muß der Mißbrauch wirtschaftlicher Macht unterbunden werden.

Wettbewerb als Institution bedarf des Schutzes

In einer Marktwirtschaft, in der wirtschaftliche Freiheit gewährleistet ist und Wettbewerb herrscht, ist das individuelle Erwerbsstreben der Motor der wirtschaftlichen Entwicklung. Freiheit allein genügt nicht, es bedarf eines Ordnungsrahmens, innerhalb dessen sich individuelles Erwerbsstreben entfalten kann. Durch Wettbewerb wird sichergestellt, daß privates Interesse und gesellschaftlicher Wohlstand miteinander übereinstimmen. Durch den Wettbewerb werden die individuellen Fähigkeiten und Triebkräfte gebändigt und gleichzeitig in den Dienst des Gemeinwohls gestellt. Adam Smith hat diesen Zusammenhang zwischen dem Selbstinteresse und dem gesellschaftlichen Wohlergehen durch die Parabel von der unsichtbaren Hand anschaulich zum Ausdruck gebracht. Verfolgt ein Unternehmer sein Selbstinteresse, so wird er unter Wettbewerbsbedingungen „led by an invisible hand to promote an end which was no part of his intention" (A. Smith 1776, vol. I, S. 477f.). Das ist eine bemerkenswerte Einsicht. Um das Gemeinwohl zu fördern, bedarf es nicht der Absicht des einzelnen, dies zu erreichen. Im Gegenteil, es wäre eine Anmaßung von Wissen und Fähigkeiten, wenn einzelne versuchen würden, im Interesse der Gesellschaft zu handeln. Mehr noch, vielfach wird von einzelnen, die über wirtschaftliche Macht verfügen, das gesamtgesellschaftliche Interesse als Vorwand benutzt, um die eigenen Interessen um so nachhaltiger verfolgen zu können. Wettbewerbspolitik in einer Marktwirtschaft zielt deshalb darauf ab, einen unbehinderten Wettbewerb zu sichern. Es geht nicht um den Schutz einzelner Wettbewerber, sondern darum, den Wettbewerb als Institution zu schützen. Notwendig ist dies, weil jeder einzelne häufig im eigenen Interesse versucht, wenn möglich auch eine vom Wettbewerb unangefochtene Position zu erlangen (North 1981). Die aus dem Mittelalter und der frühen Neuzeit überlieferten zahllosen Mahnungen von Kirchenmännern (vgl. Tawney 1926, passim), in denen die monopolistischen Praktiken zugrunde liegende Habgier verdammt wurde, sind ein überzeugender Beweis dafür, daß das angeprangerte Verhalten weit verbreitet war.

Aus der Beobachtung der wirtschaftlichen Praxis seiner Zeit vermutete Adam Smith (1776, vol. I, S. 144):

> „People of the same trade seldom meet together, even for merriment an diversion, but the conversation ends in a conspiracy against the public, or in some contrivance to raise prices."

In der Tat kann Ashton (1964, S. 89-91) in seiner Geschichte der Industriellen Revolution in England schon für das 18. Jahrhundert eine große Zahl von Kartellen in verschiedenen Wirtschaftszweigen benennen und damit die generelle Einschätzung Adam Smiths untermauern. Was für England jener Zeit zutraf, ließ und läßt sich ebenso für andere Länder und bis in die Gegenwart hinein beobachten.

Auch in den USA gab es Kartelle (Kintner 1980 I), und im letzten Drittel des 19. Jahrhunderts entstanden zahlreiche Trusts. Es handelte sich beim Trust um eine Organisationsform des amerikanischen Rechts, in der die Stimmrechte der Aktionäre der beteiligten Firmen auf einen Treuhänder übertragen wurden, so daß eine einheitliche Willensbildung herbeigeführt wurde. Trusts waren also im ökonomischen Sinne straff organisierte Kartelle. Den Anfang machte 1882 John D. Rockefeller mit der Gründung der Standard Oil Company. Er eliminierte damit die meisten seiner Konkurrenten und schuf das größte Monopol des Landes. Die Gründung zahlreicher anderer Trusts folgte, unter anderem für Blei, Whisky, Zucker, Streichhölzer, Tabak und Gummi. Im Jahre 1904 gab es 319 industrielle Trusts, die 5300 vorher unabhängige Gesellschaften aufgesogen hatten (Nevins und Commager 1981, S. 269f.).

In Deutschland entstanden in jener Zeit Kartelle zunächst im Bergbau und in der Schwerindustrie, später auch in zahlreichen anderen Industriezweigen (siehe unten). Diese historischen Erfahrungen sowie bis in die Gegenwart hinein immer wieder aufgedeckte Preisabsprachen zeigen, daß Walter Eucken Recht hatte, wenn er von einem „Hang zur Monopolbildung" sprach (Eucken 1959, S. 37), durch den der Wettbewerb als Institution gefährdet ist und des Schutzes durch Wettbewerbspolitik bedarf.

Wettbewerb vs. Monopolmacht

Um die Wirkungen des Wettbewerbs in aller Deutlichkeit herauszuarbeiten und mit den Folgen von Wettbewerbsbeschränkungen zu konfrontieren, ist es zweckmäßig, zwei gegensätzliche Extremfälle zu betrachten, die vollständige Konkurrenz und das Monopol. Die Analyse dieser polaren Fälle, die in der Realität selbst nur selten anzutreffen sind, erlaubt es, Beurteilungsstandards für die im nächsten Kapitel zu behandelnden realistischeren Fälle des Oligopols zu entwickeln, in denen mehr als ein Anbieter vorhanden ist.

Auf eine einfache Formel gebracht, unterscheiden sich Konkurrenz und Monopol dadurch, daß ein Monopol Marktmacht besitzt und deshalb den Preis des eigenen Produkts bestimmen kann. Demgegenüber wirkt Konkurrenz machtbeschränkend. Um eine Situation zu beschreiben, in der der einzelne Anbieter überhaupt keine Marktmacht besitzt und deshalb nicht in der Lage ist, den Preis des von ihm angebotenen Produkts zum eigenen Vorteil zu erhöhen, wurde von Frank Knight (1921) das Konzept der vollständigen Konkurrenz entworfen. Vollständige Konkurrenz liegt vor, wenn die Nachfrager über das Produkt eines Marktes und seine Eigenschaften sowie über den Preis vollständig informiert sind und der Zutritt zum Markt für dieses Gut keinerlei Beschränkungen unterliegt, so daß tatsächlich oder potentiell zahlreiche Anbieter vorhanden sind.

Bei vollständiger Konkurrenz kann der Preis auf die Dauer nicht höher sein als die durchschnittlichen Produktionskosten. Wäre es anders, so würde ein Gewinn entstehen, durch den neue Anbieter zum Eintritt in den Markt angelockt würden. Das Angebot würde steigen und der Preis müßte sinken, bis er wieder mit den Durchschnittskosten übereinstimmt. Wenn sich die Nachfrage nach einem Produkt oder einer Dienstleistung erhöht, wird bei zunächst gegebenem Angebot der Preis steigen. Erfolgt der Markteintritt neuer Konkurrenten sukzessive, so entstehen in der Anpassungsphase Gewinne, die auch als Quasirenten bezeichnet werden. Diese werden aber durch den Eintritt neuer Anbieter schließlich abgebaut und zwar um so schneller, je rascher der Markteintritt neuer Konkurrenten erfolgt.

Gegenüber diesem Modell ist vielfach der Einwand erhoben worden, es sei statisch und vernachlässige vor allem die von Joseph Schumpeter (1912) hervorgehobene Tatsache, daß sich der Wettbewerb in der Realität namentlich durch Innovationen manifestiere, durch neue Produktionsverfahren, die zu niedrigeren Kosten führen, und durch neue Produkte, die Nachfrage schaffen. Dieser Einwand ist jedoch nicht stichhaltig. Ausgehend von dem dargestellten Modell lassen sich Innovationen erfassen, die dem von Schumpeter betonten Sachverhalt Rechnung tragen. Zwischen der Vorstellung, daß Wettbewerb Rivalität bedeutet, die sich in der Dynamik von Innovationen und Preisänderungen manifestiert, und dem von Knight entworfenen Modell der vollständigen Konkurrenz besteht deshalb keineswegs der fundamentale Gegensatz, der ihm vielfach zugeschrieben worden ist (vgl. DiLorenzo und High 1988).

Da der Wettbewerbsprozeß zur Erosion von Gewinnen führt, besteht bei Konkurrenz für jeden Anbieter die Chance und ein Anreiz, durch Innovationen die Produktionskosten zu senken und dadurch bei zunächst noch gegebenem Preis einen Gewinn zu erzielen. Angenommen wird dabei, daß der einzelne Unternehmer seine Produktion so wählt, daß bei einem gegebenen und für ihn unbeeinflußbaren Preis ein maximaler Gewinn realisiert wird. Das ist dann der Fall, wenn die Grenzkosten mit dem Preis übereinstimmen. Als Grenzkosten werden die zusätzlichen Kosten bezeichnet, die bei der Erhöhung der Produktion um eine Einheit entstehen. Solange die Grenzkosten infolge einer kostensenkenden Innovation niedriger sind als der Preis, nimmt der Gewinn mit einer Zunahme der Produktion zu. Das Gewinnstreben der einzelnen Unternehmer führt zu einer Vergrößerung des Angebots und damit zu einer Senkung des Marktpreises. Konkurrierende Anbieter, die es versäumt haben, ihre Kosten durch Innovationen zu senken, geraten dadurch in Bedrängnis. Wenn der Marktpreis ihre durchschnittlichen Produktionskosten unterschreitet, droht das Aus. Schumpeter (1942) hat diesen Prozeß als „schöpferische Zerstörung" bezeichnet. Es entsteht Neues und Altes wird verdrängt.

Doch nicht alle Konkurrenten, deren Durchschnittskosten höher sind als der infolge von Innovationen gesunkene Marktpreis, werden augenblicklich vom Markt verdrängt. Zu jedem Zeitpunkt gibt es regelmäßig Produzenten mit unterschiedlichen Kostenfunktionen. Das beruht darauf, daß physische Kapitalgüter wie auch in betrieblicher Organisation verkörpertes Humankapital langlebig und vielfach versunken sind, so daß sie nicht ohne Kosten aus ihrer bisherigen Verwendung gelöst und an anderer Stelle eingesetzt werden können. Wenn neue Produktionsverfahren entdeckt werden, die zu niedrigeren Durchschnittskosten führen, werden deshalb vorhandene Produktionsanlagen nur dann stillgelegt, wenn die totalen Durchschnittskosten unter die variablen Durchschnittskosten sinken, so daß bei vollständiger Konkurrenz der Preis des erzeugten Produktes die variablen Durchschnittskosten nicht mehr deckt. Bei technischem Fortschritt, der zu einer ständigen Erhöhung der Löhne führt, steigen auch die variablen Durchschnittskosten, so daß ältere und weniger leistungsfähige Produktionsanlagen wirtschaftlich obsolet werden. In Wirtschaftszweigen, in denen eine hohe Rate technischen Fortschritts realisiert wird und demzufolge die Durchschnittskosten und die Preise der Produkte vergleichsweise rasch sinken, ist auch eine hohe Rate der Obsoleszenz von Produktionsanlagen zu beobachten, und der Bestand an Kapitalgütern weist ein niedriges Durchschnittsalter auf.

Zu betonen ist, daß die Stillegung überholter Produktionsanlagen nicht dem guten Willen oder der fortschrittlichen Gesinnung der Produzenten anheimgegeben ist, sondern durch die Konkurrenz erzwungen wird. Wenn eine große Zahl von Konkurrenten vorhanden ist, wird es stets einige Unternehmen geben, welche die mit der Anwendung einer neuen Technik verbundenen Gewinnchancen wahrnehmen, sie ergreifen und neue Betriebe gründen. Das führt zu einem Sinken des Preises und drängt Unternehmen, die ihre Produktionstechnik nicht auf dem neuesten Stand gehalten haben, aus dem Markt. Ein solcher Zwang zur Realisierung technischen Fortschritts besteht im Fall eines Monopols nicht. Verfügt ein einzelner Anbieter über ein Monopol, so kann der Preis die Grenzkosten und auch die durchschnittlichen Produktionskosten auf die Dauer übersteigen. Das wird in Figur 1 illustriert.

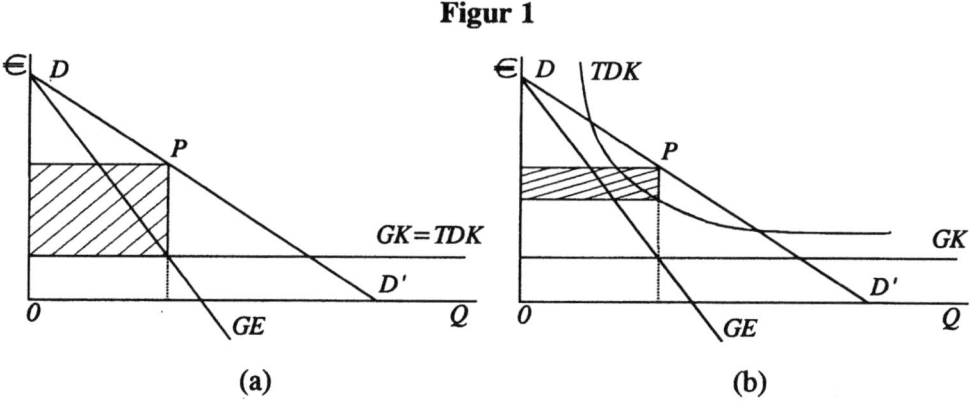

Figur 1

(a)   (b)

Angenommen ist darin eine lineare Nachfragekurve DD', derzufolge die Nachfrage um so größer ist, je niedriger der Preis ist. Vorausgesetzt wird in Figur 1a, daß die Grenzkosten (GK) gleich den Durchschnittskosten (TDK) sind. Deshalb ist die Grenzkostenkurve als horizontale Gerade eingetragen.[2] In Figur 1b wird angenommen, daß es Fixkosten gibt. Daher sind die totalen Durchschnitts-

---

[2] Bei einer Kostenfunktion $C(q) = cq$, in der q die Produktionsmenge bezeichnet, sind die Grenzkosten dC/dq wie auch die Durchschnittskosten C/q gleich c.

kosten höher als die Grenzkosten und sinken mit steigender Produktion.[3]

Der Monopolist kann den Preis bestimmen, muß dabei jedoch den durch die Nachfragefunktion beschriebenen inversen Zusammenhang zwischen Preis und Absatzmenge berücksichtigen. Das Gewinnmaximum ist erreicht, wenn die Grenzkosten (*GK*) gleich dem Grenzerlös (*GE*) sind. Der Grenzerlös ist der zusätzliche Erlös, der durch den Verkauf einer weiteren Produkteinheit erzielt wird. Er ist stets niedriger als der Preis und wird durch die Formel $GE = p(1-1/E)$ gegeben. Darin bezeichnet $E := -(p/Q)(dQ/dp)$ die Preiselastizität der Nachfrage, durch die zum Ausdruck gebracht wird, um wieviel Prozent die Nachfrage sinkt, wenn der Preis um ein Prozent erhöht wird.

Wie in Figur 1 dargestellt, ist der Monopolpreis höher als die Grenzkosten. Von Abba P. Lerner (1943) ist dementsprechend die Macht eines Monopols durch die Differenz zwischen Preis und Grenzkosten in Relation zum Preis ausgedrückt worden. Sie wird als Preis-Kosten-Marge bezeichnet. Für ein Monopol, das den Preis so setzt, daß der Gewinn maximiert wird, ist die Preis-Kosten-Marge gleich dem Kehrwert der Preiselastizität der Nachfrage. Es gilt also die Gleichung

$$\frac{(p-GK)}{p} = \frac{1}{E}.$$

Da die Preiselastizität der Nachfrage *E* angibt, um wieviel Prozent die Nachfrage sinkt, wenn der Preis um ein Prozent erhöht wird, bringt sie das Ausmaß der Abhängigkeit der Nachfrager vom Monopol zum Ausdruck. Bei einer geringen Abhängigkeit gibt es für die Nachfrager zahlreiche Alternativen zum Angebot des Monopols, denn es gibt Substitutionsgüter, die den gleichen Zweck erfüllen wie das vom Monopolisten angebotene Gut.[4] Eine Preiserhöhung wird dann nach Maßgabe der Zahl der vorhandenen Alternativen zu einem Rückgang der Nachfrage führen. Bei hoher Preiselastizität kommt es zu einem starken Nachfragerückgang, die Monopolmacht ist gering. Demgegenüber ist die Preiselastizität der Nachfrage bei starker Abhängigkeit der Nachfrager vom Anbieter niedrig, und die Monopolmacht ist demzufolge groß.

---

[3] Die Kostenfunktion lautet in diesem Fall $C(q) = F + cq$, wobei *F* die Fixkosten bezeichnet. Auch hier betragen die Grenzkosten *c*. Die totalen Durchschnittskosten sind $C/q = c + F/q$.

[4] Im nächsten Kapitel wird gezeigt, daß die von einem Produzenten wahrgenommene Preiselastizität der Nachfrage nach seinem Produkt auch von der Zahl konkurrierender Anbieter abhängig und um so höher ist, je mehr Konkurrenten vorhanden sind.

Wie aus Figur 1 hervorgeht, ist die Produktion des betrachteten Gutes infolge der Monopolmacht geringer als bei Konkurrenz. Zwei unterschiedliche Fälle sind dargestellt. In Figur 1a ist angenommen, daß die Grenzkosten mit den Durchschnittskosten übereinstimmen. Die Produktionshöhe würde in diesem Fall bei vollständiger Konkurrenz durch den Schnittpunkt der Grenzkostenkurve mit der Nachfragekurve gegeben sein. Im zweiten, in Figur 1b dargestellten Fall, sind die Grenzkosten niedriger als die Durchschnittskosten. Ob es dabei ein Wettbewerbsgleichgewicht gibt, hängt davon ab, ob die Fixkosten versunken sind oder nicht. Von versunkenen Kosten spricht man dann, wenn irreversible Investitionen vorgenommen worden sind. Sind die Fixkosten versunken, kann es ein Wettbewerbsgleichgewicht nicht geben. Wie aus Figur 1b hervorgeht, würden bei einer Übereinstimmung der Grenzkosten mit dem Preis die Durchschnittskosten den Preis übersteigen, so daß ein Verlust entstünde. Sind die Fixkosten dagegen nicht versunken, so kommt bei Freiheit des Marktzutritts ein Gleichgewicht bei dem Schnittpunkt der Durchschnittskostenkurve mit der Nachfragekurve zustande, bei dem die Nachfrage mit den geringsten Kosten bedient wird. Obwohl nur ein einziger Anbieter vorhanden ist, besitzt er dennoch keine monopolistische Marktmacht. Wenn er den Preis erhöhte, so würden neue Anbieter ihn gleich unterbieten. Wenn der Monopolist seine Preiserhöhung zurücknimmt, können sich die neuen Anbieter wieder aus dem Markt zurückziehen. Da der Monopolist dies antizipiert, wird er von vornherein einen Preis setzen, der die Durchschnittskosten nicht übersteigt.

Während bei vollständiger Konkurrenz ein Gewinn nicht entsteht, erzielt ein Monopol in der Regel einen Gewinn, dessen Höhe in den Figuren 1a und 1b jeweils durch die schraffierte Fläche dargestellt wird. Die Existenz eines Monopolgewinns impliziert, daß die Einkommen der Produktionsfaktoren Arbeit und Kapital, Lohn und Zins, niedriger sind als bei Konkurrenz und das nicht nur in dem Sektor der Wirtschaft, in dem Monopolmacht vorliegt, sondern in der gesamten Wirtschaft. Dafür fließt den Inhabern der Monopolposition, in der Regel und im wesentlichen den Kapitaleigentümern des Monopols, ein zusätzliches Einkommen zu.

Durch die von Lerner vorgeschlagene Formel wird klar, daß wirtschaftliche Macht so gut wie niemals absolut ist. Das Konzept der monopolistischen Marktmacht ist außerdem vom Begriff der Macht zu unterscheiden, der in der Soziologie verwendet wird und der mit dem der wirtschaftlichen Macht nicht selten verwechselt wird. Im Rahmen der Soziologie hat Max Weber (1956, S. 8) die folgende Definition eingeführt: „'Macht' bedeutet jede Chance, innerhalb einer sozialen Beziehung den eigenen Willen auch gegen Widerstreben durchzusetzen, gleichviel worauf die Chance beruht". Macht in diesem Sinne spielt im Wirtschaftsleben sicher eine Rolle, ist aber nicht identisch mit der Konzeption monopolistischer Marktmacht. Monopolmacht ist stets eine Frage des Grades. Es kann größere oder geringere Marktmacht geben. Wie groß sie ist, hängt davon ab, über welche Alternativen der Marktpartner verfügt. Im Verhältnis zwischen einem Produzenten und seinen Kunden hängt das Maß der Marktmacht davon ab, wieviel konkurrierende Anbieter vorhanden sind und wieviele Produkte angeboten werden, die zur Deckung eines gegebenen Bedarfs geeignet sind. Da Marktmacht eine Frage des Grades ist, schließt ein Vorliegen von Marktmacht einen Preiswettbewerb nicht aus. Die Existenz von Preiswettbewerb beweist deshalb nicht, daß keine Marktmacht vorliegt.

Kritisch ist zur Gegenüberstellung von Monopol und Konkurrenz häufig eingewandt worden, daß insbesondere das Modell der vollständigen Konkurrenz das Wesentliche des Wettbewerbs, wie er sich an den Märkten in der Wirklichkeit abspielt, nicht erfasse. Wettbewerb, so wird gesagt, sei Rivalität, sei ein Kampf um die Vorherrschaft am Markt und nicht das im Modell der vollständigen Konkurrenz beschriebene Verhalten der Anpassung der Produktion aufgrund eines gegebenen Preises. Robert Liefmann, der durch ein grundlegendes Buch über Kartelle, Konzerne und Trusts (1927) bekannt wurde, hatte in einem 1915 im Quarterly Journal of Economics erschienenen Aufsatz geschrieben, daß

> „The climax of competition is monopoly, and all competition is nothing but a striving for monopoly."

Das ist eine These, die in der modernen Managementliteratur vielfach wiederholt worden ist. Unternehmen werden darin angehalten, Höchstleistungen anzustreben, denn nur der Platz Nummer Eins in der Rangordnung zähle wirklich. Angesichts der in der Gegenwart wiederentdeckten Zielsetzung der Maximierung des Shareholder Value, des aus den Gewinnerwartungen ableitbaren Werts des Unternehmens für die Eigentümer, kann das Streben nach einem hohen Marktanteil aber nur als Zwischenziel gelten. Die Maximierung des Shareholder Values impliziert Gewinnmaximierung und kann durch Innovationen erreicht werden, aber auch durch kollusives Verhalten am Markt. Nicht zuletzt aus diesem Grund besteht ein „substantial difference between competing and ‚attempting to monopolize'", wie Allyn Young (1915) in Reaktion auf Liefmanns These betonte.

Richtig ist dabei, daß das Ausmaß monopolistischer Marktmacht von den wirtschaftlichen Rahmenbedingungen abhängig ist, und vielfach wird von Unternehmen und/oder ihren Verbänden versucht, diese so zu verändern, daß Marktmacht entstehen und ausgeübt werden kann. Wettbewerbspolitik zielt deshalb darauf ab, Entstehung von Marktmacht zu verhindern, zu beschränken oder ihre Ausübung einzudämmen. Wettbewerbspolitik zielt auf „Entmachtung" ab. Obgleich jeder einzelne sein eigenes Interesse verfolgt, wird durch Wettbewerb die individuelle Tatkraft gezügelt und in den Dienst des Gemeinwohls gestellt.

Monopson

Marktmacht kann auch auf der Seite der Nachfrage bestehen. Der Extremfall der Nachfrage- oder Einkaufsmacht wird als Monopson bezeichnet. In diesem Fall steht ein einziger Käufer einer großen Zahl von Anbietern gegenüber. Der Käufer selber kann auf seinem Absatzmarkt entweder Monopolmacht besitzen oder sich in Konkurrenz mit anderen Produzenten befinden. Im folgenden sei nur der Fall behandelt, in dem sich der monopsonistische Käufer im Verkauf in vollständiger Konkurrenz befindet.[5] In diesem Fall kann der Monopsonist den Verkaufspreis seiner Ware nicht beeinflussen. Subtrahiert man vom Verkaufspreis die als konstant angenommenen marginalen Herstellungskosten, die beim Monopson anfallen, so erhält man den Nettoverkaufspreis p, der in Figur 2 eingezeichnet ist. Dabei wird angenommen, daß zwischen der Produktion des Monopsons und den gekauften Waren eine strikte Proportionalität besteht, so daß bei einer passenden Maßeinheit sowohl die Produktion als auch die eingekaufte Warenmenge horizontal durch q zum Ausdruck gebracht werden kann. Die Angebotskurve der Lieferanten sei durch die ansteigende Kurve ss' ge-

Figur 2

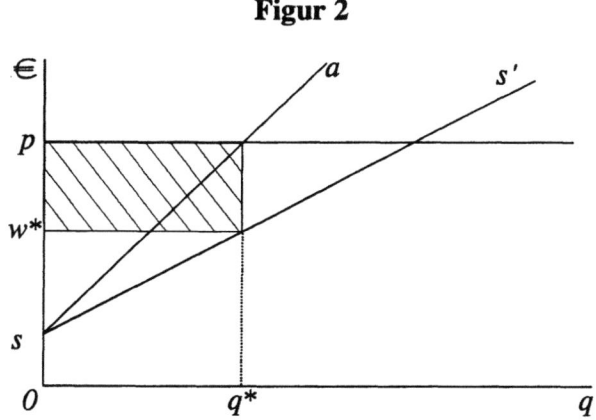

---

[5] Im übrigen vgl. Neumann (1995a, S. 47-50).

kaufte Menge der Ware dadurch festlegen, daß es den Lieferanten einen Preis w offeriert, bei dem diese die durch die Angebotskurve bestimmte Menge des Vorprodukts anbieten. Je höher der vom Monopson gebotene Preis w ist, um so größer ist das Angebot der Lieferanten.

Das Gewinnmaximum des Monopsons ist verwirklicht, wenn der im Verkauf erzielte Nettopreis p mit der beim Einkauf aufzuwendenden Grenzausgabe übereinstimmt. Die Grenzausgabe ist stets höher als der Einkaufspreis der jeweils letzten Einheit. Nimmt man ein mit dem Preis steigendes Angebot $q = q(w)$ und demgemäß eine inverse Angebotsfunktion $w = w(q)$ mit $w'(q) > 0$ an, so folgt bei Gesamtausgaben $A = w(q)q$, daß die Grenzausgabe

$$A'(q) = w + qw'(q) = w(1 + 1/\eta)$$

beträgt, wobei $\eta := (w/q)(dq/dw)$ die positive Preiselastizität des Angebots ist. Sie gibt an, um wieviel Prozent das Angebot steigt (sinkt), wenn der Preis w um ein Prozent erhöht (gesenkt) wird. Wenn die Einkaufsmenge so gewählt wird, daß der Nettopreis gleich der Grenzausgabe ist, wenn also

$$w(1 + 1/\eta) = p$$

ist, ergibt sich ein Monopsongewinn, weil der Einkaufspreis niedriger ist als der Nettoverkaufspreis. Der Monopsongewinn wird in Figur 3 durch die schraffierte Fläche wiedergegeben.

Die Einkaufsmacht kann man in Analogie zum Monopolmaß von Lerner durch die Differenz zwischen dem Nettoverkaufspreis (= Grenzausgabe) und dem Einkaufspreis ausdrücken. Ohne Einkaufsmacht würde der Einkaufspreis mit dem Nettoverkaufspreis übereinstimmen, während er infolge von Nachfragemacht darunter liegt. Aus der Bedingung für das Gewinnmaximum erhält man durch einfache Umformung

$$\frac{p-w}{p} = \frac{1}{\eta} .$$

Die Nachfragemacht ist danach um so größer, je geringer die Angebotselastizität der Lieferanten ist. Wieder kann man die Elastizität als Ausdruck für das Vorhandensein von Alternativen interpretieren. Je mehr Alternativen der Lieferant besitzt, um so größer ist seine Angebotselastizität, um so stärker kann er sein Angebot bei einer Senkung des vom Monopson offerierten Einkaufspreises senken, und um so geringer ist deshalb die Nachfragemacht des Monopsons.

Kurze Sicht vs. lange Sicht

Kurzfristig weichen Durchschnitts- und Grenzkosten vielfach voneinander ab. Das beruht darauf, daß es einerseits in der Produktionstechnik Unteilbarkeiten gibt und daß andererseits bei einer Ausdehnung der Produktion Engpaßfaktoren zu einem Anstieg der Durchschnittskosten führen können. Gäbe es weder das eine noch das andere, so würden Grenzkosten und Durchschnittskosten konstant sein und übereinstimmen. Die Angebotskurve für ein Produkt könnte dann – wie in Figur 1a – durch eine horizontale Gerade dargestellt werden. Gäbe es keine Unteilbarkeiten, so könnte auch der kleinste Betrieb mit Großbetrieben konkurrieren, denn seine Durchschnittskosten wären nicht höher als die seines großen Konkurrenten. Ja, jedes Individuum könnte selbständig produzieren. Diese fiktive Welt gibt es in der Wirklichkeit natürlich nicht, denn es gibt Unteilbarkeiten. Diese sind dadurch bedingt, daß Gebäude, Maschinen und arbeitsteilige Organisationen nicht teilbar sind, ohne daß dadurch die Durchschnittskosten steigen würden. Infolgedessen sinken die Durchschnittskosten mit wachsender Betriebsgröße. Man spricht von zunehmenden Skalenerträgen.

Aus den erwähnten Gründen kann man mit einem Verlauf der Durchschnittskostenkurve rechnen, wie er in Figur 3 dargestellt ist. Die Durchschnittskostenkurve sinkt anfänglich infolge zunehmender Skalenerträge und beginnt nach

Figur 3

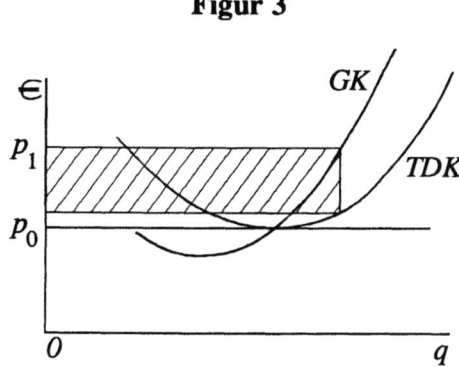

dem Überschreiten eines Minimums – der minimalen effizienten Betriebsgröße (minimum efficient size) – infolge der Existenz von Engpaßfaktoren wieder zu steigen. Die Grenzkosten sind niedriger als die Durchschnittskosten, solange diese mit steigender Produktion sinken.

Wenn der Marktpreis p_0 gerade gleich dem Minimum der Durchschnittskosten ist, wird ein Gewinn nicht erzielt. Das eingesetzte Kapital verzinst sich mit dem am Kapitalmarkt realisierbaren Ertrag und ein selbständiger Unternehmer erhält für seinen Arbeitseinsatz eine Vergütung in der Höhe, die sich auch am Arbeitsmarkt erzielen ließe. Ist der Marktpreis p_1 höher als die minimalen Durchschnittskosten, so entsteht ein „reiner" Gewinn, der bei Freiheit des Marktzutritts neue Konkurrenten anlockt, so daß die Produktion steigt und der Marktpreis sinkt. Würde sich dieser Prozeß augenblicklich vollziehen, so würde der Preis immer gleich den minimalen Durchschnittskosten sein. Gäbe es außerdem keine Engpaßfaktoren, so verliefe die langfristige Angebotskurve horizontal und die Grenzkosten wären gleich den Durchschnittskosten, als ob konstante Skalenerträge vorlägen. In Wirklichkeit unterliegt der Eintrittsprozeß jedoch Diskontinuitäten, die um so stärker ausgeprägt sind, je geringer die Teilbarkeit von Produktionsprozessen bzw. je stärker zunehmende Skalenerträge ins Gewicht fallen.

Wenn die Ausdehnung der Produktion auf die Dauer durch nicht vermehrbare Produktionsfaktoren behindert wird, nimmt die langfristige Angebotskurve einen steigenden Verlauf. Der Marktpreis muß dann auch die Durchschnittskosten derjenigen Produktionsstätten decken, die zur Befriedigung der Nachfrage noch benötigt werden und deren Beschäftigung zu höheren Durchschnittskosten führt. Betriebe, deren Durchschnittskosten niedriger sind als der Marktpreis, erzielen auf Dauer einen Gewinn, der als Rente bezeichnet wird. Demgegenüber wird der Gewinn, der bei einem durch Nachfragewachstum gestiegenen Preis nur temporär entsteht und im Konkurrenzprozeß der Erosion unterliegt, als Quasirente bezeichnet.

Wettbewerb als Entdeckungsverfahren

Im Wettbewerb wird Neuland entdeckt. Welche Produktionstechnik kostengünstiger ist und welches Produkt den Geschmack der Verbraucher am besten trifft, läßt sich endgültig nicht am grünen Tisch entscheiden, sondern erweist sich am Markt. Von Hayek (1968) wurde der Wettbewerb deshalb zu Recht als Entdeckungsverfahren charakterisiert. Der Preis für das erfolgreiche Produkt kann zunächst die Durchschnittskosten übersteigen, so daß ein Gewinn entsteht. Erfolg wird also durch Gewinn belohnt. Der Gewinn schafft Anreize zur Innovation. Eine zunächst unbekannte und unerprobte Produktionstechnik oder ein bisher unbekanntes Produkt wird dank der am Markt entstehenden Anreize entdeckt und am Markt bekannt gemacht. Informationsdefizite von Anbietern und Nachfragern werden durch Wettbewerb als Entdeckungsverfahren abgebaut.

Der Gewinn des erfolgreichen Unternehmers kann erstens dadurch begründet sein, daß seine Produktionskosten niedriger sind als die seiner Konkurrenten oder daß er den Geschmack der Konsumenten besser trifft als die Wettbewerber und deshalb einen höheren Preis verlangen kann. Der Gewinn kann zweitens darauf beruhen, daß der Innovator zunächst ein Monopol besitzt. Im Wettbewerb kann sich freilich niemand auf seinen Lorbeeren ausruhen, weil bei freiem Marktzutritt neue Konkurrenten die Marktpositionen der etablierten Unternehmen angreifen und durch Innovationen unterminieren. Je mehr Unternehmen an einem Markt unabhängig voneinander aktiv sind, um so größer ist die Wahrscheinlichkeit, daß wenigstens eine Innovation erfolgreich ist.[6]

Gewinnerosion im dynamischen Wettbewerb

Bei der Begründung eines Marktes durch ein neues Produkt besitzt der erfolgreiche Innovator zwar zunächst ein Monopol. Wenn ihm neue Konkurrenten seinen Vorsprung streitig machen, indem sie die Innovation imitieren oder mit einem gänzlich neuen Produkt Nachfrage auf sich ziehen, sinkt dessen Gewinn. Dem kann ein etablierter Unternehmer durch weitere Innovationen entgegenwirken. Er kann neue Produktionstechniken einführen, so daß seine Produktionskosten geringer werden, er kann das Produkt verbessern oder auch seinerseits neue Produkte einführen. So entstehen erneut Gewinnchancen, die freilich ebenfalls der Erosion durch Konkurrenz unterliegen.

Im dynamischen Wettbewerb stehen einander somit zwei Tendenzen gegenüber, Innovationen und Gewinnerosion. Es kann deshalb durchaus sein, daß in historischer Zeit der Gewinn niemals völlig verschwindet. Tatsächlich ist empirisch in den meisten Industriezweigen eine beachtliche Persistenz von Gewinnen zu beobachten (Mueller 1986, Geroski und Schwalbach 1991, Audretsch 1995). Diese Beobachtung spricht jedoch a priori nicht dagegen, daß der Wettbewerbsprozeß die ihm zugedachte Funktion erfüllt. Freilich ist auch nicht auszuschließen, daß der evolutorische Prozeß der Märkte eine gewisse Trägheit aufweist, denn der Eintritt neuer Konkurrenten erfolgt im allgemeinen sequentiell nach Maßgabe der Information über Gewinnchancen, die potentielle Konkurrenten erlangen können, und nach Maßgabe der Zeit, die für die Errichtung neuer Produktionskapazitäten erforderlich ist (vgl. dazu z.B. das Modell von Gaskins 1971). Aus diesem Grund können die eingesessenen Unternehmen trotz poten-

---

[6] Eine Innovation kann als ein Experiment interpretiert werden, dessen Erfolg zufallsbedingt ist. Wenn die Wahrscheinlichkeit für einen Mißerfolg $1-\pi$ ist, beträgt bei N unabhängigen Versuchen die Wahrscheinlichkeit für wenigstens einen Erfolg $P = 1-(1-\pi)^N$. Da $\pi < 1$ anzunehmen ist, geht P bei zunehmender Zahl der Versuche gegen Eins.

tieller Konkurrenz und trotz des Marktzutritts neuer Konkurrenten zeitweilig Marktmacht besitzen. Aus wettbewerbspolitischer Sicht ist die Größe eines Unternehmens und zeitweilige Marktmacht, soweit sie auf überlegener und durch den Markt honorierter Leistung beruht, unbedenklich. Größe an sich ist kein Vergehen.

Welche Rolle Markteintritte neuer Konkurrenten für die Entwicklung der Struktur eines Industriezweiges spielen, hängt von seiner Entwicklungsphase ab (vgl. Münter 1999). Am Anfang der Entwicklung befindet sich ein neues Produkt und das Produktionsverfahren gewöhnlich noch in einem Experimentierstadium. Die Struktur des Angebots unterliegt einem starken Wandel. Neue Anbieter treten auf, erhöhen ihren Marktanteil und verdrängen vorhandene Produzenten. Man kann die Entwicklung mit der Metapher eines Waldes beschreiben, in dem neue Bäume heranwachsen und alte Bäume verdrängen. Dieses Bild ist jedoch für die Beschreibung eines ausgereiften Industriezweiges nicht mehr geeignet. Nach zahlreichen Experimenten mit neuen Produkten und Produktionsverfahren hat sich ein dominantes Produktdesign am Markt durchgesetzt und die überlebenden Unternehmen haben gegenüber Neulingen einen Erfahrungsvorsprung in der Produktion gewonnen. Neuen Anbietern gegenüber sind sie dadurch überlegen. Zur Beschreibung der Marktprozesse eignet sich dann die „Drehtüren"-Metapher. Im Inneren des Gebäudes, d.h. im Markt, befinden sich die etablierten Anbieter. Neue Konkurrenten treten wie durch eine Drehtür ein und werden sogleich wieder nach außen befördert. Dieses Bild eignet sich gut zur Beschreibung eines ausgereiften Industriezweigs. Obwohl Markteintritte und Marktaustritte in den meisten Industriezweigen häufig stattfinden, werden dadurch nach den vorliegenden Erfahrungen die Marktanteile etablierter Unternehmen kaum beeinflußt (Mueller 1991, S. 12):

> „Despite the seemingly large amounts of entry and exit that occur in most industries, neither has much of a measurable effect on their basic structural characteristics. ... The leading firms in most industries stand calmly in the center, as if in the eye of a tornado, while a myriad smaller challengers whirl in and out along the periphery."

Die Stabilität der Marktanteile der führenden Unternehmen kann durch Marktmacht bedingt sein, durch die der Marktführer in die Lage versetzt wird, den Eintritt neuer Konkurrenten zu behindern oder gar völlig zu verhindern. Sie kann aber auch darauf beruhen, daß die führenden Unternehmen ihre Führungsrolle durch Innovationen behaupten. Ihre dominante Position wird durch den Markteintritt neuer Konkurrenten zwar in Frage gestellt, sie wird durch Innovationen aber auch stets wieder neu begründet. Ein Gewinn auf Grund einer temporären und durch Innovationen behaupteten Monopolstellung muß daher nicht negativ beurteilt werden.

Monopolgewinn und Quasirenten als wettbewerbspolitisches Problem

Aus der Sicht der Wettbewerbspolitik werden Wettbewerbsbeschränkungen in erster Linie, wenn nicht ausschließlich, unter dem Gesichtspunkt der ökonomischen Effizienz beurteilt. Von Vertretern der sog. Chicago-Schule wird der Effizienzaspekt sogar als der allein brauchbare Gesichtspunkt zur Beurteilung von Wettbewerbsbeschränkungen reklamiert. Allein die Tatsache, daß Monopolmacht zu einer Einschränkung der Produktion und damit zu einer ineffizienten Verwendung von Produktionsfaktoren führt, und nicht auch die Tatsache eines Einkommenstransfers zugunsten der Inhaber des Monopols soll entscheidend sein, denn die Einkommensverteilung könne nur durch Bezugnahme auf „ultimate values" beurteilt werden, deren Geltung im Rahmen der ökonomischen Theorie nicht begründbar seien (Bork 1965, S. 837f.). Bei einer differenzierten Betrachtung kann man sich jedoch klar machen, daß sich nicht jede Umverteilung ökonomischer Beurteilung entzieht.

Hilfreich ist dabei eine Bezugnahme auf die von Aristoteles vorgenommene Unterscheidung zwischen kommutativer und distributiver Gerechtigkeit. Kommutative Gerechtigkeit kann man am ehesten als Leistungsgerechtigkeit charakterisieren, als Forderung nach einer Entlohnung, die aus der Leistung und ihrem Ergebnis ableitbar ist. In der ökonomischen Theorie kommt dies prägnant in der Grenzproduktivitätslehre zum Ausdruck, nach der die Leistung eines Produktionsfaktors mit dem Wert des Grenzprodukts entlohnt werden sollte. Nun wird die Einkommensverteilung, die sich als Ergebnis der Marktprozesse einstellt, auch durch Ursachen beeinflußt, die im einzelnen nicht identifizierbar und deshalb als Ergebnis des Zufalls aufzufassen sind. Soweit dadurch eine Ungleichheit der Einkommensverteilung entsteht, mag sie als unverdient und deshalb korrekturbedürftig eingeschätzt werden. Ein solches Urteil über distributive Gerechtigkeit im Sinne Aristoteles entzieht sich freilich einer Begründung aufgrund der ökonomischen Theorie. Doch nicht alle Verteilungsunterschiede sind zufallsbedingt. Viele sind geschaffen und damit Beurteilungskriterien zugänglich, die aus der kommutativen Ethik ableitbar sind. Dazu zählen Monopolgewinne und Quasirenten.

Aus Sicht der kommutativen Ethik ist ein Monopolgewinn dann legitim, wenn er eine gesellschaftliche Funktion erfüllt. Das kann insofern der Fall sein, als die Chance eines Monopolgewinns einen Anreiz zu Innovationen schafft und im Wettbewerb durch Imitation und Folgeerfindungen erodiert. Ein zeitweiliges Monopol dieser Art kann toleriert werden, denn der Monopolgewinn stellt ein

Leistungsentgelt dar. Ein Monopolgewinn muß dagegen aus der Sicht der kommutativen Gerechtigkeit als illegitim gelten, wenn er funktionslos ist. Nur selten wird ein Monopol durch Zufall entstehen und sich deshalb einer Beurteilung aus der Sicht der kommutativen Gerechtigkeit entziehen. In der Regel beruht Monopolmacht darauf, daß die staatliche Rahmenordnung Monopolmacht zuläßt, ihre Entstehung begünstigt oder sogar vom Staat direkt verliehen wird. Von der staatlichen Rahmenordnung, insbesondere von der Wettbewerbspolitik hängt es auch ab, wie schnell sich temporäre, an sich durch Leistung erworbene Monopolstellungen im Wettbewerbsprozeß auflösen. Die gleiche Überlegung gilt im Hinblick auf Quasirenten. Auch diese unterliegen im Wettbewerb der Erosion, die von der Offenheit des jeweiligen Marktes für neue Konkurrenten abhängig ist. Im Licht dieser Erwägungen läßt sich ein Monopolgewinn nicht eindeutig als ein reiner Einkommenstransfer zwischen verschiedenen Personen einer Volkswirtschaft begreifen. Bei einer differenzierten Betrachtung wird man einen Monopolgewinn in nicht wenigen Fällen aus wettbewerbspolitischer Sicht verurteilen müssen.[7]

2. Horizontale Konzentration

Eine notwendige – wenn auch keine hinreichende – Bedingung für das Vorliegen von Monopolmacht ist, daß die Zahl der Konkurrenten klein ist und daß im Extremfall nur ein einziger Anbieter vorhanden ist. Monopolmacht setzt also eine hohe Konzentration des Angebots voraus. Horizontale Konzentration, die in hohen Marktanteilen der führenden Unternehmen eines Industriezweigs zum Ausdruck kommt, kann auf Wettbewerbsbeschränkungen beruhen, durch die der einzelne Anbieter den Preis beeinflussen kann und insofern monopolistische Marktmacht besitzt. Horizontale Konzentration kann aber auch als Ergebnis des Wettbewerbsprozesses entstehen, ohne daß mit dem realisierten Konzentrationsgrad Marktmacht verbunden sein muß.

Potentieller vs. aktueller Wettbewerb

Von Baumol, Panzar und Willig (1982) wurde mit dem Konzept der „Contestable Markets", d.h. der bestreitbaren Märkte, die Hypothese vorgetragen, daß schon potentieller Wettbewerb ausreichend sei, ein Wohlfahrtsoptimum zu erreichen. Das gelte auch dann, wenn zunehmende Skalenerträge vorliegen, so daß die Durchschnittskosten mit steigender Produktion sinken. Voraussetzung

---

[7] Vgl. auch Kapitel II, Abschnitt 4.

dafür ist freilich, daß keine „versunkenen Kosten" vorliegen, so daß ein Unternehmen ohne Verlust aus einem Markt wieder austreten kann. Im Fall eines perfekt bestreitbaren Marktes wird zwar unter Umständen nur ein einziger Anbieter tatsächlich vorhanden sein, dank des potentiellen Wettbewerbs jedoch kann der Preis die Durchschnittskosten nicht übersteigen. Das Gleichgewicht des Marktes liegt beim Schnittpunkt von Durchschnittskostenkurve und Nachfragekurve vor.

Die Voraussetzung, daß die Kosten nicht „versunken" sind, scheint aber im allgemeinen nicht erfüllt zu sein. Ein Austritt aus einem Markt ist deshalb gewöhnlich nicht ohne Kosten möglich. Wenn das aber der Fall ist, bestehen Schranken für den Eintritt neuer Konkurrenten. Ein etabliertes Unternehmen, das sich allein am Markt befindet, kann dann den Monopolpreis durchsetzen, ohne einen Markteintritt befürchten zu müssen. Sollte ein Konkurrent in den Markt eintreten, so kann der Preis bis auf das Niveau der variablen Durchschnittskosten sinken, so daß ein Gewinn nicht mehr erzielbar ist. Will das neu eingetretene Unternehmen aus dem Markt wieder ausscheiden, geht die für den Markteintritt getätigte Investition verloren. Der potentielle Konkurrent weiß deshalb, daß der erhoffte Gewinn nichts als eine Fata Morgana ist, der in dem Augenblick verschwindet, in dem der Markteintritt vollzogen wird. Obgleich das etablierte Unternehmen einen Gewinn erzielt, wird ein Markteintritt nicht stattfinden. Die potentielle Konkurrenz ist ohne Einfluß.[8]

Maße der horizontalen Konzentration

Gemessen wird die horizontale Konzentration praktisch in vielen Fällen durch den, mit C3 (C4, C6 bzw. C8) bezeichneten, zusammengefaßten Anteil der jeweils 3 (4, 6 oder 8) größten Produzenten eines Industriezweiges am Umsatz. Die Bevorzugung dieses Maßes erklärt sich daraus, daß es statistisch relativ einfach ermittelt werden kann.

Ein anderes, anspruchsvolleres Maß ist der Herfindahl-Index

---

[8] Stiglitz (1994, S. 124), verweist in diesem Zusammenhang auf die amerikanische Luftfahrtindustrie, die von den Verfechtern der Idee bestreitbarer Märkte als Beispiel hervorgehoben und unter dem Einfluß dieser Idee in den siebziger Jahren dereguliert wurde. Zwar traten zunächst zahlreiche neue Konkurrenten auf, und die Preise sanken. In der Zwischenzeit jedoch sind die meisten Neulinge wieder verschwunden und in den USA nur noch drei große Luftfahrtunternehmen übriggeblieben.

$$H = \sum_{i=1}^{n} s_i^2 ,$$

wobei s_i der Anteil des Anbieters i am Umsatz des Wirtschaftszweiges ist.

Generell kann man den Herfindahl-Index aufspalten in einen Teil, der durch die Zahl der Anbieter bestimmt wird, und einen Teil, der die Größenverteilung der Anbieter widerspiegelt. Die Varianz der Marktanteile ist $V = \left(\sum_{i=1}^{n} (s_i - \bar{s})^2 \right) / n$, wobei der durchschnittliche Marktanteil $\bar{s} = 1/n$ ist. Multipliziert man aus, so ergibt sich

$$H = 1/n + nV .$$

Der Herfindahl-Index nimmt im Monopolfall den Wert Eins an und beträgt im Fall der Gleichverteilung aller n Anbieter $H = 1/n$ und ist dann bei atomistischer Marktstruktur Null. Der Herfindahl-Index ist bei gegebener Zahl der Anbieter um so größer, je höher die Varianz der Marktanteile ist und berücksichtigt damit die Größenverteilung der Gesamtheit aller Anbieter.[9]

Gibrats Gesetz

Horizontale Konzentration ist freilich nicht immer mit Marktmacht verbunden. Wenn die Produktionstechnik in einem Industriezweig durch vollständige Teilbarkeit und Additivität gekennzeichnet ist, liegen konstante Skalenerträge vor. Additivität bedeutet, daß es keine die Produktion begrenzenden Faktoren gibt, so daß die Durchschnittskosten bei einer Ausdehnung der Produktion nicht steigen. Teilbarkeit beinhaltet, daß es keine Größenvorteile gibt. Die Durchschnittskosten sind bei konstanten Skalenerträgen von der Betriebsgröße unabhängig. Die Angebotskurve für das betreffende Gut verläuft horizontal. Wenn es dann keine künstlichen Beschränkungen des Markteintritts gibt, liegen die Voraussetzungen der vollständigen Konkurrenz vor. Es ist dann gleichgültig, wie groß die Zahl der Anbieter ist. Auch wenn es nur einen einzigen Anbieter gibt, besitzt dieser keine monopolistische Marktmacht.

Trotz der Möglichkeit freien Marktzutritts wird sich im Laufe der Zeit dennoch eine horizontale Konzentration einstellen, wenn der Markterfolg des einzelnen Anbieters zufallsbedingt ist. Bei konstanten Skalenerträgen ist die Größe des

---

[9] Der Herfindahl-Index spielt außerdem, wie im folgenden Kapitel gezeigt wird, in der Preistheorie eine wichtige Rolle.

einzelnen Betriebes von der Kostenseite her indeterminiert. Welchen Marktanteil der einzelne Anbieter erreichen kann, hängt davon ab, wie sich die Nachfrage auf die Anbieter verteilt. Allen Unternehmen stehen die gleichen Chancen offen, eine wachsende Nachfrage zu nutzen. Die tatsächliche Wachstumsrate eines Unternehmens ist dann das Ergebnis des Zufalls. Der statistische Erwartungswert der Wachstumsrate ist von der Größe der Firma unabhängig. Wenn nun zufallsbedingt eine Firma A in einer Periode stärker wächst als eine andere Firma B, so hat sie in der nächsten Periode ein höheres Ausgangsniveau erreicht, von dem aus die gleiche Wachstumsrate in der Zukunft zu absolut höheren Zuwächsen führt. Da ferner die Wahrscheinlichkeit, in aufeinander folgenden Perioden jedesmal eine überdurchschnittlich hohe Wachstumsrate zu realisieren, mit der Zahl der sukzessiven Perioden, für die das der Fall sein soll, nach dem Multiplikationssatz der Wahrscheinlichkeitstheorie immer kleiner wird, resultiert selbst bei gleichen Wachstumschancen am Ende eine ungleichmäßige Größenverteilung. Die Größenverteilung nähert sich einer logarithmischen Normalverteilung.[10] Das ist das Gesetz von Gibrat (vgl. Sutton 1997), nach dem die Größenverteilung in absoluten Werten schief ist und durch eine linkssteile Kurve dargestellt werden kann. Einer großen Zahl von kleinen und mittelgroßen Unternehmen stehen wenige Großunternehmen gegenüber.

Das Gesetz von Gibrat ist verwendet worden, um die tatsächliche Größenverteilung und damit die horizontale Konzentration zu erklären. Obgleich teilweise recht gute Näherungen festgestellt werden konnten, beobachtete man doch auch Abweichungen. Unabhängig davon lautet die aus Gibrats Gesetz ableitbare Lektion, daß horizontale Konzentration das Ergebnis des Zufalls sein kann und daß deshalb aus der Beobachtung eines hohen Konzentrationsgrades nicht zwingend auf das Vorliegen einer Wettbewerbsbeschränkung geschlossen werden kann.

Mostellers Zufallsgesetz

Eine Alternative zum Gesetz von Gibrat stellt das von Mosteller (1965) entwickelte Zufallsgesetz für die Verteilung von Marktanteilen dar. Es kann ge-

---

[10] Wenn die Größe eines Unternehmens in der Periode t durch x_t bezeichnet wird und die Wachstumsrate durch die Zufallsvariable ε_t gegeben ist, so gilt $x_t = (1+\varepsilon_t)x_{t-1} = x_0(1+\varepsilon_1)(1+\varepsilon_2)....(1+\varepsilon_t)$. Bei einem geringen Abstand zwischen den Zeitpunkten t und $t-1$ gilt näherungsweise $\ln(1+\varepsilon_t) \cong \varepsilon_t$, so daß $\ln x_t = \ln x_0 + \varepsilon_1 + \varepsilon_2 + ... + \varepsilon_t$ ist. Sind die Zuwachsraten stochastisch unabhängig verteilt, so ergibt sich eine logarithmische Normalverteilung (siehe Sutton 1997, S. 40f.).

nutzt werden, um durch einen Vergleich hypothetischer zufallsbedingter Marktanteilsverteilungen mit tatsächlichen Verteilungen Anhaltspunkte für das Vorliegen von Wettbewerbsbeschränkungen zu erhalten.

Wenn die Erfolgschancen aller Anbieter auf einem Markt gleich groß sind, wenn insbesondere keine Wettbewerbsbeschränkungen bestehen, die dominante Anbieter begünstigen, muß man annehmen, daß die Verteilung der Marktanteile dem Zufall folgt. Die Entwicklung der Produktionskosten ist vom Erfolg innovativer Anstrengungen abhängig, und der Absatz wird nicht zuletzt von unvorhersehbaren Geschmacksänderungen des Publikums beeinflußt. Als Ergebnis zahlloser zufallsbedingter Einflußgrößen ist eine ungleichmäßige Verteilung der Marktanteile zu erwarten, die der Formel

$$s_j = \frac{1}{n} \sum_{i=j}^{n} \left(\frac{1}{i}\right)$$

folgt (Mosteller 1965, Gilman 1992).[11] Die Anwendung dieser Formel führt zu Größenverteilungen der Marktanteile, wie sie in der folgenden Tabelle 1 für alternative Anbieterzahlen wiedergegeben sind.

Durch das Wirken des Zufalls kommt eine Struktur der Marktanteile zustande, die von der Zahl der Anbieter abhängig ist. Über die Identität der Inhaber der jeweiligen Marktanteile ist nichts gesagt. Es ist durchaus möglich, daß ein Unternehmen, das in einer Periode einen vorderen Rangplatz einnimmt, in einer späteren Periode auf einen niedrigeren Rangplatz zurückfällt und andere Unternehmen dafür aufsteigen.

---

[11] Der Formel liegt das folgende Modell zu Grunde. Angenommen wird, daß ein Stab an einer zufällig gewählten Stelle gebrochen wird. Wenn jeder Punkt des Stabes als Bruchstelle mit gleicher Wahrscheinlichkeit in Betracht kommt, kann die Bruchstelle mit gleicher Wahrscheinlichkeit sowohl links als auch rechts von der Mitte des Stabes liegen. Die erwartete Länge des kleineren Stückes ist 1/2 mal 1/2 = 1/4, die des größeren Stückes 3/4. Die erwartete Aufteilung ist also 3/4 zu 1/4. Mit einer ähnlichen Argumentation läßt sich zeigen (Mosteller 1965, S. 63ff.), daß dann, wenn ein Stab an zwei Stellen gebrochen wird, eine Aufteilung im Verhältnis 11/18, 5/18, 1/9 resultiert. Allgemein gilt die im Text angegebene Formel. Bei $n = 3$ ist zum Beispiel $s_1 = (1/3)(1 + 1/2 + 1/3)$, $s_2 = (1/3)(1/2 + 1/3)$, $s_3 = (1/3)(1/3)$.

Tabelle 1
Marktanteile (in v.H.) bei alternativen Anbieterzahlen

Zahl der Anbieter n	Rangordnung der Anbieter						Herfindahl-Index	Varianz der Marktanteile
	1	2	3	4	5	6		
1	100						1,0	
2	75	25					0,6250	0,0625
3	61	28	11				0,4626	0,0431
4	52	27	15	6			0,3694	0,0299
5	46	26	15	9	4		0,3114	0,0223
6	41	24	16	10	6	3	0,2658	0,0165

Das Zufallsmodell liefert eine Prognose über die Struktur der Marktanteile, die bei unverfälschtem Wettbewerb zustande kommen würde. Vergleicht man dann für einen konkreten Markt die erwartete Struktur der Marktanteile mit der tatsächlichen Verteilung und stellt eine signifikante Abweichung fest, so läßt sich vermuten, daß Wettbewerbsbeschränkungen vorliegen. Das sei durch einige Beispiele demonstriert.

Tabelle 2[12]
Marktanteile (in Prozent) im deutschen Lebensmitteleinzelhandel 1993

Firma		Tatsächlicher Marktanteil	Mosteller-Modell
Metro		17,39	15,27
Rewe		11,67	11,27
Edeka		11,33	9,27
Aldi		8,38	7,94
Tengelmann		7,45	6,94
Karstadt		6,09	6,14
Spar		4,38	5,47
Lidl & Schwarz		4,22	4,90
Hertie		2,20	4,40
Allkauf		1,89	3,96
	Summe	75,00	75,56
Korrelation		0,986	
Herfindahl-Index		0,0775	0,0684

Quelle: dpa

---

[12] Da die Gesamtzahl der Firmen nicht bekannt ist, wurde die hypothetische Verteilung der Marktanteile in der Weise berechnet, daß die Marktanteile der zehn größten Firmen 75 v.H. betragen. Die gleiche Methode wurde in den folgenden Tabellen verwendet.

Im deutschen Lebensmitteleinzelhandel zeigte sich im Jahr 1993 eine weitestgehende Übereinstimmung der tatsächlichen Marktanteile mit den vom Mosteller-Modell vorausgesagten Muster. Der Korrelationskoeffizient betrug 0,986.

Im zweiten Beispiel ist die weltweite Marktanteilsverteilung für elektronische Speicher und für Mikroprozessoren des Jahres 1990 dargestellt. Während sich bei elektronischen Speichern eine sehr gute Übereinstimmung mit dem Mosteller-Modell zeigt (Korrelationskoeffizient 0,974), ist das bei Mikroprozessoren nicht der Fall. Intel hat eine überragende Marktstellung inne. Das kann entweder daran liegen, daß Intel es geschafft hat, eine Pionierposition auf Dauer zu halten, oder daran, daß Intel Praktiken verwandte, die den Marktzutritt von

Tabelle 3
Marktanteile (in Prozent) der 20 größten Produzenten von elektronischen Speichern und Mikroprozessoren 1990

Elektronische Speicher		Mosteller-Modell	Mikroprozessoren	
Firma	Marktanteil		Firma	Marktanteil
Toshiba	12,3	12,11	Intel	27,0
NEC	10,7	9,17	NEC	10,7
Hitachi	9,9	7,70	Motorola	9,9
Fujitsu	8,2	6,72	Hitachi	6,4
Mitsubishi	7,3	5,99	Mitsubishi	4,6
Samsung	7,1	5,40	Toshiba	4,5
Texas Instruments	5,4	4,91	Texas Instruments	3,2
Sharp	4,0	4,49	Matsuhita	2,4
Motorola	3,0	4,12	Fujitsu	2,4
Oki	2,9	3,79	National Semiconductor	2,4
Intel	2,5	3,50	Chip & Technologies	2,3
Siemens	2,5	3,23	Advanced Micro Devices	2,0
Matsushita	2,3	2,99	Philips	1,9
SGS-Thompson	2,2	2,76	SGS-Thompson	1,7
Micro Technology	2,1	2,55	Western Digital	1,5
Advanced Micro Devices	2,1	2,35	Oki	1,5
Sony	1,9	2,17	AT & T	1,4
NMB	1,5	1,99	Sharp	1,3
Semiconductor Cypress	1,2	1,83	Cirrus Logic	1,3
Semiconductor National	1,1	1,67	Harris	1,1
Summe Semiconductor	90,2	89,44		89,4
Korrelation		0,974 0,914		
Herfindahl-Index	0,0559	0,0542		0,1078

Quelle: Monopolkommission 1992, S. 394

Konkurrenten erschwerten. Daß das letztere eine realistische Möglichkeit darstellt, darauf deutet das gegenwärtig in den USA laufende Antitrustverfahren hin.

Als drittes Beispiel möge der Markt für Personenkraftwagen in Deutschland und in der EG im Jahr 1991 dienen. Während man in Deutschland eine recht gute Übereinstimmung zwischen der tatsächlichen Verteilung der Marktanteile und dem hypothetischen Muster findet (Korrelationskoeffizient 0,988), ist das in Europa insgesamt nicht der Fall (Korrelationskoeffizient 0,914). Sechs Unternehmen haben näherungsweise den gleichen Marktanteil. Das stützt den Verdacht, daß der europäische Markt durch Absprachen und staatliche Schutzvorkehrungen für die jeweils nationalen Produzenten aufgeteilt ist.

Tabelle 4
Marktanteile (in Prozent) auf dem Markt für Personenkraftwagen in Deutschland und der Europäischen Gemeinschaft 1991

Deutschland		Mosteller-Modell	Europäische Gemeinschaft	
Firma	Marktanteil		Firma	Marktanteil
VW	21,1	15,3	Peugeot/Citroen	12,9
Opel	16,3	11,3	Opel	12,4
Ford	10,0	9,3	Ford	11,6
Mercedes-Benz	8,3	7,9	Renault	11,0
BMW	6,7	6,9	Fiat/Alfa/Lancia	10,8
Audi	5,2	6,1	VW	10,3
Renault	5,2	5,5	Mercedes-Benz	3,6
Peugeot/Citroen	4,6	4,9	Nissan	3,3
Fiat/Alfa/Lancia	3,8	4,4	BMW	3,3
Nissan	2,7	3,9	Rover	3,2
Toyota	2,5	3,5	Audi	2,6
Mazda	2,3	3,2	Toyota	2,6
Seat	2,0	2,9	Seat	2,5
Honda	1,6	2,5	Volvo	1,7
Mitsubishi	1,5	2,3	Mazda	1,5
Volvo	0,8	2,0	Honda	1,4
Rover	0,5	1,7	Mitsubishi	1,0
Skoda	0,5	1,5	Skoda	0,5
Saab	0,2	1,3	Saab	0,4
Summe	95,8	96,4		96,6
Korrelation		0,988 0,914		
Herfindahl-Index	0,1043	0,0736	0,0872	
C3	47,4	35,8	36,9	
C6	67,6	56,8	69,0	

Quelle: Frankfurter Allgemeine Zeitung gemäß Kraftfahrtbundesamt und Acea

3. Aushöhlung des Wettbewerbs durch Laissez Faire

Damit entsteht die Frage nach der Rolle der Wettbewerbspolitik. Da Wettbewerb als konstitutives Element einer marktwirtschaftlichen Ordnung unzweifelhaft den ökonomischen Wohlstand eines Landes positiv beeinflußt, fragt es sich, wie Wettbewerb gesichert werden kann. Eine extreme Ansicht besagt, daß die staatliche Garantie der Vertragsfreiheit ausreichend ist, denn Vertragsfreiheit impliziere Freiheit zum Marktzutritt. Ein Kartell, das für die beteiligten Unternehmen Monopolpreise verlangt, würde nach dieser Auffassung den Eintritt neuer Konkurrenten herbeiführen, so daß die Marktmacht des Monopols unterminiert und schließlich beseitigt würde. Rational handelnde Produzenten, die dies antizipieren, würden einem Kartell erst gar nicht beitreten (Selten 1973). Zur Unterstützung dieser Argumentation wurde in jüngerer Zeit als Beispiel gelegentlich das Kartell der Erdöl exportierenden Länder (OPEC) angeführt, dem es in den siebziger Jahren zweimal gelang, eine gewaltige Preissteigerung für Rohöl durchzusetzen, dessen Macht aber in der Folgezeit durch den Marktzutritt von Produzenten untergraben wurde, die dem Kartell nicht angehören. Richtig ist, daß die Kartellpreise zur Erschließung neuer Lagerstätten führten und mit der Erhöhung des potentiellen Angebots Druck auf den Erdölpreis ausgeübt wurde. Dieser Prozeß dauerte aber rund zwanzig Jahre.

Kontroverse Beurteilung von Kartellen

Gegen Ende des 19. Jahrhunderts wurden Kartelle von den meisten Ökonomen gebilligt. Vielfach hielt man Kartelle für die der Neuzeit angemessene Form der Wirtschaftsordnung, durch die die zunftmäßige Ordnung der Wirtschaft, wie sie im Mittelalter bis in die frühe Neuzeit verbreitet war, überholt worden sei. In der Tat hatte sich in der zweiten Hälfte des 19. Jahrhunderts ein substantieller Wandel der Produktionstechnik vollzogen. Während nach der Industriellen Revolution, die in der zweiten Hälfte des 18. Jahrhunderts in England ihren Ausgang nahm, zunächst zwar einige größere Unternehmen entstanden waren, im allgemeinen aber kleinere und mittlere Unternehmen das Bild der Wirtschaft prägten, entstanden seit der Mitte des 19. Jahrhunderts zunehmend Großunternehmen. Vorreiter waren die Eisenbahngesellschaften, ihnen folgte die verarbeitende Industrie. Charakteristisch war die Zunahme des Anteils fixer Kosten an den Gesamtkosten (Piore und Sabel 1984). Die großbetriebliche Organisation verlieh den neu entstandenen Großunternehmen einerseits wirtschaftliche Überlegenheit gegenüber den traditionellen mittelständischen Unternehmen, erhöhte aber andererseits infolge des hohen Fixkostenanteils ihre Verletzlichkeit in konjunkturellen Rezessionen.

Aus dieser Perspektive wurde das monopolistische Element der Kartelle, das auch in der Zunftordnung des Mittelalters angelegt war, übersehen. Im Vordergrund stand der Schutz des schwächeren Zunftgenossen, dessen wirtschaftliche Existenz durch Wettbewerb gefährdet ist. Denn Wettbewerb läßt sich, wie Schumpeter (1942) zutreffend feststellte, als ein Prozeß „schöpferischer Zerstörung" charakterisieren. Durch Innovationen werden überkommene Wirtschaftsstrukturen zerstört und durch neue ersetzt. Durch Kartelle als Schutzorganisationen wird dieser Prozeß gebremst. Da sich Strukturwandlungen vielfach in Wirtschaftskrisen ankündigen, erschienen vielen Beobachtern die Kartelle als „Kinder der Not". Der österreichische Ökonom Kleinwächter (1883), von dem diese Charakterisierung stammt und der die erste systematische Darstellung der Kartelle lieferte, hielt Kartelle für unverzichtbar, um Chaos zu vermeiden und die Produktion in geordneter Weise an die Schwankungen der Nachfrage anzupassen. Von manchen wurden Kartelle daher in romantischer Verklärung als Garanten sozialer Stabilität angesehen und den vielfach als chaotisch eingestuften Verhältnissen einer Konkurrenzwirtschaft gegenübergestellt. Bei den Verhandlungen des Vereins für Socialpolitik in Mannheim im Jahre 1905 hielt Gustav Schmoller (1906, S. 267f.), das Haupt der jüngeren historischen Schule der deutschen Nationalökonomie, zwar mit kritischen Bemerkungen zum Verhalten der Kartelle nicht hinter dem Berge und sprach sich für eine Mißbrauchskontrolle aus, er wandte sich aber vehement gegen ein Kartellverbot, das zu verlangen nur einigen kindlichen Heißspornen in den Sinn kommen könne, Volkswirten, „welche von den Übelständen der alten freien Konkurrenz nichts wissen oder wissen wollen". Im gleichen Sinn äußerte sich ein weiterer prominenter Nationalökonom der historischen Schule, Karl Bücher (1895, S. 138):

> „Ich halte den Umbildungsprozeß, der durch die Kartelle eingeleitet ist, für einen wohltätigen und notwendigen, weil er eine Rückkehr bedeutet von der Produktionsanarchie zur Produktionsordnung, eine soziale und wirtschaftliche Disciplinierung der Gesellschaft für die höheren Kulturaufgaben, welche ihrer noch harren."

Politisch links orientierte Kreise begrüßten die im letzten Drittel des 19. Jahrhunderts in Deutschland entstandenen Kartelle aus einem ganz anderen Grund. Der Führer der sozialdemokratischen Opposition in Deutschland, August Bebel, erklärte im Reichstag, daß die Kartelle als Schritt in Richtung auf den Sozialismus willkommen seien (Möschel 1972, S. 15).

Ähnlich wie in Deutschland die Kartelle wurden in den USA die Trusts beurteilt. John Bates Clark schrieb dazu 1887 (vgl. Neale 1966, S. 25):

> „Combinations have their roots in the nature of social industry and are normal in their origin, their development and their practical working. They are neither to be deprecated by scientists nor suppressed by legislation."

Er brachte damit zum Ausdruck, was die weit überwiegende Mehrheit der professionellen Ökonomen jener Zeit dachte (DiLorenzo und High 1988).

Dieser Ansicht schloß sich in Deutschland das Reichsgericht in seinem berühmten Urteil von 1897 an, durch das im Ergebnis Kartelle legalisiert wurden. Das Reichsgericht hatte den Fall eines Kartells des „Sächsischen Holzstoff-Fabrikanten-Verbandes" zu beurteilen, dessen satzungsmäßiger Zweck es war, „einen verderblichen Wettbewerb der Fabrikanten untereinander" zu verhindern. Ein Kartellmitglied, das sich nicht an die Kartelldisziplin gehalten hatte, war mit einer Vertragsstrafe belegt worden und hatte dagegen geklagt, weil der Kartellvertrag gegen die Gewerbeordnung verstoße, die Gewerbefreiheit garantiere. Das Reichsgericht verwarf die Klage. In der Begründung akzeptierte es zwar die Intention der Gewerbeordnung „das Interesse der Gesamtheit gegen den Eigennutz des einzelnen zu wahren", hielt andererseits aber die Gefahr ruinöser Konkurrenz für so groß, daß es den Unternehmen das Recht zubilligte, entgegen dem in der Gewerbeordnung postulierten Prinzip der Gewerbefreiheit zur Sicherung der eigenen Existenz Kartelle zu bilden. Darüber hinaus wurde argumentiert, daß eine Verhinderung ruinöser Konkurrenz auch im gesamtwirtschaftlichen Interesse liege (Böhm 1948).[13]

Das Aufkommen von Kartellen in Industriezweigen mit hohen Fixkosten und konjunkturell stark schwankender Nachfrage mag dadurch erklärbar sein, daß in konjunkturellen Depressionsphasen der Preis der Produkte unter die Durchschnittskosten sinkt und ein Wettbewerbsgleichgewicht nicht mehr existiert, wie von Bittlingmayer (1982) sowie McWilliams und Keith (1994) zur Erklärung der Entstehung von Trusts in den USA vorgeschlagen wurde. In einer solchen Situation können Kartelle in der Tat „Kinder der Not" sein, wie von den Verteidigern der Kartelle in Deutschland behauptet wurde. So ließ sich das Reichsgericht in seiner Entscheidung zugunsten der Kartelle auch von dem Gesichtspunkt bestimmen, Preiskartelle seien geeignet, Preisverfall und Überproduktion in einem Gewerbezweig aufzuhalten und dies liege im allgemeinen auch im In-

---

[13] Gegenüber der Kritik von Böhm, das Urteil stelle einen offensichtlichen Gesetzesungehorsam dar, wurde von Möschel (1972, S. 21) folgendes eingewandt. Da die Gewerbeordnung in erster Linie auf einen Abbau staatlicher Beschränkungen der Wirtschaftstätigkeit abzielte, wäre die Schlußfolgerung, aus der Gewerbeordnung lasse sich ein Verbot aller privaten Wettbewerbsbeschränkungen ableiten, nicht „Erkenntnis, sondern Entscheidung" gewesen.

teresse der Gesamtheit (Möschel 1972, S. 8).

Die These, Kartelle seien „Kinder der Not" kann jedoch nicht allgemein zutreffend sein. Während in den letzten Dekaden des 19. Jahrhunderts Kartelle in Deutschland vornehmlich im Bergbau, der Eisen- und Stahlindustrie sowie der chemischen Industrie und der Zementindustrie gegründet wurden, wo in der Tat die Fixkosten einen großen Anteil der Gesamtkosten bilden, entstanden Kartelle später, insbesondere in den zwanziger Jahren, auch in vielen arbeitsintensiven Wirtschaftszweigen, für die die vorgebrachte Begründung kaum herangezogen werden kann.[14]

Die Freistellung der Kartelle durch das Urteil des Reichsgerichts führte in Deutschland zu ihrer raschen Ausbreitung. Ihre Zahl betrug 137 im Jahre 1890, 364 im Jahre 1910 und 1539 im Jahre 1925 (Feldenkirchen 1985, S. 154). Nach anderen Schätzungen belief sich die Zahl der Kartelle im Jahre 1925 auf 2000 bis 2500 (Fischer 1954, S. 443). Auf diese Weise wurde Deutschland zum Land der Kartelle. Schließlich wurde durch das Nazi-Regime die Kartellmitgliedschaft für alle Unternehmen zur Pflicht gemacht, und gegen Ende der dreißiger Jahre wurden die Kartelle zu Agenturen der zentralen Planwirtschaft. Die Ironie der Geschichte wollte es, daß die oben erwähnte Erwartung August Bebels in ganz anderer Weise, als von ihm erhofft, in Erfüllung ging.

Die Entstehung und Verbreitung von Kartellen wurde begünstigt durch eine protektionistische Außenhandelspolitik, die während der letzten Dekaden des 19. Jahrhunderts, in der Epoche des Imperialismus, in allen Industrieländern an Boden gewann. Während bis in die siebziger Jahre des 19. Jahrhunderts Kartelle als monopolistische Organisationen infolge der vorherrschenden Freihandelspolitik wenig hatten ausrichten können und deshalb auch kaum in Erscheinung traten, schufen die während des Imperialismus errichteten Handelsschranken, nicht nur in Deutschland, einen Wall, hinter dem sich Kartelle für ihre Mitglieder erfolgreich entwickeln und behaupten konnten. Dieser Zusammenhang macht deutlich, daß Kartelle ganz überwiegend monopolistische Organisationen waren und sind.

Diese Beurteilung stimmt im übrigen mit der Einschätzung durch Zeitgenossen überein. Einer der führenden deutschen Nationalökonomen der zwanziger Jahre, Werner Sombart, stellte dies in folgender Weise klar (Sombart 1921, S. 316):

---

[14] Von der von Liefmann (1927, S. 39) für 1923 mitgeteilten Zahl von schätzungsweise 1500 industriellen Kartellen entfielen rund zwei Drittel auf Verbrauchsgüterindustrien.

„Die Kartelle ... sind nicht, wie man vielfach angenommen hat, Notstandskinder. Nicht die Zeiten schwerster Depression sind es (wie man denken könnte), in denen sich die einzelnen Unternehmen eines Gewerbezweiges bereit finden, über Preise und ähnlich Dinge Vereinbarungen zu treffen (in solchen Zeiten hofft vielmehr jeder doch wohl eher auf eigene Faust sich durchschlagen zu können), sondern gerade die Zeiten des Aufschwungs, wenn also ein Absatz auch zu höheren Preisen, als sie den Produktionskosten entsprechen, gesichert erscheint."[15]

Diese von Sombart geäußerte These scheint auch für die jüngere Vergangenheit gut gesichert zu sein.[16]

Wettbewerbspolitik ist notwendig

Eine Laissez-faire-Politik gegenüber Kartellen scheint in der Tat die Entstehung von Kartellen zu begünstigen. Man mag freilich zu Recht darauf verweisen, daß die Entwicklung in Deutschland durch eine protektionistische Außenhandelspolitik gefördert worden ist. Wäre, entgegen der tatsächlichen Entwicklung,

---

[15] Im gleichen Sinne äußerte sich Liefmann (1927, S. 3) durch die Feststellung: „Im Zustande der freien Konkurrenz scheut sich der einzelne Unternehmer auch in günstigen Zeiten oft, seine Verkaufspreise entsprechend der gesteigerten Nachfrage zu erhöhen, aus Furcht, die Konkurrenten möchten nicht folgen und er dadurch seinen Absatz verlieren. Kartelle ermöglichen es den Unternehmen dagegen, ihre Preise *sofort* der gestiegenen Nachfrage anzupassen, und infolgedessen ist nicht nur in ungünstigen Zeiten, sondern auch bei günstiger Konjunktur die Tendenz zur Kartellbildung außerordentlich stark. Dies zeigte sich in den Jahren des Aufschwungs 1888-90, in der Hochkonjunktur von 1895 bis 1900 und ebenso in den günstigsten Konjunkturen der Jahre 1904-07 und 1910-13." In jüngerer Zeit ist eine solche Interpretation durch Rotemberg und Saloner (1986) in Zweifel gezogen worden. Mit Hilfe eines spieltheoretischen Modells glaubten sie zeigen zu können, daß es namentlich in konjunkturellen Aufschwungsphasen zu Preisunterbietungen kommt und Kartelle deswegen zerbrechen. Ihre Schlußfolgerung beruht jedoch darauf, daß in ihrem theoretischen Modell die Nachfrageschocks im Zeitverlauf zufallsbedingt voneinander unabhängig und identisch verteilt auftreten. Tatsächlich sind Preise und Mengen in konjunkturellen Zyklen aber typischerweise seriell korreliert, so daß die Grundannahme des Modells, auf die Rotemberg und Saloner ihre These stützen, verletzt ist.

[16] Unter Aufgabe der von Rotemberg und Saloner getroffenen Annahme kamen Haltiwanger und Harrington (1991) zu dem Ergebnis, daß Kartelle in konjunkturellen Rezessionen vom Zerfall bedroht sind. In empirischen Studien wurde diese schon von Sombart beobachtete Tendenz für amerikanische Wirtschaftszweige von Dick (1996) sowie von Bagwell und Staiger (1997) bestätigt. In die gleiche Richtung geht das Ergebnis einer Studie von Neumann, Böbel und Haid (1983), derzufolge im Querschnitt westdeutscher Industriezweige ein positiver Einfluß der horizontalen Konzentration auf die Preis-Kosten-Marge nur für konjunkturelle Aufschwungsphasen, nicht dagegen für Rezessionsphasen nachzuweisen war. Die von Sombart geäußerte These scheint damit nicht nur theoretisch, sondern auch empirisch gut gesichert zu sein.

die frühere Freihandelspolitik fortgesetzt worden, so würde einiges dafür sprechen, daß Kartelle sich nicht hätten halten können und möglicherweise gar nicht erst gegründet worden wären. Das mag zutreffen. Allein, die Einführung einer protektionistischen Außenhandelspolitik während der Phase des Imperialismus dürfte unter der vom Reichsgericht begründeten rechtlichen Beurteilung von Kartellen einen irreversiblen Prozeß in Gang gesetzt haben. Mit den Kartellen entstanden Interessengruppen, die politischen Einfluß nehmen konnten und dazu beitrugen, daß die Außenhandelsprotektion als Schutzschild ihrer wirtschaftlichen Interessen fortgesetzt wurde. Es bedurfte des totalen Zusammenbruchs des politischen Systems mit dem Ende des zweiten Weltkriegs (vgl. auch Olson 1965), daß in Westdeutschland - zunächst noch unter der amerikanischen Militärregierung und später in der Bundesrepublik Deutschland - eine Kehrtwendung sowohl in der Wettbewerbspolitik erfolgte als auch zusammen mit den übrigen Ländern der westlichen Welt durch die Verwirklichung einer liberaleren Außenhandelspolitik im Rahmen des GATT und später der WTO.

Dieses Beispiel zeigt überdeutlich, daß Wettbewerbspolitik notwendig ist, um eine marktwirtschaftliche Ordnung zu sichern. Es verdeutlicht auch die Interdependenz zwischen der Wettbewerbspolitik im engeren Sinne und der Außenwirtschaftspolitik. Ein Land wäre schlecht beraten, wenn es sich etwa angesichts globalisierter Wirtschaftsbeziehungen, durch die sich die Wettbewerbsintensität erhöht, gegenüber den stets vorhandenen Tendenzen zu Wettbewerbsbeschränkungen in der Wettbewerbspolitik nachgiebig zeigte. Auch die derzeitige, von liberalen Kräften dominierte Außenhandelspolitik ist gegenüber der Gefahr nicht gefeit, durch protektionistische Interessen unterlaufen und geschwächt zu werden. Eine Hinwendung zu einer durch Laissez Faire gekennzeichneten Wettbewerbspolitik birgt die Gefahr in sich, daß die marktwirtschaftliche Ordnung unterminiert und daß deren gesellschaftspolitische Legitimation untergraben wird.

Wettbewerbspolitik und Industriepolitik

Wettbewerbspolitik ist deshalb in erster Linie eine auf die Abwehr von Wettbewerbsbeschränkungen abzielende Politik. Demgegenüber wird vielfach, um der Wettbewerbspolitik Führung zu geben, eine konstruktivistische Position vertreten. Da wegen der Existenz von Fixkosten vollständige Konkurrenz in dem von Knight (1921) definierten Sinn kaum jemals zu erwarten ist und wirkliche Monopole auch relativ selten anzutreffen sind, scheint es notwendig zu sein, die Realisierung bestimmter Marktstrukturen anzustreben, die gesamtwirtschaftlich für optimal gehalten werden. So hielt z.B. Kantzenbach (1967) eine Marktstruktur für optimal, die er als „weites Oligopol" bezeichnete. Sie wurde dann als gegeben angenommen, wenn bei mäßiger Produktheterogenität und begrenzter Transparenz nicht zu wenige Anbieter vorhanden sind. Ähnlich vage ist die Konzeption des „funktionsfähigen Wettbewerbs" (workable competition), die von John Maurice Clark (1940) eingeführt wurde. Im Gegensatz zu der Konzeption einer optimalen Wettbewerbsintensität, die statischer Natur ist und einen durch die Wirtschaftspolitik anzustrebenden Zustand bezeichnet, hat John Maurice Clark (1961) freilich ähnlich wie Walter Eucken (1959) die Dynamik des Wettbewerbs betont, die durch eine nicht abgeschlossene Folge von Vorstoß und Verfolgung (moves and responses) gekennzeichnet sei.

Gleichwohl ist es erforderlich, in konkreten Fällen zu entscheiden, ob ein Vertrag zwischen Unternehmen, sei es ein Kartell oder eine Fusion, wettbewerbspolitisch tolerabel ist oder nicht. Auf den ersten Blick scheint ein ähnliches Problem vorzuliegen wie das, zu entscheiden, ob ein halb gefülltes Glas halb voll oder halb leer ist. Es scheint daher auf dasselbe hinauszulaufen, ob eine optimale Marktstruktur angestrebt wird oder ob Wettbewerbsbeschränkungen verhindert werden. In Wahrheit ist das aber nicht der Fall. Um das zu verdeutlichen, seien zwei entgegengesetzte Ansätze der Politik unterschieden, Konstruktivismus und Evolution (Neumann 1990).

Nach dem Verständnis des Konstruktivismus ist Wettbewerbspolitik ein Instrument einer Industriepolitik, die darauf gerichtet ist, eine Wirtschaftsstruktur zu schaffen, von der man annehmen kann, daß sie die ökonomische Wohlfahrt des Landes fördert (Maillet 1984). Wettbewerb ist nach dieser auch in der deutschen Rechtswissenschaft vertretenen Auffassung „eine Veranstaltung des Staates" (Badura 1966). Demgegenüber beruht der evolutionäre Ansatz der Wettbewerbspolitik auf der Einsicht, daß Wettbewerb ein dynamischer Prozeß ist, ein Entdeckungsverfahren.[17] Die Annahme des Konstruktivismus, daß eine wohlfahrtsmaximierende und insofern optimale Allokation gegebener Ressourcen durch staatliche Interventionen erreicht werden kann, wird von den Anhängern einer evolutorischen Deutung des Wirtschaftsprozesses durch die Annahme ersetzt, daß weder die Ziele der Wirtschaft noch die Mittel zu ihrer Verwirklichung a priori bekannt sind. Im Wettbewerb der Unternehmen werden neue Produktionsverfahren entdeckt, neue Märkte erschlossen und neue Produkte entwickelt.

---

[17] Den Gegensatz zwischen den beiden Positionen kann man plakativ wie folgt zum Ausdruck bringen: Aus der Sicht des Konstruktivismus ist alles verboten, was nicht ausdrücklich erlaubt ist, während aus evolutionärer Sicht alles erlaubt ist, was nicht ausdrücklich verboten ist.

Es ist zwar richtig, daß zwischen der Marktstruktur und dem Marktergebnis ein Zusammenhang besteht. Im evolutorischen Prozeß des Wettbewerbs ist aber letztlich auch die Marktstruktur das Ergebnis des Wettbewerbs. Aus evolutionärer Sicht macht der Konstruktivismus einen logischen Fehler. Die Ungewißheit der Zukunft kann nicht anders als durch Versuch und Irrtum überwunden werden, indem Innovationen stattfinden, die dem Test des Marktes unterworfen werden. Es ist deshalb eine Illusion, von der Regierung zu erwarten, sie könne schon heute das wissen, was erst morgen durch - Innovationen - bekannt wird (Popper 1957, S. XII). Eine aktive Industriepolitik, die bestimmte Strukturen zu schaffen sucht, macht sich einer Anmaßung von Wissen schuldig und wird häufig gesamtwirtschaftlich eher schaden als nutzen. Wenn ein Unternehmer einer offiziellen Prognose staatlicher Stellen im guten Glauben vertraut, kann der Staat bei einem Prognoseirrtum kaum eine Entschädigung und/oder Hilfe ablehnen. Industriepolitik führt daher wegen unvermeidlicher Prognosefehler zwangsläufig zu einem Wuchern von Subventionen, durch die eine Verzerrung der Wettbewerbsbedingungen der verschiedenen Wirtschaftszweige und Unternehmen entsteht.[18] Der Prozeß des dynamischen Wettbewerbs, der sich in Strukturwandlungen - in „schöpferischer Zerstörung" - manifestiert, wird deshalb durch eine aktive Industriepolitik behindert. Von einem unverzerrten Wettbewerb dagegen kann eher erwartet werden, daß er die ökonomische Wohlfahrt eines Landes fördert.

Vielfach wird erhofft, durch eine aktive Industriepolitik die internationale Wettbewerbsfähigkeit eines Landes zu erhöhen. Sofern dies dadurch erreicht werden soll, daß einzelnen Unternehmen, die als nationale „Champions" gelten, Vorzugsstellungen eingeräumt und staatliche Unterstützung gewährt wird, so daß Wettbewerbsverzerrungen und -beschränkungen entstehen, ist der Erfolg zweifelhaft. Wie von Porter in seiner Studie über die internationale Wettbewerbsfähigkeit der Nationen dargelegt wurde (Porter 1990), ist nach allen bisherigen Erfahrungen damit zu rechnen, daß die internationale Wettbewerbsfähigkeit am ehesten durch intensiven Wettbewerb erhöht wird. Eine selektive Förderung einzelner Wirtschaftszweige oder gar einzelner Unternehmen stellt einen Rückfall in die Privilegienwirtschaft des Absolutismus und Merkantilismus dar, als absolute Herrscher in Europa einzelne Unternehmen durch die Verleihung von Monopolrechten (privis legis) begünstigten, weil sie sich davon einen positiven Effekt für die Wirtschaftsentwicklung ihres Landes versprachen. Schon von Adam Smith ist diese Art der Politik kritisiert worden, und die

---

[18] Ein eklatantes Beispiel ist die europäische Stahlindustrie. Vgl. Kapitel IV, Abschnitt 4.

seither gemachten Erfahrungen zeigen, daß eine auf Wettbewerb gegründete marktwirtschaftliche Ordnung weitaus erfolgreicher ist.

4. Ansätze der Wettbewerbspolitik in den USA, Deutschland und der Europäischen Union

Im folgenden sollen die Ansätze der Wettbewerbspolitik in den USA, in Deutschland, im Vereinigten Königreich (UK), Frankreich und der Europäischen Union in den Grundzügen dargelegt werden. Es zeigt sich dabei eine bemerkenswerte Konvergenz. In den USA wird der Anfang der Wettbewerbspolitik, der Antitrust-Politik, durch den Sherman Act von 1890 markiert. In der Bundesrepublik Deutschland begann eine eigenständige Wettbewerbspolitik im heutigen Sinn mit dem Gesetz gegen Wettbewerbsbeschränkungen von 1957. Die Grundlage für die europäische Wettbewerbspolitik wurde im Montanunionsvertrag von 1951 und in den Römischen Verträgen zur Gründung der Europäischen Wirtschaftsgemeinschaft (EWG) von 1957 gelegt. Die Wettbewerbspolitik der Europäischen Gemeinschaft wurde von den gleichen Vorstellungen geprägt, die für die deutsche Wettbewerbspolitik maßgebend waren, und diese waren ihrerseits von der amerikanischen Antitrustpolitik beeinflußt. Inzwischen hat das europäische Recht ein immer größeres Gewicht erlangt und beginnt, auf das nationale Recht der Mitglieder der Europäischen Union (EU) zurückzuwirken, so daß innerhalb der EU eine Tendenz zur Vereinheitlichung der Wettbewerbspolitik zu verzeichnen ist. Insbesondere geht von der europäischen Ebene ein Druck auf die Mitgliedsländer aus, Wirtschaftsbereiche, die auf nationaler Ebene von den Regeln der Wettbewerbspolitik ausgenommen und speziellen Regulierungen unterworfen sind oder waren (in Deutschland zum Beispiel Post und Telekommunikation, Verkehr und Kreditwirtschaft), in die generelle Wettbewerbspolitik einzubeziehen. Die ursprünglich in den siebziger Jahren in den USA begonnene Politik der Deregulierung pflanzt sich auf diese Weise von der Gemeinschaftsebene auf die nationale Ebene fort. Zwischen der Wettbewerbspolitik der USA und der EU gibt es deshalb eine nicht geringe Zahl von Gemeinsamkeiten.

Amerikanische Antitrust-Politik

Die Grundlage der amerikanischen Wettbewerbspolitik wurde durch den Sherman Act von 1890, den Clayton Act von 1914 und den im gleichen Jahr erlassenen Federal Trade Commission Act gelegt. Diese Gesetzgebung folgte der Tradition der Monopolverbote des *common law*, stellte aber doch eine wichtige Weichenstellung dar. Nach englischem *common law* wurden von den Gerichten häufig wettbewerbsbeschränkende Vereinbarungen toleriert, wenn sie nicht darauf abzielten, Dritte in böser Absicht zu schädigen. In den USA gingen nur wenige Gerichte so weit. Der vorherrschende Trend neigte vielmehr zu einer Ablehnung wettbewerbsbeschränkender Abmachungen selbst dann, wenn sie zur Vermeidung „ruinöser" Konkurrenz dienen sollten (vgl. Neale 1966, S. 26). Der monopolistische Charakter der Kartelle wurde klar erkannt. So stellte z.B. im Fall Central Ohio Salt Co. v. Guthrie (1880), in dem die beteiligten Unternehmen eine Pooling-Vereinbarung getroffen und eine gemeinsame Verkaufsorganisation gegründet hatten, das Gericht klar (Kintner 1980 I, S. 89), daß

> „The clear tendency of such an agreement is to establish a monopoly, and to destroy competition in trade, and for that reason, on grounds of public policy, courts will not aid in its enforcement".

Die Verweigerung des Rechtsschutzes für Kartelle durch die Mehrzahl der amerikanischen Gerichte destabilisierte die Kartellabkommen[19], ohne sie freilich völlig verhindern zu können. Wird Kartellen der Rechtsschutz verweigert, suchen sie eigenes Recht zu setzen und zu erzwingen, und zwar durch Informationsaustausch zur Überwachung der Kartelldisziplin und durch Strafaktionen gegen Abweichler und Außenseiter. Obgleich die Lebensdauer von Kartellen in den USA im allgemeinen niedrig war, gab es doch einige bemerkenswerte Ausnahmen, in denen ein Kartell durch besondere Umstände stabilisiert wurde.

Das vermutlich erfolgreichste Kartell der amerikanischen Geschichte war ein Kartell der Paketdienste, das „railroad express cartel". Es konnte sich für mehr als fünfzig Jahre, von 1851 bis 1913, vor allem dadurch behaupten, daß das von den Mitgliedern aufgebaute Netzwerk Größen- und Umfangsvorteile verschaffte, so daß Außenseiter gegenüber dem Kartell keine Chance hatten (Grossman 1996).

Ein zweites instruktives Beispiel ist das amerikanische Bromkartell, das von 1885 bis zum Ersten Weltkrieg existierte. Es wurde nicht zuletzt dadurch stabilisiert, daß mit der „Deutschen Bromkonvention" eine gegenseitige Respektierung der Absatzgebiete vereinbart worden war. Wie von Levenstein (1997, S. 135) dargelegt wurde, gab es in dem Berichtszeitraum von rund dreißig Jahren zahlreiche Fälle, in denen Strafaktionen des Kartells zur Disziplinierung von Abweichlern vorgenommen wurden. Dagegen gab es nur zwei Episoden, in

---

[19] Vgl. die theoretische Begründung dazu in Kapitel II, Abschnitt 2.

denen die Kartelldisziplin zeitweilig zusammenbrach. Eine davon wurde durch einen Streit mit der „Deutschen Bromkonvention" ausgelöst.

Diese Beispiele bestätigen als Ausnahmen aber doch die Regel, daß eine Verweigerung des Rechtsschutzes Kartelle tendenziell destabilisiert. Unternehmen, die Wettbewerbsbeschränkungen anstreben, suchen deshalb Alternativen zur Erreichung des gleichen Ziels. Diese wurden zunächst durch den Trust angestrebt, später durch die Holding-Company und schließlich durch unmittelbare Unternehmenszusammenschlüsse. Die gelegentlich anzutreffende Ansicht, wettbewerbspolitisch sei es ausreichend, Kartellen den Rechtsschutz zu verweigern, geht aufgrund dieser Erfahrung in die Irre. Wenn Unternehmen ein Interesse daran haben, den Wettbewerb zu beschränken, so suchen sie nach Lösungen, die sich auch vor Gericht durchsetzen lassen. Genau dies ist in den USA geschehen.

Die mit dem Sherman Act eingeleitete Gesetzgebung wandte sich gegen diesen Trend. Sie war die Reaktion auf die Entstehung der Trusts und der nachfolgenden Konsolidierung zu Großunternehmen, die in den parlamentarischen Debatten als Bedrohung der bürgerlichen Freiheit gegeißelt wurde. So heißt es in der Begründung des von Senator Sherman eingebrachten Gesetzentwurfs: „If we will not endure a King as a political power we should not submit to an autocrat of trade with power to prevent competition and to fix the price of any commodity" (zitiert nach Audretsch 1999, S. 229). Diese Äußerung sollte Emotionen mobilisieren und dadurch eine wichtige wirtschaftspolitische Grundsatzentscheidung stützen. Der Sherman Act kam nach einer Dekade zustande, die durch soziale Unruhen, Streiks und anarchistische Agitation gekennzeichnet war. Gegen die darin zum Ausdruck kommenden Tendenzen wandte sich die Gesetzesinitiative von Senator Sherman, in dem er feststellte „You must heed their (the voters') appeal or be ready for the socialist, the communist, and the nihilist" (zitiert nach Pitofsky 1979, S. 1057). Wettbewerbspolitik wurde damit zutreffend als konstitutives Element einer marktwirtschaftlichen Ordnung eingeschätzt. Es mag offen bleiben, ob sich hinter diesem an die Öffentlichkeit wendenden Appell eine tiefer liegende ökonomische Begründung verbirgt.[20]

---

[20] Posner (1976) und Bork (1965, 1978), zwei prominente Vertreter der sog. Chicago-School, haben die These vertreten, daß die Gesetzgebung letztlich von der Absicht bestimmt war, ökonomische Effizienz und Wohlstand zu fördern. Dagegen spricht die oben zitierte Beurteilung der Trusts durch John Bates Clark als Repräsentant der professionellen Ökonomen seiner Zeit. Man wird kaum erwarten können, daß die Mitglieder des Kongresses, die überwiegend Juristen waren, eine fundamental andere Einstellung besaßen als die Ökonomen ihrer Zeit. Die gleiche Einschätzung findet sich bei Hazlett (1992), der zustim-

Unabhängig davon, welche historisch die Motivation der Initiatoren der Antitrust-Politik war, ist es sicher zutreffend, daß sich in der Rechtsprechung im Laufe der Zeit immer deutlicher das Ziel der Wohlfahrtsmaximierung als Leitlinie der Wettbewerbspolitik durchsetzte. Einerseits gewann die ökonomische Theorie allmählich einen größeren Einfluß und andererseits ist nur eine von einem eindeutigen Ziel geleitete Politik justiziabel. Wie Bork (1965, S. 837f.) zu Recht bemerkt, hat „The choice of the wealth-maximization policy (has) the additional benefit of making the law more easily predicted, enforced, and applied."[21] Demgegenüber ist „The choice of ultimate values, ..., usually regarded as a function of the legislature and not of the courts." Dennoch ist nicht zu verkennen, daß die Antitrustbewegung nicht zuletzt von dem Motiv geleitet war, Machtzusammenballungen und die Ausbeutung von Konsumenten und kleinen Gewerbetreibenden durch Monopole zu verhindern. Trotz der von Bork ausgesprochenen Warnung sind in die Rechtsprechung amerikanischer Gerichte auch immer wieder mittelstandspolitische Erwägungen eingeflossen.[22]

Der Sherman Act, der als gesetzgeberische Reaktion auf die Entstehung der Trusts erlassen wurde, verbietet in allgemeiner Form Wettbewerbsbeschränkungen. Die zentralen Vorschriften sind die folgenden.

> *Section 1.* „Every contract, combination in the form of trust or otherwise, or conspiracy, in restraint of trade or commerce among the several States or with foreign nations, is hereby declared to be illegal..."
>
> *Section 2.* „Every person who shall monopolize, or attempt to monopolize, or combine or conspire with any other person or persons, to monopolize any part of the trade or commerce among the several States, or with foreign na-

---

mend von Duménil, Glick und Lévy (1997) zitiert wird, sowie bei Stiglitz (1994, S. 127).. Diese Ansicht wird dadurch gestützt, daß die Kritik an Monopolen eine lange Geschichte hat, die ins Mittelalter zurückreicht, als monopolistische Praktiken als Ausfluß sündhafter Habgier verdammt (Tawney 1926, S. 40ff.), in moderner Terminologie also aus verteilungspolitischer Sicht verurteilt wurden.

[21] Wie Kintner (1980 I, S. 342) zeigt, ist diese Tendenz in den Urteilen amerikanischer Gerichte klar nachweisbar.

[22] Mittelstandspolitische Erwägungen hatten schon 1918 in die Urteilsbegründungen im Chicago Board of Trade-Fall und 1933 im Appalachian Coals-Fall Eingang gefunden. Vgl. Bork (1965). Das Urteil im Appalachian Coals-Fall wird heute freilich nicht mehr als zitierfähiger Präzedenzfall akzeptiert. Vgl. Elzinga (1977, S. 1204). Darüber hinaus wurden mit dem 1936 erlassenen Robinson Patman Act eindeutig mittelstandspolitische Ziele verfolgt.

tions, shall be deemed guilty of a felony..."[23].

Diese Vorschriften definieren kriminelle Vergehen, die mit Geld- oder Freiheitsstrafen geahndet werden und zu privatrechtlichen Schadensersatzansprüchen (in dreifacher Höhe) führen. Unter Strafandrohung gestellt sind Verhaltensweisen, die Wettbewerbsbeschränkungen zur Folge haben, gleichgültig, ob es sich um horizontale Absprachen, d.h. Kartelle, um vertikale Abmachungen oder um Fusionen handelt. Durch den Sherman Act wurden nicht Monopole an sich verboten, sondern Verhaltensweisen, die zur Entstehung von Monopolen führen. Ein Monopol, das auf wirtschaftlich überlegenen Produktionstechniken oder die Erfindung neuartiger Produkte beruht, wird durch den Sherman Act nicht verboten.

Eine neue Stoßrichtung erhielt die Antitrust-Politik durch den Clayton Act, durch den eine Reihe von wettbewerbsbeschränkenden Praktiken namentlich untersagt wurden, nämlich,

– price discrimination,
– exclusive dealing and tying contracts,
– acquisition of competing companies,
– interlocking directorates,

sofern ihr „effect may be to substantially lessen competition or to tend to create a monopoly". Als Vorschrift der Fusionskontrolle wurde durch den Clayton Act ursprünglich nur die Bildung von Holdinggesellschaften untersagt. Durch den Celler-Kefauver Act wurde 1950 die Fusionskontrolle durch eine umfassendere Definition des Zusammenschlusses verschärft. Wie schon beim Sherman Act beruhte dies nicht allein auf ökonomischen Argumenten, sondern wurde getragen von der Absicht, Machtzusammenballungen zu verhindern (Pitofsky 1979, S. 1062-1063). Während der Sherman Act primär eine Abwehr der durch Monopolmacht verursachten schädlichen Wirkungen (harmful effects) bezweckte und als eine im wörtlichen Sinne „Antitrust"-Politik eine negative Stoßrichtung hatte, erhielt die amerikanische Wettbewerbspolitik durch den Clayton Act eine positive Ausrichtung. Neale (1966, S. 29) zitiert Chief Justice Stone, der feststellte, daß „public interest is best protected from the evils of monopoly and price-control by the maintenance of competition". Das bedeutet,

---

[23] Ursprünglich wurde das Vergehen als „misdemeanor" eingestuft und mit einer Gefängnisstrafe bis zu einem Jahr und/oder einer Geldstrafe bedroht. Seit 1974 wird eine schwerer wiegende Straftat („felony") angenommen, die mit Gefängnis bis zu drei Jahren und/oder einer Geldstrafe zu ahnden ist.

daß der Wettbewerb als Institution geschützt werden soll.

Der historische Hintergrund für den Clayton Act ist folgender. Nachdem der Sherman Act zunächst einige Jahre ohne Wirkung blieb, wurde 1898 durch das Urteil des Sixth Circuit Court of Appeals im Fall United States v. Addyston Pipe and Steel Company erstmals die sog. *per se* Doktrin aufgestellt, nach der horizontale Absprachen immer verboten sind, eine Doktrin, die später durch weitere Urteile anderer Gerichte bestätigt und befestigt wurde (vgl. unten Kapitel III). Damit gerieten die Trusts, die de facto Kartelle waren, in Gefahr, vom *per se* - Verbot horizontaler Absprachen erfaßt zu werden. Als Ausweg bot sich die Möglichkeit von Fusionen an, die Bildung von Aktiengesellschaften, die durch die Gesetzgebung zum Gesellschaftsrecht in verschiedenen Bundesstaaten der USA, besonders zum Beispiel in New Jersey, ermöglicht wurde. Damit war der legale Weg zur ersten großen Zusammenschlußwelle um die Jahrhundertwende geöffnet.[24] Die erste wettbewerbspolitische Reaktion darauf erfolgte 1903 durch das Urteil des Supreme Court im Fall der Northern Securities Company. Zwei konkurrierende Eisenbahnlinien von den Großen Seen zur Pazifikküste waren durch die Gründung einer Holdinggesellschaft zusammengeschlossen worden. Durch das Urteil wurde diese Gesellschaft wieder aufgelöst. Dadurch wurde eine entscheidende Weichenstellung der amerikanischen Wettbewerbspolitik vollzogen. In den Jahren zuvor hatte die Regierung den wirtschaftlichen Interessen freien Lauf gelassen. In seiner populären Geschichte Amerikas schrieb Alistair Cooke (1975, S. 296) über die Zeit um die Jahrhundertwende:

> „Es ist wohl aufgefallen, daß wir seit Lincoln kaum einen Präsidenten mehr erwähnt haben - und zwar absichtlich nicht. Während der vierzig Jahre nach dem Bürgerkrieg - also um die Jahrhundertwende - lag die wirkliche nationale Macht bei den Stahltrusts, den Eisenbahngesellschaften, dem Erdölmonopol."

Eingeleitet wurde die Wende durch den Präsidenten Theodore Roosevelt, als 1902 der Initiator der Northern Securities Company, der mächtige Banker J. Pierpont Morgan, davon hörte, daß die Regierung etwas gegen die von ihm ins Leben gerufene Gesellschaft zu unternehmen plante. Als sich Morgan beim Präsidenten darüber beklagte, daß er von der Regierung nicht konsultiert worden sei und versicherte, „If we have done something wrong, send your man to

---

[24] Chandler (1977, S. 319): „...the United States Congress, responding to the increasing protests against cartelization of so many American industries, passed the Sherman Antitrust Act, ... Immediately the 'New Jersey holding company' took the place of the trust as the legal form used to merge a number of single-unit enterprises ...".

my man and they can fix it up", bekam er vom Attorney General die Antwort: „We don't want to fix it up, we want to stop it" (Hughes 1973, S. 426).

Das zweite wichtige Urteil des Supreme Court erging 1911 im Fall der von John D. Rockefeller gegründeten Standard Oil Company of New Jersey, die praktisch ein Monopol für Erdölprodukte besaß. In diesem Urteil, das zur Zerschlagung der Standard Oil Company führte, wurde die sog. *rule of reason* entwickelt. Damit wurde klargestellt, daß Größe an sich, ein hoher Marktanteil an sich, nicht verboten ist. Untersagt sind dagegen Verhaltensweisen, die auf die Erringung einer marktbeherrschenden Stellung abzielen („intent and purpose to monopolize") und sich damit jenseits der „normal methods of industrial development" befinden.

Die Problematik des Urteils, daß Größe an sich nicht verboten ist, wird besonders deutlich durch eine Analyse des Falles von US-Steel (Comanor und Scherer 1995), einem 1901 vollzogenem Zusammenschluß von rund 170 Firmen, deren zusammengefaßter Marktanteil am amerikanischen Eisen- und Stahlmarkt sich auf 66 v.H. belief. Im Jahr 1920 wies der Supreme Court den Vorwurf der Monopolisierung zurück. Tatsächlich besaß US Steel freilich beträchtliche Marktmacht, von der auch Konkurrenten profitierten, die unter dem Schirm der Preispolitik des Marktführers ihren Marktanteil allmählich steigern konnten, so daß der Marktanteil von US Steel bis 1990 allmählich auf rund 20 v.H. sank.[25] Dieser Fall verdeutlicht das Problem der Grenzziehung zwischen erlaubten und verbotenen Fusionen.

Einerseits sollte durch den Clayton Act erreicht werden, daß nicht erst im nachhinein auf Grund beobachteter Verhaltensweisen ein Mißbrauch einer marktbeherrschenden Stellung untersagt wird und eine bereits vollzogene Fusion wieder rückgängig gemacht werden muß. Vielmehr sollte es möglich sein, eine solche Situation von vornherein zu unterbinden, Mißbrauch von Marktmacht also bereits im Keim zu ersticken (in the incipiency). Andererseits ist nicht jede, möglicherweise geringfügige, Einschränkung des Wettbewerbs zu verbieten. Nach dem Clayton Act muß eine wesentliche Beschränkung zu erwarten sein. Dabei ist nach dem Wortlaut noch unklar, ob „may be" besagt, daß eine substantielle Wettbewerbsbeschränkung wahrscheinlich oder nur möglich sein muß. Etwas mehr Klarheit wurde durch das Urteil des United States District Court for the

---

[25] Wie von Gaskins (1971) dargelegt wurde, kann man diesen Vorgang als Ergebnis der Maximierung des Unternehmenswertes eines marktbeherrschenden Unternehmens bei unvermeidlichem, aber nur sukzessiv stattfindendem Markteintritt von Konkurrenten modellieren.

Northern District of Illinois von 1954 im Fall United States v. du Pont geschaffen, wonach der Abschnitt 7 des Clayton Act immer dann anzuwenden sei, wenn „the reasonable likelihood appears that the acquisition will result in a restraint of commerce" (Neale 1966, S. 214). Gleichviel, damit wurde eine Fusionskontrolle eingeleitet, die normative Vorstellungen über den erwünschten Grad des Wettbewerbs auf einem Markt voraussetzt. Dadurch wurde in die Wettbewerbspolitik ein industriepolitisches Element eingeführt, das in den USA im Laufe der vergangenen Dekaden zu unterschiedlichen Bewertungen und Entscheidungen der Wettbewerbspolitik führte.[26]

Während der Weltwirtschaftskrise der dreißiger Jahre wurden mit dem Robinson Patman Act von 1936 mittelstandspolitisch motivierte Regelungen zum Schutz des selbständigen Einzelhandels und der mittelständischen Industrie gegenüber Großunternehmen des Handels eingeführt. Darüber hinaus wurde die Antitrustpolitik weitgehend gelockert und durch eine interventionistische Strukturpolitik ersetzt, die schließlich jedoch vom Supreme Court für verfassungswidrig eingestuft und untersagt wurde. Die Rückkehr zur Antitrustpolitik führte bis in die fünfziger und sechziger Jahre dann zu einer stetigen Verschärfung der Standards, bis eine Umkehr während der späten siebziger und achtziger Jahre erfolgte, nicht zuletzt gestützt durch die Konzeption der „contestable markets" (Baumol, Panzar und Willig 1982), nach der freier Marktzutritt ausreichend sei, Wettbewerb als Institution zu sichern. Da sich die mit diesem Ansatz verbundenen Erwartungen nicht in erhofftem Maße erfüllt haben, ist gegenwärtig wieder eine gewisse Intensivierung der Antitrustpolitik zu beobachten. Nachdem seit den vierziger Jahren und insbesondere in den fünfziger Jahren horizontale Fusionen nach immer strengeren Maßstäben beurteilt wurden, so daß selbst bei einem äußerst geringen Marktanteil, der durch die Fusion entstehen würde, ein Verbot erfolgte, nahm die Zahl horizontaler Fusionen ab. Stattdessen erhöhte sich die Zahl konglomerater Fusionen, bei denen Großunternehmen durch Erwerb kleinerer Firmen eine Diversifikation ihres Unternehmensprogramms in sehr verschiedene Bereiche vornahmen. Es entstanden dabei Mammutunternehmen, die teils technisch verwandte Bereiche einschlossen, zum Teil aber auch technisch und wirtschaftlich voneinander unabhängige Unternehmenszweige umfaßten. Nachdem in den achtziger Jahren unter dem Einfluß der „contestability"-Hypothese horizontale Fusionen wieder in größerem Umfang

---

[26] Aus diesem Grund wurde während der Präsidentschaft von Ronald Reagan die auf den Clayton Act gestützte Antitrustpolitik als „government regulation" eingestuft und im Sinne der Deregulierungspolitik negativ beurteilt, was einer permissiven Tendenz der Fusionskontrolle Vorschub leistete.

zugelassen wurden, nahm die Zahl konglomerater Fusionen ab. Manche der diversifizierten Großunternehmen trennten sich von vorher erworbenen Beteiligungen, um sich stärker auf ihre Kernbereiche zu konzentrieren.

Deutschland

Nachdem das Reichsgericht mit seinem Urteil über das „Sächsische Holzstoffkartell" von 1897 Kartelle allgemein legalisiert hatte, wurde im Jahr 1923, auf der Höhe der Hyperinflation, eine „Verordnung gegen Mißbrauch wirtschaftlicher Machtstellungen" erlassen. Sie enthielt im wesentlichen zwei Vorschriften. Die erste richtete sich gegen ungerechtfertigt hohe Preise. Die Voraussetzungen für die Anwendung dieser Vorschrift waren jedoch sehr restriktiv. Das war einer der Gründe, weshalb diese Vorschrift wirkungslos blieb. Der wichtigste Grund dafür war jedoch, daß die Inflation, die man durch die Verordnung einzudämmen suchte, nicht durch Wettbewerbsbeschränkungen, sondern durch eine exzessive Geldmengensteigerung bedingt war, obgleich die durch Geldmengenvermehrung ausgelöste Nachfragesteigerung auch den Kartellen monopolistisch bedingte Preiserhöhungsspielräume eröffnete. Das zweite Ziel der Verordnung bestand darin, ungerechtfertigte Beschränkungen der Handlungsfreiheit von Kartellmitgliedern, die aus der Kartelldisziplin auszubrechen suchten, zu verhindern. Doch auch in dieser Hinsicht blieb der Erfolg der Verordnung hinter den Erwartungen zurück (Bremer 1985, S. 124f.).

Nach dem zweiten Weltkrieg wurde in der Bundesrepublik Deutschland bis 1957 eine von den westlichen Besatzungsmächten eingeführte, an das amerikanische Antitrustrecht angelehnte Wettbewerbspolitik praktiziert. Inzwischen hatte eine Gruppe deutscher Nationalökonomen und Rechtswissenschaftler, die später als Ordo-liberale Schule bekannt wurde, Grundsätze der Wirtschaftspolitik entwickelt, die nach der Gründung der Bundesrepublik Deutschland die Richtung bestimmten. Die bekanntesten Vertreter waren der Nationalökonom Walter Eucken und der Rechtswissenschaftler Franz Böhm. Die von dieser Gruppe entwickelten Ideen wurden später als „Soziale Marktwirtschaft", einem von Alfred Müller-Armack geprägten Begriff, politisch propagiert und von Ludwig Erhard, dem ersten Wirtschaftsminister der Bundesrepublik Deutschland, politisch umgesetzt. Die Idee der Sozialen Marktwirtschaft war einerseits ein Gegenentwurf zum Sozialismus und wandte sich andererseits gegen den Interventionismus, der die Wirtschaftspolitik in der Zeit zwischen den beiden Weltkriegen bestimmt hatte. Als tragende Säule der Sozialen Marktwirtschaft gilt die Wettbewerbspolitik, die darauf gerichtet sein soll, Marktmacht zu begrenzen. Durch die „Entmachtungsfunktion" des Wettbewerbs soll auch die

Vermachtung der Wirtschaft durch Großunternehmen und von ihnen beherrschter Interessenverbände eingedämmt werden.

Inspiriert von der Schule der Ordo-Liberalen entstand das Gesetz gegen Wettbewerbsbeschränkungen (GWB) von 1957, mit dem eine eigenständige deutsche Gesetzgebung zur Grundlegung der Wettbewerbspolitik geschaffen wurde. Vorbehaltlich einiger Ausnahmen wurde darin die Praktizierung von Kartellen und einer Reihe sonstiger wettbewerbsbeschränkender Verhaltensweisen, sowie die mißbräuchliche Nutzung einer marktbeherrschenden Stellung verboten. Erst durch die 6. Novelle zum Gesetz gegen Wettbewerbsbeschränkungen (GWB) von 1998, mit der Angleichungen an das europäische Recht vollzogen wurden, werden Kartelle, vorbehaltlich einiger Ausnahmen, per se verboten. Das novellierte Gesetz wird im folgenden als Kartellgesetz (KartellG) bezeichnet.

Anders als in den USA gilt die Praktizierung verbotener Kartelle und sonstiger untersagter Verhaltensweisen im allgemeinen nicht als strafrechtliches Vergehen[27], sondern als Ordnungswidrigkeit, die mit Bußgeldern geahndet werden kann. Marktbeherrschende Unternehmen, das sind solche Unternehmen, die keinem oder keinem wesentlichen Wettbewerb ausgesetzt sind oder eine im Verhältnis zu ihren Wettbewerbern überragende Marktstellung besitzen, unterliegen einer Mißbrauchsaufsicht. Während bisher mißbräuchliches Verhalten durch die Kartellbehörde untersagt werden konnte und Verträge für unwirksam erklärt werden konnten (§ 22 Abs. 4 GWB), ist die mißbräuchliche Ausnutzung einer marktbeherrschenden Stellung nach § 19 KartellG jetzt von vornherein verboten. Das hat zur Folge, daß bei einer Zuwiderhandlung nicht nur die Kartellbehörde ein Bußgeld auferlegen kann, sondern daß auch Schadenersatzansprüche Dritter entstehen und/oder daß die Kartellbehörde einen durch die Zuwiderhandlung entstandenen Mehrerlös abschöpfen kann (§§ 33, 34 KartellG).

Eine Fusionskontrolle war von den Initiatoren des Gesetzes gegen Wettbewerbsbeschränkungen zwar vorgesehen, ließ sich im Gesetzgebungsverfahren infolge des Widerstands industrieller Interessen zunächst nicht realisieren. Sie wurde erst 1973 eingeführt und schuf die Möglichkeit, die Entstehung oder Verstärkung einer marktbeherrschenden Stellung zu untersagen. Als marktbeherrschend gilt ein Unternehmen, wenn es ohne Wettbewerber ist oder keinem wesentlichen Wettbewerb ausgesetzt ist oder ein im Verhältnis zu seinen Wett-

---

[27] Eine Ausnahme bildet die Teilnahme an einem Submissionskartell, die nach § 298 StGB unter Strafe gestellt ist. Darüber hinaus kann die Praktizierung von Kartellen den Tatbestand des Betrugs erfüllen.

bewerbern überragende Marktstellung hat. Das Gesetz definiert dazu gewisse Vermutungskriterien für das Vorliegen einer marktbeherrschenden Stellung. Falls die Kriterien erfüllt sind, muß das Bundeskartellamt, die auf Bundesebene zuständige Behörde, eine Fusion verbieten. Obgleich der Wortlaut des Gesetzes zunächst den Eindruck erweckt, es gehe – ähnlich wie im amerikanischen Sherman Act – um die Verhinderung der Monopolisierung von Märkten, so wird durch die Formulierung der Vermutungskriterien und die daran anknüpfende Rechtsprechung eine Praxis begründet, die – ähnlich wie aufgrund des Clayton Acts in den USA – darauf abzielt, wesentliche Beschränkungen des Wettbewerbs zu unterbinden. Die Fusionskontrolle enthält damit ein industriepolitisches Element.

Bei der Beurteilung der deutschen Wettbewerbspolitik ergibt sich die Frage, welcher Wettbewerb geschützt werden soll. Sie ist nicht eindeutig zu beantworten, denn in der Rechtsprechung hat sich eine ambivalente Einstellung durchgesetzt. Unter Bezugnahme auf die Begründung zum Regierungsentwurf des Gesetzes gegen Wettbewerbsbeschränkungen stellte der Bundesgerichtshof 1961 folgendes fest: „Kartellrechtlich nicht zu beanstanden sind allerdings solche Verträge und Beschlüsse, die lediglich einen nach dem Gesetz gegen den unlauteren Wettbewerb oder anderen Gesetzen unzulässigen Wettbewerb unterbinden sollen; denn das Gesetz gegen Wettbewerbsbeschränkungen will nur den lauteren, nicht den unlauteren oder sonstwie gesetzeswidrigen Wettbewerb von Beschränkungen freihalten" (zitiert nach Mestmäcker 1984, S. 90). Das Gesetz gegen unlauteren Wettbewerb (UWG), auf das hier Bezug genommen wurde, stammt aus dem Jahr 1896 und in seiner heute noch gültigen Fassung aus dem Jahr 1909, also aus der Blütezeit der Kartelle. Die in § 1 UWG enthaltene Generalklausel lautet: „Wer im geschäftlichen Verkehr zu Zwecken des Wettbewerbs Handlungen vornimmt, die gegen die guten Sitten verstoßen, kann auf Unterlassung und Schadensersatz in Anspruch genommen werden." Durch die Bezugnahme auf die „guten Sitten", d.h. praktisch das, was in der Branche als anständig gilt, wird ein kollusives Element als legitim akzeptiert. Diese Legitimation kann dabei nicht aus der Wirtschaftstheorie abgeleitet werden. Vielmehr ist durch die juristische Ausformung des Lauterkeitsbegriffs ein von ökonomischen Erwägungen autonomer Beurteilungsstandard geschaffen worden.

Durch die Bezugnahme auf die „Lauterkeit des Wettbewerbs" wird die Grundlage dafür geschaffen, daß es Wirtschaftsverbänden erlaubt ist, für ihren Bereich Wettbewerbsregeln aufzustellen. In § 24 Absatz 2 KartellG (vorher § 28 Absatz 2 GWB) heißt es von derartigen Wettbewerbsregeln, daß sie „das Verhalten von Unternehmen im Wettbewerb regeln zu dem Zweck, einem den Grundsätzen des lauteren oder der Wirksamkeit eines leistungsgerechten Wettbewerbs zuwiderlaufenden Verhalten im Wettbewerb entgegenzuwirken". Aus ökonomischer Sicht ist die Nähe solcher Wettbewerbsregeln zu Kartellen offensichtlich.

Europäische Union

Ähnlich wie in Deutschland verlief die Geschichte der Wettbewerbspolitik in der Europäischen Gemeinschaft. Die ersten Ansätze sind im Montanunionsvertrag enthalten. In den Artikeln 65 und 66 des Vertrags über die Gründung der Europäischen Gemeinschaft für Kohle und Stahl (Montanunion) von 1951 ist erstens ein Kartellverbot enthalten. Zweitens werden Unternehmenszusammenschlüsse einem Genehmigungsvorbehalt der Hohen Behörde unterworfen. Demgegenüber sieht der Vertrag zur Gründung der Europäischen Gemeinschaft (EG) in Artikel 81 vorbehaltlich verschiedener Ausnahmen nur ein Verbot von Kartellen und anderen wettbewerbsbeschränkenden Absprachen vor, sowie in Artikel 82 ein Verbot des Mißbrauchs einer marktbeherrschenden Stellung.[28]

In Artikel 81, Absatz 1 EG-Vertrag heißt es:

> „Mit dem Gemeinsamen Markt unvereinbar und verboten sind alle Vereinbarungen zwischen Unternehmen, Beschlüsse von Unternehmensvereinigungen und aufeinander abgestimmte Verhaltensweisen, welche den Handel zwischen Mitgliedsstaaten zu beeinträchtigen geeignet sind und eine Verhinderung, Einschränkung oder Verfälschung des Wettbewerbs innerhalb des Gemeinsamen Marktes bezwecken oder bewirken."

Artikel 82 EG-Vertrag beginnt:

> „Mit dem Gemeinsamen Markt unvereinbar und verboten ist die mißbräuchliche Ausnutzung einer beherrschenden Stellung auf dem Gemeinsamen Markt oder auf einem wesentlichen Teil desselben durch ein oder mehrere Unternehmen, soweit dies dazu führen kann, den Handel zwischen Mitgliedsstaaten zu beeinträchtigen."

Der Montanunionsvertrag läuft mit dem Jahr 2002 aus. Danach unterliegt auch der Kohlebergbau und die Eisen- und Stahlindustrie den Vorschriften des EG-Vertrags. Aus dem Wortlaut der Artikel 81 und 82 EG-Vertrag wird ein vorrangiges Ziel deutlich: Die Schaffung eines gemeinsamen Marktes in Europa darf nicht durch private Verträge unterlaufen werden, durch die Grenzen wie-

---

[28] Durch den Vertrag von Amsterdam, der nach Ratifizierung durch alle Mitgliedsländer am 1. Mai 1999 in Kraft getreten ist, wurde die Numerierung der verschiedenen Artikel geändert. Artikel 85 ist jetzt Artikel 81, Artikel 86 jetzt Artikel 82. Im folgenden wird stets die neue Numerierung benutzt.

der eingeführt werden, die durch den EG-Vertrag beseitigt worden sind. Im übrigen besteht eine weitgehende Parallelität zu den Vorschriften des deutschen Gesetzes gegen Wettbewerbsbeschränkungen. Eine explizite Fusionskontrolle war nicht vorgesehen. Allerdings hatte der Europäische Gerichtshof (EuGH) in einem Urteil (Continental Can-Fall) 1973 prinzipiell den Weg eröffnet, eine von einem marktbeherrschenden Unternehmen initiierte Fusion als Mißbrauch einer marktbeherrschenden Stellung nach Artikel 82 EG-Vertrag zu untersagen. Damit war ein Rechtszustand erreicht, wie er in den USA allein aufgrund des Sherman Act bestand. Die in den USA im Jahr 1914 durch den Clayton Act und in der Bundesrepublik Deutschland 1973 durch eine Novelle zum Gesetz gegen Wettbewerbsbeschränkungen eröffnete Möglichkeit der Fusionskontrolle wurde auf europäischer Ebene erst im Jahr 1989 durch die auf Artikel 87 und 235 des EG-Vertrags gestützte Verordnung über die Kontrolle von Unternehmenszusammenschlüssen geschaffen. Danach unterliegen Fusionen von Unternehmen der Kontrolle durch die Europäische Kommission insbesondere dann, wenn ein weltweiter Gesamtumsatz aller beteiligten Unternehmen von mehr als 5 Mrd. Euro und ein gemeinschaftsweiter Gesamtumsatz von mindestens zwei beteiligten Unternehmen von jeweils mehr als 250 Mill. Euro vorliegt, es sei denn, daß die am Zusammenschluß beteiligten Unternehmen jeweils mehr als zwei Drittel ihres gemeinschaftsweiten Gesamtumsatzes in einem und demselben Mitgliedsstaat erzielen. Liegen die Voraussetzungen für eine Zuständigkeit der Europäische Kommission vor, so ist diese allein für die Fusionskontrolle zuständig. Die Zuständigkeit nationaler Wettbewerbsbehörden für andere Fusionen blieb unberührt.

Noch ausgeprägter als in den USA und in Deutschland enthält die europäische Fusionskontrolle ein industriepolitisches Element. Dies wird dadurch hervorgehoben, daß in der Fusionskontrollverordnung (Artikel 2) unter den Kriterien zur Beurteilung von Unternehmenszusammenschlüssen auch die Berücksichtigung der Entwicklung des technischen und wirtschaftlichen Fortschritts gefordert wird, „sofern diese dem Verbraucher dient und den Wettbewerb nicht behindert."

Ziel der Wettbewerbspolitik der Europäischen Gemeinschaft ist es, ein System zu errichten, „das den Wettbewerb innerhalb des Binnenmarktes vor Verfälschungen schützt" (Art. 3 lit. g EG-Vertrag). Ziel ist es also, unverfälschten Wettbewerb herzustellen, einen Wettbewerb, der weder durch private Wettbewerbsbeschränkungen verfälscht ist, noch durch staatliche Maßnahmen der Mitgliedsländer. Deshalb gehört untrennbar zur Wettbewerbspolitik der Gemeinschaft auch die Überwachung der Subventionen, die von den Mitgliedsländern den in ihrem Gebiet ansässigen Unternehmen gewährt werden (Artikel 87 und 88 EG-Vertrag).

Welchen Stellenwert die Wettbewerbspolitik der Europäischen Gemeinschaft innerhalb der Gesamtheit der Politiken der Gemeinschaft besitzt, darüber besteht keine völlige Einhelligkeit. In Artikel 4 Abs. 1 des EG-Vertrags heißt es: „Die Tätigkeit der Mitgliedsstaaten und der Gemeinschaft ...umfaßt die Einführung einer Wirtschaftspolitik, die auf einer engen Koordinierung der Wirtschaftspolitik der Mitgliedsstaaten, dem Binnenmarkt und der Festlegung gemeinsamer Ziele beruht und dem Grundsatz einer offenen Marktwirtschaft mit freiem Wettbewerb verpflichtet ist". Nach dem Wortlaut des Vertragstextes bleibt der logische Zusammenhang zwischen den Zielen der Gemeinschaft und der Wettbewerbsordnung offen. In Art. 98 EG-Vertrag heißt es ferner:

> „Die Mitgliedsstaaten und die Gemeinschaft handeln im Einklang mit dem Grundsatz einer offenen Marktwirtschaft mit freiem Wettbewerb, wodurch ein effizienter Einsatz der Ressourcen gefördert wird."

Der mit „wodurch" beginnende Nebensatz kann alternativ im Sinne von „so daß" als empirische Erfahrungsaussage gedeutet werden oder als normative Zielbestimmung im Sinne einer konstruktivistischen Industrie- und Wettbewerbspolitik. Der bis 1999 für Wettbewerbspolitik zuständige Kommissar, Karel van Miert, ordnete Wettbewerbspolitik dementsprechend als Instrument ein, um die Ziele der Gemeinschaft (wirtschaftliche Integration, Zusammenhalt, Verbesserung des Lebensstandards, dauerhaftes Wachstum, soziale Wohlfahrt und Umweltschutz) zu verwirklichen.[29] Dies ist jedoch nicht die einzig mögliche Interpretation des Vertragstextes. Der Text ist auch vereinbar mit der Vorstellung, daß Wettbewerbspolitik in Kenntnis der wohlstandssteigernden Effekte des Wettbewerbs primär der Sicherung wirtschaftlicher Freiheit zu dienen hat.

Vereinigtes Königreich

Ganz ähnlich wie in Deutschland verlief die Entwicklung der Wettbewerbspolitik im Vereinigten Königreich. Kartelle waren nicht verboten und die Bildung von Kartellen galt im Grundsatz als legitime Geschäftspraxis. Soweit ein Kartellvertrag „undue restraints of trade" enthielt, waren die vertraglichen Bedingungen rechtlich nicht erzwingbar. Vor dem zweiten Weltkrieg konnten sich Kartelle deshalb ungehindert betätigen, ja, sie wurden während der Weltwirtschaftskrise in den dreißiger Jahren und in den Kriegsjahren begrüßt und geför-

---

[29] Competition policy „is not an end in itself to be pursued dogmatically; it is an instrument, albeit an important one, for achieving agreed Community objectives", zitiert nach Haid (1999, S. 167).

dert. Ein erster Schritt zur Einführung einer Wettbewerbspolitik erfolgte 1948 durch den Monopolies and Restrictive Practices Act, durch den private Monopole verhindert werden sollten. Die damalige, von der Labour Party gestellte Regierung, war freilich weit davon entfernt, eine Wettbewerbsordnung schaffen zu wollen. Dominierend war das Ziel der Sozialisierung der Wirtschaft. Der private Sektor der Wirtschaft sollte unter staatliche Aufsicht gestellt und reguliert werden (Lever 1999).

Einer konsequenten Wettbewerbspolitik wurde erst 1956 unter einer konservativen Regierung mit dem Restrictive Practices Act der Weg geöffnet. Das Gesetz beruhte auf dem Grundsatz, daß Wettbewerbsbeschränkungen dem öffentlichen Interesse (public interest) entgegenstehen, es sei denn, daß das Gegenteil nachgewiesen wird. Wegweisend für die Anwendung dieses Grundsatzes wurde die Entscheidung des Restrictive Practices Court über die Zulässigkeit der Yarn Spinners' Association. Der Registrar hatte die Erlaubnis dieses Kartells abgelehnt und argumentiert, daß das Kartell zu höheren Preisen führe, so daß auch weniger effiziente Produzenten bei höheren Kosten überleben könnten und auf diese Weise eine Überschußkapazität geschaffen würde. Von der Industrie wurde demgegenüber auf die positiven Beschäftigungseffekte hingewiesen, die durch die Erhaltung von Betrieben in wirtschaftlich schwachen Regionen entstehen würden. Der Restrictive Practices Court entschied, daß die „beneficial effects on employment was outweighed by the detriments to the public" (Symeonidis 1998, S. 58). Das britische Kartellgesetz von 1956 wurde 1976 und 1996 durch Novellen ergänzt, und zuletzt 1998 zur Angleichung an das europäische Recht durch den Competition Act 1998 ersetzt, der im Jahr 2000 in Kraft tritt. Da die Regelungen des britischen Gesetzes weitestgehend mit dem EG-Recht übereinstimmen, kann sich die Praxis der britischen Wettbewerbspolitik an der Rechtsprechung des Europäischen Gerichtshofs und der Entscheidungspraxis der Europäischen Kommission ausrichten.

Eine wettbewerbspolitisch motivierte Fusionskontrolle war, wie in Deutschland und der Europäischen Gemeinschaft, zunächst nicht vorgesehen. Sie wurde im UK 1973 durch den – 1980 ergänzten – Fair Trading Act eingeführt (vgl. Fairburn 1993), dessen Geltung durch den Competition Act 1998 nicht berührt wird. Maßgebliches Kriterium für die Fusionskontrolle war das öffentliche Interesse (public interest), ein weit definiertes Konzept des Gemeinwohls, das auch die Berücksichtigung des technischen Fortschritts und der Beschäftigung einschließt. Das führte dazu, daß diesen Aspekten in der Fusionskontrolle gegenüber dem Ziel der Erhaltung einer wettbewerblichen Struktur der Wirtschaft ein sehr großes Gewicht beigemessen wurde. Eine Trendwende trat mit der „Tebbit Doctrine" ein. Der für die britische Wettbewerbspolitik verantwortliche Minister Norman Tebbit hatte 1984 betont, daß Fusionen zwar nicht ausschließlich, aber doch vorwiegend unter dem Gesichtspunkt der Auswirkungen einer Fusion auf den Wettbewerb untersucht und beurteilt werden müßten (Veljanovski 1995, S. 148f.).

Frankreich

In Frankreich waren nach dem Strafgesetzbuch von 1810 Preiskartelle verboten. Diese Vorschrift wurde jedoch 1864 abgeschafft, nachdem schon vorher Kartelle durch Gerichte mit der Begründung zugelassen worden waren, daß diese zur Verhinderung ruinöser Konkurrenz dienten. Ähnlich wie in Deutschland in den zwanziger Jahren des 20. Jahrhunderts erblickte man in Frankreich nach dem zweiten Weltkrieg in Kartellen eine Quelle der Inflation und trat ihnen deshalb 1945 mit Preisvorschriften entgegen (Jenny 1995, S. 164). Vorwiegend auf politischen Druck aus den USA wurde 1953 ein erstes Wettbewerbsgesetz erlassen, das jedoch eher als eine Ergänzung der Preisregulierung von 1945 anzusehen war. In dieser Zeit glaubte man nicht daran, daß Wettbewerb dazu geeignet ist, die wirtschaftliche Effizienz zu verbessern. Die französische Regierung und einflußreiche Wirtschaftskreise setzten eher auf eine starke Industriepolitik (Souam 1998, S. 207). Diese Auffassung äußerte sich zum Beispiel auch in der Popularität des Buches von Jean-Jacques Servan-Schreiber (1967) über die amerikanische Herausforderung, der man in Europa durch die Schaffung von Großunternehmen begegnen müsse, um Ebenbürtigkeit mit Amerika zu erlangen. Übersehen wurde dabei, daß die damalige Überlegenheit der amerikanischen Konkurrenz nicht auf einer amerikanischen Industriepolitik beruhte, sondern darauf, daß in den USA nicht zuletzt durch die Antitrustpolitik eine effektive Wettbewerbsordnung gesichert wurde. Der erste Schritt zur Einführung einer modernen Wettbewerbspolitik erfolgte unter Premierminister Raymond Barre im Jahre 1977. Kollusives Verhalten konnte untersucht und durch Strafen geahndet werden. Hintergrund dieser Reform bildeten, wie Jenny (1995, S. 167) feststellte, die Ergebnisse industrieökonomischer Forschung über exzessive Profite in konzentrierten Branchen und eine vergleichsweise geringe Effizienz von Großunternehmen zusammen

> „with obvious examples of industrial policy failures in industries in which the government had tried to increase concentration (such as the steel and computer industries) and the slowly emerging feeling that the lack of aggressiveness of French firms on international markets was partly a consequence of weak competition on their domestic market."

Diese Einsichten führten 1986 zur Verordnung über Preis- und Wettbewerbsfreiheit, durch die Kartelle grundsätzlich verboten wurden, ihnen jedoch die

Möglichkeit eines Gegenbeweises eröffnet wurde. Verboten wurde ebenfalls der Mißbrauch einer marktbeherrschenden Stellung, wozu u.a. der Verkauf unter Einstandspreisen im Handel gerechnet wird. Eingeführt wurde ebenfalls eine Fusionskontrolle. Diese befindet sich in der Zuständigkeit des französischen Wirtschaftsministeriums, das den Conseil de la Concurrence auffordern kann, einen Fusionsfall zu untersuchen und dazu Stellung zu nehmen, ohne daß das Ministerium jedoch an die Empfehlung des Conseil gebunden ist. Die Fusionskontrolle befindet sich in Frankreich damit vollständig unter politischer Kontrolle (Souam 1998, S. 226).

Konvergenz der Wettbewerbspolitik

Im Rückblick auf die Wettbewerbspolitik in den USA und die Entwicklung der Wettbewerbspolitik in Europa, namentlich in der Europäischen Gemeinschaft, Deutschland, dem Vereinigten Königreich und Frankreich zeigt sich eine bemerkenswerte Konvergenz. Ausgehend von unterschiedlichen wirtschaftspolitischen Traditionen, insbesondere in den USA, Deutschland, Frankreich, Großbritannien und den südeuropäischen Mitgliedsländern der Europäischen Gemeinschaft haben sich nicht zuletzt unter dem Einfluß der ökonomischen Theorie einheitliche Beurteilungsmaßstäbe entwickelt. Obgleich im einzelnen Unterschiede bestehen, auf die in den folgenden Kapiteln einzugehen ist, ist auch die nationale Wettbewerbspolitik der Mitgliedsländer der Europäischen Gemeinschaft an das Gemeinschaftsrecht angeglichen worden (vgl. Martin 1998). Ein Zwang zur Angleichung des nationalen Rechts an das Recht der Europäischen Gemeinschaft entstand dadurch, daß das Gemeinschaftsrecht Vorrang gegenüber dem nationalen Recht genießt. Wenn eine Wettbewerbsbeschränkung innerhalb der Europäischen Gemeinschaft grenzüberschreitend wirkt, gilt das Gemeinschaftsrecht. Die Notwendigkeit der Gleichbehandlung gleichartiger Vorgänge in einem Mitgliedsland der Europäischen Gemeinschaft schafft einen Druck auf die Gesetzgebung des betreffenden Landes, das nationale Recht an das Gemeinschaftsrecht anzugleichen. Diese Konvergenz schafft die Grundlage dafür, auch im internationalen Kontext, auf globalen Märkten die gleichen Grundsätze der Wettbewerbspolitik anzuwenden wie im nationalen Bereich.

5. Fazit

Wettbewerb erfüllt in einer Marktwirtschaft eine zweifache Funktion: Wettbewerb ist die Triebfeder wirtschaftlichen Wohlstands und durch Wettbewerb wird die Entstehung wirtschaftlicher Macht eingedämmt. Wettbewerbspolitik ist damit eine tragende Säule einer marktwirtschaftlichen Ordnung. Im Grundsatz konzipiert und politisch durchgesetzt – im letzten Drittel des 19. Jahrhunderts in den USA und nach dem zweiten Weltkrieg in Europa – wurde Wettbewerbspolitik zur Abwehr sozialistischer Alternativen. Dieser politische Impetus hat der Wettbewerbspolitik Durchsetzungsfähigkeit gegenüber einer stets vorhandenen Tendenz zu Wettbewerbsbeschränkungen verliehen. Auf der anderen Seite hat die Wettbewerbspolitik stets der Versuchung zu widerstehen, zu einer umfassenden Regulierung, zu einem System interventionistischer Wirtschaftspolitik zu entarten. In Deutschland wird diese Gefährdung der Wettbewerbspolitik mit der Bezeichnung „Industriepolitik" belegt, ein Terminus, der in anderen Ländern weniger wertbeladen verwendet wird. In den USA wird die gleiche negative Beurteilung mit dem Begriff „regulation" verbunden.

Auf seiten der Nationalökonomie ist erst allmählich das Verständnis für die Funktionsweise einer Wettbewerbspolitik entstanden und gewachsen. Zwar war seit Adam Smith die Überzeugung verbreitet, daß Wirtschaftsfreiheit, die Wettbewerb einschließt, wohlstandsfördernd wirkt. Weitestgehende Einigkeit herrscht aber erst heute darüber, daß die Rolle der Wettbewerbspolitik darin bestehen soll, die Freiheit des Wettbewerbs zu sichern. Im einzelnen gab es aber zahlreiche Mißverständnisse und Meinungsverschiedenheiten. So wurde die Rolle der Kartelle wie auch die von Unternehmenszusammenschlüssen kontrovers diskutiert. Eine Wettbewerbspolitik im modernen Sinn gab es vor dem zweiten Weltkrieg nur in den USA. In Europa wurde sie erst in den fünfziger Jahren des 20. Jahrhunderts eingeführt. Inzwischen hat sich jedoch eine weitgehende Konvergenz der wettbewerbspolitischen Prinzipien entwickelt: Kartelle sind grundsätzlich verboten, Fusionen werden kontrolliert, um die Entstehung marktbeherrschender Positionen zu verhindern, und marktmächtige Unternehmen werden einer Verhaltenskontrolle unterworfen, damit ein Mißbrauch wirtschaftlicher Macht unterbunden werden kann.

Die Konvergenz ist entscheidend dadurch gefördert worden, daß die ökonomische Theorie in den letzten Dekaden zum besseren Verständnis der Marktprozesse und der Auswirkungen von Marktmacht beigetragen hat. Erste Einsichten in die Zusammenhänge lassen sich mit den Modellen der vollständigen Konkurrenz und des Monopols (bzw. Monopsons) gewinnen. Ein tieferes Verständnis setzt jedoch die Nutzung differenzierterer Modelle voraus, die geeignet sind, strategisches Verhalten von Unternehmen zu erfassen. Zu untersuchen ist, wie alternative Marktstrukturen und damit zusammenhängende Verhaltensweisen der Konkurrenten das Marktergebnis beeinflussen und welche Marktergebnisse typischerweise auf Verzerrungen des Wettbewerbs hindeuten. Mit diesen Fragen wird sich das folgende Kapitel beschäftigen.

Kapitel II
Industrieökonomik als Grundlage der Wettbewerbspolitik

Wie schon im vorigen Kapitel erwähnt, standen die professionellen Ökonomen der Einführung der Antitrustpolitik in den USA mißtrauisch bis ablehnend gegenüber. Es waren Politiker, Juristen zumeist, die den Protest der Öffentlichkeit gegen die Trusts aufnahmen, und es waren die Gerichte, die die Gesetze zunächst zögernd und später mit Nachdruck durchsetzten. Erst in den dreißiger Jahren des 20. Jahrhunderts wurde mit der Theorie der unvollständigen bzw. monopolistischen Konkurrenz (Joan Robinson 1933, Edward Chamberlin 1933 und Heinrich von Stackelberg 1934) und zwanzig Jahre später im Rahmen der Spieltheorie (John Nash 1951) der Grundstock für eine über die Betrachtung der Extremfälle der vollständigen Konkurrenz und des Monopols hinausgehende, realitätsnähere wissenschaftliche Analyse industrieökonomischer Zusammenhänge gelegt. In diesem Kapitel sollen die aus der Entwicklung der Theorie hervorgegangenen grundlegenden Modelle der Industrieökonomie mit ihren wesentlichen Aussagen wiedergegeben werden, um eine Basis für die folgenden Erörterungen zur Praxis der Wettbewerbspolitik zu legen.

1. Wettbewerb im Oligopol

Im folgenden wird zunächst angenommen werden, daß die Zahl der auf einem Markt aktiven Anbieter beschränkt ist. Zuerst wird ein Markt betrachtet, auf dem alle Produzenten das gleiche Produkt anbieten (homogener Markt). Danach folgt die Analyse eines Marktes mit differenzierten Produkten (heterogener Markt). Während in der ersten Stufe der Analyse die Zahl der Anbieter als exogen gegeben angenommen wird, soll im darauf folgenden Schritt die Zahl der Anbieter endogen erklärt werden (endogene Marktstruktur).

Homogener Markt: Cournot-Gleichgewicht

Für ein identisches Gut kann es im Gleichgewicht von Angebot und Nachfrage auf einem Markt nur einen einheitlichen Preis geben. Dieser ist von Größe des Angebots aller Anbieter abhängig. Der Einfachheit halber (ohne wesentliche Beschränkung der Allgemeinheit) sei ein linearer Zusammenhang zwischen dem Preis p und dem Gesamtangebot des Marktes $Q = \sum_{i=1}^{n} q_i$ angenommen,

$$p = a - bQ.$$

Dabei beschreibt der Koeffizient a die vertikale Größe des Marktes und b die Abhängigkeit zwischen Preis und Nachfrage und damit gleichzeitig die horizontale Größe des Marktes.

Die Anbieter können entweder die Menge bestimmen, so daß sich am Markt ein Gleichgewichtspreis p^* ergibt, oder sie können den Preis setzen, so daß ihnen eine bestimmte Absatzmenge zufällt. Von Cournot (1838) wurde ein Modell entwickelt, in dem die Anbieter die Menge festlegen. Demgegenüber wurde von Bertrand (1883) vorgeschlagen, den Preis als die Variable zu betrachten, die vom einzelnen Anbieter im Wettbewerb eingesetzt wird. Man spricht deshalb einerseits vom Cournot-Wettbewerb und andererseits vom Bertrand-Wettbewerb.[1] Tatsächlich handelt es sich in der Realität nicht um wirkliche Alternativen. Vielmehr hat man es mit einem zweistufigen Entscheidungsprozeß zu tun. Die Unternehmen planen im ersten Schritt ihre Produktionskapazität, mit der eine Produktion q erzeugt werden kann, und setzen im zweiten Schritt den Preis. Es kann gezeigt werden, daß unter bestimmten Voraussetzungen ein solches zweistufiges Vorgehen zum gleichen Ergebnis führt, als wenn von vornherein die Produktionsmenge q als Entscheidungsvariable verwendet wird (Kreps und Scheinkman 1983, Tirole 1988, S. 212ff.), wie ursprünglich von Cournot angenommen wurde. Aus wettbewerbspolitischer Sicht besitzt der Wettbewerb, der sich in einer Änderung der Produktionskapazität vollzieht, ein viel größeres Gewicht als der Wettbewerb bei gegebenen Produktionskapazitäten mittels Preisänderungen. Änderungen der Produktionskapazität spiegeln sich aber stets auch - auf der zweiten Stufe des Entscheidungsprozesses der Unternehmen - in Preisänderungen wider. Obgleich sich die Dynamik des Wettbewerbs vor allem in Investitionsentscheidungen, durch die Kapazitäten aufgebaut werden, entfaltet, mit deren Hilfe die Produktion gegebener Güter erhöht oder neue Güter produziert werden können, sind zur Durchsetzung der Änderungen am Markt stets auch Preisänderungen erforderlich. Das wird unten noch einmal für den Fall von Kostenänderungen deutlich gemacht. Da jedoch Preisänderungen als Folge von Produktionsentscheidungen eine sekundäre Rolle spielen, wird das Gewicht der folgenden Analyse vor allem auf einer Anwendung ver-

---

[1] Während im Cournot-Wettbewerb bei begrenzter Zahl der Anbieter ein Preis zustande kommt, der die Grenzkosten übersteigt, führt Bertrand-Wettbewerb bei einem homogenen Produkt aller Anbieter und identischen und konstanten Grenzkosten zu einem Gleichgewicht, bei dem Preis und Grenzkosten unabhängig von der Zahl der Anbieter immer übereinstimmen. Die empirische Beobachtung, daß der Preis höher ist als die Grenzkosten, kann dann nur durch die Annahme von Preisabsprachen - ein Kartell - erklärt werden.

schiedener Varianten des Modells von Cournot liegen (so auch Sutton 1998, S. 34f.).

Im Oligopol kann der einzelne Anbieter durch die Wahl seiner Produktionsmenge zwar einen Einfluß auf den Preis ausüben, dieser hängt aber auch von den Produktionsentscheidungen der Konkurrenten ab, die der einzelne Anbieter nicht beeinflussen kann. Unter der Voraussetzung, daß der einzelne Anbieter durch eine geeignete Wahl seiner Produktion (genauer: seiner Produktionskapazität) seinen Gewinn zu maximieren sucht und dabei die Produktionsentscheidungen seiner Konkurrenten als gegeben betrachtet, entsteht am Markt ein Gleichgewicht (Cournot-Gleichgewicht), das im folgenden dargestellt werden soll.

Bei einer Kostenfunktion $C_i = F_i + c_i q_i$, in der F_i Fixkosten darstellt und c_i die konstanten variablen Durchschnittskosten (= Grenzkosten), lautet die Gewinnfunktion

$$G_i = p(Q)q_i - c_i q_i - F_i.$$

Darin bezeichnet $p(Q)$ die oben angenommene lineare Preis-Absatz-Funktion, die man aus der Sicht eines einzelnen Anbieters auch in der Form

$$p = (a - b\sum_{\substack{j=1 \\ j \neq i}}^{n} q_j) - bq_i$$

schreiben kann.

Das Gleichgewicht eines einzelnen Anbieters ist in Figur 1 graphisch dargestellt. Eingezeichnet ist die individuelle Preis-Absatz-Funktion dd, die dazuge-

Figur 1

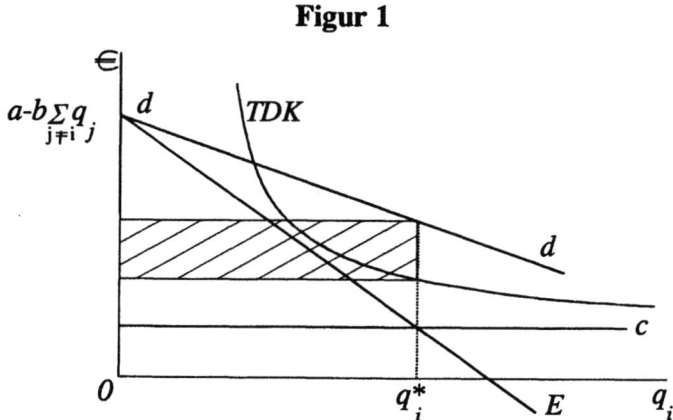

hörende Grenzerlöskurve *dE*, die Grenzkostenkurve c und die Kurve der totalen Durchschnittskosten *TDK*. Das Gewinnmaximum wird durch den Schnittpunkt von Grenzerlös- und Grenzkostenkurve markiert, der Gewinn ergibt sich als Fläche des schraffierten Rechtecks aus Produktionsmenge q_i^* mal der Differenz zwischen dem Preis und den totalen Durchschnittskosten.

Für ein Dyopol ($n = 2$) läßt sich das Cournot-Gleichgewicht mit Hilfe von Reaktionskurven graphisch darstellen. Aus den Bedingungen für ein Maximum des Gewinns

$$G_i = [a - b(q_1 + q_2)]q_i - c_i q_i - F_i \quad, \quad i = 1,2,$$
$$\partial G_i / \partial q_i = a - b(q_1 + q_2) - bq_i - c_i = 0$$

erhält man die beiden Gleichungen

$$a - b(q_1 + q_2) - c_1 - bq_1 = 0$$
$$a - b(q_1 + q_2) - c_2 - bq_2 = 0$$

und daraus die sog. Reaktionskurven

Anbieter 1 $\qquad q_2 = \dfrac{a - c_1}{b} - 2q_1 \qquad$ (R$_1$)

Anbieter 2 $\qquad q_2 = \dfrac{a - c_2}{2b} - \dfrac{1}{2}q_1 \qquad$ (R$_2$)

Die beiden Reaktionskurven sind in Figur 2 abgebildet.

Figur 2

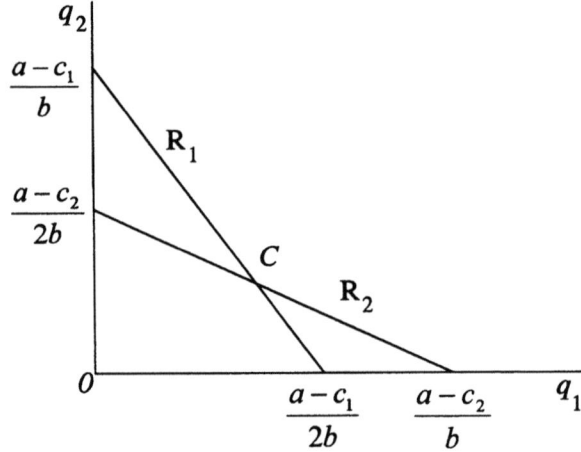

Das Cournot-Gleichgewicht wird durch den Schnittpunkt der beiden Reaktionskurven gegeben.

Schließlich sei eine beliebige Zahl von Anbietern angenommen und zunächst vereinfachend unterstellt, daß für alle Produzenten die gleiche Kostenfunktion gilt, so daß $F_i = F$ und $c_i = c$ ist. Eine gewinnmaximale Wahl der Produktionsmenge führt zu folgenden Ergebnissen:[2]

$$q = \frac{a-c}{b(n+1)} \tag{1}$$

$$Q = \frac{n}{n+1}\frac{a-c}{b} \tag{2}$$

$$p = \frac{a-c}{n+1}+c \tag{3}$$

$$G_i = \frac{1}{b}\left(\frac{a-c}{n+1}\right)^2 - F \tag{4}$$

Das Cournot-Gleichgewicht kann als der zentrale Bezugspunkt wettbewerbspolitischer Analysen gelten. Der Fall der vollständigen Konkurrenz im Sinne von Knight ist ein Spezialfall des Cournot-Gleichgewichts, der bei einer unendlich großen Zahl von Anbietern auftritt. Das Cournot-Modell bietet demgegenüber die Möglichkeit zur Analyse der realitätsnäheren Fälle einer begrenzten Zahl von Anbietern auf einem Markt. Wie von Phlips (1995, S. 10f.) zu Recht betont wurde, ist der Wettbewerb im Cournot-Gleichgewicht scheinbar zum Stillstand gekommen. Für den einzelnen Anbieter gibt es keinen Grund, den Preis zu ändern. „There is competition, and yet no firm actively fights its competitors, because it is no firm's individual interest to engage in 'active' competition!" In der Realität freilich, wird ein Gleichgewicht so gut wie niemals erreicht sein, denn die Nachfrage ändert sich, die Preise der Produktionsfaktoren und damit die Kosten ändern sich, und schließlich nehmen auch die einzelnen Produzenten selbst Innovationen vor, die zu geringeren Kosten führen und damit Spielraum für Preissenkungen schaffen. Dies alles hat zur Folge, daß sich die Marktanteile der einzelnen Anbieter verändern können und daß die Unter-

---

[2] Die Gewinnfunktion lautet $G_i = [a - b(q_1 + q_2 + ... + q_n)]q_i - cq_i - F$. Notwendig für ein Gewinnmaximum ist $\partial G_i / \partial q_i = a - b(q_1 + q_2 .... + q_n) - c - bq_i = 0$. Bei identischen Grenzkosten ist die Produktion aller Anbieter gleich hoch, so daß man $a - c - b(n+1)q = 0$ erhält.

nehmen im Wettbewerb auch die Preise ändern. Damit wird klar, daß eine Konfrontation des Konzepts des vollständigen Wettbewerbs mit dem sog. wirklichen Wettbewerb irreführend ist. Wenn John Bates Clark (1888, S. 6, zitiert nach DiLorenzo und High 1988, S. 426) feststellt, daß „actual competition consists invariably in an effort to undersell a rival producer", dann muß man sich klar machen, daß der Preis eines Produzenten auf die Dauer nicht unter die totalen Durchschnittskosten sinken kann. Kompetitive Preissenkungen - wie im übrigen auch der Eintritt neuer Konkurrenten in einen Markt - basieren in der Regel auf Innovationen, die es erlauben, zu niedrigeren Durchschnittskosten zu produzieren. Gleichwohl stellt das Cournot-Gleichgewicht einen unverzichtbaren Bezugspunkt der ökonomischen Analyse dar.

Kostenunterschiede

Bei identischen Grenzkosten ist in einem Cournot-Gleichgewicht die Produktion aller Anbieter gleich groß. Bei unterschiedlichen Grenzkosten ist der Marktanteil um so höher, je geringer die Grenzkosten sind. In Figur 2 ist vorausgesetzt, daß die Grenzkosten des Produzenten 1 niedriger sind als die des Produzenten 2. Da deshalb $a-c_1$ größer ist als $a-c_2$, ist beim Schnittpunkt der Reaktionskurven die Produktion q_1 größer als die Produktion q_2.

Wenn es in einem Dyopol einem der Produzenten gelingt, seine Grenzkosten gegenüber denen seines Konkurrenten zu senken, so daß $c_1 < c_2$ ist, so erhält man aus den oben angegebenen Bedingungen für ein Gewinnmaximum im Cournot-Fall das Gleichungssystem

$$\begin{pmatrix} 2b & b \\ b & 2b \end{pmatrix} \begin{pmatrix} q_1 \\ q_2 \end{pmatrix} = \begin{pmatrix} a-c_1 \\ a-c_2 \end{pmatrix}$$

und daraus

$$q_1 = \frac{a-c_1-(c_1-c_2)}{3b}$$

$$q_2 = \frac{a-c_2+(c_1-c_2)}{3b}$$

$$Q = q_1+q_2 = \frac{(a-c_1)+(a-c_2)}{3b}.$$

Die Produktion des Anbieters mit den geringeren Grenzkosten ist also höher als die seines Konkurrenten.

Setzt man die Werte der individuellen Produktion in die jeweiligen Gewinngleichungen ein, so ergibt sich für den im folgenden angenommenen Fall, daß Fixkosten nicht entstehen,

$$G_1 = (p - c_1)\, q_1 = \frac{1}{b}\left(\frac{a - c_1 - (c_1 - c_2)}{3}\right)^2$$

$$G_2 = (p - c_2)\, q_2 = \frac{1}{b}\left(\frac{a - c_2 + (c_1 - c_2)}{3}\right)^2.$$

Wenn die Grenzkosten des Produzenten 1 gesenkt werden, so folgt wegen

$$\partial G_1/\partial c_1 = -4q_1/3 < 0$$
$$\partial G_2/\partial c_1 = 2q_2/3 > 0,$$

daß der Gewinn des Produzenten 1 steigt, während der seines Konkurrenten sinkt.

Verfahrensinnovationen im Oligopol

Wenn es einem Produzenten gelingt, seine Grenzkosten durch eine Verfahrensinnovation zu senken, wird er in die Lage versetzt, zu einem niedrigeren Preis zu verkaufen als sein Konkurrent, so daß sein Marktanteil steigt. Der Gewinn des Innovators erhöht sich, während der seines Konkurrenten sinkt. Für den einzelnen Anbieter besteht also ein Anreiz, durch Innovationen die Kosten zu senken. Dieser Anreiz ist um so größer, je höher die Zahl der Konkurrenten ist.

Wenn der Monopolpreis des Innovators niedriger ist als die Grenzkosten der Konkurrenten, fällt ihm der gesamte Markt zu. Man spricht dann von einer „drastischen" Innovation. Dieser Fall dürfte jedoch nur selten anzutreffen sein. Im allgemeinen würde der Monopolpreis des Innovators die Grenzkosten der Konkurrenten übersteigen. Das wird im folgenden vorausgesetzt. Angenommen sei, daß bei n Anbietern der Anbieter 1 eine Innovation durchführt und dadurch die Grenzkosten von $c = 2$ auf $c^* = 1$ senkt, während die übrigen Anbieter nach wie vor mit Grenzkosten $c = 2$ arbeiten. Bei Cournot-Wettbewerb beläuft sich der Gewinn des Anbieters 1 dann auf

$$G_1^* = \frac{1}{b}\left[\frac{a - c^* - (n-1)(c^* - c)}{n+1}\right]^2$$

und der Gewinn eines jeden der übrigen Anbieter beträgt

$$G_j = \frac{1}{b}\left[\frac{a-c+(c^*-c)}{n+1}\right]^2.$$

Der Preis beträgt $p = [a+c^*+(n-1)c]/(n+1)$. Ohne die Innovation hätte der Gewinn aller Anbieter $G_i^c = \frac{1}{b}\left(\frac{a-c}{n+1}\right)^2$ betragen. Die durch eine Innovation des Anbieters 1 eintretenden Änderungen des Gewinns des Innovators und der übrigen Produzenten sind in der folgenden Tabelle zusammengestellt, wobei $a = 10$, $b = 1$, $c = 2$ und $c^* = 1$ angenommen wurde.

n	G_i^c	G_1^*	G_j
1	16,00	20,25	-
2	7,11	11,11	5,44
3	4,00	7,56	3,06
10	0,53	2,68	0,49

Aus diesem Beispiel kann man zwei Schlüsse ziehen. Erstens ist der Gewinnzuwachs eines Monopols absolut größer als der Gewinnzuwachs eines Innovators, der sich in Konkurrenz zu anderen Anbietern befindet. Daher ist die Finanzierung von Aufwendungen für Forschung und Entwicklung für einen Monopolisten leichter. Der Finanzbedarf für kostspielige und aus technologischen Gründen unteilbare Forschungsvorhaben kann von einem Monopol eher gedeckt werden als von einem Unternehmen, das sich in einer Konkurrenzsituation befindet. Zweitens ist der relative Anreiz zu einer Innovation um so größer, je mehr Konkurrenten vorhanden sind. Während der Gewinn im Monopolfall durch die als Beispiel angenommene Senkungen der Grenzkosten um 26,6 v.H. steigt, nimmt er im Fall von zehn Anbietern um 406 v.H. zu.

Durch die Innovation wird die auf den Markt kommende Gesamtproduktion größer, der Marktpreis sinkt, und am Ende wird ein neues Cournot-Gleichgewicht erreicht, bei dem der Marktanteil und der Gewinn des Produzenten mit den geringeren Grenzkosten höher ist als zuvor. Vergegenwärtigt man sich diese Zusammenhänge, so wird klar, daß es keinen Sinn macht, Preiswettbewerb und Wettbewerb durch Innovationen als Gegensätze zu betrachten. Sie gehören zusammen wie die zwei Seiten einer Medaille. Preiswettbewerb und Innovationswettbewerb finden gleichzeitig statt.

Strategische Handelspolitik

Im internationalen Kontext, auf dem Weltmarkt, kann ein Land für die heimischen Unternehmen einen Vorteil erlangen, indem deren Kosten durch eine Subvention gemindert werden. Das zunächst Erstaunliche ist, daß der erlangte Vorteil die Aufwendungen des Staates für die Subvention übersteigt. Diese Möglichkeit einer sogenannten strategischen Handelspolitik wurde von Brander und Spencer (1985) für den Fall analysiert, in dem ein inländisches und ein ausländisches Unternehmen auf dem Markt eines dritten Landes miteinander im Cournot-Wettbewerb stehen. Hier soll stattdessen ein Fall intraindustriellen Handels angenommen werden, in dem die Produzenten des Inlands und des Auslands nach der Bildung eines gemeinsamen Marktes auf diesem in Cournot-Konkurrenz stehen. Von Transportkosten wird abstrahiert. Ferner wird – vereinfachend gegenüber dem Modell von Brander und Spencer – angenommen, daß die Grenzkosten konstant sind und daß die Nachfragekurve des gemeinsamen Marktes linear ist. Wie bei Brander und Spencer wird dann vorausgesetzt, daß die Grenzkosten der inländischen Produzenten durch eine Subvention um den Betrag s gesenkt werden.

Wie im vorigen Abschnitt gezeigt wurde, steigt dadurch der Marktanteil und der Gewinn des heimischen Produzenten 1, während Marktanteil und Gewinn des ausländischen Konkurrenten 2 sinken. Wenn $c_1 = c-s$ und $c_2 = c$ ist, erhält man

$$q_1 = \frac{a-c+2s}{3b}, \qquad q_2 = \frac{a-c+s}{3b}$$

und

$$G_1 = \frac{1}{b}\left(\frac{a-c+2s}{3}\right)^2, \qquad G_2 = \frac{1}{b}\left(\frac{a-c-s}{3}\right)^2.$$

Es läßt sich dann zeigen, daß der heimischen Wirtschaft ein Vorteil auch dann verbleibt, wenn die Kosten der Subvention, sq_1, durch eine Kopfsteuer (lump sum tax) aufgebracht werden. Der Nettovorteil der heimischen Wirtschaft beträgt

$$V(s) = G_1 - sq_1 \ .$$

Der marginale Vorteil einer Subvention beläuft sich auf

$$V'(s) = \frac{\partial G_1}{\partial s} - q_1 - s\frac{\partial q_1}{\partial s}$$

bzw. nach Ausführung der Ableitungen

$$V'(s) = \frac{a-c-4s}{9b} .$$

Wird in einem ursprünglich subventionsfreien Zustand ($s = 0$) eine Subvention eingeführt, so ist eindeutig $V'(s) > 0$. Durch die Subvention wächst dem Inland also zunächst, d.h. bei noch geringer Subvention, ein Vorteil zu.

Die Subvention ist optimal und der durch die strategische Handelspolitik des Landes 1 erreichbare Vorteil am größten, wenn $V'(s) = 0$ und $V''(s) < 0$ ist. Die optimale Subvention pro Produktionseinheit beträgt deshalb

$$s^* = \frac{a-c}{4} ,$$

bei der richtig $V''(s^*) = -4/9b < 0$ ist. Bei der optimalen Subvention ist

$$G_1^* = \frac{(a-c)^2}{8b} \quad \text{und} \quad G_2^* = \frac{(a-c)^2}{16b} .$$

Der Gewinn des inländischen Anbieters ist also doppelt so hoch wie der des ausländischen Anbieters.

Die Summe der Gewinne beider Anbieter beläuft sich bei der optimalen Subvention auf

$$G^* := G_1^* + G_2^* = \frac{3}{b}\left(\frac{a-c}{4}\right)^2$$

und ist geringer als die Summe der Gewinne im subventionsfreien Zustand, die

$$G := G_1 + G_2 = \frac{2}{b}\left(\frac{a-c}{3}\right)^2$$

betragen würde, denn

$$G - G^* = \frac{(a-c)^2}{b}\left(\frac{2}{9} - \frac{3}{16}\right) > 0 .$$

Daß die Gewinnsumme infolge der strategischen Handelspolitik sinkt, beruht darauf, daß die Gesamtproduktion

$$Q^* = q_1^* + q_2^* = \frac{2(a-c)+s}{3b}$$

größer und der Marktpreis deshalb niedriger ist als im subventionsfreien Zustand, in dem die Gesamtproduktion

$$Q = \frac{2}{3}\frac{a-c}{b}$$

betragen würde. Die inländischen wie die ausländischen Konsumenten sowie der inländische Produzent profitieren also von der strategischen Handelspolitik, während die ausländischen Produzenten die eindeutigen Verlierer sind. Man wird deshalb kaum damit rechnen können, daß sie die Handelspolitik des Inlands kritiklos hinnehmen. Sie werden vermutlich ihre Regierung drängen, Gegenmaßnahmen zu ergreifen, indem z.B. ein Antidumpingzoll erhoben wird oder mengenmäßige Einfuhrbeschränkungen eingeführt werden.

Stackelberg-Fall

Bisher haben wir angenommen, daß sich die Konkurrenten strategisch in gleicher Weise verhalten. Möglich ist jedoch auch, daß sie entsprechend ihrer Ausgangslage unterschiedliche Strategien wählen. Damit mag man insbesondere rechnen, wenn die Produzenten unterschiedlich hohe Kosten haben. Um das Problem in seinen Grundzügen zu klären, sei einstweilen angenommen, daß ein Dyopol vorliegt und daß beide Anbieter gleiche Grenzkosten haben. Von einem der Anbieter wird angenommen, daß er sich wie im Fall des Cournot-Wettbewerbs adaptiv verhält, also die Produktion des Konkurrenten als gegeben voraussetzt. Dieser freilich verhält sich anders. Er geht davon aus, daß sich sein Konkurrent adaptiv verhält und maximiert seinen Gewinn unter dieser Voraussetzung.

Wie schon bisher seien eine lineare Nachfragekurve und konstante Grenzkosten angenommen. Setzt man in die Gewinnfunktion des führenden Unternehmens 1

$$G_1 = [a - b(q_1 + q_2)]q_1 - cq_1$$

für die Produktion des Unternehmens 2

$$q_2 = (a-c)/2b - (1/2)q_1$$

ein, die sich bei einem, dem Cournot-Fall entsprechenden, adaptiven Verhalten ergibt, und maximiert den Gewinn des Anbieter 1 in Bezug auf die Produktion q_1, so erhält man als Produktion des führenden Anbieters

$$q_1 = (a-c)/2b$$

und dann für die Produktion des adaptiven Anbieters

$$q_2 = (a-c)/4b.$$

Der führende Anbieter produziert also ebensoviel, als hätte er eine Monopolstellung, während der adaptive Anbieter die Hälfte davon produziert. Insgesamt entsteht eine Produktion, die sich auf 3/4 der bei vollständiger Konkurrenz zu erwartenden Größe beläuft.

Im Gegensatz zum Cournot-Fall, in dem beide Dyopolisten simultan und voneinander unabhängig ihre Entscheidung über die Höhe der Produktion treffen, kann man sich den Stackelberg-Fall als Ergebnis sequentieller Entscheidungen vorstellen. Möglich ist, daß einer der Produzenten zuerst am Markt ist und eine Monopolstellung besitzt. Damit ist für jeden weiteren Anbieter ein 'fait accompli' geschaffen, das ihn zu einem adaptiven Verhalten veranlaßt. Das ist besonders dann gut nachvollziehbar, wenn mit der Aufnahme der Produktion fixe und gleichzeitig versunkene Kosten entstehen. Versunkene Kosten können dadurch bedingt sein, daß die Investitionen zum Aufbau der Produktionskapazität irreversibel sind, daß Aufwendungen für Forschung und Entwicklung getätigt wurden oder daß Marketingkosten entstanden sind. Ist diese Voraussetzung gegeben, so muß ein neueintretender Konkurrent damit rechnen, daß der etablierte Anbieter seine Produktion aufrecht erhält. Würde sich der Neueintretende nicht adaptiv verhalten, sondern eine höhere – möglicherweise gar die gleiche – Produktion realisieren wie der etablierte Anbieter, so würde der Preis sinken. Bei gleichen Grenzkosten sänke er im Extremfall auf das Niveau der Grenzkosten, so daß weder der neue Anbieter noch der bisherige Anbieter einen Gewinn erzielen könnte. Ein Markteintritt mit nicht-adaptiver Produktion wäre deshalb für den neuen Konkurrenten völlig unattraktiv. Ein adaptives Verhalten dagegen verschafft dem neuen Konkurrenten einen positiven Gewinn, so daß für ihn nur diese Strategie in Betracht kommen kann.

Monopolistische Konkurrenz

Wettbewerb besteht nicht nur zwischen Produzenten, die identische Güter anbieten, sondern auch dann, wenn ähnliche Güter angeboten werden, die von den Käufern als substituierbar angesehen werden. Die Heterogenität der von den einzelnen Produzenten angebotenen Gütern kann darin bestehen, daß die Güter sich in ihren Eigenschaften unterscheiden, daß Produktionsort und Verbrauchsort nicht identisch sind, so daß Transportkosten entstehen, oder daß die Verbraucher Lieferfristen in Kauf nehmen müssen. Von einem Markt für eine Gruppe heterogener Produkte kann man dann sprechen, wenn ein hoher Grad an Substituierbarkeit vorliegt. Diese kann näherungsweise durch die Kreuzpreiselastizität zum Ausdruck gebracht werden (vgl. auch das Konzept des relevanten Marktes in Kapitel III). Betrachtet man zwei Güter i und j, so besagt die Kreuzpreiselastizität, um wieviel Prozent die Nachfrage nach dem Gut i steigt, wenn der Preis des Gutes j um ein Prozent erhöht wird.[3] Auf einem so definierten relevanten Markt stehen die einzelnen Produkte trotz ihrer Heterogenität miteinander im Wettbewerb. Chamberlin (1933) sprach von monopolistischer Konkurrenz. Auch in diesem Fall ist eine zweistufige Analyse angebracht. Für jedes individuelle Produkt, z.B. ein Pkw-Modell in der Automobilindustrie, muß eine Produktionskapazität geschaffen werden und danach ist der Preis festzulegen.

Für die individuelle Preis-Absatz-Funktion eines Anbieters, die der Entscheidung eines Unternehmens über die Produktionskapazität für ein Gut zugrunde liegt, sei die folgende Form angenommen

$$p_k = a_k - \sum_{j \neq k}^{n} b_j q_j - b_k q_k .$$[4]

Durch eine geeignete Wahl der Mengeneinheiten läßt sich diese Funktion in die gleiche Form bringen wie im Fall eines homogenen Marktes. Das individuelle Gleichgewicht bei Gewinnmaximierung läßt sich dann ebenfalls durch Figur 1 darstellen. Allerdings sind die b_j von b_k verschieden und auch untereinander unterschiedlich groß. In der Unterschiedlichkeit dieser Koeffizienten kommt die Heterogenität der Produkte und ihre begrenzte Substituierbarkeit zum Ausdruck.

Bertrand-Nash-Gleichgewicht bei Produktdifferenzierung

Während mit den bisher behandelten Mengenstrategien langfristige Zusammenhänge beschrieben werden können, wird kurzfristig der Preis die relevante Variable sein. Für die kurzfristig, d.h. bei gegebenen Produktionskapazitäten, geltenden Zusammenhänge wird man deshalb ein Bertrand-Modell verwenden müssen. Dazu wird angenommen, daß in einem Dyopol die Nachfragefunktionen

---

[3] Dieses Maß ist deshalb nur näherungsweise zuverlässig, weil die bei Preisänderungen auftretenden Einkommenseffekte enthalten sind. Um die Substituierbarkeit unverzerrt zu erfassen, muß von den Einkommenseffekten abstrahiert werden. Bei den meisten Gütern besitzt der Einkommenseffekt jedoch quantitativ nur ein geringes Gewicht, so daß man die Kreuzpreiselastizität als ein näherungsweise korrektes Maß der Substituierbarkeit ansehen kann.

[4] Vgl. auch Henderson und Quandt (1983, S. 199ff.).

$$q_1 = \alpha_1 - \beta p_1 + \gamma p_2$$
$$q_2 = \alpha_2 - \beta p_2 + \gamma p_1$$

gegeben sind. Dazu wird angenommen, daß die Nachfrage auf Änderungen des eigenen Preises des jeweiligen Produkts stärker reagiert als auf Änderungen eines Substitutionsgutes. Daher wird $\beta > \gamma$ vorausgesetzt. Der Gewinn des Produzenten i ist $G_i = (p_i - c_i) q_i$, wenn Fixkosten nicht entstehen. Vermutet der einzelne Anbieter, daß sein Konkurrent auf Preisänderungen nicht reagiert, erhält man ein Bertrand-Nash-Gleichgewicht. Es wird durch die Bedingungen erster Ordnung für ein Gewinnmaximum der beiden Anbieter

$$\partial G_1 / \partial p_1 = \alpha_1 - 2\beta p_1 + \gamma p_2 + c_1 \beta = 0$$
$$\partial G_2 / \partial p_2 = \alpha_2 - 2\beta p_2 + \gamma p_1 + c_2 \beta = 0$$

beschrieben. Daraus ergeben sich Reaktionskurven der beiden Anbieter.

Anbieter 1: $\quad p_2 = -\dfrac{\alpha_1 + c_1 \beta}{\gamma} + \dfrac{2\beta}{\gamma} p_1 \qquad (R_1)$

Anbieter 2: $\quad p_2 = \dfrac{\alpha_2 + c_2 \beta}{2\beta} + \dfrac{\gamma}{2\beta} p_1 \qquad (R_2)$

Sie sind in Figur 3 für den Fall $\alpha_1 = \alpha_2$, $c_1 = c_2$ eingezeichnet. Die Kurven besitzen eine positive Steigung. Das beruht darauf, daß die beiden Produkte Substitute sind. Wenn einer der Produzenten seinen Preis erhöht, geht die Nachfrage nach seinem Produkt zurück, während die Nachfrage nach dem Substitut steigt, so daß dessen Produzent seinen Preis erhöhen kann.

Das Bertrand-Nash-Gleichgewicht wird durch den Schnittpunkt der beiden Reaktionskurven gegeben. Wenn sich die Höhe der Grenzkosten oder die Lage der Nachfragekurven ändert, verschiebt sich auch das Bertrand-Nash-Gleichgewicht. Aus der Figur kann man folgendes erkennen:

(i) Wenn die Grenzkosten des Produzenten 1 sinken, verschiebt sich die Reaktionskurve 1 parallel nach oben, so daß ein neues Gleichgewicht zustande kommt, in dem sowohl p_1 als auch p_2 niedriger sind als zuvor. Wegen der unterschiedlichen Steigung der Reaktionskurven sinkt jedoch der Preis p_1 stärker als der Preis p_2.

Figur 3

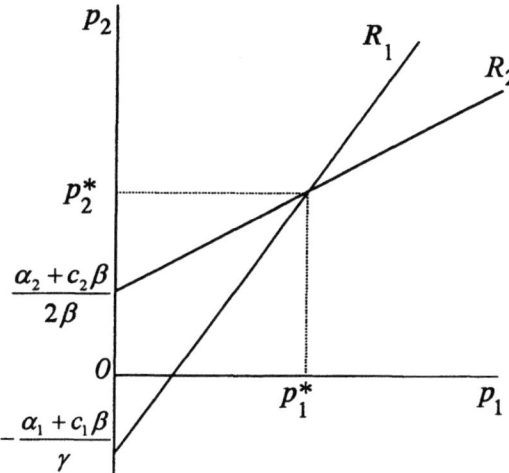

(ii) Wenn die Nachfrage nach dem Gut 1 infolge einer Zunahme von α_1 steigt, verschiebt sich die Reaktionskurve 1 parallel nach unten, so daß sowohl der Preis p_1 als auch p_2, der Preis des Substitutionsgutes, zunimmt. Dabei steigt der Preis des Gutes 1 stärker als der des Gutes 2.

Analoge Ergebnisse gelten für den Fall einer Änderung der Grenzkosten c_2 und der Nachfragekurve für Gut 2.[5]

---

[5] Quantitativ lassen sich die Effekte aus den Maximumsbedingungen herleiten, die in Matrixform wie folgt lauten:

$$\begin{pmatrix} 2\beta & -\gamma \\ -\gamma & 2\beta \end{pmatrix} \begin{pmatrix} p_1 \\ p_2 \end{pmatrix} = \begin{pmatrix} \alpha_1 + c_1\beta \\ \alpha_2 + c_2\beta \end{pmatrix}$$

Die Lösungen sind

$$p_1^* = [2\beta(\alpha_1 + c_1\beta) + \gamma(\alpha_2 + c_2\beta)]/D$$

$$p_2^* = [2\beta(\alpha_2 + c_2\beta) + \gamma(\alpha_1 + c_1\beta)]/D$$

mit $D := 4\beta^2 - \gamma^2 > 0$, weil annahmegemäß $\beta > \gamma$ ist. Daraus erhält man die partiellen Änderungen

$$\partial p_1^* / \partial \alpha_1 = 2\beta/D; \quad \partial p_2^* / \partial \alpha_1 = \gamma/D;$$

$$\partial p_1^* / \partial c_1 = 2\beta^2/D; \quad \partial p_2^* / \partial c_1 = \gamma\beta/D.$$

Wenn die Grenzkosten eines der Produzenten sinken, erhöht sich sein Gewinn, während der Gewinn des Konkurrenten sinkt. Das läßt sich wie folgt zeigen. Man differenziert den Gewinn des Anbieters i, $G_i = (p_i - c_i)q_i$ nach den Grenzkosten c_i. Das ergibt $\partial G_i / \partial c_i = (p_i - c_i) \partial q_i / \partial c_i + (\partial p_i / \partial c_i - 1)q_i$. Differenziert man dann die Nachfragefunktionen unter Verwendung der Kettenregel zuerst nach p_1 und p_2 und dann nach c_i, setzt das Ergebnis in $\partial G_i / \partial c_i$ ein und berücksichtigt ferner die in der obigen Fußnote 4 ermittelten Werte für den Effekt einer Grenzkostenänderung auf die Preise, so erhält man

$$\partial G_1 / \partial c_1 = [(p_1 - c_1)\beta + q_1](2\beta^2 - \gamma^2)/D < 0,$$

da $\quad \beta > \gamma$ und $D > 0$,

sowie $\quad \partial G_2 / \partial c_1 = (p_2 - c_2)\gamma\beta(1+\beta)/D > 0$.

Auch aus kurzfristiger Sicht lohnt sich deshalb eine Innovation, die zu einer Senkung der Grenzkosten führt. Für den Konkurrenten bildet der dadurch entstehende Nachteil einen Ansporn, es dem Pionier gleichzutun. Aus kurzfristiger Sicht, auf der Grundlage eines Bertrand-Nash-Modells erhält man also bezüglich des Effekts einer kostensenkenden Innovation auf den Gewinn das gleiche Resultat wie aus langfristiger Sicht auf der Grundlage eines Cournot-Nash-Modells.

Gleichgewicht bei freiem Marktzutritt im Cournot-Gleichgewicht

Wenn ein ungehinderter Marktzutritt gewährleistet ist, wird ein Gewinn vorhandener Anbieter zum Eintritt neuer Konkurrenten führen. Dadurch verschiebt sich im Cournot-Modell die in Figur 1 dargestellte individuelle Preisabsatzfunktion nach unten, bis sie die Durchschnittskostenkurve berührt und ein Gewinn nicht mehr erzielt wird.[6] Daraus läßt sich dann die Zahl der überlebensfähigen Anbieter ableiten. Nimmt man an, daß für alle Anbieter die gleiche Kostenfunktion gilt und setzt man in Gleichung (4) den Gewinn

$$G_i = \frac{1}{b}\left(\frac{a-c}{n+1}\right)^2 - F = 0,$$

so folgt

---

[6] Für die monopolistische Konkurrenz wurde das bei freiem Marktzutritt entstehende Gleichgewicht als Tangentenlösung von E.H. Chamberlin (1933) und J. Robinson (1933) abgeleitet, für ein Cournot-Modell erstmals von Novshek (1980).

$$n+1 = \frac{a-c}{\sqrt{bF}}.\tag{5}$$

Danach hängt die Zahl der Anbieter von der vertikalen Größe des Marktes a und den Grenzkosten c, von der Höhe der Fixkosten F und von der Steigung b der Preisabsatzfunktion ab, durch die die horizontale Größe des Marktes beschrieben wird. Die Zahl der Anbieter ist insbesondere um so größer, je größer der Markt ist und je geringer die Fixkosten sind.

Da im Gleichgewicht alle Anbieter bei fallender Durchschnittskostenkurve produzieren, sind durch den freien Marktzutritt scheinbar Überkapazitäten geschaffen worden.[7] Würde nur ein einziges Unternehmen vorhanden sein, so könnte die Nachfrage zu geringeren Durchschnittskosten gedeckt werden (Weizsäcker 1980, S. 50-54). Scheinbar gibt es also ein gesellschaftspolitisches Optimum, das dem am Markt durch Wettbewerb erreichbaren Zustand überlegen ist. Dieses Argument führt jedoch in die Irre. Es wäre stichhaltig, wenn die Regierung als „wohlwollender Diktator" über ausreichende Informationen verfügte, um dieses Optimum zu identifizieren und dann auch zu implementieren. Diese Voraussetzungen sind jedoch praktisch nicht erfüllbar. Zur wirtschaftspolitischen Beurteilung der Situation ist deshalb das bei freiem Marktzutritt realisierte Gleichgewicht mit dem eines Monopols zu vergleichen. Es zeigt sich dann, daß die Verbraucher im Fall des Monopols trotz sinkender Durchschnittskostenkurve schlechter gestellt sind.[8]

---

[7] Zum Beispiel wird in einer von der Monopolkommission (1986, S. 231ff.) veröffentlichten Studie gezeigt, daß in nicht wenigen Industriezweigen Westdeutschlands die mit „minimal - effizienter Betriebsgröße" realisierbare Produktion der drei größten Anbieter den tatsächlichen kumulierten Marktanteil der drei größten Anbieter übersteigt. In diesen Fällen findet die Produktion also in der Tat auf dem fallenden Ast der Durchschnittskostenkurve statt.

[8] Der Beweis dafür kann wie folgt geführt werden. Wird vereinfachend angenommen, daß in der Nachfragefunktion $b = 1$ ist, so gilt im Cournot-Gleichgewicht bei freiem Marktzutritt für die Gesamtproduktion $Q_C = n(a-c)/(n+1)$ und für die Zahl der Anbieter $n+1 = (a-c)/\sqrt{F}$. Daraus folgt $Q_C = (a-c) - \sqrt{F}$. Im Fall des Monopols beträgt die Produktion $Q_M = (a-c)/2$ und der Monopolgewinn $G_M = (a-c)^2/4 - F$. Da dieser nicht negativ sein kann, muß $(a-c)/2 \geq \sqrt{F}$ gelten. Das Monopol würde dann zu einer höheren Produktion führen, wenn $Q_M > Q_C$ wäre bzw. $(a-c)/2 > (a-c) - \sqrt{F}$ bzw. $(a-c)/2 < \sqrt{F}$. Das Gegenteil muß aber im Fall eines Monopols zutreffen. Mithin ist

Horizontale Konzentration und die damit verbundene Marktmacht hängt nach dieser Analyse also von Fixkosten ab, von Unteilbarkeiten der Produktionstechnik. Vielfach wird aufgrund dieses Zusammenhangs eine Gesetzmäßigkeit vermutet, nach der mit einer immer weiter steigenden Konzentration zu rechnen sei (Piore und Sabel 1984). Während bis zur Mitte des 18. Jahrhunderts in Handwerk und Gewerbe kleinere und mittlere Betriebsgrößen vorherrschten, für die mit konstanten Durchschnittskosten zu rechnen war, entstanden mit der industriellen Revolution Großbetriebe, für die zunehmende Skalenerträge und Fixkosten charakteristisch waren, so daß die Durchschnittskosten mit zunehmender Produktion sanken. Karl Marx prognostizierte, daß das „große Kapital das kleine schlagen werde" und ein Prozeß mit immer weiter steigender Konzentration zu erwarten sei. Insbesondere die Formierung von Trusts in den USA und die Bildung von Kartellen in Deutschland wurden im Blick auf eine solche Tendenz begründet.

In historischer Perspektive wird freilich deutlich, daß es sich dabei nicht um einen eindeutigen Trend handelt. Anfangs war der Vorteil der Großbetriebe durch die Überlegenheit der Dampfmaschine als Antriebsaggregat begründet. Dieser Trend wurde durch die Erfindung von Elektro- und Verbrennungsmotoren gebrochen, die kleineren Betrieben eine neue Chance gaben. Eine ähnliche Entwicklung vollzog sich in jüngerer Zeit in der Informationsverarbeitung. Während zunächst Großrechner das Feld beherrschten und Großbetriebe begünstigten, änderte sich das Bild mit der Entwicklung von Mikro-Computern und PCs. Das alles schließt nicht aus, daß in verschiedenen Industriezweigen technologisch bedingt Größenvorteile existieren. Ihre Reichweite scheint jedoch begrenzt zu sein. In den meisten Industriezweigen ist die „minimal-effiziente Betriebsgröße", nach deren Überschreiten die Durchschnittskosten nicht weiter sinken, schon bei einem mäßig hohen Produktionsvolumen erreicht (Scherer 1980, S. 87). Im übrigen beobachtet man, daß in zahlreichen Wirtschaftszweigen Großunternehmen sowie kleinere und mittlere Unternehmen nebeneinander existieren (Geroski 1989). Das wäre nicht möglich, wenn überall zunehmende Skalenerträge vorherrschten. Obgleich zunehmende Skalenerträge im einzelnen von großer Bedeutung sind und die Struktur des Angebots auf nicht wenigen Märkten bestimmen (Sutton 1991), kann man doch nicht generell behaupten, die technologische Entwicklung erzwinge aufgrund steigender Skalenerträge eine ständig zunehmende horizontale Konzentration.

---

die Produktion im Gleichgewicht bei freiem Marktzutritt höher als im Fall eines Monopols.

Marktgröße, Fixkosten und horizontale Konzentration

Tatsächlich wird gegenwärtig zur Begründung von Unternehmenszusammenschlüssen vielfach das Argument vorgebracht, auf einem größeren Markt, wie er im Zuge der wirtschaftlichen Einigung Europas entstanden sei und sich weiter entwickle, seien größere Unternehmenseinheiten angebracht. Eine ähnliche Begründung wurde in den USA zur Rechtfertigung der im letzten Drittel des 19. Jahrhunderts entstandenen Trusts und später für die Fusionen zu Großunternehmen vorgebracht. Durch den Bau der Eisenbahnen wurde der Kontinent erschlossen, und die vorher weitgehend lokalen Märkte verschmolzen zu einem einheitlichen Markt. Das gleiche geschah und geschieht in Westeuropa im Rahmen der Europäischen Gemeinschaft und darüber hinaus durch die Globalisierung der Wirtschaftsbeziehungen, die durch den Abbau von Handelsschranken im Rahmen von GATT und der WTO und die Nutzung moderner Kommunikationstechnologien gefördert wird.

Infolge dieser Entwicklungen können Märkte sowohl vertikal als auch horizontal größer werden. Die Verschmelzung mehrerer bisher getrennter Märkte zu einem einheitlichen Markt führt zu einer horizontalen Vergrößerung des Marktes, die in einer Senkung des Koeffizienten b der inversen Nachfragekurve zum Ausdruck kommt. Neben einer horizontalen Vergrößerung der Märkte kann man dann, wenn die Einkommen infolge wirtschaftlichen Wachstums steigen, mit einer vertikalen Vergrößerung der Märkte rechnen, die in einer Zunahme des Koeffizienten a der inversen Nachfragekurve zum Ausdruck kommt. Wie gleich zu zeigen sein wird, nimmt in beiden Fällen der Vergrößerung des Marktes bei freiem Marktzutritt die Intensität des Wettbewerbs zu.[9] Es ist verständlich, daß die Unternehmen versuchen werden, den Wettbewerb durch Kartelle oder Fusionen zu beschränken, um möglicherweise den vorherigen Zustand wieder herzustellen.[10]

Demgegenüber würde bei Freiheit des Marktzutritts eine Vergrößerung des Marktes, gleichviel ob vertikal oder horizontal, zu einer Erhöhung der Zahl der

---

[9] Vgl. dazu auch den Cecchini-Bericht über die Auswirkungen des Europäischen Binnenmarktes (Cecchini 1988).

[10] In internationalen Vergleichsstudien fand Bain (1966) für die fünfziger Jahre und Pryor (1972) für die sechziger Jahre, daß die horizontale Konzentration auf größeren Märkten nicht signifikant niedriger war als auf kleineren Märkten. Für die EWG fanden Sleuwaegen und Yamawaki (1988), daß die horizontale Konzentration, gemessen als C4, von 1963 bis 1978 in Westdeutschland, Frankreich, Italien, Belgien und den Niederlanden zugenommen hatte.

Anbieter führen.[11] Angenommen wird ein Oligopol auf einem homogenen Markt mit identischen Anbietern. Gewinnmaximierung impliziert, wie oben gezeigt wurde, eine individuelle Produktion von $q = (a-c)/b(n+1)$. Bei freiem Marktzutritt ist der Gewinn jedes einzelnen Produzenten im Gleichgewicht

$$G_i = bq^2 - F = 0, \qquad (6)$$

so daß $\sqrt{bF} = bq$ und dementsprechend $q = \sqrt{F/b}$ ist.

Bei einer *vertikalen* Vergrößerung des Marktes (d.h. bei einer Zunahme von a) bleibt die individuelle Produktion deshalb unverändert. Für die Zahl der Anbieter erhält man daher aus Gleichung (5)

$$(n+1) = (a-c)/bq. \qquad (7)$$

Bei einer vertikalen Vergrößerung des Marktes steigt die Zahl der Anbieter nach Maßgabe von $\partial n/\partial a = 1/bq$. Da die Gesamtproduktion $Q = nq$ und mithin $dQ = qdn + ndq$ ist, besteht zwischen der Produktion Q und der Zahl der Anbieter eine direkte Proportionalität, so daß

$$\frac{1}{\beta} := \frac{n}{Q} \frac{\partial Q/\partial a}{\partial n/\partial a} = 1 + \frac{n}{q} \frac{\partial q/\partial a}{\partial n/\partial a} = 1$$

ist.

Wenn der Markt größer wird und deshalb bei gegebenen Fixkosten die Zahl der Anbieter zunimmt, bleibt der Marktpreis gleich. Zwar würde infolge der höheren Nachfrage bei gegebener Anbieterzahl der Preis steigen, diese Tendenz wird aber durch die zunehmende Zahl der Anbieter kompensiert. Setzt man aus (5) in Gleichung (3), $p = \dfrac{a-c}{n+1} + c$, ein, so erhält man

---

[11] Vielfach wird zur Rechtfertigung von Unternehmenszusammenschlüssen jedoch argumentiert, durch den Zusammenschluß seien Kosteneinsparungen möglich. Größere Unternehmen seien in der Lage, überlegene Produktionstechniken zu verwirklichen, die in der vorher kleinräumigen Wirtschaftsstruktur nicht rentabel gewesen seien. Man könne also zum Beispiel bei Inkaufnahme höherer Fixkosten niedrigere Grenzkosten realisieren. Um diese Chance zu nutzen, seien größere Unternehmenseinheiten erforderlich, die nur durch Fusion erreichbar seien. Es läßt sich jedoch zeigen (vgl. Neumann, Weigand, Groß und Münter 1999), daß dies bei freiem Marktzutritt nicht zu grundsätzlich anderen Ergebnissen führt als im folgenden einfacheren Modell mit Grenzkosten, deren Höhe von den Fixkosten unabhängig ist.

$$p = c + \sqrt{bF}. \tag{8}$$

Der Marktpreis bleibt dank des Markteintritts neuer Konkurrenten auf einem Niveau, das gerade die totalen Durchschnittskosten deckt.[12]

Anders liegen die Dinge bei einer *horizontalen* Vergrößerung des Marktes. Aus (6) folgt $\partial q/\partial b = -q/2b$ und aus (7) erhält man unter Beachtung, daß q eine Funktion von b ist, $\partial n/\partial b = -(n+1)/2b$. Aufgrund einer horizontalen Vergrößerung des Marktes (d.h. bei einer Senkung von b) nimmt also bei freiem Marktzutritt sowohl die individuelle Produktion als auch die Zahl der Anbieter zu. Wie man aus (8) unmittelbar erkennt, führt eine horizontale Vergrößerung des Marktes (d.h. eine Verminderung von b) zu einer Senkung des Preises.

Für die Beziehung zwischen der Gesamtproduktion eines Marktes und der Zahl der Anbieter erhält man dann die Relation

$$\frac{1}{\beta} := \frac{n}{Q}\frac{\partial Q/\partial b}{\partial n/\partial b} = 1 + \frac{n}{q}\frac{\partial q/\partial b}{\partial n/\partial b} = 1 + \frac{n}{n+1} > 1$$

und daraus als Kehrwert $\beta < 1$. Die Zahl der Anbieter nimmt also bei einer horizontalen Vergrößerung des Marktes nur unterproportional zu. Im Fall $n \to \infty$ wird $\beta = 0{,}5$ und im Fall $n = 1$ ist $\beta = 2/3$. Daraus folgt, daß β mit zunehmender Konzentration des Angebotes steigt.

Wenn die Größe des Marktes sowohl vertikal als auch horizontal zunimmt, ist ein Wert für β zu erwarten, der zwischen 0,5 und 1 liegt. Wenn dagegen der Marktzutritt für neue Konkurrenten vollständig gesperrt ist, ist $\beta = 0$. Im Querschnitt von Industriezweigen ist deshalb ein β-Wert zu erwarten, der niedriger ist als Eins, und dabei um so geringer ist, je mehr Eintrittsschranken existieren.

Aufgrund dieser Zusammenhänge ergibt sich die Schlußfolgerung, daß bei Bildung eines gemeinsamen Marktes und einer Vergrößerung des Marktes durch Globalisierung auch bei Freiheit des Marktzutritts eine Zunahme der individuellen Unternehmensgröße zu erwarten ist. Unabhängig davon, ob die Grenzkosten durch höhere Fixkosten gesenkt werden können oder nicht, ist im neuen Gleichgewicht die Relation zwischen der Zahl der Anbieter und der Gesamtproduktion auf dem größer gewordenen Markt geringer als die Zahl der bisherigen

---

[12] Die totalen Durchschnittskosten sind gleich $c + F/q = c + Fb(n+1)/(a-c) = c + Fb/\sqrt{bF} = c + \sqrt{bF}$.

Anbieter auf den vorher getrennten nationalen Märkten zur Gesamtproduktion aller Märkte.[13] Da jedoch andererseits die Zahl der Anbieter auf dem größer gewordenen relevanten Markt im Verhältnis zur Nachfrage größer geworden ist als vorher auf den nationalen Märkten, ist der Wettbewerb intensiver geworden. Deshalb besteht ein Interesse der Unternehmen daran, durch Kollusion oder Fusionen den alten Zustand geringeren Wettbewerbs zu konservieren. Aus wettbewerbspolitischer Sicht ergibt sich deshalb die Frage, in welchem Ausmaß mit Eintrittsbarrieren zu rechnen ist, die Wettbewerbsbeschränkungen begründen.

In einer Studie, die sich auf 300 Produktgruppen (in 4-stelliger Klassifikation) der westdeutschen Wirtschaft in der Zeit von 1978 bis 1993 bezog, fand sich (vgl. Neumann, Weigand, Groß und Münter 1999) für β ein statistisch signifikanter Wert im Bereich von 0,5 - 0,6. Das läßt den Schluß zu, daß in den untersuchten Produktgruppen ein beträchtliches Maß an Wettbewerb vorhanden war. Die Existenz von Eintrittsschranken, die zu wettbewerbspolitischer Sorge Anlaß geben können, kann freilich nicht ausgeschlossen werden. Um abzuschätzen, ob das Vorliegen von Eintrittsschranken in statistisch signifikanter Weise nachzuweisen ist, kann auf das in Kapitel I dargestellte Mosteller-Modell zurückgegriffen werden.

Allein aufgrund des Zufalls kann bei gleichen Entwicklungschancen der Unternehmen einer Branche eine ungleiche Größenverteilung entstehen, wobei die Ungleichheit durch die Varianz der Marktanteile gemessen werden kann. Das Mosteller-Modell weist gegenüber Zufallsmodellen der Größenverteilung den Vorzug auf, daß es eine eindeutige Beziehung zwischen der Zahl der Anbieter und der zufallsbedingten Varianz der Marktanteile gibt. Wie aus Tabelle 1 in Kapitel I hervorgeht, nimmt die Varianz mit zunehmender Zahl der Anbieter auf einem Markt ab. Natürlich können Unterschiede in der Größenverteilung der Anbieter auch durch andere Gründe als den Zufall verursacht werden, und zwar namentlich durch die Existenz von versunkenen Fixkosten, die Eintrittsschranken zur Folge haben, oder durch Eintrittsschranken, die auf strategisches Verhalten der etablierten Unternehmen zurückgehen oder durch staatliche Privi-

---

[13] Zur Illustration des Falles einer horizontalen Vergrößerung des Marktes sei angenommen, daß $a = 100$, $F = 100$, $c = 0$, daß auf jedem nationalen Markt $b = 1$ und nach dem Zusammenschluß von zwei nationalen Märkten $b = 1/2$ ist. Dann gibt es bei freiem Marktzutritt auf jedem nationalen Markt $n_i = 9$, zusammen also $n_1 + n_2 = 18$ Anbieter, die $Q_1 + Q_2 = 90$ produzieren. Nach der Bildung des gemeinsamen Marktes ist $n = 13$ und die Gesamtproduktion beträgt $Q = 92$.

legien (wie zum Beispiel Zulassungsvorbehalte oder Subventionen) begründet sind. Um die Validität des Mosteller-Modells abzuschätzen, wird in Figur 4 die tatsächliche Varianz der Marktanteile der nach dem Mosteller-Modell bei unverfälschtem Wettbewerb zu erwartenden Varianz gegenübergestellt

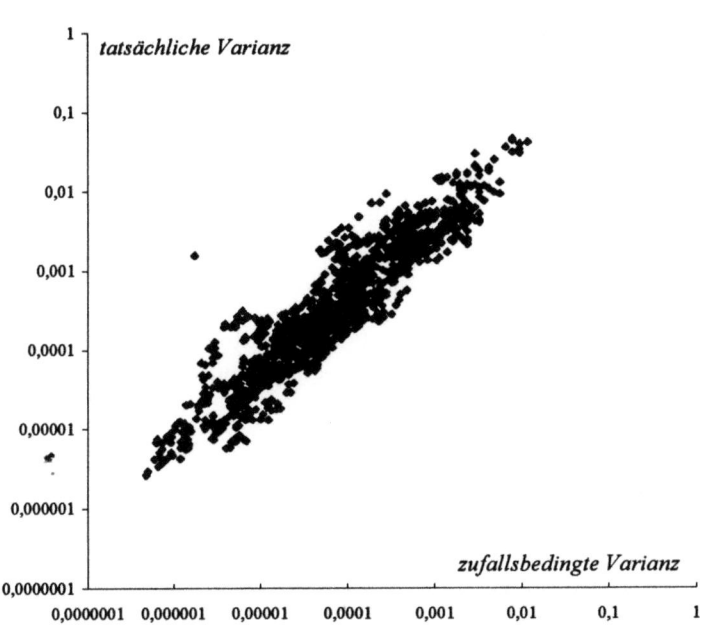

Aus der Graphik ist klar ersichtlich, daß zwischen der tatsächlichen Varianz der Marktanteile und der zufallsbedingten Varianz eine recht enge positive Beziehung bestand, so daß die tatsächliche Varianz ebenso wie die theoretische Varianz mit zunehmender Zahl der Anbieter sinkt. Freilich deutet die in der geneigt verlaufenden Punktwolke zum Ausdruck kommende Streuung darauf hin, daß in nicht wenigen Fällen Abweichungen der tatsächlichen von der bei unverfälschtem Wettbewerb zu erwarten Varianz vorhanden sind. Daraus folgt die Vermutung, daß Eintrittsbarrieren vorhanden sind. Sie sollten dazu führen, daß der effektive β-Koeffizient nach unten hin verzerrt ist. Um diese Hypothese zu überprüfen, wurde in die Regressionsgleichung zusätzlich die logarithmische Differenz zwischen der tatsächlichen Varianz der Marktanteile und der nach dem Mosteller-Modell erwarteten zufallsbedingten Varianz eingeführt, die in fast allen Fällen positiv war. Der Regressionskoeffizient erwies sich als statistisch signifikant negativ. Das deutet auf das Vorliegen von Eintrittsschranken hin..

Man kommt also aufgrund der empirischen Studie zu dem Ergebnis, daß der Zusammenhang zwischen der Zahl der Anbieter und der Größe des Marktes zwar im großen und ganzen dem Cournot-Modell entspricht, daß aber durchaus mit dem Vorliegen von Eintrittsschranken zu rechnen ist, die wettbewerbspolitisch relevant sind.

2. Wettbewerbsbeschränkungen im Oligopol

Wettbewerbsbeschränkungen können in unterschiedlicher Form in Erscheinung treten. Alle laufen letztlich darauf hinaus, eine abgestimmte Strategie zu praktizieren, durch die ein höherer Gewinn als im Wettbewerb erzielt werden kann.

Maximierung des gemeinsamen Gewinns

Ein Kartell, das als Prototyp einer horizontalen Wettbewerbsbeschränkung dienen mag, kann sich verhalten wie ein Monopolist und den gemeinsamen Gewinn

$$G = p(Q)Q - \sum_{i=1}^{n} c_i q_i - \sum_{i=1}^{n} F_i, \qquad Q := \sum_{i=1}^{n} q_i$$

maximieren. Wenn alle Produzenten mit den gleichen Kostenfunktionen rechnen können, erhält man als Lösung eine Gesamtproduktion in Höhe von

$$Q = (a - c)/2b.$$

In diesem Fall kann man damit rechnen, daß auch die Produktion der einzelnen Kartellmitglieder gleich groß ist. Bei unterschiedlichen Grenzkosten sind die Interessen der einzelnen Produzenten jedoch verschieden. Produzenten mit vergleichsweise niedrigen Grenzkosten werden eine größere Produktion anstreben als Produzenten mit vergleichsweise hohen Grenzkosten. Eine Möglichkeit der Preis- und Mengenpolitik eines Kartells, für die es einige empirische Belege gibt (Choi, Menezes und Tressler 1985) besteht darin, den gemeinsamen Gewinn auf der Grundlage der durchschnittlichen Grenzkosten der Kartellmitglieder zu maximieren. Dabei dienen vereinbarte Marktanteile als Gewichte. Das Ergebnis ist eine Produktionsmenge, die geringer ist als im Fall eines Monopols, das den Gewinn auf der Grundlage der Grenzkosten des effizientesten Betriebes maximiert. Das liefert einen Hinweis darauf, daß ein Kartell tendenziell zu einem Preis führt, durch den weniger leistungsfähige Anbieter geschützt werden. Gleichwohl wird durch ein Kartell die Rivalität zwischen den Mitgliedern nicht aufgehoben. Die Mitgliedsfirmen bleiben Konkurrenten, die letztlich ihre eigenen Ziele verfolgen. Damit tragen Kartelle den Keim des Zerfalls in sich. Aus wettbewerbspolitischer Sicht würden Kartelle kein Problem darstellen, wenn sie instabil wären und wenn es deshalb für die Produzenten eines Industriezweiges von vornherein unattraktiv wäre, einem Kartell beizutreten. Kartelle wären dann bestenfalls kurzlebige Erscheinungen. Die Erfahrung zeigt jedoch, daß Kartelle durchaus längere Zeit Bestand haben. Damit entsteht das Problem zu erklären, unter welchen Voraussetzungen mit stabilen Kartellen zu rechnen ist.

Stabilität der Kollusion in spieltheoretischer Sicht

Im gemeinsamen Interesse der Konkurrenten würde es natürlich liegen, wenn sie ihr gemeinsames Gewinnmaximum realisieren könnten. Voraussetzung dafür ist der Abbau des gegenseitigen Mißtrauens. Erreicht werden kann dies einmal durch Verträge, in denen sich die Produzenten verpflichten, sich an bestimmte Produktionsmengen bzw. Preise zu halten.

Selbstverständlich wird allein durch den Abschluß eines Vertrags noch nicht sichergestellt, daß dieser auch eingehalten wird. Die Geschichte der Kartelle zeigt, daß in schwierigen Zeiten einer Absatzflaute die Kartellmitglieder häufig glaubten, auf eigene Faust mit den Problemen besser fertig zu werden und deshalb die Vereinbarungen brachen.[14] Vertragsstrafen haben in solchen Situationen gewöhnlich nur eine geringe Disziplinierungskraft, weil der einzelne Anbieter den eigenen Vorteil des Vertragsbruchs, der überdies häufig genug verschleiert wird, gegenüber der eventuell fälligen Vertragsstrafe aufrechnet und bei einem Nettovorteil die Kartellvereinbarung ignoriert. Schwerer wiegt im Kalkül des einzelnen Anbieters schon die Gefahr der Vergeltung durch die hintergangenen Vertragspartner (Telser 1971, S. 143ff.). Aus diesem Grund findet man in Oligopolen nicht selten Preisunterbietungen hinter dem Rücken der Kartellpartner. Da es jedoch kaum möglich ist, die Bereitschaft zum Verkauf zu niedrigeren Preisen einer größeren Zahl von Kunden mitzuteilen, ohne daß auch die Konkurrenten davon erfahren, werden geheime Preisnachlässe vornehmlich einzelnen Großkunden gewährt (Stigler 1964). Diese haben ein Interesse an der Geheimhaltung, denn ihr Privileg ginge verloren, wenn es bekannt würde.

---

[14] Vgl. die Einschätzung der Kartelle durch Sombart (1921) und die in den Fußnoten 15 und 16 des Kapitels I zitierte Literatur.

Die Fragilität von Kartellvereinbarungen ist besonders groß, wenn Kartelle verboten sind und demzufolge illegal eingegangene Verpflichtungen nicht einklagbar sind. Dann ergibt sich die Frage, unter welchen Umständen eine Kollusion zwischen konkurrierenden Anbietern erwartet werden kann. Die Spieltheorie hat entscheidend dazu beigetragen, dieses Problem zu verstehen.

Obgleich es im Interesse aller Anbieter eines bestimmten Produktes läge, den gemeinsamen Gewinn zu maximieren, liegt dies nicht immer auch im Interesse des einzelnen Anbieters. Das sei anhand eines Dyopols illustriert, in dem zwei Unternehmen in einer einzigen Periode aufeinandertreffen. Für die Wahl der Produktionsmenge seien alternativ die folgenden Strategien gegeben:

– Cournot-Gleichgewicht (Gewinn G^C)
– Kollusion (Gewinn G^K)
– Einer der Anbieter realisiert die Kollusionsmenge (Gewinn G^0), während der andere die dazugehörige Cournotmenge anbietet (Gewinn G^A).

Dann ergibt sich die folgende Rangfolge der Gewinnchancen:

$$G^A > G^K > G^C > G^0.$$

In einem Beispiel, in dem die inverse Nachfragefunktion $p = 10 - Q$ ist und die Grenzkosten $c = 1$ betragen, lassen sich die Gewinnalternativen durch die folgende Matrix darstellen.

Gewinnmatrix im Dyopol

		Anbieter 2	
		Cournot	Kollusion
Anbieter 1	Cournot	9, 9	11, 8
	Kollusion	8, 11	10, 10

In den einzelnen Feldern ist an erster Stelle der Gewinn des Anbieters 1 und an zweiter Stelle der des Anbieters 2 eingetragen. Man sieht unmittelbar, daß die Kollusion für beide Anbieter den höchsten Gewinn verspricht, wenn sich beide an die Absprache halten. Jeder Anbieter ist aber auch versucht, den Partner, der sich an die Absprache hält, zu hintergehen, indem er die Cournotmenge anbietet, denn dadurch erhöht sich sein Gewinn von $G^K = 10$ auf $G^A = 11$. Der

Gewinn des hintergangenen Partners ist dann mit $G^0 = 8$ geringer als in dem Fall, in dem beide die Cournotmenge realisieren. Daraus folgt, daß immer dann, wenn man sich auf die Vertragstreue des Partners nicht verlassen kann, die Cournot-Strategie den Vorzug verdient.

Anders als in diesem Fall des sog. Gefangenendilemmas liegen die Dinge, wenn die Konkurrenzsituation nicht nur ein einziges Mal existiert, sondern sich unendlich oft wiederholt. Dadurch verändert sich der strategische Charakter der Konkurrenz in entscheidender Weise. Während bei einem „einmaligen Spiel" das Cournot-Gleichgewicht dominiert, wird bei „wiederholtem Spiel" und unbegrenzter Dauer des Marktes Kollusion wahrscheinlicher.

Bei wiederholtem Spiel kann der einzelne Anbieter zwar einmal aus der Kollusion ausscheren und dadurch auf Kosten seiner Rivalen einen besonders hohen Gewinn erzielen, er muß dann aber damit rechnen, daß damit die Basis für eine zukünftige Kollusion untergraben und im ungünstigsten Fall völlig zerstört ist. Im letzteren Fall ist in Zukunft nur noch ein Cournot-Gleichgewicht möglich. Der einzelne Dyopolist wird dann ein abweichendes Verhalten lohnend finden, wenn

$$G^A - G^K > (G^K - G^C)/\rho$$

ist. Auf der linken Seite steht der Mehrgewinn, der durch abweichendes Verhalten einmalig zu erzielen ist, und auf der rechten Seite steht der Gegenwartswert der Differenz zwischen dem bei Kollusion erreichbaren Gewinn und demjenigen Gewinn, der im fortan nur noch möglichen Cournot-Gleichgewicht realisiert werden kann. Dabei ist ρ der Diskontierungssatz, mit dem zukünftige Gewinne abgezinst werden.

Ein abweichendes Verhalten ist um so wahrscheinlicher, je höher der Diskontierungssatz ist. Dieser wird einmal von der Höhe des jeweils herrschenden Zinses bestimmt und zum anderen durch die Wahrscheinlichkeit der fortdauernden Existenz des Marktes. Je geringer die Wahrscheinlichkeit ist, daß der Markt auf die Dauer existiert, um so höher ist der relevante Diskontsatz und um so geringer ist die Wahrscheinlichkeit für eine Kollusion. Wenn ein abweichendes Verhalten lohnend ist, wird es von Anfang an nur die Cournot-Lösung geben.

Das führt zu einer Vermutung hinsichtlich der Wahrscheinlichkeit einer Kollusion in Abhängigkeit vom Stand des Entwicklungszyklus eines Marktes. In der Anfangsphase ist die Ungewißheit über die Dauer des Marktes noch verhältnismäßig groß, sie ist besonders groß hinsichtlich der Erfolgschancen des einzelnen Unternehmens. Der Diskontierungssatz wird deshalb in dieser Phase der Entwicklung hoch sein, so daß eine Kollusion wenig wahrscheinlich ist. Das gleiche gilt für Märkte am Ende ihrer vermutlichen Lebensdauer, wenn traditionelle Märkte durch Innovationen bedroht sind. Dagegen ist der Diskontierungssatz während der Blütezeit eines Marktes, nachdem die meisten erfolglosen Anbieter ausgeschieden sind und die Existenz des Marktes kaum gefährdet erscheint, gering, so daß kollusives Verhalten wahrscheinlicher wird.

Die Wahrscheinlichkeit für das Zustandekommen einer Kollusion hängt ferner von der Zahl der Konkurrenten ab. Je mehr Konkurrenten vorhanden sind, um so höher ist der Gewinn, den ein Anbieter bei einem Ausscheren aus der Kollusion einmalig erzielen kann, um so größer ist demzufolge der Anreiz auszusteigen. Je größer die Zahl der Anbieter ist, um so höher ist daher die Wahrscheinlichkeit für ein Cournot-Gleichgewicht. Das gilt im Prinzip sowohl für Märkte mit homogenen Gütern als auch für den Fall heterogener Güter. Gleichwohl unterscheiden sich die beiden Fälle hinsichtlich der Attraktivität einer Kollusion für die einzelnen Anbieter.

Attraktivität einer Kollusion in Abhängigkeit vom Beteiligungsgrad

Auf einem homogenen Markt ist Kollusion für die Konkurrenten nur dann attraktiv, wenn sich fast alle Anbieter daran beteiligen. Das wurde von Salant, Switzer und Reynolds (1983) gezeigt. Im Fall einer linearen Nachfragekurve mit $b=1$ beträgt der Gewinn des einzelnen Anbieters im Cournot-Gleichgewicht $G_i = [(a-c)/(n+1)]^2$. Wenn von den n Anbietern $m+1 < n$ ein Kartell bilden, dann sind noch $n-(m+1)+1 = n-m$ Konkurrenten vorhanden, nämlich die $n-(m+1)$ Außenseiter und das Kartell. Jedes Kartellmitglied erzielt dann einen Gewinn von

$$G_k = \frac{1}{m+1}\left(\frac{a-c}{n-m+1}\right)^2.$$

Eine Teilnahme an der Kollusion lohnt sich für den einzelnen Anbieter nur dann, wenn $G_k > G_i$ ist, d.h. wenn

$$\frac{1}{m+1}\frac{1}{(n-m+1)^2} > \frac{1}{(n+1)^2}$$

ist. Bis zu $n=5$ müssen alle Anbieter teilnehmen, damit die Kollusion attraktiv ist, bei $n=6$ müssen 5 Anbieter teilnehmen, bei $n=10$ sind 9 erforderlich und bei $n=20$ müssen 17 Anbieter teilnehmen.

Etwas anders als auf einem homogenen Markt liegen die Verhältnisse bei Produktdifferenzierung (Deneckere und Davidson 1985). In diesem Fall ist der Gewinn von Kartellmitgliedern auch bei einem geringen Beteiligungsgrad immer höher als im Bertrand-Gleichgewicht.

Zur Demonstration mag folgendes Beispiel dienen, in dem die Nachfragefunktion für Gut i durch

$$q_i = \alpha - (1+\gamma)p_i + (\gamma/n)\sum_{j=1}^{n} p_j$$

gegeben ist.[15] Die Grenzkosten aller Anbieter seien konstant. Ohne Einfluß auf das Resultat der Analyse kann überdies angenommen werden, daß sie gleich Null sind. Der Gewinn des einzelnen Anbieters ist dann gleich

$$G_i = p_i \left[\alpha - (1+\gamma)p_i + (\gamma/n)\sum_{j} p_i \right].$$

Als Referenzpunkt sei das Bertrand-Nash-Gleichgewicht betrachtet. Notwendig für ein Gewinnmaximum ist

$$\partial G_i/\partial p_i = \alpha - (1+\gamma)p_i + (\gamma/n)\sum_{j} p_j + p_i\left[-(1+\gamma) + (\gamma/n)\right] = 0.$$

Da für alle Anbieter die gleiche Nachfragefunktion gilt und die Grenzkosten gleich hoch sind, ergibt sich eine symmetrische Lösung, in der $p_i = p$ für alle i ist. Deshalb ist $\sum_{j} p_j = np$. Setzt man das in die Maximumsbedingung ein, so ergibt sich der Preis des Bertrand-Nash-Gleichgewichts als

$$p^N = \frac{\alpha}{2 + \gamma \frac{n-1}{n}}$$

und der Gewinn eines Anbieters als

$$G_i^N = p^N (\alpha - p^N).$$

---

[15] Der direkte Preiseffekt wird durch $1 + \gamma - \gamma/n = 1 + \gamma(1 - 1/n)$ beschrieben und der von den Konkurrenzpreisen ausgehende Effekt durch $(\gamma/n)\sum_{j \neq i} p_j$, bzw. durch $\gamma(1 - 1/n)p_j$, wenn alle Konkurrenzpreise gleich hoch sind. Man sieht unmittelbar, daß der direkte Preiseffekt größer ist als der Kreuzeffekt.

Angenommen sei nun, daß zwischen $m < n$ Anbietern eine Kollusion stattfindet, indem ein Kartell gebildet wird oder indem m Firmen fusionieren. Mit p sei der Preis der kolludierenden Anbieter bezeichnet und mit r der Preis der Außenseiter. Er ist wegen der Symmetrie der Außenseiter für alle gleich hoch.

Der Gewinn eines Teilnehmers an der Kollusion ist

$$G_i^K = p\{\alpha - (1+\gamma)p + (\gamma/n)[mp + (n-m)r]\}.$$

Setzt man die partielle Ableitung nach p gleich Null, so erhält man

$$2\left(1 + \gamma\frac{n-m}{n}\right)p = \alpha + \gamma\frac{n-m}{n}r. \qquad (9a)$$

Der Gewinn eines Anbieters aus der Gruppe der Außenseiter ist

$$G_j^0 = r_j\left\{\alpha - (1+\gamma)r_j + (\gamma/n)\left[mp + \sum_{j \neq i} r_j\right]\right\}.$$

Für ein Gewinnmaximum muß die partielle Ableitung nach r_j Null gesetzt werden. Das ergibt

$$\partial G_j^0 / \partial r_j = \alpha - (1+\gamma)r_j + (\gamma/n)\left[mp + \sum r_j\right] + r_j\{-(1+\gamma) + (\gamma/n)\} = 0.$$

Da $r_j = r$ für alle j ist, kann man $\sum r_j = (n-m)r$ setzen und erhält dann

$$\left(2 + \gamma\frac{n+m-1}{n}\right)r = \alpha + \gamma\frac{m}{n}p. \qquad (9b)$$

Die Gleichungen (9a) und (9b) liefern Reaktionskurven. Ihr Schnittpunkt, d.h. die Lösung der beiden Gleichungen für p und r determiniert die Preise eines Bertrand-Nash-Gleichgewichts zwischen kolludierenden Anbietern einerseits und den Außenseitern andererseits. Durch Einsetzen der Preise in die jeweilige Gewinnfunktion läßt sich der Gewinn errechnen.

In der folgenden Tabelle sind für ein Beispiel mit $\alpha = 1$ und $\gamma = 9$ für den Fall $m = 2$ Preise und Gewinne für unterschiedlich große Anbieterzahlen n wiedergegeben.

Zunächst ist festzustellen, daß der Preis des Bertrand-Nash-Gleichgewichts sowie der dabei entstehende Gewinn des einzelnen Anbieters mit zunehmender Zahl der Konkurrenten sinkt. Ferner sind die Preise bei Kollusion immer höher als im Bertrand-Nash-Gleichgewicht, und schließlich ist der Gewinn der Teilnehmer an der Kollusion höher als der im Bertrand-Nash-Gleichgewicht erziel-

Preise und Gewinne im Bertrand-Nash-Gleichgewicht und bei Kollusion von $m = 2$ aus n.*

n	p^N	p	r	G_i^N	G_i^K	G_i^0
3	0,125	0,181	0,149	0,109	0,131	0,155
4	0,114	0,141	0,124	0,101	0,110	0,118
20	0,095	0,097	0,095	0,085	0,086	0,086

*Annahmen: $\alpha = 1, \gamma = 9$, Grenzkosten $c = 0$.

bare Gewinn. Es besteht deshalb – anders als auf einem homogenen Markt – immer ein Anreiz zur Kollusion. Bemerkenswert ist freilich, daß die Außenseiter eines Kartells von Kollusion stärker profitieren als die kolludierenden Anbieter selbst. Deshalb besteht für diese stets die Versuchung, aus der Kollusion auszusteigen, um vom Kartell im besonderen Maße zu profitieren.

Darüber hinaus ist eine Kollusion auf einem heterogenen Markt, auf dem die Anbieter neben dem Preis noch über andere Wettbewerbsparameter, wie Werbung und Produktgestaltung verfügen, schwieriger zu überwachen. Auch aus diesem Grund besteht die Gefahr des Zerfalls der Kollusion. Das Ergebnis dieser Modelle entspricht auch der historischen Erfahrung mit Kartellen. Bei einer zu großen Zahl von Außenseitern ließen sich Kartelle gewöhnlich nicht durchhalten.

Kollusion und freier Marktzutritt

Hohe Gewinne, die von Kartellen realisiert werden können, locken Außenseiter an. Dafür gibt es zahlreiche Belege aus der Geschichte der Kartelle in Deutschland (Kestner/Lehnich 1927, S. 40f.). Zum Beispiel gab es bei der Gründung des Kalisyndikats im Jahre 1879 vier Unternehmen, 1909 war die Zahl der Unternehmen auf 52 gestiegen. Ein weiteres Beispiel bildet der Walzwerksverband, von dem es bei Kestner/Lehnich (S. 41) heißt, daß „insbesondere Drahtwalzwerke zum Übergang auf die Stabeisenproduktion veranlaßt wurden, bis er (der Walzwerksverband, M.N.) sich schließlich unter dem Druck der Außenseiterkonkurrenz auflösen mußte". Ähnliches wird aus der Röhrenindustrie und der Zementindustrie berichtet. Auf der anderen Seite gibt es eine Reihe von Fällen, in denen sich Kartelle über lange Zeiträume hinweg als stabil erwiesen haben (vgl. Kapitel I, S. 38 f. und für die neuere Zeit Schwalbach und Schwerk 1999).

Soll ein Kartell Bestand haben, so müssen die Außenseiter integriert oder vom

Markt vertrieben werden. Werden sie integriert, so nimmt die Zahl der Kartellmitglieder zu, jeder einzelne Anbieter muß seine Produktion drosseln, so daß die Durchschnittskosten steigen. Am Ende wird ein Gewinn nicht mehr erzielt. Im Vergleich zum Cournot-Gleichgewicht ist die Gesamtproduktion des Marktes geringer und der Preis ist höher.[16] Die Kartellbildung führt also am Ende zu einer Schlechterstellung der Konsumenten, ohne daß die Produzenten davon einen Vorteil erlangen. Es liegt auf der Hand, daß die Kartellmitglieder nach Wegen suchen, das Aufkommen von Außenseitern zu unterbinden.

3. Das „Structure-Conduct-Performance"-Paradigma

Im Anschluß an die Darlegungen der preistheoretischen Zusammenhänge ergibt sich die Frage nach ihrer empirischen Geltung. Wie tragfähig sind die theoretischen Ansätze für wettbewerbspolitische Urteile? Diese Frage hatte als erster Edward Mason (1939) gestellt, und Joe Bain (1951) unternahm es als erster, Zusammenhänge zwischen Profitabilität und horizontaler Konzentration im

---

[16] Der Beweis kann in folgender Weise geführt werden. Mit n_K bzw. n_C sei die Zahl der Anbieter im Kartellfall und im Konkurrenzfall bezeichnet. Vereinfachend sei ferner in der inversen Nachfragefunktion $p = a - bQ$ der Koeffizient $b = 1$. Ist der Gewinn nach dem Eintritt neuer Anbieter gleich Null, so gilt

$$n_K = \frac{1}{F}\left(\frac{a-c}{2}\right)^2$$

bzw. $\quad n_C = \frac{a-c}{\sqrt{F}} - 1$

Daher ist

$$y := n_K - n_C = \frac{1}{F}\left(\frac{a-c}{2}\right)^2 - \frac{a-c}{\sqrt{F}} + 1.$$

Unter Verwendung der Definition $x := (a-c)/\sqrt{F}$ ist dann

$$y = \frac{1}{4}(x^2 - 4x + 4) = \frac{1}{4}(x-2)^2.$$

Daher ist $y > 0$, wenn nicht $x = 2$. Da nun $n_C + 1 = (a-c)/\sqrt{F}$ ist, muß $x = (a-c)/\sqrt{F} > 3$ sein. Daher folgt aus $n_C \geq 2$, daß $n_K \geq n_C$. Da nun $p_C = c + (a-c)/(n_C + 1)$ und $p_K = (a-c)/2$ ist, und $n_C + 1 > 2$, folgt $p_K > p_C$. Folglich ist $Q_K < Q_C$.

Querschnitt verschiedener Industriezweige der USA nachzuweisen. Damit begründete er das „Structure-Conduct-Performance"-Paradigma, dessen Nutzung zu einer großen Zahl von empirischen Studien führte (vgl. Überblicke bei Weiss 1971, Scherer 1980, Böbel 1984, Schmalensee 1989). Untersucht wird die Frage, welche Zusammenhänge im Querschnitt zwischen Industriezweigen und/oder Unternehmen zwischen der Marktstruktur, ausgedrückt durch den Konzentrationsgrad, die Marktanteile und Unternehmensgröße, sowie dem Marktverhalten, insbesondere der Kollusion, einerseits und der Profitabilität bzw. der Preis-Kosten-Marge als Ausdruck des Marktergebnisses andererseits bestehen.

Bezeichnet man den Preis eines Produktes mit p, die variablen Durchschnittskosten mit v, die Produktion eines Unternehmens mit q und seinen Kapitalstock mit K, so beträgt die Differenz zwischen dem Preis und den langfristigen totalen Durchschnittskosten in Relation zum Preis

$$\Pi := \frac{p - v - (r+\delta)(K/q)}{p} = \frac{pq - vq}{pq} - (r+\delta)\frac{K}{pq},$$

wobei r die bei vollständiger Konkurrenz zu erwartende Normalverzinsung des Kapitals ist und δ die Rate der ökonomischen Abschreibung. Sind die Grenzkosten konstant, so stimmen sie mit den variablen Durchschnittskosten überein, so daß $v = c$ ist. In einem Gleichgewicht bei vollständiger Konkurrenz deckt dann die Preis-Kosten-Marge $(p-c)/p = (pq - vq)/pq$ die aus der Normalverzinsung des Kapitals und der ökonomischen Abschreibung resultierenden Fixkosten je Produktionseinheit ab. Ein Überschuß der Erlöse über die Gesamtkosten, ein sog. ökonomischer Gewinn, kann durch Kollusion bedingt sein oder dadurch, daß die Anpassungsprozesse an das jeweilige langfristige Wettbewerbsgleichgewicht noch nicht vollständig vollzogen sind.

Eine empirische Analyse im Rahmen des „Structure-Conduct-Performance"-Paradigmas kann sich nun einmal darauf beziehen, den Zusammenhang zwischen der Preis-Kosten-Marge und der Marktstruktur sowie anderen erklärenden Variablen aufzudecken, oder sie kann den Zusammenhang zwischen der Rate des ökonomischen Gewinns, der Profitabilität, einerseits und der Marktstruktur sowie anderen Variablen andererseits untersuchen.

Preis-Kosten-Marge und Marktstruktur im homogenen Oligopol

Zur Interpretation der Ergebnisse empirischer Studien wird noch einmal das Modell eines homogenen Oligopols herangezogen. Wird der Gewinn

$$G_i = p(Q)q_i - C(q_i) \quad ; \quad Q := \sum_{i=1}^n q_i$$

durch die Wahl der Produktionsmenge q_i maximiert, so erhält man unter Berücksichtigung der erwarteten Reaktion der Konkurrenten als notwendige Bedingung

$$p + q\,p'(Q)\left(1 + \sum_{\substack{j=1 \\ j \neq i}}^n dq_j/dq_i\right) = c_i \quad ; \quad c_i := C'(q_i).$$

Daraus läßt sich ein übersichtlicher Ausdruck für die Marktmacht des Anbieters i herleiten (vgl. auch Cowling und Waterson 1976), wenn man seinen Marktanteil mit $s_i := q_i/Q$ bezeichnet, die Preiselastizität der Nachfrage des Marktes mit $\varepsilon = -(p/Q)dQ/dp = -p/Q p'(Q)$ und mit $z_j := (q_i/q_j)dq_j/dq_i$ einen Koeffizienten einführt, der die vom Anbieter i erwartete Elastizität des Angebots eines anderen Anbieters j in Bezug auf die Angebotsänderung des Anbieters i zum Ausdruck bringt. Vereinfachend sei dabei angenommen, daß der Elastizität der vermuteten (der konjekturalen) Reaktion $z_j = z$ für alle Konkurrenten j gleich groß ist. Als Maß der Marktmacht eines Anbieters i erhält man dann den Ausdruck

$$m_i := \frac{p - c_i}{p} = \frac{s_i + z(1 - s_i)}{\varepsilon}.^{17}$$

Im Cournot-Fall ist $z = 0$ und deshalb $m_i = s_i/\varepsilon$. Wenn perfekte Kollusion be-

---

[17] Die Bedingung für ein Gewinnmaximum läßt sich auch in der Form

$$p\left[1 + \frac{q_i}{Q}\frac{Q p'(Q)}{p}\left(1 + \sum_{j \neq i}\frac{q_i}{q_j}\frac{dq_j}{dq_i}\frac{q_j/Q}{q_i/Q}\right)\right] = c_i$$

schreiben. Setzt man die Marktanteils-, die Elastizitäts- und die Reaktionskoeffizienten ein, so ergibt sich

$$p\left[1 - \frac{s_i}{\varepsilon}\left(1 + \sum_{j \neq i} z\frac{s_j}{s_i}\right)\right] = c_i.$$

Berücksichtigt man dann noch daß $\sum_{j \neq i} s_j = 1 - s_i$ ist, so erhält man nach Umordnung den im Text angegebenen Ausdruck für die individuelle Preis-Kosten-Marge.

steht, die Anbieter sich also völlig gleichförmig verhalten, ist $z = 1$, und genau wie im reinen Monopol ist $m_i = 1/\varepsilon$ für alle i. Bei unvollständiger Koordination der Anbieter untereinander gilt $1 > z > 0$, und m_i ist größer als im Cournot-Fall, aber kleiner als im Fall des reinen Monopols.

Verfolgt man die Zusammenhänge etwas weiter, so läßt sich die Preis-Kosten-Marge m_i eines Anbieters i bei gegebener oligopolistischer Interdependenz auf den Grad der horizontalen Konzentration des Marktes und die relative Kostensituation des einzelnen Anbieters zurückführen. Man erhält zunächst eine durchschnittliche Preis-Kosten-Marge des Marktes

$$m := \frac{p-c}{p} = \frac{H + z(1-H)}{\varepsilon},$$

die vom Herfindahl-Index der horizontalen Konzentration, von der Preiselastizität der Nachfrage des Marktes und von der Elastizität der konjekturalen Reaktion abhängt.[18] Das sind die Bestimmungsgründe für die Größe des in Kapitel I eingeführten Maßes der Monopolmacht von Abba P. Lerner. Die effektive Preiselastizität des Marktes kann deshalb durch $E := \varepsilon/[H + z(1-H)]$ dargestellt werden.

Je höher die horizontale Konzentration, je enger die Kollusion und je geringer die Preiselastizität des Marktes ist, um so größer ist die monopolistische Marktmacht. Dabei ist die Wahrscheinlichkeit einer Kollusion um so größer je höher der Grad der horizontalen Konzentration ist. Je weniger Anbieter vorhanden sind, um so spürbarer sind für den einzelnen Anbieter wettbewerbliche Vorstöße von Konkurrenten, um so stärker wird dem einzelnen die oligopolistische Reaktionsverbundenheit bewußt. Um so leichter ist ein abgestimmtes Verhalten auch zu überwachen und um so eher ist deshalb ein bewußtes Parallelverhalten zu erwarten (Stigler 1964).

---

[18] Für den einzelnen Anbieter ergibt sich aus $(p - c_i)/p = m_i$ der Ausdruck $(1 - m_i)p = c_i$. Multipliziert man mit dem Marktanteil s_i, so erhält man $(s_i - s_i m_i)p = s_i c_i$. Summiert man dann über alle i, so ergibt sich, da $\sum_i s_i = 1$ ist, $(1 - \sum_i s_i m_i)p = \sum_i s_i c_i =: c$. Nach Umformung ergibt sich $\frac{(p-c)}{p} = \sum_i s_i m_i$ und nach Einsetzen des im Text gegebenen Ausdrucks für m_i und unter Verwendung der Formel $H = \sum_i s_i^2$ für den Herfindahl-Index der Wert für die durchschnittliche Preis-Kosten-Marge m.

Für den einzelnen Anbieter ergibt sich aus $(1-m_i)p = c_i$ und $(1-m)p = c$ durch Eliminierung von p die individuelle Preis-Kosten-Marge

$$m_i = 1 - (1-m)c_i/c.$$

Sie hängt einmal von der durchschnittlichen Preis-Kosten-Marge des Marktes und damit von den für diese maßgeblichen Variablen ab und zum anderen von der Relation zwischen den Grenzkosten des Anbieters i und dem Durchschnittswert der Grenzkosten aller Anbieter des Marktes.

Preis-Kosten-Marge und Marktstruktur bei Produktdifferenzierung

Ein Zusammenhang zwischen der Preis-Kosten-Marge und dem Marktanteil ergibt sich auch aus dem Bertrand-Modell der Preisbildung für differenzierte Produkte. Die Nachfrage nach dem Produkt i hängt vom Preis aller n Güter des relevanten Marktes ab und sei durch die Funktion $q_i = q_i(p_1, p_2, ..., p_n)$ beschrieben. Der Gewinn des Produzenten i ist dann bei konstanten Grenzkosten c_i und Fixkosten F_i gleich

$$G_i = (p_i - c_i)q_i - F_i.$$

Wird der Gewinn durch die Wahl des Preises p_i maximiert, so erhält man unter Berücksichtigung der konjekturalen Reaktion μ_{ij} der Konkurrenten als notwendige Bedingung

$$\partial G_i / \partial p_i = q_i + (p_i - c_i)\left[\partial q_i / \partial p_i + \sum_{j \neq i}(\partial q_i / \partial p_j)(\partial p_j / \partial p_i)\right] = 0.$$

Multipliziert man mit p_i/q_i, so ergibt sich unter Verwendung der Definitionen

$$\begin{aligned} e_i &= -(p_i/q_i)(\partial q_i/\partial p_i) \\ e_{ij} &= (p_j/q_i)(\partial q_i/\partial p_j) \\ \mu_{ij} &= (p_i/p_j)(\partial p_j/\partial p_i) \end{aligned}$$

für die direkte Preiselastizität e_i, die Kreuzpreiselastizität e_{ij} und die Elastizität der konjekturalen Reaktion μ_{ij} für die Preis-Kosten-Marge den Ausdruck

$$\frac{p_i - c_i}{p_i} = \frac{1}{e_i - \sum_{j \neq i} \mu_{ij} e_{ij}}.$$

Darin gibt die konjekturale Elastizität an, welche prozentuale Änderung des

Preises p_j vom Anbieter i erwartet wird, wenn er den Preis seines Produktes um 1 % erhöht.

Wenn keine Reaktion der Konkurrenten erwartet wird, im Bertrand-Fall, wenn $\mu_{ij} = 0$ ist, hängt die Preis-Kosten-Marge für das Produkt i allein von der direkten Preiselastizität der Nachfrage ab. Diese Elastizität ist bei gegebener Substituierbarkeit offenbar um so höher, je größer die Zahl der konkurrierenden Produkte auf dem relevanten Markt und je geringer der Marktanteil des Produktes i ist.[19] Umgekehrt ist die Preis-Kosten-Marge um so größer, je höher der Marktanteil ist. Durch Kollusion, die in der Größe der Reaktionskoeffizienten μ_{ij} zum Ausdruck kommt, wird die Preis-Kosten-Marge erhöht.

Empirische Evidenz

Aufgrund der dargelegten Zusammenhänge sollte empirisch im Querschnitt von Industriezweigen ein positiver Zusammenhang zwischen der durchschnittlichen Preis-Kosten-Marge und dem Herfindahl-Index der horizontalen Konzentration zu erwarten sein. Im Querschnitt der einzelnen Unternehmen unterschiedlicher Wirtschaftszweige sollte man entweder einen Zusammenhang zwischen der Preis-Kosten-Marge einerseits und dem individuellen Marktanteil andererseits erwarten oder dem Herfindahl-Index zusammen mit der relativen Grenzkostenhöhe. Verwendet man den individuellen Marktanteil als erklärende Variable, so spielt der Konzentrationsgrad als selbständige Variable keine Rolle. Er könnte freilich indirekt insofern von Bedeutung sein, als ein positiver Zusammenhang zwischen horizontaler Konzentration und Kollusion bestehen könnte, wie von Stigler (1964) vermutet wurde.

Die beschriebenen Zusammenhänge sind allesamt aus der Bedingung für ein Gewinnmaximum abgeleitet, sie beschreiben deshalb funktionale Zusammenhänge, die nur bedingt kausal interpretiert werden können. Tatsächlich ist der Konzentrationsgrad selbst eine endogene Variable, die von technologischen Faktoren sowie davon abhängig ist, inwieweit Marktzutrittsbarrieren bestehen. Gleichwohl stellt der Zusammenhang zwischen Preis-Kosten-Marge und horizontaler Konzentration eine empirisch gehaltvolle Hypothese dar, eine Hypothese, die durch empirische Evidenz widerlegt oder bestätigt werden kann. Die vielfach vorgebrachte Kritik am Structure-Conduct-Performance-Ansatz, es würden keine kausalen Zusammenhänge überprüft, ist deshalb zunächst einmal

---

[19] Für den Spezialfall einer CES-Nutzenfunktion und identischen Anbietern läßt sich dies auch formal zeigen. Vgl. Neumann (1994, S. 223f.).

irrelevant. Es ist schon wichtig zu wissen, ob überhaupt ein Verhalten von Unternehmen, wie es in den preistheoretischen Modellen vorausgesetzt wird, mit empirischen Beobachtungen vereinbar ist.[20] Hinsichtlich der Frage nach der Kausalität ist zunächst offen, ob höhere Konzentration eine größere Preis-Kosten-Marge zur Folge hat. Es wäre auch denkbar, daß Großunternehmen infolge von zunehmenden Skalenerträgen oder durch technischen Fortschritt niedrigere Grenzkosten haben als kleinere Unternehmen. Wenn in einem Industriezweig Großunternehmen vorherrschen, ist der Konzentrationsgrad hoch und gleichzeitig ist wegen der niedrigeren Grenzkosten eine hohe Preis-Kosten-Marge zu verzeichnen. Beides, die hohe Konzentration und eine hohe Preis-Kosten-Marge würden dann durch einen dritten Faktor, die kostengünstigere Produktion in Großbetrieben bedingt sein. Gegen diese Interpretation sprechen jedoch drei Gründe. Erstens ist zu berücksichtigen, daß sich der Konzentrationsgrad im Lauf der Zeit nur langsam verändert, während die Preis-Kosten-Marge häufigeren Änderungen unterworfen ist. Deshalb weist der Konzentrationsgrad im Vergleich zur Preis-Kosten-Marge ein gewisses Maß an Exogenität auf, so daß eine positive Beziehung zwischen den beiden Variablen doch insoweit auf Kausalität schließen läßt. Zweitens gibt es keine überzeugende Evidenz dafür, daß für Großunternehmen eine komparative Überlegenheit hinsichtlich der technischen Effizienz und des technischen Fortschritts besteht (vgl. unten Abschnitt 4). Drittens schließlich ist die horizontale Konzentration in dem Maße als exogen anzunehmen, als man von einem Streben nach Erreichen monopolistischer Marktmacht ausgehen kann und dadurch motivierte Fusionen die horizontale Konzentration erhöht haben.

In einer großen Zahl von Studien vornehmlich für die USA, aber auch für England und Deutschland hat sich ein positiver Zusammenhang zwischen der Preis-Kosten-Marge und dem Grad der horizontalen Konzentration, gemessen entweder durch den kumulierten Marktanteil der größten Anbieter auf einem Markt oder durch den Herfindahl-Index, nachweisen lassen.[21]

---

[20] Kritisch ist ferner gelegentlich eingewandt worden, die Preis-Kosten-Marge eines Unternehmens hänge auch von der Preiselastizität der Nachfrage des jeweiligen Marktes sowie von der relativen Kostensituation ab. Das ist zutreffend und wird in den nachfolgend zitierten Studien statistisch durch sog. fixe Effekte oder durch firmen- und industriespezifische Variablen erfaßt.

[21] Irritationen löste ein Studie von Ravenscraft (1983) aus, die sich auf Unternehmensdaten der USA bezog. Während sich für den individuellen Marktanteil ein statistisch signifikant positiver Regressionskoeffizient fand, war der Koeffizient für den Konzentrationsgrad negativ. Dazu ist folgendes zu sagen. Erstens ist es aus theoretischer Sicht, wie schon oben

Ein repräsentatives Beispiel stellt die Studie von Rhoades und Cleaver (1973) dar. Für 352 Branchen des produzierenden Gewerbes der USA wurde für das Jahr 1967 der Zusammenhang zwischen der Preis-Kosten-Marge einerseits und dem 4-Firmen Konzentrationsgrad (C4), der Wachstumsrate des Branchenumsatzes von 1963 bis 1967 (G), dem Kapitalkoeffizienten, definiert als Brutto-Buchwert des Vermögens zum Umsatz, (C/O), einer Dummy-Variable (P-C) zur Beschreibung von Eintrittsbarrieren für Konsumgüterbranchen von Eins und sonst Null und der geographischen Größe des Marktes (GM). Das Ergebnis lautete wie folgt:

$$PCM = 5{,}698 + 0{,}097 C4 + 0{,}053 G + 0{,}110 C/O + 4{,}927(P - C) + 0{,}001 GM$$

$$(5{,}04) \quad (3{,}314) \quad (6{,}73) \quad (5{,}31) \quad (0{,}051)$$

Das korrigierte Bestimmtheitsmaß betrug $\bar{R}^2 = 0{,}234$. Aufgrund der in Klammern angegebenen t-Werte waren alle erklärenden Variablen mit Ausnahme der geographischen Größe des Marktes statistisch signifikant.

Wie von Salinger (1990) gezeigt wurde, ist der Zusammenhang zwischen der Preis-Kosten-Marge und dem Konzentrationsgrad C4 von 1971 bis 1984 bemerkenswert stabil geblieben. Für den um die Importe korrigierten Konzentrationsgrad war der Zusammenhang mit der Preis-Kosten-Marge für alle Jahre statistisch signifikant, ohne daß sich ein Trend in der Stärke des Zusammenhangs zeigte. Überdies war der Regressionskoeffizient für den Zusammenhang zwi-

---

erwähnt wurde, problematisch, beide Größen, den Konzentrationsgrad und den Marktanteil gleichzeitig als erklärende Variable für die Preis-Kosten-Marge zu verwenden. Rechtfertigen läßt sich dies bestenfalls dadurch, daß zwischen dem Koeffizienten der konjekturalen Variation und dem Konzentrationsgrad eine positive Beziehung angenommen wird (vgl. Cowling und Waterson 1976, Kwoka und Ravenscraft 1986). Zweitens gibt es statistisch einen positiven Zusammenhang zwischen dem Marktanteil und der horizontalen Konzentration (Schmalensee 1989, S. 992), so daß die statistische Schätzung durch Multikollinearität verzerrt ist. Drittens verwendet Ravenscraft als abhängige Variable „operating income divided by sales", wobei 'operating income' definiert ist als Umsatz abzüglich des Materialaufwandes, der Löhne, des Marketingaufwandes, der F&E-Ausgaben, des Verwaltungsaufwandes und der Abschreibungen (vgl. Ravenscraft 1983, S. 22). Diese Variable ist natürlich nicht mit der Preis-Kosten-Marge identisch, sondern stellt eine Gewinngröße dar. Tatsächlich wurde von Ravenscraft deshalb keineswegs der Zusammenhang zwischen Preis-Kosten-Marge und Konzentration, sondern der Zusammenhang zwischen Gewinn und Konzentration untersucht. Auch in der Regression, die sich auf einen Querschnitt der Industriezweige bezieht, wurden in seiner Studie von der Preis-Kosten-Marge die Ausgaben für Werbung, Forschung und Entwicklung sowie die Abschreibungen pro Einheit der Erlöse subtrahiert, so daß auch in dieser Beziehung nicht die Preis-Kosten-Marge, sondern eine Profitgröße als abhängige Variable diente.

schen der Preis-Kosten-Marge 1982 und dem Konzentrationsgrad von 1982 praktisch gleich groß wie der zwischen Preis-Kosten-Marge von 1982 und dem Konzentrationsgrad von 1972. Das stützt die Vermutung, daß die Konzentration die Preis-Kosten-Marge bestimmt und nicht umgekehrt die Preis-Kosten-Marge die Konzentration. Auf die Frage: „What happened to the concentration-margin relationship?" gab Salinger die eindeutige Antwort: „Nothing."

Von Cowling und Waterson (1976) wurde für 94 britische Industriezweige die folgende Regressionsgleichung geschätzt

$$\log[PCM(68)/PCM(63)] = 0{,}0333 + 0{,}2957 \log[H(63)/H(58)] + 0{,}4985 \log[TU(63)/TU(58)] +$$
$$(0{,}683) \quad (2{,}942) \qquad\qquad (1{,}480)$$

$$0{,}0344 DG$$
$$0{,}619$$

$$\bar{R}^2 = 0{,}096 \qquad\qquad t\text{-Werte in Klammern,}$$

wobei PCM = Wertschöpfung minus Löhne und Gehälter geteilt durch Umsatz
H = Herfindahl-Index
TU = Zahl der Gewerkschaftsmitglieder/Gesamtzahl der Beschäftigten
DG = Dummy-Variable: 1 für Gebrauchsgüterindustrie, sonst 0.

Der hier vor allem interessierende Zusammenhang zwischen der Preis-Kosten-Marge und dem Herfindahl-Index erwies sich als statistisch signifikant positiv.

Für die Bundesrepublik Deutschland wurde in mehreren Studien ein statistisch signifikant positiver Zusammenhang zwischen der Preis-Kosten-Marge von Unternehmen und dem Konzentrationsgrad nachgewiesen (Neumann, Böbel und Haid 1979, 1983 für Unternehmen, Neumann und Haid 1985 für Industriezweige). Im folgenden sind die Ergebnisse einer neuen Schätzung wiedergegeben, die sich auf 240 deutsche Aktiengesellschaften für die Jahre 1965 bis 1986 bezieht. Aus einer Panel-Schätzung für 4800 Beobachtungen ergab sich folgender Zusammenhang zwischen der Veränderung der Preis-Kosten-Marge PCM und dem Konzentrationsgrad $C6$.

$$\Delta PCM = 0{,}4090\, \Delta C6, \qquad t = 2{,}37 \text{[22]}$$

Die Preis-Kosten-Marge ist definiert als Umsatz minus Material- und Personal-

---

[22] Für die Durchführung der Regressionsanalyse danke ich Dr. Jürgen Weigand.

aufwand dividiert durch Umsatz. Der Konzentrationsgrad $C6$ der zwei-stelligen Wirtschaftszweige wurde verwendet, weil nicht für alle Wirtschaftszweige Daten über den Herfindahl-Index verfügbar waren. Die Hinzunahme weiterer erklärender Variablen änderte an dem Zusammenhang zwischen *PCM* und $C6$ qualitativ nichts.

Aufgrund der internationalen Verflechtung der deutschen Wirtschaft liefert der auf das Inland bezogene Konzentrationsgrad kein ganz zuverlässiges Bild der Wettbewerbsverhältnisse.[23] In den oben zitierten Studien von Neumann, Böbel und Haid wurde deshalb neben dem Konzentrationsgrad der Anteil der Exporte und der Importe am jeweiligen Branchenumsatz als erklärende Variable hinzugenommen. Für die Exportquote ergab sich ein statistisch signifikant negativer Effekt. Für die Importquote war ein statistisch signifikanter negativer Zusammenhang nur in Rezessionsjahren festzustellen, während der Zusammenhang in konjunkturellen Aufschwungsphasen statistisch nicht signifikant war (Neumann, Böbel und Haid 1983, 1985). Der negative Effekt der Exportquote läßt sich wie folgt interpretieren. Die durchschnittliche Preis-Kosten-Marge aus Inlands- und Auslandsabsatz ist $m = xm(F) + (1-x)m(D)$, wobei x der Anteil der Exporte am Umsatz ist und $m(F)$ bzw. $m(D)$ die im Ausland (F) und im Inland (D) realisierte Preis-Kosten-Marge ist. Empirisch hat sich herausstellt, daß $\partial m/\partial x = m(F) - m(D) < 0$ ist. Das bedeutet, daß die im Ausland realisierte Preis-Kosten-Marge $m(F)$ geringer ist als die im Inland realisierte Marge $m(D)$. Auf den Auslandsmärkten sind heimische Unternehmen danach mit intensiverem Wettbewerb konfrontiert als im Inland. Umgekehrt ist daraus zu schließen, daß sie im Inland geringerem Wettbewerb ausgesetzt sind, weil ausländische Anbieter im Inland Hindernisse überwinden müssen, die für einheimische Anbieter nicht bestehen.

Bemerkenswert ist ferner, daß der positive Zusammenhang zwischen dem Konzentrationsgrad und der Preis-Kosten-Marge während des Zeitraums von 1965 bis 1977 in den Jahren, in denen ein Konjunkturaufschwung zu verzeichnen war, statistisch eine deutliche Signifikanz aufwies. Demgegenüber war er in Rezessionsjahren quantitativ schwächer und teilweise statistisch insignifikant. Das entspricht vollständig der theoretischen Erwartung, daß bei einer Zunahme der Nachfrage die Preis-Kosten-Marge bei Vorliegen von monopolistischer

---

[23] Sleuwaegen und Yamawaki (1988) konnten für das Jahr 1978 in einer Querschnittsstudie einen positiven und statistisch signifikanten Zusammenhang zwischen der Preis-Kosten-Marge und dem EG-weiten Konzentrationsgrad (C3) für Deutschland, Frankreich und Italien nachweisen.

Marktmacht steigt, während sie unter Konkurrenzbedingungen unverändert bleiben würde.[24]

Profitabilität und Marktstruktur

Anders als Bain und viele andere, die nach einem Zusammenhang zwischen Profitabilität und der horizontalen Konzentration gesucht hatten, konnte William G. Shepherd (1972) für 231 amerikanische Unternehmen zeigen, daß in der Zeit von 1960 bis 1969 ein signifikant positiver Zusammenhang zwischen der Profitabilität (net income after tax as per cent of equity) und dem individuellen Marktanteil der einzelnen Firma bestand. Wegen Kollinearität zwischen dem Marktanteil und der horizontalen Konzentration wurde diese nicht als erklärende Variable benutzt. Hinsichtlich der Interpretation des positiven Effekts des Marktanteils auf die Profitabilität ist freilich offen, ob es sich um die Auswirkung von Marktmacht handelt oder ob die höhere Profitabilität durch niedrigere Kosten bedingt ist. Überdies ist aus theoretischer Sicht kein zwingender Zusammenhang zwischen Konzentration bzw. Marktanteil und Profitabilität zu erwarten. Ob die Unternehmen eines Marktes einen Gewinn erzielen, hängt in erster Linie davon ab, ob der Marktzutritt frei ist. Oben (Abschnitt 1) wurde gezeigt, daß bei freiem Marktzutritt der Gewinn völlig unabhängig vom individuellen Marktanteil und der Konzentration stets Null ist, auch unabhängig davon, ob Kollusion vorliegt oder nicht. Nun ist es zwar möglich und auch nicht unwahrscheinlich, daß bei hoher Konzentration auch dem Marktzutritt Schranken gesetzt sind, inwieweit das jedoch tatsächlich zutrifft, muß von Fall zu Fall überprüft werden. Deshalb ist Tirole (1988, S. 2) durchaus zuzustimmen, wenn er feststellt, daß die Beziehung zwischen Profitabilität und Marktstruktur nicht kausal, sondern nur im Sinne von „descriptive statistics" zu deuten ist.

Dementsprechend wurde die theoretische Begründung eines Zusammenhangs zwischen Profitabilität und Marktstruktur in Frage gestellt. Von Brozen (1971) wurde vorgebracht, daß Unternehmen mit überlegener Technik oder besseren Produkten schneller wachsen als ihre Konkurrenten, so daß die horizontale Konzentration zunächst steigt. Ein positiver Zusammenhang zwischen Konzentration und Profitabilität beruhe also nicht darauf, daß die Konzentration monopolistische Marktmacht verschafft, vielmehr sei ein umgekehrter Kausalzusammenhang anzunehmen. Wenn das zutreffen sollte, so müßte eine vergleichswei-

---

[24] Bestätigt wurde dieser Zusammenhang empirisch auch von Bourlakis (1997) für Griechenland.

se hohe Profitabilität ein unternehmensspezifisches Phänomen sein. Wenn dagegen horizontale Konzentration monopolistische Marktmacht verschafft, sollten davon alle Unternehmen eines Industriezweiges profitieren. Diese alternativen Hypothesen wurden von McGahan und Porter (1999) für ein großes Sample US-amerikanischer Industriezweige für den Zeitraum 1981-1994 überprüft. Das Ergebnis war, daß die branchenspezifischen Faktoren ein deutlich größeres Gewicht besaßen als die unternehmensspezifischen Faktoren.

Von Brozen (1974) wurde außerdem argumentiert, im Prozeß der Konkurrenz würde durch Imitation eine Einebnung eintreten, so daß die Profitabilität der zunächst führenden Unternehmen wie auch die horizontale Konzentration wieder sinken. Ein positiver Zusammenhang zwischen Profitabilität und Konzentration könne deshalb nur ein transitorisches Phänomen sein. Aus wirtschaftspolitischer Sicht ist es gleichwohl wichtig zu wissen, wie dauerhaft durch Prozeß- und Produktinnovationen erreichte Vorsprungsgewinne sind. Generell wird man vermuten, daß die Erosion zunächst erreichter Vorteile hinsichtlich Marktanteil und Profitabilität um so rascher vonstatten geht, je leichter der Marktzutritt für neue Konkurrenten ist, und daß umgekehrt Markteintrittsbarrieren, wie schon Bain (1956) vermutet, dauerhafte Unterschiede in der Profitabilität begründen können. Gewiß ist der Zusammenhang zwischen den Profiten etablierter Unternehmen und dem Markteintritt neuer Konkurrenten bisher in der Theorie nur bruchstückhaft bekannt. Sicher ist, daß Markteintrittsschranken den wettbewerblichen Erosionsprozeß schwächen, gleichviel ob die Eintrittsschranken technologisch bedingt sind, durch staatliche Vorgaben oder durch strategisches Verhalten der etablierten Unternehmen begründet sind. Brozen (1974), der einen bloß transitorischen Zusammenhang zwischen Profiten und Konzentration vermutete, kritisierte, daß immer nur Profit und Konzentration in jeweils einem Jahr gegenübergestellt wurden.

> „None had looked at the profitability of the same industry at a later time to determine whether the above average rates of returns in concentrated industries had persisted."

Genau dies wurde inzwischen jedoch vorgenommen. Konzeptionell und empirisch untersucht wurden die Zusammenhänge in einer von Dennis Mueller (1990) herausgegebenen internationalen Vergleichsstudie.

Der Grundgedanke kann wie folgt beschrieben werden (Mueller 1990a, S. 36): Der Prozeß der Entstehung transitorischer Gewinnunterschiede kann durch die Gleichung

$$G_{it} = \alpha_i + \lambda_i G_{it-1} + u_{it} \quad , \quad i = 1, 2, ..., n$$

beschrieben werden. Danach ist der Gewinn eines Unternehmens i in der Periode t von einer Konstanten α_i, vom Gewinn der Vorperiode und von einer Zufallsvariablen abhängig. Durch den Koeffizienten λ_i wird die Geschwindigkeit zum Ausdruck gebracht, mit der Gewinnunterschiede abgebaut werden. Wenn ein Gleichgewicht erreicht ist, bei $G_{it} = G_{it-1}$, beträgt der dauerhafte Gewinn

$$G_{ip} = \frac{\alpha_i}{1 - \lambda_i}.$$

In empirischen Studien für die USA, Kanada, Westdeutschland, Frankreich, UK und Japan fanden sich für den Anpassungsparameter λ_i Werte in der Größenordnung von 0,3 - 0,7 (Odagiri und Yamawaki 1990, S. 179f.). Das bedeutet, daß ein in einem Jahr entstandener Gewinnunterschied in 2 bis 4 Jahren auf rund 1/10 seiner ursprünglichen Größe abschmilzt.

Im zweiten Schritt konnte dann gezeigt werden, daß der permanente Gewinn G_{ip} von der Marktstruktur, dem Marktanteil und dem Werbeaufwand abhängig ist (Mueller 1990a, S. 43). Ebenso erwies sich, daß die durch den Koeffizienten λ_i zum Ausdruck gebrachte Erosionsgeschwindigkeit um so geringer ist, je höher der Marktanteil und die horizontale Konzentration sind (Mueller 1990b, S. 51).

Abgesehen von diesen prinzipiellen Fragen, entstehen bei einer Verwendung der Profitabilität als abhängiger Variable für eine empirische Untersuchung ernsthafte Probleme der Messung, denn die aus Bilanzveröffentlichungen entnommenen Daten über die Gewinnraten sind im allgemeinen nicht mit dem ökonomischen Profit identisch.[25] Die Ergebnisse von ökonometrischen Studien, in denen gleichwohl ein Zusammenhang nachgewiesen wird, sind deshalb mit großen Vorbehalten zu betrachten (Fisher und McGowan 1983).

Probleme dieser Art entstehen nicht in Studien über den Zusammenhang zwischen der Preis-Kosten-Marge und der Marktstruktur. Freilich muß auch dabei eine gewisse Ungenauigkeit in Kauf genommen werden, denn aus den veröffentlichten Daten der Unternehmen lassen sich die Grenzkosten nicht zuverlässig bestimmen. Die gewöhnlich getroffene Annahmen, daß die Grenzkosten gleich den variablen Durchschnittskosten sind und diese im wesentlichen aus Personalkosten und Aufwand für eingesetztes Material bestehen, dürfte aber näherungsweise zutreffen. Um allen diesen Problem aus dem Weg zu gehen, hat

---

[25] Für sie ließen sich z.B. für Deutschland keine sinnvollen Zusammenhänge mit der Marktstruktur finden, vgl. Neumann, Böbel und Haid (1979).

Leonhard Weiss vorgeschlagen, den Zusammenhang zwischen der Höhe des Preises und der Marktstruktur zu untersuchen. Für eine große Zahl von Märkten fand sich in der Tat ein positiver Zusammenhang (vgl. Schmalensee 1989, S. 987).

Kritisch zu hinterfragen ist auch, ob der kumulierte Marktanteil der Großunternehmen eines Industriezweiges als Indikator monopolistischer Marktmacht geeignet ist. Tatsächlich haben Davies und Geroski (1997) für die USA und Baldwin und Gorecki (1994) für Kanada eine erhebliche Mobilität der Marktanteile der einzelnen Unternehmen einer Branche festgestellt. Daraus könnte der Schluß gezogen werden, daß eine hohe Mobilität der Marktanteile auf wirksamen Wettbewerb hindeute und daß deshalb ein hoher Konzentrationsgrad nicht mit geringem Wettbewerb gleichgesetzt werden dürfe. Richtig ist daran zweifellos, daß horizontale Konzentration allein kein hinreichend schlüssiger Indikator für monopolistische Marktmacht ist. Das wurde schon in Kapitel I erörtert. Mobilität der Marktanteile innerhalb der Spitzengruppe der Unternehmen einer Branche kann jedoch ebenfalls nicht die Qualität des Konzentrationsgrades als Indikator von Marktmacht unterminieren. Wie international vergleichende Studien über die Dynamik der Marktstruktur gezeigt haben (Mueller 1991), ist in der Regel nur mit einer geringen Zahl von Markteintritten neuer Konkurrenten in die Spitzengruppe der Unternehmen eines Industriezweiges zur rechnen. Auch Davies und Geroski (1997, S. 384) fanden für die USA „entry and exit into the top five was relatively infrequent; the typical industry had just one entrant or exitor". Obgleich die durchschnittliche Preis-Kosten-Marge in der Spitzengruppe der Unternehmen eines Industriezweiges auch von der Intensität des Wettbewerbs innerhalb dieser Gruppe beeinflußt wird, dürfte das Ausmaß monopolistischer Marktmacht der Gruppe insgesamt vom Konzentrationsgrad abhängen und davon, wie stark die Marktstellung der Spitzengruppe durch den Eintritt neuer Konkurrenten gefährdet ist.

Zusammenfassend läßt sich feststellen, daß die empirischen Studien im Rahmen des „Structure-Conduct-Performance"-Paradigmas zwar mit einer Reihe von Problemen behaftet sind, insgesamt aber haben sie ein recht eindeutiges Ergebnis erbracht: Zwischen der Preis-Kosten-Marge von Unternehmen und dem Grad der horizontalen Konzentration besteht ein positiver Zusammenhang. Aus theoretischer Sicht ist dieser in erster Linie als funktionale Beziehung zu interpretieren. Ob zwischen Profitabilität und der Marktstruktur ein positiver Zusammenhang besteht, ist etwas zweifelhaft. Soweit er nachweisbar ist, kann er erstens darauf hindeuten, daß Kollusion vorliegt, die durch horizontale Konzentration begünstigt wird. Vorstellbar ist zweitens aber auch, daß der Markteintrittsprozeß noch nicht zum Abschluß gekommen ist. Bei einer exogenen Zunahme der Nachfrage sind Gewinne entstanden, die noch nicht durch den Markteintritt neuer Konkurrenten erodiert sind. Möglich ist auch, daß Pionierunternehmen Vorsprungsgewinne erzielen, ohne daß diese bisher durch Imitation verschwunden sind. Drittens kann ein Gewinn dadurch bedingt sein, daß aufgrund von Unteilbarkeiten Fixkosten aufgewendet werden müssen. Bei Freiheit des Marktzutritts entsteht zwar die Tendenz zu einem Gleichgewicht der Gewinnlosigkeit, bei dem die Durchschnittskostenkurve die Preis-Absatz-Kurve berührt, doch nur per Zufall kommt eine ganzzahlige Lösung zustande. Da mit einem Markteintritt neuer Konkurrenten nicht gerechnet werden kann, wenn sie einen Verlust erwarten müssen, ist in dem entstehenden Gleichgewicht $G_i \geq 0$, wobei gewöhnlich ein positiver Gewinn entsteht. Dennoch treten neue Konkurrenten nicht in den Markt ein, denn aufgrund der Unteilbarkeit der Produktionstechnik würde ein Markteintritt den Preis unter die Durchschnittskosten sinken lassen. Wenn freilich die Situation von den potentiellen Konkurrenten falsch eingeschätzt wurde, kann für alle ein Verlust entstehen, der auch nicht sofort verschwindet, falls die Fixkosten versunken sind.

Aus diesen Gründen läßt sich auch aus einer positiven Beziehung zwischen Profitabilität und Konzentration ein eindeutiger Schluß auf das Vorliegen von Kollusion nicht ziehen. Andererseits kann man allein daraus, daß ein statistisch signifikanter Zusammenhang zwischen Profitabilität und Konzentration nicht gefunden werden kann, nicht auf die Abwesenheit von monopolistischer Marktmacht schließen. Dagegen erlaubt der Zusammenhang zwischen Preis-Kosten-Marge und dem Konzentrationsgrad stets einen Rückschluß auf das Vorliegen von Marktmacht selbst dann, wenn die Profitabilität Null ist. Es wäre freilich voreilig, die Übereinstimmung von Durchschnittskosten und Preis allein auf technologische Notwendigkeiten zurückzuführen. Welche Technik realisiert wird, wie hoch die Fixkosten und die damit möglicherweise im Zusammenhang stehenden Grenzkosten sind, beruht auf ökonomischen Entscheidungen. Wie oben erwähnt wurde, ist bei Beschränkungen des Marktzutritts unter Umständen mit der Wahl einer Technik zu rechnen, die durch hohe Fixkosten charakterisiert und bei der die Preis-Kosten-Marge vergleichsweise hoch ist. Demgegenüber würde bei Freiheit des Marktzutritts eine Technik mit geringeren Fixkosten gewählt, bei deren Anwendung der Marktpreis niedriger wäre.

Die Schlußfolgerung aus diesen Erwägungen kann nur lauten, daß die Stoßrichtung der Wettbewerbspolitik dahin gehen muß, Beschränkungen des Marktzutritts zu verhindern. Bei freiem Marktzutritt hat Kollusion nur geringe Chancen, und die Ausübung von Marktmacht, die sich in einer hohen Preis-Kosten-Marge widerspiegelt, wird auf das technologisch unabdingbare Maß beschränkt. Im übrigen kann das Vorliegen von Kollusion nicht allein aus der Höhe der Profitabilität abgelesen werden, sondern muß durch eigenständige Evidenz nachgewiesen werden. Ein durch Marktmacht bedingtes Übermaß und Dauerhaftigkeit der Profitabilität kann den Nachweis von Kollusion dabei allerdings unterstützen.

4. Wohlfahrtsverlust durch Monopolmacht

Monopolistische Marktmacht führt im Vergleich zum Wettbewerb zu höheren Preisen und einer geringeren Produktion und damit zu Wohlfahrtsverlusten. Andererseits jedoch kann ein Unternehmenszusammenschluß, durch den sich die horizontale Konzentration eines Marktes vergrößert, oder auch ein Kartell zu Kosteneinsparungen führen, die für sich allein genommen zu einer Senkung des Preises und einer Erhöhung der Produktion führen würden. Im Wettbewerbsrecht kommt dieser Gesichtspunkt bei Fusionen in der sog. *rule of reason* zum Ausdruck und bei Kartellen im europäischen Recht in der Festlegung von Ausnahmen vom generellen Kartellverbot. Die theoretischen Gründe für eine derartige Abwägung sind nun zu erörtern.

Statischer Wohlfahrtsverlust

In einem partialanalytischen Rahmen läßt sich der Wohlfahrtsverlust, der durch Monopolmacht entsteht, mit Hilfe des Konzepts der Konsumentenrente quantifizieren. Ein tieferes Verständnis der Zusammenhänge läßt sich jedoch durch eine gesamtwirtschaftliche Analyse gewinnen. Das sei an einem einfachen Beispiel verdeutlicht, in dem eine Wirtschaft zugrunde gelegt wird, in der zwei Güter produziert werden. In Figur 5 ist TT' die Produktionsmöglichkeitskurve. Die angenommene strikte Konkavität der Kurve beinhaltet, daß die Grenzkosten eines Gutes bei einer Zunahme der Produktion steigen.[26] Eingezeichnet sind außerdem gesellschaftliche Indifferenzkurven. Durch sie werden die in einer Gesellschaft herrschenden Wertschätzungen der beiden Güter zum Ausdruck gebracht. Weiter rechts liegende Indifferenzkurven repräsentieren ein höheres Niveau der gesellschaftlichen Wohlfahrt.[27] Der Punkt Q, bei dem die Produktionsmöglichkeitskurve von einer gesellschaftlichen Indifferenzkurve berührt wird, ist ein Wettbewerbsgleichgewicht. Dort ist das Preisverhältnis gleich dem

---

[26] Im Fall konstanter Grenzkosten wäre die Produktionsmöglichkeitskurve eine Gerade. Vgl. dazu Bergson (1973).

[27] Zur Konstruktion gesellschaftlicher Indifferenzkurven vgl. Neumann (1995a, S. 191f.).

Verhältnis der Grenzkosten. Entsteht nun für Gut 1 Monopolmacht, so steigt

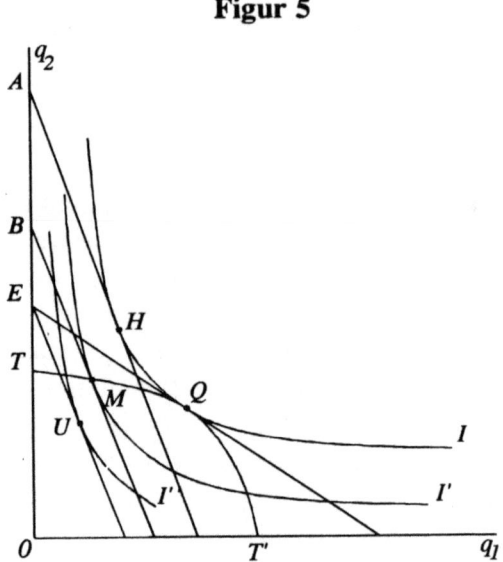

Figur 5

der relative Preis dieses Gutes, und ein neues Gleichgewicht würde zunächst am Punkt U entstehen. Da an diesem Punkt die vorhandenen Ressourcen Kapital und Arbeit unterbeschäftigt sind, sinken Lohn und Zins. Als Folge davon nimmt die Nachfrage nach Arbeit und Kapital zu, bis am Punkt M wieder Vollbeschäftigung erreicht ist. Wegen der jetzt niedrigeren Faktorpreise ist ein Monopolgewinn entstanden. Dieser wird, ausgedrückt in Einheiten des Gutes 2, durch die Streckte EB auf der Ordinate dargestellt. Da der Punkt M auf einer niedrigeren gesellschaftlichen Indifferenzkurve liegt als der Punkt Q, ist ein Wohlfahrtsverlust entstanden. Um ihn auszugleichen, müßte das Einkommen, ausgedrückt in Einheiten des Gutes 2, steigen. Der Wohlfahrtsverlust läßt sich als Teil der (hypothetisch) kompensierenden Einkommensvariation AE messen.[28] Davon ist BE der Monopolgewinn und AB der Wohlfahrtsverlust.

---

[28] Man kann nun zeigen, daß diese Differenz als Fläche unter der kompensierten Nachfragekurve dargestellt werden kann. Bezeichnet man das Nutzenniveau, das durch die Indifferenzkurve I repräsentiert wird, mit u^0, so läßt sich die Einkommensvariation AE in folgender Form darstellen.

$$E(p_1^1, p_2^0, u^0) - E(p_1^0, p_2^0, u^0) = \int_{p_1^0}^{p_1^1} \frac{\partial E(p_1, p_2^0, u^0)}{\partial p_1} dp_1 = \int_{p_1^0}^{p_1^1} q_1(p_1, p_2^0, u^0) dp_1$$

Partialanalytisch lassen sich die Zusammenhänge in Figur 6 mit Hilfe der Konsumentenrente darstellen, die durch eine Fläche unter der kompensierten Nachfragekurve quantifiziert wird. Die kompensierte Nachfragekurve bildet den Zu-

Figur 6

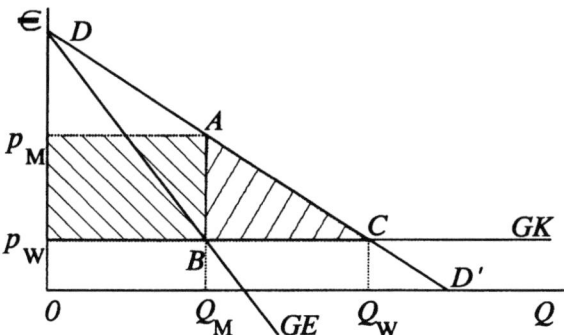

sammenhang zwischen Preis und Nachfrage unter der Voraussetzung ab, daß vom Einkommenseffekt der Preisänderungen abstrahiert wird. Da der Einkommenseffekt einer Preisänderung von dem auf das betrachtete Produkt entfallenden Ausgabenanteil der Nachfrager abhängt und dieser im allgemeinen klein ist, entsteht kein großer Fehler, wenn statt der kompensierten Nachfragekurve die gewöhnliche Nachfragekurve verwendet wird (Willig 1976).

In Figur 6 würde bei vollständiger Konkurrenz der Preis p_W mit den Grenzkosten übereinstimmen, die zur Vereinfachung der Darstellung als konstant angenommen werden und mit den Durchschnittskosten übereinstimmen.[29] Dabei würde eine Konsumentenrente entstehen, die durch die Fläche des Dreiecks DCp_W beschrieben wird.

Wenn das betrachtete Gut von einem Monopol angeboten wird, ist der Preis hö-

---

Die erste Gleichung folgt aus der Definition des bestimmten Integrals. Die zweite Gleichung ergibt sich auf Grund von Shephards Lemma (vgl. Neumann 1995a, S. 82, 134). Danach ist die kompensierende Einkommensvariation eine Fläche unter der kompensierten Nachfragefunktion $q_1(p_1, p_2^0, u^0)$.

[29] Demgegenüber liegt der gesamtwirtschaftlichen Darstellung in Figur 5 der Fall steigender Grenzkosten zugrunde, in dem in partialanalytischer Darstellung neben der Konsumentenrente auch eine Produzentenrente zu berücksichtigen wäre. Vgl. dazu Aiginger und Pfaffermayr (1997).

her, und es entsteht ein Monopolgewinn, der durch die schraffierte Fläche $p_M A B\, p_W$ dargestellt wird. Ein Teil der bei Konkurrenz entstehenden Konsumentenrente verwandelt sich im Monopolfall in einen Monopolgewinn. Verloren geht dagegen der durch das Dreieck ABC beschriebene Teil der Konsumentenrente. Das ist der durch Monopolmacht verursachte Wohlfahrtsverlust, der in der gesamtwirtschaftlichen Darstellung der Figur 5 durch die Strecke AB beschrieben wurde.

Die Fläche des Dreiecks ist

$$WL = (1/2)\Delta p(-\Delta Q)$$

Unter Verwendung (einer Näherung) der Preiselastizität der Nachfrage

$$\varepsilon = -\frac{p}{Q}\frac{\Delta Q}{\Delta p}$$

erhält man

$$WL = (1/2)(\Delta p/p)^2 \varepsilon p Q\,.$$

Im Fall eines Oligopols läßt sich der Wohlfahrtsverlust folgendermaßen darstellen. Bei einer linearen Nachfragekurve des Marktes $p = a - bQ$ und konstanten Grenzkosten c beträgt der Wohlfahrtsverlust $WL = (1/2)(p-c)$ $\times (Q_W - Q_C)$, wobei Q_C das Gesamtangebot im Cournot-Gleichgewicht und Q_W das Gesamtangebot bei vollständiger Konkurrenz ist. Setzt man die aus dem Cournot-Fall bekannten Werte für Q_W und Q_C ein, so erhält man, da

$Q_W = \dfrac{(a-c)}{b}$ und $Q_C = \dfrac{n}{n+1}\dfrac{(a-c)}{b}$ ist, bei $p = a - bQ_C$

$$WL = \frac{1}{2}\frac{1}{b}\left(\frac{a-c}{n+1}\right)^2 = \frac{1}{2}G_i\,.$$

Der Wohlfahrtsverlust ist also gleich der Hälfte des Gewinnes eines der (untereinander identischen) Anbieter.

Veranschaulicht wird dieses Ergebnis durch die folgende Figur 7, in der die Nachfragekurve des Marktes als DD' eingetragen ist. Im Oligopol mit drei Anbietern komme ein Preis p_C zustande. Der Wohlfahrtsverlust wird durch die Fläche des schraffierten Dreiecks gegeben, der Gewinn aller drei Anbieter durch die Flächen G_i, so daß der Wohlfahrtsverlust gleich der Hälfte des Ge-

Figur 7

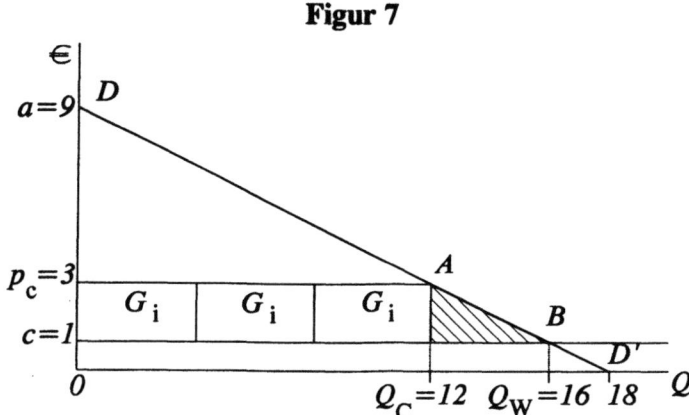

winnes eines der (identischen) Anbieter ist.[30]

Der erste Versuch, den durch monopolistische Marktmacht bedingten Wohlfahrtsverlust zu quantifizieren, wurde von Harberger (1954) unternommen. Er benutzte Daten über die verarbeitende Industrie der USA der Jahre 1924-28 und kam unter der Annahme einer Preiselastizität der Nachfrage von Eins zu dem Ergebnis, daß der Wohlfahrtsverlust weniger als 1/10 % des amerikanischen Bruttosozialprodukts betrug. Dieses Schätzergebnis beruhte natürlich einmal darauf, daß nur ein Ausschnitt aus der amerikanischen Wirtschaft betrachtet wurde und daß eine vermutlich zu geringe Preiselastizität der Nachfrage vorausgesetzt wurde. In Folgestudien (vgl. Überblick bei Böbel 1984, S. 177ff. und Needham 1978, S. 243) wurden bei alternativen Annahmen und einer breiteren Datenbasis deutlich höhere Werte für den Wohlfahrtsverlust ermittelt.

Höhere Kosten durch „Rentensuche"

Ein wichtiger Gesichtspunkt, der bei der Einschätzung des Wohlfahrtsverlusts durch Monopolmacht berücksichtigt werden muß, ist die Tatsache, daß die Kosten bei Vorliegen monopolistischer Marktmacht höher oder niedriger sein können als im Wettbewerb.

Neben den statischen Effizienzverlusten können Wohlfahrtsverluste dadurch

---

[30] Bei der angenommenen (inversen) Nachfragefunktion $p = 9 - 0{,}5Q$ und Grenzkosten von $c = 1$ ist bei $n = 3$ der Preis $p_C = 3$. Die Mengen betragen $Q_C = 12$ und $Q_W = 16$. Der Gewinn eines Anbieters ist $G_i = 8$, und der Wohlfahrtsverlust beträgt $WL = 4$ und beläuft sich pro Umsatzeinheit auf $WL/pQ = 4/36 = 1/9$.

entstehen, daß Monopolmacht zu einer Verschwendung von Ressourcen führt. Durch Monopolmacht entsteht ein Gewinn, der im ökonomischen Sinn eine Rente darstellt. Das ist ein Einkommen, das über die Opportunitätskosten der Faktoren hinausgeht, also über das Einkommen, das in der nächstbesten Verwendung erzielt werden könnte. Renten in diesem Sinn können auf zweifache Weise entstehen, durch naturgegebene oder durch künstlich herbeigeführte Knappheit. Naturgegebene Knappheit findet man bei natürlichen Ressourcen und bei menschlichen Begabungen und Fähigkeiten. Künstliche Knappheit, die zu Monopolstellungen führt, beruht gewöhnlich auf staatlichen Maßnahmen. Diese können erstens in staatlichen Schutzmaßnahmen bestehen, namentlich in einer Außenhandelsprotektion, in Zugangsbeschränkungen zu Berufen und Gewerbezweigen und im Patentschutz. Zweitens kommen Monopolstellungen dadurch zustande, daß die staatliche Rahmenordnung wettbewerbsbeschränkende Absprachen toleriert.

Soweit ökonomische Renten durch künstlich geschaffene Knappheit bedingt sind, ist mit rentensuchendem Verhalten von Nutznießern einer solchen Knappheit zu rechnen. Rentensuchendes Verhalten kann darin bestehen, daß Unternehmen oder ihre Verbände versuchen, Einfluß auf die Gesetzgebung oder auch auf behördliche Entscheidungen zu gewinnen. Berücksichtigt man, daß an der Rentensuche zahlreiche Personen beteiligt sind, so liegt es nahe, die Rentensuche zur Erlangung und Erhaltung einer monopolistischen Position als einen Wettbewerbsprozeß aufzufassen (Tullock 1967, Posner 1975). Im Extremfall werden Ressourcen in dem Maße aufgewandt, daß der gesamte an sich mögliche Monopolgewinn verzehrt wird.

Im gleichen Sinn wurde von Cowling und Mueller (1978) darauf hingewiesen, daß auch Marketingausgaben dazu dienen und eingesetzt werden, um monopolistische Marktmacht zu erlangen, und deshalb ebenfalls als Wohlfahrtsverlust einzustufen seien. Unter diesem Aspekt wurden für die USA und das Vereinigte Königreich (UK) Wohlfahrtsverluste in der Größenordnung von 4-13 % des Bruttoeinkommens der Unternehmen ermittelt.

Eine weitere Ursache dafür, daß die Kosten bei monopolistischer Marktmacht höher sind als bei intensivem Wettbewerb, besteht in der sog. X-Ineffizienz (Leibenstein 1966). Da der Druck des Wettbewerbs schwächer ist oder völlig fehlt, besteht kein Zwang, die jeweils kostengünstige Produktionstechnik und innerbetriebliche Organisation zu realisieren. Möglicherweise suchen auch die Gewerkschaften an den Monopolrenten zu partizipieren und können die Unternehmen veranlassen, höhere Löhne zu zahlen, als dies bei härterem Wettbewerb möglich wäre. In der Tat hat sich in empirischen Studien gezeigt, daß bei einem höheren Grad horizontaler Konzentration die Löhne vergleichsweise hoch sind.[31]

Betrachtet man die Studien, die Aufwendungen für rentensuchendes Verhalten als Wohlfahrtsverlust einstufen, im Licht der allgemeinen Gleichgewichtstheorie (vgl. oben Figur 5), so erscheint diese Argumentation jedoch nicht gut begründet zu sein. Vom Standpunkt der allgemeinen Gleichgewichtstheorie aus liegt ein Wohlfahrtsverlust dann vor, wenn das tatsächliche Einkommen geringer ist als das Einkommen, das bei vollständigem Wettbewerb möglich gewesen wäre. Nun sind die Ausgaben für rentensuchendes Verhalten aber Einkommen anderer Personen. Daher sind diese Ausgaben grundverschieden von der hypothetisch angenommenen kompensierenden Einkommensvariation, die im Rahmen der allgemeinen Gleichgewichtstheorie als Wohlfahrtsverlust identifiziert wurde. Die Einstufung der Ausgaben für rentensuchendes Verhalten als Wohlfahrtsverlust involviert ein Werturteil, nach dem diese Ausgaben und die aus ihnen resultierenden Einkommen von geringerem Wert sind als Einkommen anderer Art. Das gleiche gilt insoweit, als ein Monopol „ein ruhiges Leben" verschafft. Freizeit und Muße, die das Management eines Monopols genießen kann, folgt aus einer Wahl im Rahmen der Möglichkeiten, die eine Wirtschaft bietet. Das Verteilungsergebnis mag bei anderen Mißbilligung hervorrufen, es unterscheidet sich aber grundsätzlich von einem Effizienzverlust, wie er durch Monopolmacht verursacht wird. Nur wenn man ein Werturteil fällt, das aus langfristiger Perspektive gerechtfertigt sein mag, können Ausgaben für Rentensuche als Wohlfahrtsverlust betrachtet werden.

Statischer Effizienz-Trade-off

Möglich ist auch, daß Monopolmacht, die von Großunternehmen ausgeübt wird, mit niedrigeren Durchschnitts- und Grenzkosten einhergeht als bei kleineren Unternehmen. Dem statischen, durch Monopolmacht bedingten Wohlfahrtsverlust steht dann eine Kostenersparnis gegenüber, so daß ein Abwägungsproblem entsteht, auf das Oliver Williamson (1968, 1969) hingewiesen hat und das in der Wettbewerbspolitik eine nicht geringe Bedeutung erlangt hat.

---

[31] In den zitierten Studien von Neumann, Böbel und Haid fand sich regelmäßig ein negativer Einfluß der Unternehmensgröße auf die Preis-Kosten-Marge. Da kaum damit zu rechnen ist, daß größere Unternehmen niedrigere Preise verlangen als kleinere Unternehmen und ebenso nicht mit höherem Materialaufwand zu rechnen ist, muß die Ursache für den ungünstigen Effekt der Unternehmensgröße auf die Preis-Kosten-Marge in erster Linie bei höheren Löhnen gesucht werden.

Der Zusammenhang kann mit Hilfe der Figur 8 erläutert werden. Es wird angenommen, daß ursprünglich vollständige Konkurrenz herrscht und daß dann ein

Figur 8

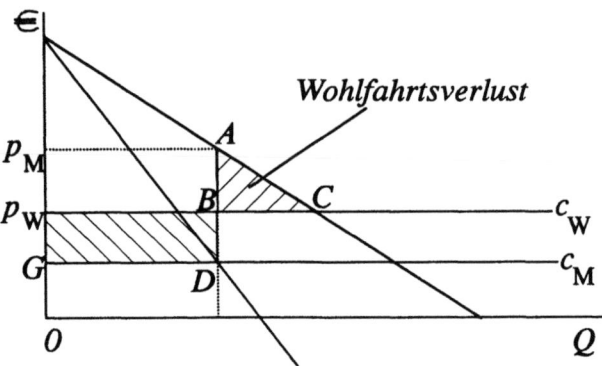

Monopol entsteht, wobei die Grenzkosten von c_W auf c_M sinken.[32] Infolge der Monopolmacht steigt der Preis von p_W auf p_M, so daß sich ein statischer Wohlfahrtsverlust ergibt, der durch die Fläche des Dreiecks ABC beschrieben wird.

Dem steht ein Zuwachs des Monopolgewinns gegenüber, der durch die Fläche des Rechtecks $p_W BDG$ gegeben ist. Durch Beispiele (in denen isoelastische Nachfragefunktionen unterstellt werden) demonstriert Williamson, daß schon bei relativ geringen Kosteneinsparungen die Marktmacht erheblich sein muß, damit der statische Wohlfahrtsverlust größer ist als die Kosteneinsparung. Bei einer Preiselastizität der Nachfrage von zwei und einer Kosteneinsparung von 2 % müßte der Monopolpreis um 10 % über den Durchschnittskosten liegen, damit netto ein Wohlfahrtsverlust entsteht. Nicht berücksichtigt wird in dieser Betrachtung freilich, daß die Senkung der Grenzkostenkurve einen Aufwand für Forschung und Entwicklung, für die Ausbildung und das Anlernen von Mitarbeitern erfordert. Dieser Aufwand, der gewöhnlich Fixkostencharakter besitzt, mindert den Vorteil der Kostensenkung und erhöht das Gewicht des Wohlfahrtsverlustes.

---

[32] Näherungsweise bleibt das Ergebnis der Analyse zutreffend, wenn schon vorher Monopolmacht bestand, diese aber gering war und deshalb vernachlässigt werden kann. Vgl. Williamson (1969, S. 956).

Dynamischer Trade-off

Das Bild ändert sich weiter, wenn man langfristige Effekte in Betracht zieht. Auf der einen Seite steht dabei die Ansicht Schumpeters (1942), daß technischer Fortschritt vornehmlich durch Großunternehmen vorangetrieben wird und daß eine wettbewerbliche Marktstruktur sich eher fortschrittshemmend auswirke. Daraus folgt - in Fortführung des Gedankengangs von Williamson - ein Trade-off zwischen statischem Wohlfahrtsverlust und dem Wohlfahrtsgewinn durch technischen Fortschritt (Nelson und Winter 1982). Bei näherer Betrachtung erweist sich die Existenz eines solchen Trade-offs jedoch als zweifelhaft.

Erstens, wie von Arrow (1962) gezeigt und durch nachfolgende Studien (Reinganum 1989) belegt wurde, werden die ökonomischen Anreize für Innovationen durch Monopolmacht verändert und zwar teils erhöht und teils verringert. Die theoretischen Studien kommen insgesamt zu keinem eindeutigen Ergebnis. Betrachtet man andererseits empirische Studien, so findet man erstens, daß kleinere und mittelgroße Unternehmen für Innovationen eine weitaus wichtigere Rolle spielen, als von Schumpeter (1942) vermutet wurde (Jewkes, Sawers und Stillerman 1958, Acs und Audretsch 1988, Audretsch 1995) und daß zweitens horizontale Konzentration tendenziell einen negativen Einfluß auf die Innovationstätigkeit ausübt (Geroski 1990, 1994 für UK, Neumann, Böbel und Haid 1982 sowie Weigand 1996 für Deutschland). Soweit es um die Anreize für Innovationen geht, ist das Ergebnis der bisherigen Forschung aus theoretischer Sicht unentschieden, während auf Grund der empirischen Studien eher ein negativer Einfluß von monopolistischer Marktmacht zu vermuten ist.

Zweitens kann aus makroökonomischer Sicht gezeigt werden, daß ein statischer Wohlfahrtsverlust zur Folge hat, daß die tatsächliche Wachstumsrate des Sozialprodukts hinter der potentiellen Wachstumsrate, die bei unverzerrtem Wettbewerb zu erwarten wäre, zurückbleibt. Da wegen eines statischen Wohlfahrtsverlustes das tatsächliche Einkommen geringer ist als das potentielle Einkommen, wird die gesamtwirtschaftliche Ersparnis geschmälert, so daß sich bei gegebenen Präferenzen die Investitionen in tangibles und intangibles Kapital verringern. Als Folge davon wird auch die Wachstumsrate des Sozialprodukts gemindert. Die individuellen Entscheidungsträger, Unternehmer und private Haushalte, sind sich dieses makroökonomischen Effekts im allgemeinen gar nicht bewußt. Aus ihrer Sicht können sie durchaus glauben, innovativ zu handeln, und doch wirkt die vorhandene Monopolmacht insgesamt fortschritts- und wachstumshemmend.

Drittens kann, wie schon dargelegt, eine Änderung der Einkommensverteilung, die durch rentensuchendes Verhalten und durch X-Ineffizienz entsteht, aus Effizienzgründen unmittelbar kaum kritisiert werden. Dennoch können dadurch Wachstums- und Wohlstandsverluste eintreten. Adam Smith (1776 Vol. 2, S. 278, deutsche Ausgabe S. 641) traf eine Unterscheidung zwischen einem temporären und einem vom Staat verliehenen dauerhaften Monopol und kritisierte das letztere, da durch ein solches Monopol

> „alle Untertanen höchst unsinnig und auf zweifache Weise besteuert (werden): Einmal durch die hohen Preise für Waren, die sie im Fall eines freien Handels wesentlich billiger kaufen könnten, zum anderen durch ihren völligen Ausschluß von einem Geschäftszweig, in dem viele von ihnen gerne und mit Erfolg tätig sein könnten. Außerdem werden sie auf diese Weise für einen Zweck besteuert, der zu den unnützesten überhaupt gehört, denn es geschieht bloß, um es der Gesellschaft zu ermöglichen, Nachlässigkeit, Veruntreuung und Verschwendungssucht ihrer Angestellten zu unterstützen, deren unordentliche Geschäftsführung es selten zuläßt, daß die Dividende der Gesellschaft die übliche Gewinnspanne in Erwerbszweigen übersteigt, die völlig frei sind. Ja, sie läßt es sogar recht häufig zu, daß sie ein gutes Stück darunter liegt."

Aus dieser Äußerung geht klar hervor, daß ein Werturteil gefällt wird. Es könnte durch das folgende Prinzip gerechtfertigt werden: „Monopole sollten nicht zugelassen werden, wenn sie negative Externalitäten hervorrufen". Aus dieser Perspektive führt die Zulassung eines dauerhaften Monopols dazu, daß das Sparen sinkt. Das von Adam Smith kritisierte Verhalten bewirkt nicht ausschließlich eine Umverteilung des Einkommens, vielmehr entsteht ein zusätzlicher Wohlfahrtsverlust dadurch, daß die Wachstumsrate der Wirtschaft hinter dem Wert zurückbleibt, der an sich - bei Wettbewerb - möglich wäre. Wenn man dieser Beurteilung zustimmt, kann rentensuchendes Verhalten in der Tat einen Wohlfahrtsverlust zur Folge haben.

Unter allen drei aufgeführten Aspekten verursacht ein statischer Wohlfahrtsverlust auf die Dauer einen Verlust an Wohlfahrt, der weitaus größer ist, als der statische Verlust selbst. Das ist eine wichtige Einsicht, die durch das folgende Beispiel veranschaulicht werden soll.

Die Differenz zwischen dem tatsächlichen Einkommen $y(m)$ und dem potentiellen Einkommen y sei durch $y(m) = (1-\tau)y$ beschrieben, wobei τy den durch Monopolmacht bedingten statischen Wohlfahrtsverlust bezeichnet. Weiterhin sei $g(m)$ die tatsächliche, durch den statischen Wohlfahrtsverlust geminderte Wachstumsrate und g die potentielle Wachstumsrate. Bei einem Zinssatz i beträgt dann der Barwert des totalen Wohlfahrtsverlusts von der Gegenwart bis in die unendlich ferne Zukunft

$$B = \frac{y}{i-g} - \frac{y(m)}{i-g(m)}.$$

Da $B = v/(i-g)$ ist, wobei v den (als Annuität) auf das Jahr gerechneten Wohlfahrtsverlust darstellt, erhält man als Wohlfahrtsverlust je Einheit des tatsächlichen Einkommens

$$\lambda := \frac{v}{y(m)} = \frac{1}{1-\tau} - \frac{i-g}{i-g(m)}.\ ^{33}$$

Um den Effekt eines statischen Wohlfahrtsverlustes zu demonstrieren, wird in der folgenden Tabelle angenommen, daß die tatsächliche Wachstumsrate um $0,2\tau$ hinter der potentiellen Wachstumsrate zurückbleibt, so daß $y - y(m) = 0,2\tau$ ist.

Annuität des Wohlfahrtsverlustes in Abhängigkeit vom Zins, der Wachstumsrate und dem statischen Wohlfahrtsverlust

	i	g	τ	$g(m)$	λ
A	0,04	0,02	0,001	0,0198	0,011
B	0,04	0,02	0,01	0,018	0,101
C	0,04	0,02	0,03	0,014	0,262
D	0,03	0,02	0,01	0,018	0,177

Bei einem Zins von $i = 0,04$, einer potentiellen Wachstumsrate von $g = 0,02$, einer statischen Wohlfahrtsverlustrate von $\tau = 0,001$, wie von Harberger ermittelt, einer tatsächlichen Wachstumsrate von $g(m) = 0,0198$ erhält man einen jährlichen Wohlfahrtsverlust von 0,01, der zehnmal so groß ist wie der von Harberger ermittelte Wert des statischen Verlusts. Wenn der statische Verlust 0,01 beträgt, beläuft sich der langfristige Verlust mit 0,101 wieder ungefähr auf das Zehnfache. Ein statischer Verlust von 3 % führt gar zu einem langfristigen Verlust pro Jahr von 26 %. Aufgrund dieser Beispiele kann man den Schluß ziehen, daß selbst geringfügig erscheinende Werte des statischen Wohlfahrtsverlusts auf die Dauer zu Wohlfahrtsverlusten von ganz beträchtlicher Größenordnung führen.

---

[33] Würde die Wachstumsrate durch Monopolmacht nicht beeinträchtigt, so würde der jährliche Wohlfahrtsverlust $v/y(m) = \tau/(1-\tau)$ bzw. $v/y = \tau$ betragen.

Abhängigkeit der Wachstumsrate vom statischen Wohlfahrtsverlust

Um den Effekt eines statischen Wohlfahrtsverlusts auf die Wachstumsrate des Sozialprodukts abzuschätzen, sei ein einfaches Wachstumsmodell verwendet, in dem der technische Fortschritt auf Ausgaben für Forschung Entwicklung beruht (vgl. im einzelnen Neumann 1997).

Mit einem solchen Modell kann das Ergebnis eines evolutorischen Prozesses abgebildet werden. In evolutorischer Sicht ist Wettbewerb ein Prozeß, der zur Auslese und Überleben der besten Technik und Organisation führt, die bei jeweils gegebenen institutionellen Rahmenbedingungen möglich ist. Der Evolutionsprozeß kann deshalb als Maximierungskalkül interpretiert werden. Das Gleichgewicht, das mit Hilfe eines solchen Kalküls hergeleitet wird, ist der Zielpunkt der Evolution. Obgleich ein solches Gleichgewicht so gut wie niemals tatsächlich erreicht wird, weil der Evolutionsprozeß, der sich in der Suche nach neuen Wegen manifestiert, offen ist, ist das Konzept des Gleichgewichts, auf das die Entwicklung jeweils zusteuert, außerordentlich nützlich, um langfristige Konsequenzen von Änderungen des institutionellen Rahmens herauszuarbeiten. Dazu gehört die Entstehung von Monopolmacht und ein damit verbundener statischer Wohlfahrtsverlust.

Unabhängig von der Ursache einer Abweichung vom jeweiligen statischen Wohlfahrtsoptimum sei angenommen, daß das tatsächliche Einkommen in jeder Periode um τy geringer ist als das potentielle Einkommen. Die Kapitalakkumulation kann dann durch die Gleichung

$$\dot{x} = (1-\tau)f(x) - r(a) - \tilde{c} - (n+a)x \tag{10}$$

beschrieben werden. In Effizienzeinheiten der Arbeit ausgedrückt, bezeichnet x den Kapitalstock und $\tilde{c}$ den Konsum. Weiter ist $f(x)$ eine neoklassische Produktionsfunktion mit den üblichen Eigenschaften. Sie unterliegt also insbesondere dem Gesetz vom fallenden Ertragszuwachs. Ferner ist $a = \dot{A}/A$ die Rate eines rein arbeitserhöhenden technischen Fortschritts, durch den sich die durchschnittliche Arbeitsproduktivität von Jahr zu Jahr erhöht, n ist die Zuwachsrate des Arbeitsangebots, und $r(a)$ bezeichnet die in Effizienzeinheiten der Arbeit gemessenen Ausgaben für Forschung, Entwicklung und Ausbildung, also Ausgaben zur Schaffung und Erhaltung von Humankapital. Dabei sei $r'(a) > 0$ und $r''(a) > 0$. Damit wird vorausgesetzt, daß auch die Erzeugung von technischem Fortschritt dem Gesetz fallender Ertragszuwächse unterliegt. Außerdem sei - primär aus Vereinfachungsgründen - angenommen, daß $r(0) = 0$ und $r'(0) = 0$ ist.

Zu maximieren sei der gesellschaftliche Nutzen

$$\int_0^\infty Lu(c)e^{-\rho t}dt$$

durch die Wahl des Konsums pro Kopf und die Rate des technischen Fortschritts unter Berücksichtigung der Gleichung (10) der Kapitalakkumulation sowie $\dot{A} = aA$. Dabei ist der Nutzen in jeder einzelnen Periode gleich dem individuellen Nutzen, multipliziert mit der Zahl der vorhandenen Personen. Für die individuelle Nutzenfunktion jeder einzelnen Periode wird die Form $u(c) = c^{1-\eta}/(1-\eta)$ angenommen. Darin ist ρ die Zeitpräferenzrate, mit der zukünftiger Nutzen diskontiert wird, und η ist die Grenznutzenelastizität. Sie gibt an, um wieviel Prozent der Grenznutzen steigt, wenn der Konsum pro Kopf um ein Prozent erhöht wird.

Das resultierende Steady-State-Gleichgewicht wird durch die Gleichungen

$$(1-\tau)f(x) - r(a) - \tilde{c} - (n+a)x = 0 \qquad (11)$$

$$(1-\tau)f'(x) - \eta a = \rho \qquad (12)$$

$$[(1-\tau)f'(x) - n - a]r'(a) + r(a) - (1-\tau)[f(x) - xf'(x)] = 0 \qquad (13)$$

beschrieben.

Die Gleichungen (12) und (13) sind in der Figur 9 durch die Kurven XX' und AA' abgebildet. Durch den Schnittpunkt werden die Gleichgewichtswerte x^* und a^* bestimmt. Die Gleichung (11) kann dann benutzt werden, um c^* zu ermitteln.

Figur 9

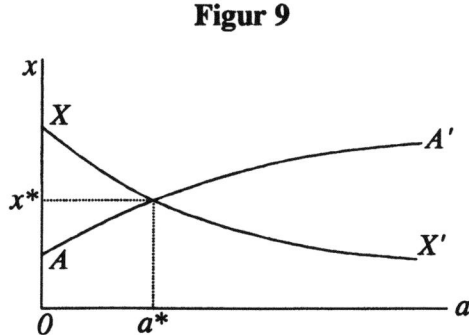

Wenn sich τ erhöht, verschieben sich beide Kurven nach links, so daß a^* kleiner wird. Eine Zunahme der durch τ beschriebenen Abweichung des tatsächlichen Einkommens vom potentiellen Einkommen verursacht also eine Verringerung der Rate des technischen Fortschritts und damit auch eine Verminderung der Wachstumsrate des Einkommens pro Kopf. Um diesen Effekt zu quantifizieren, kann man die Gleichungen (12) und (13) total differenzieren. Man erhält dann

$$\frac{\partial a^*}{\partial \tau} = \frac{-1}{[(1-\tau)f' - n - a]r''/f + \eta(r' + x)/f} .$$

Sofern η in etwa gleich Eins ist[34], wird der Nenner quantitativ durch x/f dominiert, d.h. durch den Kapitalkoeffizienten, für den eine Größe von 4-5 angenommen werden kann. Deshalb dürfte $\partial a^*/\partial \tau$ in etwa $-0{,}2$ betragen. Daher kann man vermuten, daß die Wachstumsrate des Einkommens infolge eines statischen Wohlfahrtsverlusts durch Monopolmacht um 0,2 mal der Rate des statischen Wohlfahrtsverlusts reduziert wird, also so, wie oben in der obigen Tabelle angenommen wurde.

Man kann diese Vermutung hinsichtlich der Größenordnung des negativen Wachstumseffekts eines statischen Wohlfahrtsverlustes durch folgende Überlegung noch weiter untermauern. Nach Adam Smiths Auffassung kann der Wohlfahrtsverlust in Analogie zu einer Einkommensteuer gesehen werden. Im Gegensatz zu einer wirklichen Einkommensteuer, deren Aufkommen auch zur Finanzierung öffentlicher Investitionen dienen kann, stellt ein statischer Wohlfahrtsverlust durch Monopolmacht einen definitiven Einkommensverlust dar. Daher kann ein empirisch ermittelter negativer Effekt einer Einkommensteuer auf das Produktivitätswachstum als eine konservative Schätzung des Wachstumsverlusts angesehen werden, das durch einen statischen Wohlfahrtsverlust herbeigeführt wird. Tatsächlich fand sich im Querschnitt der OECD-Länder für den Zeitraum 1964-1984 für den Einfluß der Quote der Steuern auf Einkommen und Gewinn am Sozialprodukt ein negativer und statistisch signifikanter Regressionskoeffizient von $-0{,}17$ ($t = 4{,}61$).[35] Dieser Wert liegt sehr nahe bei dem

---

[34] In Neumann (1997, S. 44) wird argumentiert, daß η tatsächlich kleiner als Eins anzunehmen ist.

[35] Vgl. Neumann (1997, S. 104). Aufgrund der von der OECD veröffentlichten Daten (OECD, Revenue Statistics 1965-86, Paris 1987, und Historical Statistics 1960-87, Paris 1989) ergab sich für die überlappenden Dekaden 1964-73, 1969-78 und 1974-83 im Querschnitt von 16 Industrieländern die folgende Regressionsgleichung

oben angenommenen Wert für $\partial a^*/\partial \tau$. Das alles spricht dafür, daß der tatsächlich und langfristig zu erwartende Wohlfahrtsverlust durch Monopolmacht ein Vielfaches des statischen Wohlfahrtsverlustes ausmacht.

„Theorie des Zweitbesten" zur Begründung von Wettbewerbsbeschränkungen

Die aus der Theorie effizienter Allokation ableitbare Forderung, in allen Wirtschaftszweigen Wettbewerb zu sichern, wurde durch die von Lipsey und Lancaster (1956) vorgetragene Theorie des Zweitbesten in Frage gestellt. Diese Theorie besagt folgendes: Wenn es aus irgendeinem Grund unmöglich ist, in einem Sektor der Wirtschaft die Optimumsbedingung, nach der Grenzkosten und Preis übereinstimmen sollen, zu verwirklichen, so ist es nicht optimal, in allen anderen Sektoren diese Bedingung einzuhalten. Als zweitbeste Lösung sollten auch in anderen Sektoren Abweichungen von der Optimumsregel zugelassen werden.

Die Zusammenhänge lassen sich in einem einfachen Modell leicht illustrieren. Angenommen sei das Zwei-Güter-Modell des gesamtwirtschaftlichen Gleichgewichts, das in Figur 5 dargestellt ist. Da das Monopol im Sektor 1 seine Grenzkosten GK_1 mit dem Grenzerlös $p(1-1/\varepsilon_1)$ in Übereinstimmung bringt, während im anderen Sektor die Grenzkosten GK_2 mit dem Preis p_2 übereinstimmen, wird beim Gleichgewicht des Punktes M von Gut 1 im Vergleich zum Optimum des Punktes Q zu wenig und vom Gut 2 zu viel produziert. Ein Marktergebnis, das näher am Punkt Q liegt, könnte dadurch erreicht werden, daß auch im Sektor 2 Monopolmacht zugelassen wird. Wäre in beiden Sektoren die Preiselastizität der Nachfrage gleich hoch, so könnte sogar der Optimalpunkt Q erreicht werden, denn dann wäre das Verhältnis der Grenzkosten, die Grenzrate der Transformation, gleich dem Preisverhältnis, das mit dem Verhältnis der Grenzerlöse übereinstimmte, da dann $p_1(1-1/\varepsilon_1)/p_2(1-1/\varepsilon_2) = p_1/p_2$ wäre. Würde Monopolmacht im Sektor 2 durch Maßnahmen der Wettbewerbspolitik

---

$$\dot{a} = 6{,}84 - 0{,}59n - 0{,}17\tau - 1{,}21D1 - 2{,}41D2 \quad , \quad \bar{R}^2 = 0{,}70$$
$$(15{,}08) \quad (3{,}23) \quad (4{,}61) \quad (3{,}05) \quad (5{,}94)$$

mit den in Klammern angegebenen t-Werten. Dabei ist

$\dot{a}$ = Wachstumsrate der Arbeitsproduktivität
n = Zuwachsrate der Beschäftigung
τ = Steuern auf Einkommen und Gewinn in Relation zum Bruttoinlandsprodukt
$D1, D2$ = Dekaden - Dummies, von denen man annehmen kann, daß sie Änderungen der Zeitpräferenzrate widerspiegeln.

beseitigt, so würde eine Verschlechterung der ökonomischen Wohlfahrt herbeigeführt.

Diese theoretisch unangreifbare Argumentation sollte jedoch nicht als Leitlinie der Wettbewerbspolitik dienen. Erstens setzt die Realisierung einer „zweitbesten Lösung" Informationen voraus, über die im allgemeinen niemand verfügt. Die Zulassung von Wettbewerbsbeschränkungen zur Kompensation anderer Wettbewerbsbeschränkungen liefe darauf hinaus, „den Teufel mit Beelzebub austreiben zu wollen". Dem Interventionismus würde Tor und Tür geöffnet, so daß Partikularinteressen sich ungehindert artikulieren und durchsetzen könnten. Zweitens ist gegen eine Umsetzung der Theorie des Zweitbesten einzuwenden, daß sie statischer Natur ist. Sie beruht auf der Annahme unvermeidlicher Wettbewerbsbeschränkungen zum Beispiel aufgrund von zunehmenden Skalenerträgen und damit zusammenhängenden Fixkosten. Bekanntlich ist aber die Technik wandelbar und das Ergebnis ökonomischer Entscheidungen. Es gibt zahlreiche Beispiele dafür, daß in der Geschichte von Industriezweigen anfänglich vorhandene Unteilbarkeiten der Technik durch Miniaturisierung überwunden worden sind. Dies wäre kaum zu erwarten gewesen, hätte man durch Anwendung der Theorie des Zweitbesten auch in anderen Sektoren Wettbewerbsbeschränkungen zugelassen und mit staatlichem Segen versehen. Die statische Natur der Theorie des Zweitbesten verstellt den Blick dafür, daß Wettbewerb ein Entdeckungsverfahren ist, das durch Wettbewerbspolitik in Gang gehalten werden sollte. Soweit tatsächlich unvermeidliche Wettbewerbsbeschränkungen vorliegen, ein sog. natürliches Monopol, oder soweit der Staat Monopolrechte verleiht, besteht die richtige Politik darin, das Verhalten des Monopolisten zu überwachen, so daß ein Mißbrauch von Monopolmacht verhindert wird.

5. Fazit

Die industrieökonomische Theorie führt die Wettbewerbsergebnisse auf das Verhalten der Unternehmen in Verbindung mit der jeweiligen Marktstruktur und der Technologie zurück. Man kann dabei das Cournot-Modell als Referenzmodell für wettbewerbspolitische Analysen heranziehen, da sich hier recht allgemein die Auswirkungen alternativer Verhaltensweisen – Konkurrenz vs. Kollusion – und unterschiedlicher Rahmenbedingungen auf das Wettbewerbsergebnis veranschaulichen lassen.

Die aus dem Cournot-Modell ableitbaren Hypothesen lassen sich empirisch überprüfen und werden durch die bisher vorliegenden empirischen Befunde weitestgehend gestützt. Der Nachweis vor allem beständig höherer Gewinne etablierter Unternehmen und einer höheren Preis-Kosten-Marge bei höherer horizontaler Konzentration belegen die Existenz monopolistischer Marktmacht und weisen auf die entscheidende Bedeutung der Freiheit des Marktzutritts hin.

Diskutiert wird schließlich das Problem der Quantifizierung von Wohlfahrtsverlusten, die durch monopolistische Marktmacht verursacht werden. Obgleich sich manchmal Fusionen, die zu Großunternehmen mit monopolistischer Marktmacht führen, durch Kosteneinsparungen rechtfertigen lassen („efficiency defense"), so ergibt sich vor allem aus einer langfristigen Perspektive, daß infolge von Monopolmacht eher eine Beschränkung der Innovationstätigkeit und damit eine Reduzierung der Wachstumsrate des Sozialprodukts zu erwarten ist.

Ziel des folgenden Kapitels ist dann die Übersetzung der theoretischen und empirischen Erkenntnis der Industrieökonomik in eine konsequente und zugleich praktikable Wettbewerbspolitik, die einer Eindämmung von Wettbewerbsbeschränkungen verpflichtet ist. Gleichzeitig wird anhand von Beispielen aus Deutschland, der Europäischen Union und den USA die Umsetzung der Wettbewerbspolitik beschrieben, so daß die damit verbundenen Probleme deutlich werden.

Kapitel III
Eindämmung von Wettbewerbsbeschränkungen

Da Wettbewerbsbeschränkungen im allgemeinen gesamtwirtschaftlich schädlich sind, sollte die Wettbewerbspolitik primär darauf abzielen, Wettbewerbsbeschränkungen einzudämmen. In Anbetracht eines verbreiteten „Hangs zur Monopolbildung" besteht kein Anlaß anzunehmen, daß zuviel Wettbewerb vorhanden ist. Im übrigen ist es angesichts der Unmöglichkeit, zukünftige Entwicklungen zuverlässig zu prognostizieren, auch ausgeschlossen, einen optimalen Grad des Wettbewerbs in einer Wirtschaft zu bestimmen. Wendet man sich jedoch einzelnen Fällen zu, so findet man nur wenige, in denen eine Wettbewerbsbeschränkung ausschließlich gesamtwirtschaftliche Schäden zur Folge hat, nicht selten ist sowohl mit Wohlfahrtsverlusten als auch mit wirtschaftlichen Vorteilen zu rechnen. Für die Wettbewerbspolitik ergibt sich deshalb ein Abwägungsproblem. Nachteile und Vorteile sind gegeneinander aufzurechnen. Das bedeutet jedoch nicht, daß eine solche Abwägung in jedem Einzelfall vorgenommen werden muß. Vielmehr lassen sich Fallgruppen bilden, in denen die Nachteile so deutlich überwiegen, daß *per se* ein Verbot angebracht ist. In anderen dagegen muß von Fall zu Fall entschieden werden. Man spricht dann von einer *rule of reason*. Wenn man glaubt, daß die schädlichen Wirkungen einer Wettbewerbsbeschränkung von geringerem Gewicht sind als die positiven Folgen, so kann dennoch eine Verhaltenskontrolle angebracht sein, durch die sichergestellt werden soll, daß monopolistische Marktmacht nicht mißbräuchlich genutzt wird.

Wie in den Grundzügen schon im Kapitel I dargelegt wurde, sind in den USA wie auch in der Europäischen Gemeinschaft Kartelle grundsätzlich verboten, während Fusionen von Fall zu Fall beurteilt werden. Ausnahmsweise zugelassene Kartelle wie auch Unternehmen mit Marktmacht unterliegen einer Mißbrauchsaufsicht, in deren Rahmen bestimmte Verhaltensweisen untersagt sind. Damit ergibt sich die Gliederung des vorliegenden Kapitels. Im ersten Abschnitt wird Kollusion, im zweiten werden Fusionen, und im dritten und vierten Abschnitt wird die Praxis der Mißbrauchskontrolle marktbeherrschender Unternehmen oder Kartelle erörtert.

1. Kollusion

Absprachen zwischen Unternehmen über Preise und Produktionsmengen sind regelmäßig verboten. Sowohl in den USA als auch in Europa sind jedoch einige

Sektoren der Wirtschaft als Ausnahmebereiche vom Kartellverbot ausgenommen, nämlich die Arbeitsmärkte, die Landwirtschaft sowie zum Teil die Kreditwirtschaft. Im übrigen sind in den USA Kartelle *per se* verboten, während in Deutschland wie auch der Europäischen Union ein durch spezifizierte Ausnahmen modifiziertes Kartellverbot praktiziert wird.

Per se-Verbot von Kartellen in den USA

Das aus dem Sherman Act abgeleitete strikte Kartellverbot basiert in den USA auf verschiedenen Urteilen der Gerichte. Diesen liegt eine generelle Einschätzung der Auswirkung von Kartellen zugrunde. Der Zweck von Kartellen wird darin gesehen, Preise und Mengen zum Vorteil der Produzenten und zum Nachteil der Verbraucher zu verändern und damit gegen das vom Sherman Act postulierte Verbot der Monopolisierung zu verstoßen. Mögliche Produktivitätsgewinne werden demgegenüber als gering eingeschätzt, so daß sich eine Untersuchung von Fall zu Fall erübrigt. Diese Beurteilung von Kartellen lag bereits der Entscheidung im Addyston Pipe-Fall von 1898 zugrunde, in dem ein Kartell von sechs Produzenten von Gußeisenrohren für Wasser und Gas, die zusammen über einen Marktanteil von rund 2/3 im Mittleren Westen und Westen der USA verfügten, verboten wurde (vgl. Scherer und Ross 1990, S. 318).[1] Zweifel entstanden dadurch, daß 1911 für die Fusionen im Fall der Standard Oil Company of New Jersey und der American Tobacco Company von Chief Justice White für die Anwendung des Sherman Act in diesen Fällen die *rule of reason* entwickelt wurde und nicht klar war, warum eine Fusion, die zu monopolistischer Marktmacht führt, anders beurteilt werden soll als eine zum gleichen Zweck getroffene Absprache. Klarheit wurde 1927 im Trenton Potteries-Fall und 1940 im Socony Vacuum-Fall geschaffen, in denen das *per se*-Verbot von Kartellen bekräftigt wurde. Im Trenton Potteries-Fall handelte es sich um ein Kartell der Produzenten von sanitärer Keramik, das 80 % der Produktion dieses Wirtschaftszweiges erfaßte. Von den Verteidigern des Kartells wurde vorgebracht,

---

[1] Bittlingmayer (1982) hat dieses Urteil mit der Begründung kritisiert, für den betreffenden Industriezweig seien zunehmende Skalenerträge typisch, so daß ein Wettbewerbsgleichgewicht, bei dem die Grenzkosten mit dem Preis übereinstimmen, immer zu Verlusten führe und deshalb nicht erwartet werden könne. Überdies sei angesichts der für die Stahlindustrie charakteristischen Volatilität der Nachfrage ein Kartell die ökonomisch richtige Lösung gewesen. Ein Kartell wird damit als Ausweg in einer angeblich „gleichgewichtslosen" Situation angesehen. Übersehen wird dabei, daß bei fallenden Durchschnittskostenkurven eine Tangentenlösung als Gleichgewicht existiert, wie in Kapitel II gezeigt wird. Bei Nachfrageschwankungen sind in einer Rezession temporäre Verluste möglich, sie werden aber im konjunkturellen Boom durch temporär hohe Gewinne kompensiert.

daß die Preise des Kartells wirtschaftlich vernünftig seien und nicht zu einer Ausbeutung der Kundschaft führten. Diese Argumentation wurde mit den folgenden Sätzen der Begründung des Kartellverbotes zurückgewiesen (Neale 1966, S. 36).

> „The aim and result of every price-fixing agreement, if effective, is the elimination of one form of competition. The power to fix prices, whether reasonably exercised or not, involves power to control the market and to fix arbitrary and unreasonable prices. The reasonable price fixed today may through economic and business changes become the unreasonable price of tomorrow. Once established, it may be maintained unchanged because of the absence of competition."

Mit einer Prognose über die langfristig fortschrittshemmenden Auswirkungen eines Kartells, die sich durchaus im Einklang mit den im vorigen Kapitel dargelegten Einsichten über die Folgen eines Kartells befinden, wurde eine Trade-off-Erwägung, die bei Fusion angebracht ist, abgelehnt. Wie Bork (1965, S. 830) zu Recht bemerkt, ist

> „The only difference between the two forms of elimination of competition which suggests a more lenient attitude toward mergers (is) that cartels contain no possibility of the creation of efficiencies, their sole purpose and effect being the restriction of output, while mergers may or may not enable the achievement of efficiencies."

Diese Einschätzung kann durch die folgende Überlegung untermauert werden. Ausgangspunkt ist die Feststellung (Hayek 1968), daß der Wettbewerb ein höchst effektives Entdeckungsverfahren ist, in dem immer wieder neue und kostengünstigere Produktionsmethoden eingeführt werden. Da Kosten zum Teil versunken und Investitionsgüter langlebig sind, existieren in einem Wirtschaftszweig zu einem gegebenen Zeitpunkt im allgemeinen Betriebe mit unterschiedlich leistungsfähigen Produktionsmethoden nebeneinander. Modernere Produktionstechniken zeichnen sich dabei im allgemeinen durch geringere Grenzkosten und variable Durchschnittskosten, aber höhere Fixkosten aus. Wenn unter diesen Voraussetzungen die Nachfrage in einer konjunkturellen Rezession sinkt, können Unternehmen mit moderner Technik überleben, wenn der Preis unter die totalen Durchschnittskosten fällt, aber die variablen Durchschnittskosten noch übersteigt, während bei älteren Betriebsanlagen mit höheren variablen Durchschnittskosten diese durch den Preis nicht mehr gedeckt werden, so daß Unternehmen mit älterer Produktionstechnik aus dem Markt ausscheiden müssen. Dieser Prozeß wird dadurch beschleunigt, daß in der Konkurrenz die Unternehmen mit moderner Technik dazu neigen, ihre Produktion auszudehnen, wenn dadurch die totalen Durchschnittskosten gesenkt werden können. Im Gegensatz dazu können ältere Betriebe im Schutz eines Kartells überleben, wenn alle Kartellmitglieder ihre Produktion einschränken, so daß der Preis weniger stark sinkt. Die Unternehmen eines solchen Industriezweiges treten deshalb in den folgenden Konjunkturaufschwung mit Überkapazitäten ein, und die Unternehmen mit moderner Technik werden zögern, Erweiterungsinvestitionen vorzunehmen. Infolgedessen wird der technische und wirtschaftliche Fortschritt gebremst, genau wie in der Begründung des Urteils im Trenton Potteries-Fall prognostiziert wurde.

Bekräftigt wurde die darin getroffene Einschätzung von Kartellen vom Supreme Court 1940 im Socony Vacuum-Fall mit der Begründung, daß eine Kontrolle der Preisbildung von Kartellen durch Behörden oder Gerichte „is wholly alien to a system of free competition" (Neale 1966, S. 38), das die philosophische Grundlage des Sherman Act bilde. Statt eine Mißbrauchskontrolle durchzuführen, so im Ergebnis der Supreme Court, sollte Wettbewerbspolitik darauf abzielen, eine wettbewerbliche Struktur der Wirtschaft zu sichern. Ließe man Kartelle zu, so wäre das von vornherein nicht gewährleistet. Das folgt nicht zuletzt aus der folgenden weiteren Überlegung.

Ein Kartell kann den von den Mitgliedern beabsichtigten Zweck einer Verbesserung ihrer Gewinnsituation nur dann erfüllen, wenn die Absprachen nicht durch Außenseiter unterlaufen werden. Deshalb kann man aus der dauerhaften Existenz eines Kartells zu Recht darauf schließen, daß das Kartell Abwehrstrategien gegenüber potentiellen und tatsächlichen Außenseitern praktiziert, die im dritten Abschnitt dieses Kapitels erörtert werden. Solche Praktiken könnten zwar im Prinzip auch im Rahmen einer Mißbrauchsaufsicht eingedämmt werden, sie werden jedoch von vornherein unterbunden, wenn Kartelle verboten sind.

Ausnahmen vom Kartellverbot in Deutschland und der Europäischen Gemeinschaft

In Deutschland sieht das Kartellgesetz ähnlich wie in den USA Ausnahmebereiche vom Kartellverbot vor, nämlich Landwirtschaft, Kredit- und Versicherungswirtschaft und Urheberrechtsverwertungsgesellschaften. Die in dem bis 1998 geltenden Gesetz gegen Wettbewerbsbeschränkungen enthaltenen Ausnahmen für Beförderungsunternehmen (§ 99 GWB) und Versorgungsunternehmen (§§ 103 ff. GWB) wurden durch die 1999 in Kraft getretene 6. Novelle zum Kartellgesetz abgeschafft. Eingeführt wurde der Ausnahmebereich Sport (§ 31 KartellG). Als Ergebnis der Anwendung einer *rule of reason* stehen daneben spezielle Ausnahmen vom Kartellverbot: Normen-, Typen- und Konditionenkartelle (§ 2), Spezialisierungskartelle (§ 3) und Rationalisierungskartelle (§§ 4 und 5), Strukturkrisenkartelle (§ 6), Kartelle, die im überwiegenden Interesse der Gesamtwirtschaft und des Gemeinwohls ministeriell genehmigt werden können (§ 8), und schließlich Kooperationen zur Stärkung der Wettbewerbsfähigkeit kleinerer und mittlerer Unternehmen (zur Spezialisierung, im Einkauf und bei Mittelstandsempfehlungen). Bei Rationalisierungs- und Spezialisierungskartellen sind Preisabreden und Syndikate erlaubnisfähig, wenn der Rationalisierungszweck auf andere Weise nicht erreicht werden kann und wenn die Rationalisierung im Interesse der Allgemeinheit erwünscht ist.[2]

Ähnliches gilt in der Europäischen Gemeinschaft. Zwar kennt der EG-Vertrag keine Ausnahmebereiche[3], Art. 81 des EG-Vertrags enthält jedoch Generalklauseln, die Ausnahmen vom Kartellverbot erlauben. Im ersten Absatz des Art. 81 wird ein generelles Verbot von Absprachen bezüglich der Preise und Geschäftsbedingungen, der Produktion, der technischen Entwicklung und der Investitionen, der Marktentwicklung, der Versorgungsquellen, der Diskriminierung von Handelspartnern und von Koppelungsverträgen ausgesprochen. Im Absatz 3 folgen dann Generalklauseln über mögliche Ausnahmen,

> „die unter angemessener Beteiligung der Verbraucher an dem entstehenden Gewinn zur Verbesserung der Warenerzeugung oder -verteilung oder zur Förderung des technischen oder wirtschaftlichen Fortschritts beitragen, ohne daß den beteiligten Unternehmen
>
> (a) Beschränkungen auferlegt werden, die für die Verwirklichung dieser Ziele nicht unerläßlich sind, oder
>
> (b) Möglichkeiten eröffnet werden, für einen wesentlichen Teil der betreffenden Waren den Wettbewerb auszuschalten."

Diese Generalklauseln sind von der Europäischen Kommission durch Gruppenfreistellungen und Einzelentscheidungen ausgefüllt worden. Gruppenfreistellungen, die daran gebunden sind, daß der Marktanteil der betroffenen Unternehmen eine gewisse Schwelle nicht überschreitet, und die vielfach zeitlich begrenzt erteilt werden, existieren für Alleinvertriebs- und Alleinbezugsvereinba-

---

[2] Dies ist ein Beispiel einer „ancillary restraint", die in den USA von Judge Taft im Addyston Pipe-Fall als Ausnahme vom Kartellverbot erörtert worden ist, im Antitrust-Recht aber bisher „remained undeveloped and its possibilities unexploited" geblieben ist (Bork 1965, S. 800).

[3] Eine Sonderstellung nimmt gleichwohl die Landwirtschaft ein. Nach Artikel 36 EG-Vertrag finden die Vorschriften über die Wettbewerbsregeln auf die Landwirtschaft nur insoweit Anwendung, als dies vom Ministerrat bestimmt wird. Das geschah zwar 1962, dennoch ist der Wettbewerb insoweit beschränkt, als er durch die Existenz von Marktordnungen reguliert wird. Vgl. dazu auch Kapitel IV.

rungen, für Kooperationsvereinbarungen in Forschung und Entwicklung, für Vertriebs- und Dienstleistungsfranchising, für Technologietransfervereinbarungen, für Kooperationen z.B. in Marktforschung und Werbung sowie für Bagatellfälle bei einem Marktanteil der beteiligten Unternehmen von weniger als 15 % oder einem Jahresumsatz von weniger als 200 Mio. Euro (Art. 4 VO Nr. 17/62).

Auf europäischer Ebene wird durch die vom Ministerrat erlassene Verordnung Nr. 17 von 1962 festgelegt, daß alle nach Art. 81 (früher 85) EG-Vertrag an sich verbotenen Vereinbarungen horizontaler wie vertikaler Art, für die eine Ausnahme nach Art. 81 Abs. 3 in Anspruch genommen werden soll, bei der Europäischen Kommission angemeldet werden müssen. Die Kommission kann auf Antrag der beteiligten Unternehmen und Unternehmensvereinigungen feststellen, daß nach den für sie bekannten Tatsachen kein Anlaß zum Einschreiten besteht. Vor allem wegen einer im Verhältnis zur administrativen Kapazität der Europäischen Kommission übergroßen Zahl von Anmeldungen ist in den meisten Fällen eine sorgfältige Überprüfung nicht möglich. In den meisten Fällen wird der Anmelder mit einem Verwaltungsschreiben (comfort letter) des Inhalts beschieden, daß zur Zeit ein Einwand nicht erhoben wird, die Kommission sich aber eine spätere Prüfung vorbehält. Diese Praxis hat zur Folge, daß Vereinbarungen der genannten Art nach EG-Recht weitaus großzügiger behandelt werden, als dies nach deutschem Recht bei Vereinbarungen, die auf das Inland beschränkt sind, der Fall ist.

Nicht zuletzt angesichts der großen Zahl der Fälle, in denen eine Ausnahme beantragt wird und der Erwartung einer weiter steigenden Zahl nach einer Erweiterung der Europäischen Gemeinschaft, hat die Kommission 1999 in einem Weißbuch zur Wettbewerbspolitik Vorschläge unterbreitet, die zu einer stärkeren Einbeziehung der Wettbewerbsbehörden der Mitgliedsländer und damit zu einer Entlastung der Europäischen Kommission führen könnten, so daß sich die Kommission auf Entscheidungen bezüglich schwerwiegender Fälle von Wettbewerbsbeschränkungen konzentrieren könnte.[4]

Die Ausnahmen vom generellen Kartellverbot in Deutschland wie in der EG können als Ergebnis einer Abwägung von Vorteilen und Nachteilen eingestuft werden. Dabei wird unterstellt - und in Art. 81 Abs. 3 EG-Vertrag ausdrücklich verlangt -, daß der Wettbewerb nicht ausgeschaltet ist. Die Geltung dieser

---

[4] Vorgeschlagen wird, daß an die Stelle des „Verbots mit Erlaubnisvorbehalt" eine „Kartellerlaubnis mit Verbotsvorbehalt" treten soll. Eine weitgehende Kartellierungsfreiheit wäre faktisch die Folge (Mestmäcker 1999, S. 524).

Prämisse ist jedoch fragwürdig. Wettbewerb vollzieht sich durch den Einsatz verschiedener Instrumente, neben dem Preis durch die Gestaltung der Lieferbedingungen, durch Rabatte sowie durch Verfahrens- und Produktinnovationen. Wenn diese Wettbewerbsparameter durch erlaubte Kartelle ausgeschaltet sind, verbleibt allein der Preis als Wettbewerbsparameter. Zur Begründung der speziellen Ausnahmen vom Kartellverbot ist vielfach vorgebracht worden, dadurch würde die Markttransparenz erhöht. Das ist an sich wohl richtig. Eine höhere Markttransparenz beinhaltet aber nicht notwendigerweise mehr Wettbewerb. Eher ist das Gegenteil richtig. Eine durch Ausnahmekartelle herbeigeführte Transparenz erleichtert vielmehr stillschweigende Übereinkünfte der Konkurrenten über die Preise, die leicht zu beobachten sind. Kartelle, die sich auf Nebenbedingungen des Handels beziehen, können daher als „Stützkorsett" für kollusives Verhalten dienen.

Strukturkrisenkartelle

Kartelle wurden und werden vielfach verteidigt, weil sie für eine Anpassung der Produktion an Schwankungen der Nachfrage, insbesondere in Krisen unerläßlich seien. Zu unterscheiden sind dabei Konjunkturkrisen und Strukturkrisen. In konjunkturellen Rezessionen ist eine Anpassung der Produktionskapazität an einen Rückgang der Nachfrage vielfach nicht sogleich möglich, weil mit dem Aufbau von Kapazitäten versunkene Kosten entstanden sind, so daß bei einem Nachfrage- und Produktionsrückgang Verluste entstehen. Andererseits entstehen in einem konjunkturellen Aufschwung, wenn die Vergrößerung von Produktionskapazitäten nicht augenblicklich erfolgen kann, Gewinne. Es gibt keinen Grund anzunehmen, daß im konjunkturellen Auf und Ab die Verluste überwiegen. Daher gibt es auch keinen Grund, Kartelle zum Ausgleich konjunktureller Nachfrageschwankungen zuzulassen (vgl. auch Martin 1999). Anders liegen die Dinge bei einer strukturellen Krise, die zu einem nachhaltigen und damit irreversiblen Abbau von Produktionskapazitäten zwingt. Während Strukturkrisenkartelle nach amerikanischem Recht ebenfalls unter das *per se*-Verbot fallen,[5] sind sie sowohl nach europäischem Recht als auch nach deutschem Wettbewerbsrecht zulässig und praktiziert worden. In der Europäischen Gemein-

---

[5] In den dreißiger Jahren wurden Kartelle als Mittel zur Überwindung der Folgen der Weltwirtschaftskrise im Rahmen des „National Industrial Recovery Act" zugelassen. Diese Außerkraftsetzung des Wettbewerbsrechts wurde jedoch vom Supreme Court für verfassungswidrig erklärt und aufgehoben. Vgl. Martin (1999, S. 87). Bei dem schon erwähnten Socony Vacuum-Fall handelte es sich um ein in der Mitte der dreißiger Jahre gegründetes Strukturkrisenkartell von Erdölraffinerien, dessen Verbot durch den Supreme Court 1940 bestätigt wurde.

schaft sind Strukturkrisenkartelle mehrfach im Rahmen der Montanunion zugelassen worden. In Deutschland gab es ein erlaubtes Strukturkrisenkartell für synthetische Fasern. In der europäischen Stahlindustrie waren Strukturkrisenkartelle primär dadurch bedingt, daß die Mitgliedsländer der Montanunion den Erhalt ihrer jeweiligen Stahlindustrie als ein wesentliches Ziel ihrer Industriepolitik verfolgten, durch Subventionen verteidigten und dadurch den durch den Nachfragerückgang an sich notwendigen Abbau von Produktionskapazitäten verhinderten. Letztlich ist das Problem dadurch gelöst worden, daß durch Fusionen größere Unternehmenseinheiten geschaffen wurden, in denen dann der Kapazitätsabbau vollzogen wurde.

Aufeinander abgestimmtes Verhalten

Ein Kartellverbot schließt nicht aus, daß dennoch verbotene Absprachen über Preise und Produktionsmengen getroffen werden. Obgleich illegale Kartelle weniger stabil sind als legale Kartelle, weil Vertragstreue nicht durch juristische Mittel erzwungen werden kann, muß man angesichts der mit einer Kollusion verbundenen Gewinnchancen damit rechnen, daß Absprachen getroffen werden. Das gilt, wie aus der spieltheoretischen Analyse des vorigen Kapitels folgt, besonders für ausgereifte Märkte, deren dauerhafte Existenz nicht in Frage steht. Sie sind auf ausgereiften Märkten auch deshalb wahrscheinlicher, weil die Produktion meist mit hohen Fixkosten verbunden ist, die gewöhnlich versunken sind, so daß ein Marktzutritt neuer Konkurrenten nur selten zu erwarten ist.

Für die Wettbewerbspolitik ergibt sich das Problem, illegale Kollusion zu identifizieren. Sicher ist, daß Kollusion ein gleichförmiges Verhalten der beteiligten Unternehmen zur Folge hat. Doch gleichförmiges Verhalten allein ist kein zuverlässiger Beweis für das Vorliegen von Kollusion. Es muß bewiesen werden, daß das gleichförmige Verhalten abgestimmt ist, also aus einer Übereinstimmung des Willens (meeting of the mind) resultiert. Dieser Grundsatz gilt sowohl im amerikanischen Antitrust-Recht als auch im europäischen Wettbewerbsrecht. Im amerikanischen Recht wird eine „Verschwörung" (conspiracy) vorausgesetzt, im europäischen Recht das Vorliegen aufeinander abgestimmter Verhaltensweisen (Art. 81 EG-Vertrag und § 25 GWB, seit 1999 § 1 KartellG). Da eine ausdrückliche Vereinbarung, noch dazu in Schriftform, vielfach nicht existiert oder nicht beweisbar ist, müssen die Wettbewerbsbehörden einen Indizienbeweis führen.[6] In der Praxis sind dabei zwei Argumentationslinien mög-

---

[6] Eine spieltheoretische Analyse des Problems liefert Phlips (1995, S. 124 ff.).

lich.

Wenn eine gemeinschaftliche Organisation, z.B. eine Wirtschaftsvereinigung, besteht, in deren Rahmen bestimmte Verhaltensregeln aufgestellt und befolgt werden, kann dies auf die Existenz von Kollusion hindeuten. Ein Beispiel ist der im nächsten Abschnitt behandelte amerikanische Zucker-Fall (1936), in dem der Supreme Court das Vorliegen von Kollusion als erwiesen ansah.

Eine alternative Argumentation geht von der Beobachtung aus, daß Preiswettbewerb nicht stattfindet, und sucht zu zeigen, daß dies ohne eine zugrunde liegende Kollusion nicht möglich wäre. Ausgangspunkt ist die Beobachtung einheitlicher Preisbildung. Es ist dann zu zeigen, daß diese stattfindet, obgleich im Wettbewerb Unterschiedlichkeit zu erwarten wäre. Demgegenüber könnte eingewandt werden, daß zum Beispiel in einem Oligopol bei einer Nachfrageänderung trotz unterschiedlicher Grenzkosten mit der gleichen Mengenreaktion der Konkurrenten zu rechnen ist. In einem Dyopol zum Beispiel ist in einem Cournot-Gleichgewicht $q_i^* = (a - 2c_i + c_j)/3b$, so daß die Veränderung der Produktion bei einer Zunahme der Nachfrage, $\partial q_i / \partial a = 1/3b$, für jeden der beiden Anbieter also gleich groß ist. Gleichförmiges Verhalten kann deshalb a priori nicht als Beweis für Kollusion gelten. In der Realität ist freilich die Nachfragefunktion des Marktes nicht mit Sicherheit bekannt. Deshalb wird normalerweise die Erwartung einer Nachfrageänderung von Unternehmen zu Unternehmen divergieren, so daß auch die Produktionsplanung und die daraus folgende Preiserwartung unterschiedlich ausfallen wird. Unternehmen, die eine größere Zunahme der Nachfrage erwarten, werden ihre Produktion stärker ausdehnen als andere, so daß sich die Marktanteile verschieben. Der Marktpreis wird sich dann infolge der individuell unterschiedlichen Entscheidungen anders entwickeln als bei einer gegenseitigen Abstimmung der Erwartung künftiger Entwicklungen. Als Beispiel dieser Art kann der Teerfarben-Fall dienen, der 1972 vom Europäischen Gerichtshof (EuGH) entschieden wurde.

Die bedeutendsten europäischen Farbstoffproduzenten trafen sich regelmäßig zu einem gelegentlichen Erfahrungs- und Informationsaustausch. Auf einem Treffen am 18.8.1967 kündigte der Vertreter eines schweizerischen Unternehmens für seine Gesellschaft eine Preiserhöhung von 8 % für den 16.10.1967 an. Die vier deutschen Teilnehmer an der Gesprächsrunde, die am deutschen Markt für Teerfarben einen Marktanteil von insgesamt 80 % hatten, erhöhten daraufhin am 16.10.1967 ebenfalls ihren Preis um 8 %. Ein gleichartiges Verhalten hatte es vorher schon in den Jahren 1964 und 1965 gegeben. Das Bundeskartellamt schloß aus diesem Verhalten auf eine stillschweigende Kollusion. Diese Beurteilung wurde vom Kammergericht Berlin (der zuständigen Berufungsinstanz) sowie vom Bundesgerichtshof in der Revision zurückgewiesen, denn die nach deutschem Recht - nach damaligem Stand - erforderliche Existenz eines Vertrages sei nicht nachgewiesen. Demgegenüber hat der EuGH die betreffenden Unternehmen nach europäischem Recht wegen eines abgestimmten Verhaltens verurteilt. In der Urteilsbegründung wird gesagt, daß durch die Ankündigung einer Preiserhöhung jede Ungewißheit über das zukünftige Verhalten beseitigt worden sei.

> „Selbst wenn eine allgemeine und dennoch spontane Preiserhöhung auf jedem einzelnen der nationalen Märkte allenfalls noch vorstellbar gewesen wäre, hätte man doch erwarten müssen, daß diese Erhöhungen je nach den besonderen Gegebenheiten der einzelnen nationalen Märkte verschieden groß gewesen wären. Nach alledem mag ein paralleles Preisverhalten für die betroffenen Unternehmen zwar ein lohnendes und ohne Risiken erreichbares Ziel gewesen sein; es läßt sich jedoch schwerlich annehmen, daß ein solches Parallelverhalten hinsichtlich des Zeitpunktes, der betroffenen nationalen Märkte und des betroffenen Warensortiments ohne vorherige Abstimmung zustande kommen konnte" (EuGH 1972).[7]

Durch dieses Urteil wurde deutlich, daß der § 1 GWB, der nach dem Urteil des BGH auf das Vorliegen eines expliziten Vertrages abstellt, zu eng war, um den Zielen der Wettbewerbspolitik gerecht zu werden. Im Jahr 1973 wurde deshalb das GWB um den § 25, Absatz 1 ergänzt (jetzt § 1 KartellG), nach dem abgestimmtes Verhalten verboten ist, so daß eine Übereinstimmung des deutschen Rechts mit dem Europarecht in diesem Punkt hergestellt wurde.

Informationsaustauschsysteme

Als Indiz für das Vorliegen von Kollusion kann ein Abkommen von Unternehmen eines Wirtschaftszweiges über den Austausch von Marktinformationen dienen. Propagiert wurden solche Abkommen (Preismeldestellen, open price systems) ursprünglich in den USA von A.J. Eddy (1912) als Alternative zu dem harten und vielfach als ruinös empfundenen Wettbewerb seiner Zeit. Das Motiv war also das gleiche, das gewöhnlich zur Rechtfertigung von Kartellen diente. In der Tat entstanden nach dem Wirksamwerden des Kartellverbots in den USA nach Eddy's Vorschlag eine große Zahl von „Open Price Associations". Eine ähnliche Entwicklung war in Deutschland zu beobachten. Nach dem Inkrafttreten des Gesetzes gegen Wettbewerbsbeschränkungen im Jahre 1958 wurden zahlreiche Preismeldestellen gegründet (Röper und Erlinghagen 1974, S. 27). Ebenso entstanden in Großbritannien nach dem Verbot von Kartellen durch den

---

[7] Vgl. dazu auch die gutachtliche Stellungnahme zu dem Fall von Albach und Kloten (1973).

Restrictive Trade Practices Act von 1956 rund 150 Abkommen über gegenseitigen Informationsaustausch (Röper und Erlinghagen 1974, S. 27, Symeonidis 1998, S. 64). Diese Abfolge der Ereignisse erweckt den starken Verdacht, daß die Preismeldestellen nichts anderes als ein Ersatz für verbotene Kartelle waren und daß generell Abkommen über den Informationsaustausch wettbewerbsbeschränkend wirken. Ob jedoch tatsächlich aus der Teilnahme an einem Informationsaustausch auf verbotene Kollusion geschlossen werden kann, hängt von der Ausgestaltung des Systems und sonstigen Indizien ab. Das läßt sich durch die Betrachtung einiger Fälle verdeutlichen, in denen Marktinformationssysteme in den USA, in Deutschland und der EG durch Gerichte beurteilt und verurteilt worden sind.

Im Fall der American Column and Lumber Company, der 1921 vor den Supreme Court kam, bestand ein Abkommen, nach dem die 365 Mitglieder, die 90 % des Branchenumsatzes repräsentierten (Röper und Erlinghagen 1974, S. 28), sich zu monatlichen Preismeldungen verpflichtet hatten. Das erklärte Ziel war, „to keep prices at reasonably stable and normal levels" (Neale 1966, S. 44). Während in diesem Fall wie auch im Fall der Linseed Oil Company (1923) das Abkommen als illegal verurteilt wurde, fand der Supreme Court 1925 im Fall der Maple Flooring Manufacturers' Association keinen Grund zur Ablehnung. In anderen Fällen, so das Gericht, hätte aus den Fakten der Schluß abgeleitet werden können, „that concerted action had resulted or would necessarily result in tending arbitrarily to lessen production or increase prices", doch im vorliegenden Fall fand das Gericht die Indizien nicht überzeugend, denn die Preise der teilnehmenden Firmen waren nicht einheitlich und im ganzen niedriger als die Preise von Firmen, die der Association nicht angehörten (Neale 1966, S. 46). Ein weiterer erwähnenswerter Fall wurde 1936 vom Supreme Court endgültig entschieden. In einer Zeit schwacher Nachfrage hatte die amerikanische Zuckerindustrie „The Sugar Institute" gegründet, das einen sog. „Code of Ethics" durchsetzen sollte. Das Institut zirkulierte unter den Mitglieder detaillierte Statistiken über Produktion, Lagerbestände und Lieferungen. Überdies war es üblich, daß die Produzenten Preisänderungen im voraus ankündigten, so daß sich die Kunden im Fall von Preiserhöhungen vorher eindecken konnten. Wenn ein Produzent eine Preissenkung ankündigte, folgten alle anderen nach. Eine angekündigte Preiserhöhung konnte zurückgenommen werden, wenn die Konkurrenten ihr nicht folgten. Alle Mitglieder des Instituts waren verpflichtet, auf geheime Preiskonzessionen zu verzichten. Insbesondere wegen dieser Verpflichtung, aber auch deswegen, weil sich die Häufigkeit von Preisänderungen verringerte und die Gewinnmargen trotz beträchtlicher Überkapazitäten erhöhten, wurde das Abkommen vom Supreme Court für illegal erklärt.

In Deutschland wurde 1972 ein Marktinformationssystem von 17 Produzenten von Aluminiumtuben, die 70 % des Marktes repräsentierten, vom Kammergericht in Berlin (der Berufungsinstanz gegenüber Entscheidungen des Bundeskartellamtes) als Wettbewerbsbeschränkung verurteilt. Die teilnehmenden Firmen waren verpflichtet, alle Vertragsangebote innerhalb von 4 Tagen einer zentralen Meldestelle mit allen Einzelheiten anzuzeigen, die von der Meldestelle allen Vertragsbeteiligten auf Anfrage bekanntgegeben wurden. Das Kammergericht sah die Unsicherheit über das Verhalten von Konkurrenten als ein wesentliches Wettbewerbselement an, das durch das vorliegende Preismeldesystem ausgeschaltet worden sei. In gleicher Weise wurden ähnliche Fälle von der Europäischen Kommission beurteilt (vgl. Schmidt 1999, S. 267ff.).

Eine Wettbewerbsbeschränkung wurde von der Europäischen Kommission auch darin gesehen, daß die Anbieter landwirtschaftlicher Traktoren im Vereinigten Königreich ein Informationssystem über den Absatz von Traktoren eingerichtet hatten. Im Rahmen dieses Abkommens wurden neben zusammenfassenden Daten des Industriezweiges Verkaufsziffern, Marktanteile, detailliert nach Modell, Produktgruppe und Absatzgebiet, jährlich, vierteljährlich, monatlich und täglich mitgeteilt. Ferner wurden den Mitgliedern Verkaufsziffern und Marktanteile von Firmen mitgeteilt, die nicht Mitglieder des Abkommens waren. Regelmäßige Treffen schufen ein Forum für Kontakte zwischen den beteiligten Firmen. Die 1992 erfolgte Untersagung dieses Abkommens durch die Europäischen Kommission wurde durch den EuGH bestätigt (kritisch dazu Albach 1996).

Untersagt wurde von der Kommission im Jahre 1997 auch ein von der Wirtschaftsvereinigung Stahl, dem Verband der deutschen Stahlunternehmen, angemeldetes Informationsaustauschsystem, an dem sich die großen deutschen Hersteller beteiligen sollten. Vorgesehen war ein Austausch sensibler, aktueller und individueller Informationen über die Lieferungen von etwa 40 verschiedenen Stahlerzeugnissen in sämtliche Mitgliedsstaaten. Nach der Beurteilung durch die Europäische Kommission stellt ein solcher Informationsaustausch auf einem gesättigten und stark konzentrierten Markt „eine gravierende Wettbewerbsbeschränkung dar, da er die Markttransparenz derart erhöht, daß jeglicher Versuch eines unabhängigen, wettbewerbsgerechten Verhaltens Gegenmaßnahmen der anderen Wettbewerber ausgesetzt wäre, da sie den Urheber leicht ermitteln könnten" (Europäische Kommission 1998, S. 25).

Diese Beispiele sind gut geeignet, das Problem zu beschreiben. Vorweg ist die Frage zu klären, worauf sich der Informationsaustausch bezieht. In der Literatur findet man eine Reihe von Studien, die sich mit dem Problem beschäftigen, wie sich bei Ungewißheit über die Nachfrage des Marktes, die durch die Funktion $p = a - bQ$ beschrieben wird, ein Informationsaustausch über den Lageparameter a auf Preis und Menge eines Gutes in Oligopolsituationen auswirken.[8] Diese Literatur ist freilich für die Beurteilung der oben erwähnten Informationssysteme irrelevant. Relevant ist dagegen die Analyse von Jin (1994), die sich mit den Auswirkungen eines Informationsaustausches von Verkaufsziffern befaßt. Er kommt für den hier allein interessierenden Fall substitutiver Produkte zu dem Schluß (S. 331), daß „In a Cournot industry, sales reports benefit firms but hurt the society, while in a Bertrand industry, they lower profits but raise the social welfare." Man kann daraus die folgende wettbewerbspolitische Regel ableiten: Wenn ein solches Abkommen - bei Cournot-Wettbewerb - für die Beteiligten individuell profitabel ist, führt es gesamtwirtschaftlich zu Wohlfahrtsverlusten und sollte deshalb untersagt werden. Wenn es andererseits - bei Bertrand-Wettbewerb – gesamtwirtschaftlich, aber nicht individuell, vorteilhaft wäre, würde es aus individuellem Interesse erst gar nicht entstehen. Damit hat die Entscheidung der Europäischen Kommission und das Urteil des EuGH nachträglich eine schöne theoretische Unterstützung erhalten.

In den erwähnten Fällen ging es nicht um Informationen über die Nachfragefunktion, sondern um Informationen über das Verhalten von Konkurrenten. Die Teilnehmer am Informationsaustausch gaben ihre Preise und ihre Absatzzahlen bekannt. Rückschlüsse darauf, welche Kenntnis die Absender der Informationen über Preise und Absatzzahlen besitzen, können die Empfänger der Informationen jedoch nur dann ziehen, wenn ihnen die Kostenfunktionen der Konkurrenten bekannt sind. Diese Voraussetzung ist gewöhnlich nicht erfüllt. Dann aber vermitteln die mitgeteilten Preis- und Mengendaten lediglich eine Information darüber, ob der jeweilige Konkurrent den eigenen Preis des Empfängers der Information unterboten hat. Das ist bei Preismeldesystemen unmittelbar einsichtig. Es gilt aber auch bei Informationen über Absatzziffern auf einem heterogenen Markt, wie im Traktorfall. Da die Produkte differenziert sind, gibt es keine unmittelbare Vergleichbarkeit von Preisen, denn Preisänderungen können auch durch Qualitäts- und Ausstattungsänderungen bedingt sein. Für heterogene Produkte sind Absatzzahlen ein verläßlicherer Indikator des Markterfolges.

---

[8] Novshek und Sonnenschein (1982), Clarke (1983a und b), Vives (1984), vgl. auch Phlips (1995, S. 81ff.), Raith (1996). Für den Fall eines Cournot-Dyopols wurde gezeigt, daß ein Informationsaustausch über die Lage der Nachfragekurve nur dann im Interesse der einzelnen Firmen liegt, wenn sie kooperieren. Demgegenüber ist ein solcher Informationsaustausch im Fall heterogener Produkte bei Bertrand-Wettbewerb immer individuell vorteilhaft.

Wenn der Marktanteil eines konkurrierenden Anbieters stieg, fanden es dessen Kunden offenbar richtig, den bisherigen Lieferanten wegen der Qualität oder des Preises des Produktes aufzugeben. Wenn detaillierte Informationen über den Absatz vorliegen, sind rivalisierende Anbieter durchaus in der Lage, die Größenordnung der Preisänderung abzuschätzen, zumal die Qualität der Produkte im allgemeinen durch Verkaufsprospekte hinreichend bekannt gemacht wird.

Informationen über das Verhalten von Konkurrenten verschaffen Möglichkeiten der Vergeltung. Das gilt insbesondere bei zeitnahen Informationen. Dadurch wird eine Kollusion stabilisiert. Vielfach wird der Markttransparenz, die für die Anbieter durch einen Informationsaustausch geschaffen wird, eine Intensivierung des Wettbewerbs zugeschrieben. Dieser Gedanke ist im Zusammenhang mit Abkommen über einen Informationsaustausch jedoch von vornherein abwegig. Durch intensiveren Wettbewerb würde der Gewinn gemindert. Es ist kaum glaubhaft, daß Unternehmen einem Abkommen freiwillig beitreten, durch das sich ihr Gewinn verringert. Tatsächlich beinhaltet erhöhte Markttransparenz der Anbieter eine Wettbewerbsbeschränkung. Der einzelne Anbieter, der durch eine Preissenkung seinen Absatz und seinen Gewinn zu steigern hofft, würde es vorziehen, wenn den Konkurrenten die Preissenkung nicht bekannt würde, so daß eine unmittelbare Vergeltung durch die Konkurrenten nicht zu befürchten ist. Markttransparenz, die durch einen Marktinformationsaustausch herbeigeführt wird, unterminiert die Profitabilität individueller Preissenkungen und stabilisiert damit eine vorhandene Kollusion. Für die Wettbewerbspolitik ergibt sich daraus der Schluß, daß ein zeitnaher Austausch von Marktinformationen zwischen Konkurrenten stets unter dem Verdacht der Kollusion steht. Man wird dabei an die Schlußfolgerung erinnert, die Adam Smith im Anschluß an seine Bemerkung über die Verbreitung von Kollusion unter Geschäftsleuten aus Anlaß gesellschaftlicher Zusammenkünfte macht. Er fährt fort (A. Smith, 1776, vol. 1, S. 144)

> „It is impossible indeed to prevent such meetings, by any law which either could be executed, or would be consistent with liberty and justice. But though the law cannot hinder people of the same trade from sometimes assembling together, it ought to do nothing to facilitate such assemblies; much less to render them necessary".

Das verbreitete Mißverständnis, Markttransparenz erhöhe die Wirksamkeit des Wettbewerbs, liegt auch den Preisvorschriften zugrunde, die den Produzenten im Montanunionsvertrag auferlegt sind. Die Produzenten von Kohle und Stahl müssen Preislisten veröffentlichen und sind an diese gebunden. Abweichungen davon sind nur erlaubt, um in niedrigere Preise einzutreten, die von Anbietern aus Drittländern verlangt werden. Überdies ist ebenfalls im Interesse der Transparenz der Preise ein System von Basispunkten vorgesehen, von denen aus Preise zuzüglich Transportkosten berechnet werden (vgl. Phlips 1995, S. 119ff.). Ein solches System wäre in den USA als kollusives Arrangement verboten.

Die Möglichkeit, in Konkurrenzpreisgebote einzutreten, und die daraus abgeleitete Ankündigung eines Unternehmens, es werde in jedes Konkurrenzangebot eintreten, wird vielfach als Zeichen intensiven Wettbewerbs interpretiert. Das Gegenteil ist richtig. Mit der genannten Ankündigung, wenn sie glaubhaft ist, wird einem Konkurrenten der Anreiz genommen, durch Preiswettbewerb seinen Absatz zu vergrößern. Durch Preisinformationssysteme wird überdies eine schnelle Reaktion des angegriffenen Anbieters ermöglicht. Abkommen über einen Informationsaustausch wie auch die Preisvorschriften der Montanunion wirken deshalb in der Tendenz wettbewerbsbeschränkend.

2. Fusionskontrolle

Größe und Größenverteilung von Unternehmen können sich durch internes Wachstum und durch Unternehmenszusammenschlüsse verändern, wobei in der Vergangenheit Fusionen eine wichtige, in den einzelnen Ländern jedoch unterschiedlich große Rolle gespielt haben (Mueller 1995, S. 32). George (1990, S. 73) zieht aus verschiedenen Studien den Schluß, daß im Vereinigten Königreich mehr als fünfzig Prozent der Zunahme der horizontalen Konzentration durch Fusionen bedingt war. In den USA traf ähnliches für die Fusionswellen zu, die um die Wende zum 20. Jahrhundert und in den zwanziger Jahren stattfanden. In den fünfziger und sechziger Jahren wurden horizontale Fusionen jedoch durch die Antitrustpolitik in den USA stark zurückgedrängt, so daß sie für die Entwicklung der Konzentration nur noch eine geringe Rolle spielten. Demgegenüber hat in jener Zeit die aggregierte Konzentration infolge von Fusionen konglomerater Art erheblich zugenommen.

Fusionstypen

Bezüglich der Unternehmensgröße kann man drei Dimensionen unterscheiden, die horizontale Größe, die durch den Marktanteil gemessen wird, die vertikale Tiefe des Produktionsprogramms eines Unternehmens und die Breite des Produktionsprogramms. Dementsprechend werden horizontale, vertikale und konglomerate Fusionen unterschieden. Einen Überblick über die Arten von Fusionen in den USA liefert Tabelle 1.

Während der Anteil der horizontalen Fusionen stark abnahm, erhöhte sich der Anteil der konglomeraten Fusionen.

Tabelle 1
Fusionstypen in den USA 1950-1977 (in v.H.)

	Horizontal	Vertikal	Konglomerat
1950-55	70,1	12,3	24,4
1956-63	49,1	15,8	45,3
1964-72	38,2	9,0	59,9
1973-77	39,4	11,6	56,1

Quelle: Smiley (1995), S. 50

Etwas anders ist die Entwicklung in Deutschland verlaufen, die in der folgenden Tabelle 2 beschrieben wird.

Tabelle 2
Fusionstypen in Deutschland 1974-1990

	Horizontal		Vertikal		Konglomerat		
	Zahl	v.H.	Zahl	v.H.	Zahl	v.H.	Gesamtzahl
1974/75	571	74,5	103	13,4	92	12,0	766
1985/86	1020	67,5	151	10,0	340	22,5	1511
1989/90	2167	73,2	314	10,6	481	16,2	2962

Quellen: Monopolkommission, Hauptgutachten 1982/83, S. 213, Berichte des Bundeskartellamtes 1985/86 (Bundestags-Drucksache 11/554), S.119, und 1989/90 (Bundestags-Drucksache 12/847), S. 137.

Danach waren in Deutschland weitaus die meisten Fusionen horizontaler Art.

Tabelle 3
Fusionstypen im Vereinigten Königreich 1965-1989 (in v.H.)

	Anzahl	Horizontal in v.H.	Vertikal in v.H.	Konglomerat in v.H.
1965-69	466	82	6	13
1970-74	579	73	5	23
1975-79	1003	62	9	29
1980-84	987	65	5	30
1985-89	1413	62	2	35
1989	281	60	2	37

Quelle: Hughes (1993), S. 27

Konglomerate Fusionen nahmen in den achtziger Jahren absolut wie relativ zu, ihr Anteil ging in jüngerer Zeit aber wieder zurück. Ihr Anteil war jedoch in allen Jahren wesentlich niedriger als in den USA. Eine größere Ähnlichkeit mit der Entwicklung in den USA zeigte sich zeitversetzt im Vereinigten Königreich, wie die Tabelle 3 zeigt. Freilich war der Anteil horizontaler Fusionen größer als in den USA, ähnlich wie dort war aber der Anteil konglomerater Fusionen im UK höher als in Deutschland und hat stärker als dort zugenommen.

Natürliche Auslese oder Wettbewerbsbeschränkung?

Fusionen spiegeln einerseits den Evolutionsprozeß von Märkten wider. Verfahrens- und Produktinnovationen schaffen Chancen für einen erfolgreichen Markteintritt und führen zur Reorganisation in vorhandenen Unternehmen. Soweit zunehmende Skalenerträge bei ausreichender Größe der Märkte realisierbar sind, besitzen Großunternehmen bessere Chancen als kleinere und mittlere Unternehmen. Welche Unternehmensgrößen überlebensfähig sind und sich am Markt durchsetzen und behaupten können, stellt sich im Prozeß des Wettbewerbs heraus. Die Größe von Unternehmen wird nicht selten von Individuen vorangetrieben, die sich ein Reich schaffen wollen, deren Ehrgeiz darauf gerichtet ist, Einfluß zu gewinnen und Macht auszuüben. Sie können im Marktprozeß aber nur insoweit erfolgreich sein, wie die von ihnen geschaffene und gestaltete Organisation nicht höhere Kosten mit sich bringt als alternative Organisationsformen.

Während in einer durch Freiheit des Zugangs zu den Märkten charakterisierten Wettbewerbswirtschaft die Unternehmensgrößen ausschließlich durch die für das Überleben ausschlaggebenden Kostenvorteile sowie die Qualität der angebotenen Produkte und Dienstleistungen bestimmt werden, können bei Vorliegen von Zugangsbeschränkungen für neue Konkurrenten auch Unternehmensgrößen und -formen entstehen und bestehen bleiben, die sich durch Kosten- und Qualitätsvorteile allein nicht begründen lassen. Auch in diesem Fall wird das Überleben von Unternehmen durch Gewinne garantiert. Der für das Überleben erforderliche Gewinn beruht aber nicht allein auf Kosten- und Qualitätsvorteilen der angebotenen Güter und Dienstleistungen, sondern ganz oder zum Teil auf der Ausnutzung von Marktmacht im Verkauf und/oder im Einkauf. Fusionen besitzen also ein Janusgesicht. Viele Fusionen sind Manifestation des Evolutionsprozesses einer Marktwirtschaft, andere sind primär durch das Streben nach größerer Marktmacht motiviert, bei vielen Fusionen spielen beide Aspekte eine Rolle.

Die von der *rule of reason* geleitete Fusionskontrolle zielt darauf ab, die Entstehung von Marktmacht einzudämmen und marktbeherrschende Stellungen zu verhindern. Dabei stehen primär horizontale Fusionen im Blickpunkt. Vertikale und konglomerate Fusionen sind unter dem Gesichtspunkt zu prüfen, ob sie indirekt horizontale Konzentration fördern. Darüber hinaus können insbesondere vertikale und konglomerate Fusionen auch aus politischer Sicht problematisiert werden. Das ist dann der Fall, wenn durch Fusionen Großunternehmen entstehen, die durch ihre schiere Größe ein Politikum bilden. Planungen solcher Großunternehmen über den Standort von Produktionsstätten, über Beschäftigungsabbau und -aufbau sind politisch von erheblichem Gewicht und können politische Entscheidungen beeinflussen. Dies wiederum kann unerwünschte Rückwirkungen auf die Wirtschaftsstruktur zur Folge haben, indem etwa kleinere und mittlere Unternehmen benachteiligt werden oder, wenn dies nicht geschehen soll, durch Subventionen entschädigt werden müssen.

Aus der Sicht der Marktentwicklung sind Fusionen, insbesondere der Erwerb kleinerer Unternehmen durch Großunternehmen, Investitionen. Sie werden von den gleichen Faktoren bestimmt wie Investitionen im allgemeinen, also von den Ertragserwartungen und von den Kosten des Erwerbs, zu denen nicht zuletzt der Zins gehört. Wie Investitionen im allgemeinen in konjunkturellen Aufschwungsphasen zunehmen und in Rezessionen abnehmen, wird man auch erwarten, daß die Fusionsaktivität zyklisch verläuft. In der Tat lassen sich in der Vergangenheit konjunkturelle Wellen der Fusionstätigkeit nachweisen. Auch hier wirken sich gleichzeitig normale, für alle Investitionen relevante Zusammenhänge aus, wie auch Erwartungen, die Profitabilität durch Erlangung von Marktmacht zu verbessern. Niedrige Zinsen, wie sie typischerweise am Anfang eines Wirtschaftsaufschwungs anzutreffen sind, stimulieren ganz allgemein die Investitionstätigkeit. Sie begünstigen aber auch die Entwicklung von kollusivem Verhalten, wie im Modell eines wiederholten Spiels mit unbestimmter Dauer gezeigt werden konnte. In diesem Zusammenhang können Fusionen und Investitionen zur Errichtung und Erhaltung kollusiver Organisationen attraktiv werden.

Tatsächlich läßt sich für Fusionen und Kartelle eine substitutive Beziehung nachweisen. Das erste Beispiel dafür ist die Substitution von Kartellen in Form der amerikanischen Trusts durch Fusionen zu Großunternehmen, nachdem Kartelle durch den Sherman Act verboten wurden und Fusionen nach der *rule of reason* besser verteidigt werden konnten. Die Zunahme des Anteils konglomerater Fusionen in den USA beruhte nicht zuletzt darauf, daß durch die amerikanische Antitrustpolitik der vierziger und fünfziger Jahre horizontale Unternehmenszusammenschlüsse schon dann unterbunden wurden, wenn die horizontale Konzentration nur wenig zunahm. Horizontale Fusionen haben in jüngster Zeit jedoch wieder an Gewicht gewonnen, nachdem die amerikanischen Wettbewerbsbehörden ihnen gegenüber großzügiger verfuhren.

Ein zweites Beispiel ist die inverse Beziehung zwischen der Zahl erlaubter Kartelle in der Bundesrepublik Deutschland und der horizontalen Konzentration (Neumann 1995b, S. 106). Die größte Zahl von Rationalisierungs- und Spezialisierungskartellen findet man in Industriezweigen mit einer geringen horizontalen Konzentration, wie der Industrie der Steine und Erden, der Bauwirtschaft, dem Maschinenbau, und der Nahrungsmittelindustrie. Zum Beispiel betrug im Jahre 1983 für 30 (zwei-stellige) Wirtschaftszweige die einfache Korrelation zwischen der C3-Konzentration und der Zahl der registrierten Kartelle und allen Arten von legalen und beim Bundeskartellamt registrierten Empfehlungen durch Wirtschaftsverbände -0,36 ($t = 1,95$), wobei die niedrig konzentrierte Industrie der Steine und Erden, in der sich eine besonders starke Häufung von legalen Kartellen und Preisempfehlungen fand, als „statistischer Ausreißer" nicht berücksichtigt wurde. Diese Zusammenhänge kann man wohl so deuten, daß immer dann, wenn eine höhere horizontale Konzentration durch Fusionen erreichbar ist, man sich nicht der weniger stabilen Methode der Kartellbildung bedienen muß, um Marktmacht nutzen zu können.

Ein substitutiver Zusammenhang zwischen Kartellen und horizontaler Konzentration wurde von Symeonidis (1998) auch für das Vereinigte Königreich nachgewiesen. Während eine permissive Politik gegenüber Kartellen bis in die fünfziger Jahre eine fragmentierte Struktur der Industrie erlaubte, setzte nach einer Verschärfung der Wettbewerbspolitik durch den 1956 erlassenen Restrictive Trade Practices Act eine Fusionswelle ein, die zu einer wesentlichen Erhöhung der horizontalen Konzentration führte.[9]

Präventive Fusionskontrolle

Um Fusionen, die eine Wettbewerbsbeschränkung zur Folge haben, schon in der Entstehungsphase (in its incipiency) unterbinden zu können, basiert die Fusionskontrolle auf Anmelde- und Anzeigepflichten, die den Unternehmen obliegen, die eine Fusion planen. Anzumelden sind beabsichtigte Fusionen, wenn der Umsatz der beteiligten Unternehmen oder ihr Vermögen bestimmte Schwel-

---

[9] „For example, the average change in the 5-firm sales concentration ratio C5 between 1958 and 1975 industries affected by the Act and for which observations are available for both these years was 14.9 percentage points. This compares to 7.4 percentage points for industries which were not cartelized and were therefore not affected by the legislation." Symeonidis (1998, S. 68f.).

lenwerte überschreiten. In den USA sind solche Fusionen nach dem Hart-Scott-Rodino Pre Merger Notification Act von 1976 dem Justizministerium (Department of Justice) und der Federal Trade Commission anzumelden, in Deutschland nach dem Gesetz gegen Wettbewerbsbeschränkungen dem Bundeskartellamt und in Europa nach der Fusionskontroll-Verordnung der Europäischen Kommission. Aufgrund der Anmeldung können die jeweils zuständigen Behörden entscheiden, ob die angemeldete Fusion genehmigt oder wegen der Gefahr einer Wettbewerbsbeschränkung untersagt werden soll. Die Wettbewerbsbehörden sind dabei an bestimmte Fristen gebunden, so daß für die Unternehmen Rechtssicherheit gewährleistet ist. Der Vorteil der präventiven Fusionskontrolle besteht darin, daß im allgemeinen vermieden wird, eine vollzogene Fusion im nachhinein rückgängig machen zu müssen, weil eine Wettbewerbsbeschränkung festgestellt worden ist. Den Wettbewerbsbehörden steht auch die Möglichkeit offen, Fusionen unter Auflagen zu genehmigen, die von den beteiligten Unternehmen zu erfüllen sind. In der Regel finden vor der offiziellen Anmeldung informelle Gespräche mit der zuständigen Behörde statt, so daß in aussichtslosen Fällen das Vorhaben aufgegeben werden kann. Zur Anmeldung und damit zu einer Überprüfung der geplanten Fusion kommt es deshalb meist nur, wenn von vornherein Aussicht auf eine Genehmigung besteht oder wenn die Beurteilung des Falles streitig ist, so daß eine endgültige Entscheidung durch die Gerichte erfolgen muß.

Relevanter Markt

Um horizontale Konzentration und horizontale Fusionen konzeptionell erfassen zu können, bedarf es einer Definition des relevanten Marktes bezüglich der Produkte, die einem Markt zugerechnet werden, und seines geographischen Umfangs. Bei homogenen Produkten scheint dies einfach zu sein, bei heterogenen Produkten jedoch entstehen offensichtlich Schwierigkeiten.

Bei der Definition des relevanten Marktes werden vielfach sowohl die Nachfrage als auch das Angebot berücksichtigt. Auf der Nachfrageseite wird man intuitiv Produkte ein und demselben Markt zurechnen, die in enger Substitutionsbeziehung zueinander stehen, die also vom Standpunkt des Verbrauchers aus gegeneinander ausgetauscht werden können, weil sie nach Eigenschaften, Verwendungszweck und Preislage zur Deckung des gleichen Bedarfs geeignet sind. Von der Angebotsseite her könnte man daran denken, daß Produktionskapazitäten, durch deren Einsatz ein und dasselbe Produkt hergestellt werden kann, dem gleichen Markt zugerechnet werden. In der Stahlindustrie zum Beispiel würde man aus dieser Sicht Betonstahl und Walzdraht zum gleichen Markt rechnen, da Betonstahl auf den gleichen Walzstraßen hergestellt werden kann wie Walzdraht. Dementsprechend haben Kaysen und Turner (1959, S. 295) beide Aspekte zur Definition des relevanten Marktes herangezogen:

> „The market is then defined in terms of the buyers' substitution of one product for another and in terms of producers' substitution of one product for another. In order to define a market we attempt to obtain information on cross-elasticities of both demand and supply. Such an information is rarely available directly, but must be approximated by evidence on consumer behavior (is poultry considered a substitution for meat?) and on the degree of specialisation of equipment (can cotton looms easily be shifted to rayon weaving?)."

Eine gleichzeitige Berücksichtigung der Substitution auf der Nachfrageseite und der Angebotsseite ist jedoch problematisch. Vorzuziehen ist es, den relevanten Markt allein von der Nachfrageseite her zu definieren, also als die Produkte, die zueinander für die Nachfrager in einer engen Substitutionsbeziehung stehen, weil sie zur Deckung des gleichen Bedarfs geeignet sind. Man spricht dann vom Bedarfsmarktkonzept des relevanten Marktes. In einem zweiten Schritt können dann die Wettbewerbsverhältnisse auf dem relevanten Markt untersucht werden, indem man die Frage stellt, welche Produzenten als tatsächliche und potentielle Anbieter in Betracht kommen. Die Substitution auf der Angebotsseite wird dann erst bei der Frage in Betracht gezogen, ob eine Fusion zu einer marktbeherrschenden Stellung führt oder nicht.

In der Rechtspraxis dominiert die Definition von der Nachfrageseite her. Nach der Formulierung des Kammergerichts, die durch den Bundesgerichtshof mehrfach bestätigt und damit für die deutsche Rechtspraxis maßgeblich wurde, gehören zum relevanten Markt (Traugott 1998, S. 929)

> „sämtliche Erzeugnisse, die sich nach ihren Eigenschaften, ihrem wirtschaftlichen Verwendungszweck und ihrer Preislage so nahe stehen, daß der verständige Verbraucher sie als für die Deckung eines bestimmten Bedarfs in berechtigter Weise abwägend miteinander vergleicht und als gegeneinander austauschbar ansieht".

Einige Beispiele mögen das zur Abgrenzung eines relevanten Marktes verwendete Prinzip der funktionalen Austauschbarkeit illustrieren. In den USA wurden vom Supreme Court 1956 im Fall US v. E.I. du Pont de Nemours & Co. alle flexiblen Verpackungsmaterialien zum relevanten Markt gerechnet und nicht nur das von du Pont hergestellte Zellophan (Kintner 1980 II, S. 328). Im Fall Diamond International Corp. v. Waltershöfer wurden 1968 alle Eierkartons zum relevanten Markt gezählt und nicht nur solche aus Pappe, weil alle die gleiche Funktion erfüllen (Kintner 1980 II, S. 331). Ob funktionale Austauschbarkeit vorliegt, ist vom Standpunkt der Verbraucher aus zu entscheiden. Im Fall Reynolds Metals Co. v. FTC (1962) (Kintner 1980 II, S. 337) ging es um die Frage, ob zum relevanten Markt alle zur Verpackung dienenden dekorativen Folien zählen oder nur solche, die an Blumengeschäfte geliefert wurden. Obgleich objektiv gesehen funktionale Austauschbarkeit vorzuliegen scheint, war dies angesichts des Verbraucherverhaltens nicht anzunehmen. An Blumengeschäfte wurden Folien zum Preis von $ 0.75 bis $ 0.85 verkauft, während im übrigen ähnliche dekorative Folien $ 1.15 bis $ 1.22 kosteten. Würden die Folien von den Verbrauchern als austauschbar angesehen, hätte sich eine solche Preisdifferenz nicht halten lassen.

Die Berücksichtigung der Angebotsseite erfolgt im amerikanischen Kartellrecht durch das Konzept des „immediate entrant" (Traugott 1998, S. 931 spricht von „Unternehmen im Markteingangsbereich"). Danach soll das Angebot auch solcher Unternehmen zum relevanten Markt gezählt werden, deren Produktionskapazität geeignet ist, Substitutionsgüter herzustellen. Während die amerikanische Praxis in dieser Hinsicht sehr zögerlich verfährt, hat sich das Bundeskartellamt dafür entschieden, diejenigen Kapazitätsteile von Unternehmen zum relevanten Markt zu rechnen, die kurzfristig für den Markteintritt einsetzbar sind (Traugott 1998, S. 931). Ähnlich verfährt die Europäische Kommission (1997). Zweckmäßig ist diese Praxis jedoch nicht, denn ihre Logik ist fragwürdig. Um „Unternehmen im Markteingangsbereich" zu identifizieren, bedarf es zunächst einer Abgrenzung des relevanten Marktes. Dies kann aber wohl nur von der Nachfrageseite her erfolgen.

Die Problematik der Abgrenzung des relevanten Marktes von der Angebotsseite her hat sich auch im deutschen Fusionsfall Holzmann/Hochtief gezeigt. Das Bundeskartellamt hatte einen relevanten Markt für Großprojekte des Baumarktes durch einen Wert des Bauvolumens von 50 Mio. DM definiert und dann vermutet, daß nur Großunternehmen der Bauwirtschaft in der Lage seien, derartige Projekte zu realisieren. Das Kammergericht, das die Untersagung der Fusion durch das Bundeskartellamt 1998 im wesentlichen aus verfahrensrechtlichen Gründen aufhob, hatte auch Bedenken gegenüber der vom Kartellamt vorgenommenen Marktabgrenzung geäußert. Obgleich dem Kartellamt wohl zuzustimmen ist, daß nicht der gesamte Baumarkt vom Einfamilienhaus bis zum Bürohochhaus, vom Flughafen bis zu Eisenbahnlinien als einheitlicher Markt zu betrachten ist, sind gegenüber der Marktabgrenzung aufgrund des Wertes des Bauvolumens Zweifel angebracht. Die vom Bundeskartellamt vorgenommene Marktabgrenzung anhand des Auftragsvolumens läßt sich allein von der Angebotsseite her begründen, denn für die Durchführung von Großprojekten ist eine technische Expertise erforderlich, die im allgemeinen nur Großunternehmen zur Verfügung steht. Geht man dagegen von der Nachfrageseite aus, so ist das Auftragsvolumen kein adäquates Kriterium der Marktabgrenzung. Von der

Nachfrageseite aus lassen sich gleichwohl Teilmärkte als jeweils relevante Märkte identifizieren. Zwischen Einfamilienhäusern und Bürohochhäusern, zwischen diesen und Flughäfen oder Eisenbahnlinien bestehen auf der Nachfrageseite kaum Substitutionsbeziehungen. Betrachtet man dann im zweiten Schritt die Angebotsstruktur, so findet man häufig, daß auf einem dieser Märkte nur eine kleine Zahl von Anbietern vorhanden ist.

In den amerikanischen Merger Guidelines des Justizministeriums von 1984 wird der relevante Markt als diejenige Gruppe von Produkten definiert, für die ein hypothetischer Monopolist den Preis nicht nur vorübergehend gewinnbringend um einen kleinen Betrag erhöhen könnte - zum Beispiel um 5 % für ein Jahr - ohne daß eine solche Preiserhöhung durch Substitution seitens der Nachfrage oder durch Substitutionskonkurrenz neuer Anbieter vereitelt wird (George 1990, S. 91f.). In den neueren Guidelines von 1992 wird ebenso wie in der aktuellen Praxis des Bundeskartellamtes und der Kommission der Europäischen Gemeinschaften nur noch auf die Nachfragesubstitution abgestellt (Neven, Nuttall und Seabright 1993, S.50). So ist zum Beispiel die Europäische Kommission im Fall Coca-Cola Enterprises/Amalgated Beverages GB zum Schluß gelangt, daß Coca-Cola-Getränke im Vereinigten Königreich einen gesonderten Produktmarkt bilden, denn die meisten Wettbewerber und Händler haben auf die Frage nach einer möglichen Reaktion der Verbraucher im Fall einer Preiserhöhung von 5 % bis 10 % bei Coca-Cola-Getränken geantwortet, daß ein Wechsel der Verbraucher zu anderen Getränken begrenzt wäre oder gar nicht stattfinden würde (Europäische Kommission 1998, S.55).

Um den relevanten Markt abzugrenzen, kann man sich der Formel für die Preis-Kosten-Marge für ein differenziertes Produkt (vgl. Kapitel II) bedienen, die hier noch einmal wiederholt wird. Sie lautet

$$\frac{p_i - c_i}{p_i} = \frac{1}{e_i - \sum_{j \neq i} \mu_{ij} e_{ij}}.$$

Darin gibt die konjekturale Elastizität μ_{ij} an, welche prozentuale Änderung des Preises p_j vom Anbieter i erwartet wird, wenn er den Preis seines Produktes um 1 % erhöhen würde. Bei perfekter Kollusion und dem daraus folgenden völlig gleichförmigen Verhalten aller Anbieter ist $\mu_{ij} = 1$.

Gesucht wird dann der Umfang des engsten Marktes, auf dem ein bestimmter Grad von monopolistischer Marktmacht ausgeübt werden kann. Angenommen sei, wie in den amerikanischen Merger Guidelines vorgeschlagen, eine Erhöhung des Preises um 5 % über die Grenzkosten hinaus, also über den Preis, der bei vollständiger Konkurrenz gelten würde. Man ermittle dann zunächst die vom Anbieter wahrgenommene (as seen by the seller) eigene Preiselastizität der Nachfrage e_i.[10] Dies ist die Preiselastizität, die dann zu erwarten wäre, wenn es keine Reaktion von Konkurrenten gäbe. Wenn diese Elastizität kleiner als 20 ist, also kleiner als der Kehrwert einer Preis-Kosten-Marge von 5 %, bildet das betrachtete Produkt i bereits den gesuchten relevanten Markt. Ist die ermittelte Elastizität größer als 20, so sind Kreuzpreiselastizitäten zu berücksichtigen. Da ein hypothetischer Monopolist betrachtet wird, sind die konjekturalen Elastizitäten gleich Eins zu setzen. Man ordne dann in Betracht kommende Substitutionsgüter nach der Höhe der Kreuzpreiselastizität gegenüber dem Produkt i und subtrahiere die Kreuzpreiselastizitäten entsprechend ihrer Größe nacheinander von e_i bis der Wert $e_i - \sum_{j \neq i} e_{ij}$ kleiner oder gleich 20 wird. Damit ist der Umfang des relevanten Marktes definiert.

Natürlich hängt der Umfang des relevanten Marktes von der (willkürlich) gewählten Preiserhöhung von 5 % ab. Je höher man diese Marke setzt, um so geringer ist der resultierende Umfang des relevanten Marktes und vice versa. Von Bedeutung ist auch, ob man vom Preis der vollständigen Konkurrenz ausgeht oder von dem Preis, der vor der zu beurteilenden Fusion existierte und bereits infolge von monopolistischer Marktmacht die Grenzkosten überstieg. Wird die 5 %-Regel auf einen solchen Preis angewandt, so ist die hypothetische Preis-Kosten-Marge höher, und demzufolge ist auch der relevante Markt größer.

Wenn man in der beschriebenen Weise vorgeht, ist für eine besondere Marktabgrenzung von der Angebotsseite her kein Platz mehr, denn alle relevanten Substitutionsgüter tatsächlicher und potentieller Anbieter sind bereits in die Analyse einbezogen, und zwar zu einem gegebenen Preis. In der hypotheti-

---

[10] Diese Elastizität spiegelt im allgemeinen die Reaktion zahlreicher Individuen auf eine Preiserhöhung wider. Diese wird entsprechend der unterschiedlichen Präferenzen der einzelnen Personen gewöhnlich verschieden ausfallen, wie von Albach (1994, S. 140) zu Recht festgestellt wurde. Aus der betriebswirtschaftlichen Sicht des Marketing kann man jeden Kunden oder jede homogene Kundengruppe als einen Markt ansehen, dessen Pflege jeweils besondere Maßnahmen (Produktqualität, Service, Werbung etc.) verlangt. Im Gegensatz zu Albachs Ansicht wird der relevante Markt der Wettbewerbspolitik jedoch nicht aus der Sicht des Marketing definiert. Eine Definition des Produktmarktes aus der Sicht des Marketing würde implizieren, daß es voneinander abgetrennte Märkte gäbe, auf denen diskriminierend unterschiedliche Preise verlangt werden könnten. Das ist zwar ein möglicher, aber sicher kein repräsentativer Fall. In der Regel gibt es durch Handel vermittelte Austauschmöglichkeiten, so daß auch der von Albach erwähnte Patient das von ihm dringend benötigte Medikament zum gleichen Preis kaufen kann wie jedermann sonst.

schen Rechnung wird der Preis des betrachteten Produktes *i* erhöht, während der Preis aller Substitutionsgüter konstant gehalten wird. Damit wird implizit eine unendlich große Angebotselastizität der Substitutionsgüter vorausgesetzt, die in Wirklichkeit im allgemeinen nicht gegeben ist. Die Grenzen des relevanten Marktes werden deshalb in den meisten Fällen zu weit gezogen.

Mit dem dargestellten Verfahren wird gleichzeitig der relevante Markt geographisch abgegrenzt, denn es wird nicht nach der geographischen Herkunft der Nachfrage bzw. des Angebotes von Substitutionsgütern gefragt. Dabei ist jedoch problematisch, auch im Hinblick auf die geographische Abgrenzung des relevanten Marktes stets eine unendlich hohe Angebotselastizität aller aktuellen und potentiellen Anbieter anzunehmen. Erstens ist zu berücksichtigen, daß es international Handelshemmnisse gibt. Es entstehen Transportkosten, Zölle und Verbrauchsteuern werden erhoben, es bestehen Einfuhrkontingente quantitativer Art in Form von Einfuhrquoten und qualitativer Art in Form von Normvorschriften und Erlaubnisvorbehalten. Selbst im Rahmen des Europäischen Binnenmarktes haben die Mitgliedsländer aus Gründen des Gesundheitsschutzes, insbesondere bei Arzneimitteln und Lebensmitteln, Einfuhrbeschränkungen beibehalten. Daneben ist mit kollusiven Beschränkungen des Handels zu rechnen. Im Rahmen kollusiver Abmachungen - zum Beispiel in der Form von vertikalen Vertriebsbindungen - mögen Firmen gegenseitig ihre Absatzgebiete respektieren und deshalb darauf verzichten, in die Gebiete von Konkurrenten einzudringen. Für die Unternehmen besteht durchaus ein jeweils individuelles Interesse an einer solchen Strategie, die in den einzelnen Ländern und Regionen unterschiedliche Preise zur Folge hat, denn grenzüberschreitender Handel führt, wie in Kapitel II gezeigt wurde, zu niedrigeren Preisen und geringeren Gewinnen. Als Beispiel mag der Markt für landwirtschaftliche Traktoren dienen. Von 1970 bis 1990 gehörten Ford und Massey-Ferguson mit sehr hohen Marktanteilen zu den führenden Anbietern auf dem Markt des Vereinigten Königreichs, sie waren dagegen in Deutschland nur mit äußerst geringen Marktanteilen vertreten. Demgegenüber gehörten Deutz und Fendt zu den führenden Anbietern in Deutschland, waren dagegen auf dem britischen Markt nur mit sehr geringen Anteilen vertreten. Auch die in Kapitel I dargestellte Marktanteilsverteilung der Hersteller von Personenkraftwagen deutet - auch im Zusammenhang mit vertikalen Vertriebsbindungen - auf kollusive Elemente hin, die eine hohe grenzüberschreitende Angebotselastizität fraglich erscheinen lassen. Obgleich sicherlich durch die Schaffung des Gemeinsamen Europäischen Marktes und insbesondere durch das Binnenmarktprogramm der Gemeinschaft wie auch durch die Beseitigung von Handelshemmnissen im Rahmen von GATT und WTO die relevanten Märkte geographisch ausgeweitet wurden, bestehen international doch noch beträchtliche Handelshemmnisse, so daß die geographische Weite des relevanten Marktes von Fall zu Fall der Überprüfung bedarf.

Vermutungskriterien

Während Kartelle, von den erwähnten Ausnahmen abgesehen, in der Wettbewerbspolitik *per se* negativ beurteilt werden, ist die Beurteilung bei Fusionen im Prinzip offen. Eine hohe horizontale Konzentration ist nicht *per se* verboten, denn sie kann das Ergebnis wirtschaftlicher Überlegenheit sein, die aus niedrigeren Kosten oder einer höheren Qualität der angebotenen Produkte oder Dienstleistungen resultiert. Das gilt sowohl für horizontale Konzentration, die durch internes Wachstum entstanden ist, als auch für den Fall der Fusion. Da Fusionen aber auch in der Absicht vorgenommen werden, den Gewinn durch Ausübung monopolistischer Marktmacht steigern zu können, bedarf es einer Prüfung der Frage, ob ein Unternehmenszusammenschluß Marktmacht zur Folge hat, die nicht allein das Ergebnis ökonomischer Überlegenheit ist.

Da auf einem homogenen Markt die Mitgliedschaft in einem Kartell nur dann attraktiv ist, wenn eine große Majorität der Anbieter sich am Kartell beteiligt (vgl. das in Kapitel II behandelte Modell von Salant, Switzer und Reynolds 1983), kann man auch bei einer Fusion vermuten, daß eine kollusive Absicht nur dann vorliegt, wenn durch die Fusion ein überragender Marktanteil erreicht wird. In allen anderen Fällen lohnt sich eine Fusion für die beteiligten Unternehmen nur dann, wenn durch Kosteneinsparungen ein höherer Gewinn erwartet werden kann. Eine in kollusiver Absicht vorgenommene Fusion, die nur zu einem bescheidenen Marktanteil führt, ist zum Scheitern verurteilt. Anders liegen die Dinge auf einem heterogenen Markt (Deneckere und Davidson 1985). Hier kann auch dann, wenn durch eine Fusion nur eine geringe Zunahme des Marktanteils der fusionierten Unternehmen erreicht wird, monopolistische Marktmacht realisiert und der Gewinn dadurch erhöht werden.

Zur Unterscheidung zwischen einer durch die Erwartung von Kostensenkungen motivierten Fusion und einer Fusion, die vorgenommen wird, um größere Marktmacht zu erlangen, hat Baxter (1980) vorgeschlagen, die Kursentwicklung am Aktienmarkt zu beobachten. Wenn als Folge einer beabsichtigten Fusion eine Kostensenkung erwartet werden kann, wird sich das für die fusionierenden Unternehmen günstig auswirken, während der Gewinn der Konkurrenten sinkt. Das gilt unabhängig davon, ob es sich um einen homogenen Markt oder um einen Markt mit differenzierten Produkten handelt (vgl. oben Kapitel II). In diesem Fall wird die Fusionsabsicht den Aktienkurs konkurrierender Unternehmen negativ beeinflussen. Zielt die Fusion jedoch auf höhere Marktmacht ab, so wird sie sich auf den Gewinn konkurrierender Firmen positiv auswirken und zwar stärker noch als auf den Gewinn der fusionierenden Unternehmen selbst.[11] Möglich ist jedoch auch, daß eine auf den Erwerb von monopolistischer Marktmacht abzielende Fusion die Erwartung nährt, das neue Großunternehmen werde sich gegenüber verbleibenden Konkurrenten aggressiv verhalten, diese aus dem Markt zu drängen versuchen und dadurch deren Profitabilität beeinträchtigen, so daß der Börsenkurs verbleibender Konkurrenten sinkt.

In der Praxis der Fusionskontrolle werden Kriterien formuliert, bei deren Erfüllung eine marktbeherrschende Stellung vermutet werden kann. In einem späteren Schritt des Entscheidungsprozesses der Fusionskontrollpraxis kann dann noch abgewogen werden, ob die schädlichen Auswirkungen der Marktmacht durch Effizienzvorteile aufgewogen werden.

Eine Fusion kann in unterschiedlicher Form realisiert werden, wie zum Beispiel durch eine Verschmelzung verschiedener Unternehmen zu einem einzigen Unternehmen, durch den Erwerb eines Unternehmens durch ein anderes, durch Erwerb der Kapitalmehrheit eines anderen Unternehmen. Im Clayton Act von 1914 und dem Celler-Kefauver Antimerger Act von 1950 wird für die USA, in § 37 KartellG für Deutschland und in Artikel 3 der Fusionskontroll-Verordnung der EG für die Europäische Gemeinschaft der Begriff der Fusion erschöpfend definiert. Entscheidend ist immer, daß durch den Zusammenschluß eine wirtschaftliche Einheit entsteht und daß bei einem Erwerb das erwerbende Unternehmen, gleichviel auf welchem rechtlichen Wege, einen bestimmenden Einfluß auf das erworbene Unternehmen erlangt.

In den USA werden nach dem Sherman Act zwei Fälle unterschieden, die Monopolisierung (offense of monopolization) und der Versuch dazu sowie die „Verschwörung" (conspiration) zur Monopolisierung. Monopolisierung besteht im Besitz einer Monopolstellung in Verbindung mit der Verteidigung dieser Stellung durch unfaire Methoden. Erforderlich ist also ein Verhalten, von dem man generell erwarten kann, daß es zur Entstehung oder Verstärkung einer Monopolstellung (general intent) führt. Der Versuch oder die „Verschwörung" zur Monopolisierung (specific intent) muß durch Dokumente bewiesen werden

---

[11] Smiley (1995, S. 55). In einer Studie über Megafusionen der Jahrhundertwende in den USA fanden Banerjee und Eckard (1998, S. 815), daß in der überwiegenden Zahl der Fälle eine negative Kursentwicklung der verbleibenden Konkurrenten zu beobachten war. Die Wahrscheinlichkeit, daß dies auf die Erwartung einer aggressiven Preispolitik der Trusts zurückzuführen ist, halten die Autoren für gering und kommen deshalb zum Schluß, daß in der Mehrzahl der Fusionen jener Zeit die Hoffnung auf Effizienzgewinne die treibende Kraft war.

oder durch den Nachweis von Geschäftspraktiken, die den Ausschluß von Konkurrenten zur Folge haben. Dabei ist es, anders als im ersten Fall, nicht erforderlich, zuvor einen relevanten Markt abzugrenzen, denn der Versuch zur Monopolisierung kann sich und wird sich in der Regel auf einen anderen Markt beziehen als auf den, auf dem das in Frage stehende Unternehmen bisher tätig war.

Das Verbot des Sherman Act greift nur, wenn ein genereller oder spezifischer „intent" nachgewiesen ist. Ein Monopol ist nicht verboten, wenn es dem Unternehmen zugefallen ist (thrust upon-doctrine). Im Alcoa-Fall wurde diese Frage zum zentralen Punkt der Argumentation. Das Unternehmen hatte stets in Voraussicht auf die zukünftige Marktentwicklung neue Kapazitäten geschaffen und damit Wettbewerbern keine Chance gelassen. Judge Hand (Kintner 1980 II, S. 377) urteilte[12], daß

> „It was not inevitable that it should always anticipate increases in the demand for ingot and be prepared to supply them".

Die Berechtigung dieses Urteils ist in jüngerer Zeit vielfach in Zweifel gezogen worden. Klarer liegen die Dinge im Fall US v. United Shoe Machinery Corp. (1953). Das Unternehmen argumentierte, das Monopol sei ihm zugefallen (thrust upon). Demgegenüber verwies das Gericht darauf, daß die Schuhmaschinen nur durch langfristige Leasingverträge an die Schuhfabriken gelangten, so daß künstliche Eintrittsschranken geschaffen wurden und das Monopol deshalb nicht als Ergebnis fairen Wettbewerbs gelten konnte (Kintner 1980 II, S. 378).

Bei der Anwendung des Sherman Act kommt es darauf an, daß eine marktbeherrschende Stellung nachgewiesen wird. Ein erster Anknüpfungspunkt ist dabei der Marktanteil. Im Alcoa-Fall lag ein Marktanteil von über 90 v.H. vor. Häufig wird dazu die Feststellung von Judge Hand zitiert, nach der der genannte Prozentsatz ausreichend sei, um ein Monopol anzunehmen, es sei aber zweifelhaft, ob das gleiche auch bei einem Marktanteil von 60 v.H. gelte und sicher reichten 33 v.H. nicht aus.[13]

---

[12] Der 2nd Circuit Court nahm in diesem Fall die Rolle des Supreme Court als letzter Instanz (court of last resort) wahr, weil einige der Richter vorher für die Anklage gearbeitet hatten und für den Fall disqualifiziert waren, so daß der Supreme Court nicht über die erforderliche Zahl von sechs Richtern verfügte. Vgl. Audretsch (1999, S. 247).

[13] Vgl. Kintner (1980 II, S. 353). Im Alcoa-Fall ging es dabei unter anderem um die Frage, ob nur Rohaluminium (virgin ingot) zum relevanten Markt gehörte oder auch gebrauchtes Aluminium (Schrott). Wenn gebrauchtes Aluminium mitgerechnet werden müßte, wäre der

In der Fusionskontrolle nach dem Clayton Act kommt es darauf an, ob der Wettbewerb durch eine Fusion wesentlich beschränkt wird. Das wird auch dann anzunehmen sein, wenn der kumulierte Marktanteil der Spitzengruppe der Anbieter eines Marktes durch die Fusion steigt, wenn sich also eine oligopolistische Marktbeherrschung verstärkt. Zur Begründung dieser Sicht kann man auf die empirischen Studien über die Beziehung zwischen dem Konzentrationsgrad und der Preis-Kosten-Marge sowie der Profitabilität verweisen.

Um eine Vermutung einer marktbeherrschenden Stellung zu begründen, werden in den USA durch das Justizministerium in den sog. Merger Guidelines seit 1984 Margen für den Herfindahl-Index festgelegt. In früheren Jahren orientierte man sich an C4, dem kumulierten Marktanteil der vier größten Unternehmen eines relevanten Marktes. In den fünfziger und sechziger Jahren wurden dabei sehr strenge Maßstäbe angelegt. Als Extremfall gilt das Verbot der Fusion der Brown Shoe Company mit der Kinney Shoe Company im Jahre 1955, die zu einem Marktanteil von 4,5 % in den USA geführt hätte. Der Hauptgrund für das Verbot der Fusion war freilich, daß als relevanter geographischer Markt jeweils Städte angesehen wurden und daß durch den Zusammenschluß bei den Einzelhandelsumsätzen in 30 Städten ein Marktanteil von mehr als 20 % entstanden wäre. Daneben wurde diese Entscheidung durch ein mittelstandspolitisches Argument gestützt. In der Urteilsbegründung heißt es (Kinne 1998, S. 15, Brown Shoe Co. V. U.S. 370 U.S. 294, 344 (1962))

> „But we cannot fail to recognize Congress' desire to promote competition through the protection of viable, small, locally owned business. ...Congress appreciated that occasional higher costs and prices might result from the maintenance of fragmented industries and markets. It resolved these competing considerations in favor of decentralization. We must give effect to that decision".

Bestätigt wurden diese Beurteilungsstandards durch den Supreme Court 1966 im Fall der Von's Grocery Company, deren Marktanteil in der Region um Los Angeles 4,7 % betrug. Die zu erwerbende Firma Shopping Bay Food Stores besaß einen Marktanteil von 2,8 %. Maßgebend für die Entscheidung war auch, daß der zusammengefaßte Marktanteil der 20 größten Filialgeschäfte von 44 % im Jahre 1948 auf 57 % im Jahre 1958 gestiegen war. Die in diesen Entscheidungen zum Ausdruck kommende Praxis der Fusionskontrolle bedeutete,

---

Marktanteil von Alcoa sehr viel niedriger gewesen. Das Gericht argumentierte jedoch, daß die Kontrolle über die Rohaluminiumproduktion auch das Aufkommen von Schrott bestimme, so daß Schrott nicht zum relevanten Markt gerechnet werden dürfe. Diese Ansicht ist später durch Gaskins (1974) theoretisch fundiert worden.

daß horizontale Fusionen in den meisten Fällen als illegal anzusehen waren. Nicht zuletzt aus diesem Grund änderte sich die Orientierung der Fusionsaktivität in den USA in Richtung auf konglomerate Zusammenschlüsse, wie dies oben in Tabelle 1 dokumentiert ist.

Ein völliger Richtungswechsel wurde in den USA unter der Präsidentschaft von Ronald Reagan vollzogen. Die durch den Herfindahl-Index definierten Vermutungskriterien wurden gelockert und vor allem unter dem Einfluß der Contestability-Doktrin erhielt der Aspekt des potentiellen Wettbewerbs ein weit stärkeres Gewicht als bisher. Die Folge war, daß horizontale Fusionen in großer Zahl wieder möglich wurden und selbst Mega-Fusionen, wie die zwischen Boeing und McDonnell-Douglas, erlaubt wurden.

Abgesehen von der Problematik der Annahme, daß potentielle Konkurrenz weitestgehend ausreicht, um die schädlichen Wirkungen einer horizontalen Konzentration zu verhindern, ist auch die Verwendung des Herfindahl-Index als Vermutungskriterium kritisch zu beurteilen. Maßgeblich für die Benutzung des Herfindahl-Index ist die Vermutung, daß ein niedriger Herfindahl-Index ein besseres ökonomisches Marktergebnis erwarten läßt. Diese Annahme ist jedoch nicht immer gerechtfertigt, wie der Vergleich eines symmetrischen Dyopols mit einem asymmetrischen Dyopol, dem Stackelberg-Fall, zeigt. In einem symmetrischen Cournot-Dyopol entfällt auf jeden der beiden Anbieter mit 1/3 des Angebots der vollständigen Konkurrenz ein Marktanteil von 1/2, so daß der Herfindahl-Index $H = 0,5000$ beträgt. Damit verglichen sei ein asymmetrisches Stackelberg-Dyopol, in dem auf den führenden Anbieter die Hälfte des bei vollständiger Konkurrenz entstehenden Angebots und auf den Konkurrenten 1/4 entfällt. Das Gesamtangebot beträgt dann 3/4 des bei vollständiger Konkurrenz zu erwartenden Angebots. Das Gesamtangebot ist im Stackelberg-Fall also größer als im symmetrischen Cournot-Fall, und der Preis ist niedriger, so daß die Verbraucher besser gestellt sind. Bei Marktanteilen von 2/3 und 1/3 beträgt der Herfindahl-Index $H = 0,5555$. Er ist also höher als im symmetrischen Cournot-Fall und würde deshalb prima facie ein schlechteres Marktergebnis anzeigen. Das Gegenteil ist aber richtig. Hier zeigt sich ein ähnliches Phänomen, auf das oben (Kapitel I) bereits im Fall des Mosteller-Modells der zufallsbedingten Marktanteilsstruktur hingewiesen wurde. Zum Beispiel war in der europäischen Automobilindustrie der Herfindahl-Index, der sich bei unverfälschtem Wettbewerb ergeben hätte, höher als der tatsächliche Herfindahl-Index, obgleich beträchtliche Wettbewerbsbeschränkungen zu vermuten waren.

Maßgebliches Kriterium für die Fusionskontrolle in Deutschland und der Europäischen Gemeinschaft ist der Begriff der Marktbeherrschung (market dominance). Ein Unternehmen gilt in Deutschland nach § 19 KartellG als marktbeherrschend, soweit es als Anbieter oder Nachfrager für eine bestimmte Art von Waren oder gewerblichen Leistungen, d.h. auf dem relevanten Markt, ohne Wettbewerber ist oder keinem wesentlichen Wettbewerb ausgesetzt ist oder eine im Verhältnis zu seinen Wettbewerbern überragende Marktstellung hat. Hierbei sind insbesondere sein Marktanteil, seine Finanzkraft, sein Zugang zu den Beschaffungs- und Absatzmärkten, Verflechtungen mit anderen Unternehmen, rechtliche oder tatsächliche Schranken für den Markteintritt anderer Unternehmen, die Fähigkeit, sein Angebot oder seine Nachfrage auf andere Waren oder gewerbliche Leistungen umzustellen, sowie die Möglichkeit der Marktgegenseite, auf andere Unternehmen auszuweichen, zu berücksichtigen. Ganz ähnlich wird Marktbeherrschung (dominant position) in Artikel 2 der EG-Fusionskontroll-Verordnung definiert. Das Vorliegen einer marktbeherrschenden Stellung wird nach § 19 KartellG vermutet, wenn ein Unternehmen einen Marktanteil von 1/3 hat. Marktbeherrschung wird auch angenommen, wenn drei oder weniger Unternehmen zusammen einen Marktanteil von 50 vH oder mehr haben oder wenn fünf oder weniger Unternehmen einen Marktanteil von 2/3 oder mehr haben. In der EG-Fusionskontrolle wird angenommen, daß eine beherrschende Stellung nicht vorliegt, wenn der Marktanteil der beteiligten Unternehmen im Gemeinsamen Markt oder in einem wesentlichen Teil desselben 25 vH nicht überschreitet (Präambel Nr. 15 der Fusionskontroll-VO). In Deutschland wie in der EG kann Marktbeherrschung sowohl für ein einzelnes Unternehmen gegeben sein als auch für eine Gruppe von Unternehmen (Oligopolvermutung). Für die EG war die Oligopolvermutung anfangs strittig. Inzwischen ist aber durch die Behandlung des Falles Nestlé/Perrier durch die Europäische Kommission im Jahre 1992 sowie durch die Entscheidung des EuGH im Fall der Kali+Salz AG von 1998 (González 1998) klargestellt, daß nach dem Recht der Europäischen Gemeinschaft auch Marktbeherrschung durch nur wenige Unternehmen unter die europäische Fusionskontrolle fällt.

Eine sog. Aufholfusion, bei der in der Größe nachgeordnete Unternehmen sich zusammenschließen, um näher an den Marktführer heranzurücken, wird in Deutschland vielfach als tolerierbar angesehen, auch wenn sich dadurch der Konzentrationsgrad und der kumulierte Marktanteil der großen Unternehmen eines Marktes erhöht. Möglicherweise wird sich dadurch der Herfindahl-Index verringern. Ob dadurch freilich eine Verbesserung des Marktergebnisses zu erwarten ist, dürfte aus den schon erwähnten Gründen fraglich sein. Darüber hinaus ist zu vermuten, daß die größere Homogenität der Spitzengruppe des Oligopols kollusives Verhalten begünstigt. Auf der anderen Seite ist zu bedenken, daß eine Asymmetrie der Größenverteilung, die über das Maß hinausgeht, das bei unverfälschtem Wettbewerb zu erwarten wäre, auf Wettbewerbsbeschränkungen beruhen kann, wie im Fall Intel von den amerikanischen Wettbewerbsbehörden behauptet wird.

Konglomerate und vertikale Fusionen

Ein Unternehmen mag seine dominante Position durch vertikale Integration verstärken oder zu verstärken suchen, indem es eine Kontrolle über Beschaffungs- und Absatzmärkte erlangt (sog. Marktverkettung) oder daß durch Finanzkraft potentielle Konkurrenten abgeschreckt werden, so daß eine marktbeherrschende Stellung (wie durch „Schanzen", „entrenchment") abgesichert wird.

In den USA erfolgte die Anerkennung der sog. „entrenchment"-Doktrin für eine vertikale und konglomerate Fusion im Fall Procter & Gamble/Clorox (vgl. Herrmann 1986, S. 255f.). Procter & Gamble, ein Großunternehmen, das unter anderem Reinigungsmittel und andere Haushaltsartikel produziert, erwarb mit der Firma Clorox den Marktführer auf dem Markt für Haushaltsbleichmittel. Das vom Supreme Court 1967 bestätigte Verbot der Fusion wurde damit begründet, daß die Marktführerschaft von Clorox durch die Fusion verstärkt würde, weil Procter & Gambles überragende Finanzkraft Clorox zu Verdrängungspraktiken gegenüber Konkurrenten befähigen würde.

Die gleiche Begründung lag in Deutschland der Untersagung des Erwerbs einer Mehrheitsbeteiligung der Firma Rheinmetall an WMF zugrunde. WMF (Württembergische Metallwarenfabriken) besitzt eine beherrschende Stellung auf dem Gebiet qualitativ hochwertiger Tafelbestecke und großer Kaffeemaschinen, und Rheinmetall ist ein führender Anbieter militärischer Ausrüstungen. Es handelte sich um einen konglomeraten Zusammenschluß, durch den Rheinmetall versuchte, seine Abhängigkeit von dem mit hohen Risiken verbundenen Verteidigungssektor zu verringern. In der später vom Bundesgerichtshof bestätigten Entscheidung wurde die Fusion vom Bundeskartellamt mit der Begründung abgelehnt, daß der Erwerb einer Mehrheit an WMF durch eine mit finanziellen Mitteln reichlich ausgestatteten Firma wie Rheinmetall die marktbeherrschende Stellung von WMF verstärken würde.

Etwas anders als die Fusion mit einem marktbeherrschenden oder marktstarken Unternehmen eines anderen Marktes mag der Erwerb eines kleineren Unternehmens auf einem anderen Markt beurteilt werden. Eine solche als "Brückenkopf" dienende Fusion („foothold acquisition") kann den Wettbewerb auf dem Markt, in den ein Großunternehmen eindringt, intensivieren, wenn auf diesem Markt die horizontale Konzentration bisher hoch war. Wenn auf dem Markt jedoch überwiegend kleinere und mittelgroße Unternehmen vorhanden sind, wird man das Eindringen eines Großunternehmens eher negativ beurteilen.[14]

Potentielle Konkurrenz

Bei den beschriebenen Vermutungskriterien für das Vorliegen von Marktbeherrschung ist stets auch der potentielle Wettbewerb zu berücksichtigen. Welches Gewicht diesem Faktor beigemessen werden soll, ist freilich eine Frage der Einschätzung. Unter dem Einfluß der Contestability-Doktrin hat die amerikanische Antitrust-Politik in den achtziger Jahren diesem Faktor, wie bereits oben erwähnt, ein sehr großes Gewicht gegeben, so daß die Vermutungskriterien der Merger-Guidelines des Justizministeriums an Bedeutung verloren. Am Prinzip, „if entry into a market is so easy that existing competitors could not succeed in raising price for any significant period of time, the Department is unlikely to challenge mergers in that market" (zitiert nach Smiley 1995, S. 70), ist nichts auszusetzen. Die Frage ist jedoch, ob und wann man den Eintritt von Konkurrenten für „leicht" hält. Nach den Merger Guidelines ist ein Marktzutritt „leicht", wenn er zügig, d.h. innerhalb von zwei Jahren nach einer Preiserhöhung, erfolgt, wahrscheinlich ist und ausreichend, so daß die den Eintritt auslösende Preiserhöhung wieder rückgängig gemacht werden muß. Angesichts der empirischen Studien über die Dauerhaftigkeit von Profiten, über die Entwicklung der horizontalen Konzentration bei einer Vergrößerung des Marktes und über den Effekt des Außenhandels auf die Preis-Kosten-Marge in Deutschland scheint es tatsächlich erhebliche Barrieren für den Markteintritt neuer Konkurrenten zu geben, so daß große Zweifel daran bestehen, ob ein Marktzutritt im allgemeinen leicht ist. In der Fusionskontrolle freilich kommt es auf den Einzelfall an, doch auch hier ist dieser vor dem Hintergrund der allgemeinen Erfahrung einzuschätzen.

Das Bundeskartellamt hat bis in die siebziger Jahre hinein in der Fusionskontrolle potentiellen Wettbewerb aus dem Ausland praktisch nicht berücksichtigt. Dies änderte sich jedoch in den achtziger Jahren. Ein Beispiel ist der Fall des Erwerbs der Firma Werner & Pfleiderer, den größten deutschen Produzenten von Ausrüstungen für Bäckereien, durch Fried. Krupp GmbH. Das Bundeskartellamt erhob keine Einwände gegen diese Fusion, da die potentielle Konkurrenz durch Britain's Baker Perkins mit seinen weltweiten Aktivitäten als ausreichend angesehen wurde, Marktbeherrschung zu verhindern. Generell ergeben

---

[14] Dieses Argument bleibt gültig, auch nachdem durch die 6. Novelle zum Gesetz gegen Wettbewerbsbeschränkungen das in § 23a Abs. 1 GWB enthaltene Vermutungskriterium entfallen ist.

sich Zweifel an der Wirksamkeit der potentiellen Konkurrenz, wenn auf dem betrachteten Markt für eine lange Zeit ein Markteintritt nicht stattgefunden hat, besonders dann, wenn ein Markteintritt durch Schranken des internationalen Handels erschwert wird. Dementsprechend spielt bei der Beurteilung des Gewichts potentiellen Wettbewerbs die Dynamik eines Marktes eine wichtige Rolle. Zum Beispiel wurde der Erwerb einer Mehrheitsbeteiligung an Triumph Adler durch Olivetti trotz hoher Marktanteile vom Bundeskartellamt gebilligt, weil sich auf dem Markt für Schreibmaschinen infolge der Konkurrenz durch den PC dramatische Änderungen vollzogen.

In der EG-Fusionskontrolle ist in jüngerer Zeit der Eindruck entstanden, daß potentiellem Wettbewerb ein sehr großes Gewicht beigemessen wird. Noch 1979 hatte der EuGH die Ansicht geäußert, daß „very large shares are in themselves, save in exceptional circumstances, evidence of the existence of a dominant position". Dementsprechend hatte die Europäische Kommission im AKZO-Fall einen Marktanteil von 50 % als ausreichend angesehen, Marktbeherrschung anzunehmen (Haid 1999, S. 170). Demgegenüber wurde der Erwerb der Firma Kässbohrer durch Mercedes Benz von der Kommission 1995 genehmigt, obgleich durch den Zusammenschluß in Deutschland sehr hohe Marktanteile erreicht wurden, nämlich 74 % bei Überlandbussen und 54 % bei Reisebussen (Monopolkommission 1996, S. 340). Legt man freilich den europäischen Markt als den relevanten geographischen Markt zugrunde, so sieht das Bild etwas anders aus. Auf europäischer Ebene betrugen die Marktanteile für Überlandbusse 41 % und für Reisebusse 35 % (Entscheidung der Europäischen Kommission vom 14.2.1995, WuW 1995, S. 385). Nach deutschem Recht würden auch diese Marktanteile ausreichen, die Entstehung einer marktbeherrschenden Stellung zu vermuten. Die Kommission hielt jedoch potentiellen Wettbewerb namentlich aus dem Ausland für ausreichend, die Fusion zu genehmigen. Da die Marktanteile schon vorhandener Wettbewerber verhältnismäßig niedrig waren, stieß diese Entscheidung der Kommission auf erhebliche Kritik. Die Monopolkommission (1996, S. 341) verwies darauf, daß bei Überlandbussen in Deutschland alle ausländischen Anbieter zusammen nur einen Marktanteil von 1,1 % halten, bei Reisebussen einen Anteil von 10,3 %. Der einzige integrierte inländische Wettbewerber, MAN, verfügt bei Reisebussen über einen Marktanteil von 4,3 % und bei Reisebussen hat Neoplan einen Marktanteil von ca. 26 %, kauft aber die Motoren für 80 % seiner Fahrzeuge bei Mercedes Benz. Nach Auffassung der Monopolkommission ist die optimistische Einschätzung der Europäischen Kommission hinsichtlich der Wirksamkeit potentiellen Wettbewerbs daher kaum nachvollziehbar.

Efficiency Defense

Die *rule of reason* beinhaltet, daß Fusionen wettbewerbspolitisch nicht zu beanstanden sind, die als das Ergebnis normaler Geschäftstätigkeit gelten, die also nicht in der Absicht erfolgen, Marktmacht zu erlangen. Damit mag konzeptionell die Grundlage für eine Verteidigung einer Fusion aus Effizienzgründen gelegt sein, obgleich eine „efficiency defense" weder im Sherman Act noch im Clayton Act expressis verbis vorgesehen ist. Vom Supreme Court ist eine „efficiency defense" früher nicht akzeptiert worden. Sie wurde im Fall des Erwerbs der Clorox Chemical Company durch Procter & Gamble im Jahre 1967 mit den Worten abgelehnt, daß „possible economies cannot be used as a defense to illegality. Congress was aware that some mergers which lessen competition may also result in economies but struck the balance in favor of protecting competition" (zitiert nach Kinne 1998, S. 16; FTC v. Procter & Gamble, 386 U.S. 568, 574, 602 (1967)). Ein Wendepunkt trat mit dem Fall US v. General Dynamics ein, in dem der Supreme Court (1973) von dem rein strukturellen Ansatz abrückte und die Notwendigkeit genauer Untersuchungen betonte. Dementsprechend wurde von den amerikanischen Wettbewerbsbehörden mit den Merger Guidelines von 1984 eine „efficiency defense" zugelassen (vgl. Mueller 1996, S. 235). Dort heißt es (zitiert nach Smiley 1995, S. 70)

> „If the parties to the merger establish by clear and convincing evidence that a merger will achieve such efficiencies, the Department will consider those efficiencies in deciding whether to challenge the merger. Cognizable efficiencies include, but are not limited to, achieving economies of scale, better integration of production facilities, plant specialization, lower transportation cost, and similar efficiencies relating to specific manufacturing, servicing, or distribution operations of the merging firms. The Department may also consider claimed efficiencies resulting from reductions in general selling, administrative, and overhead expenses, ... the Department will reject claims of efficiencies if equivalent or comparable savings can reasonably be achieved by the parties through other means. The parties must establish a greater level of expected net efficiencies the more significant are the competitive risks."

Insbesondere der letzte Satz beinhaltet eine Trade-off-Überlegung, wie sie von Williamson (1968) propagiert wurde. Diese Position wurde in verschiedenen Urteilen unterer Gerichte (vgl. Kinne 1998, S. 17ff.) unterstützt. Dabei wurde von den fusionswilligen Unternehmen der Nachweis verlangt, daß die Kosteneinsparungen letztendlich zu einer Besserstellung der Konsumenten führen.[15]

---

[15] Obgleich die Merger Guidelines eine „efficiency defense" vorsehen, hat dieser Aspekt nach einer Studie von Coates und McChesney (1992) in der Zeit von 1982 bis 1986 „with

Im deutschen Wettbewerbsrecht (§ 36 KartellG, früher § 24 Abs.1 GWB) wird den beteiligten Unternehmen die Möglichkeit eingeräumt, zu beweisen, „daß durch den Zusammenschluß auch Verbesserungen der Wettbewerbsbedingungen eintreten und daß diese Verbesserungen die Nachteile der Marktbeherrschung überwiegen". Ob diese Möglichkeit auch eine „efficiency defense" einschließt, wird aus dem Wortlaut des Gesetzes nicht klar. Man könnte argumentieren, daß eine durch den Zusammenschluß erreichbare Kostensenkung die Wettbewerbsbedingungen zwischen den Konkurrenten verändert und sich zugunsten der Verbraucher auswirkt und damit zur Rechtfertigung der Fusion herangezogen werden kann.[16]

Darüber hinaus gibt es nach deutschem Recht die sog. Ministererlaubnis (§ 41 KartellG). Danach kann der Bundesminister für Wirtschaft auf Antrag die Erlaubnis zu einem Zusammenschluß erteilen, „wenn im Einzelfall die Wettbewerbsbeschränkung von gesamtwirtschaftlichen Vorteilen des Zusammenschlusses aufgewogen wird und der Zusammenschluß durch ein überragendes Interesse der Allgemeinheit gerechtfertigt ist". In diesem Fall, in dem ein öffentliches Interesse daran besteht, sind also Nachteile gegenüber Vorteilen abzuwägen. Bisher sind in Deutschland erst sehr wenige Fälle dieser Art zu verzeichnen. In zwei Fällen, nämlich VEBA/Gelsenberg (1974) und BP/Gelsenberg (1979) wurde der Zusammenschluß mit der Begründung erlaubt, daß er zur Sicherstellung der Rohölversorgung in Deutschland notwendig sei. In einem anderen spektakulären Fall, Daimler Benz/Messerschmidt-Bölkow-Blohm (MBB), waren industriepolitische Gründe maßgeblich. In den übrigen Fällen wurde die Billigung der Fusion von der Hoffnung getragen, Arbeitsplätze erhalten zu können. In keinem dieser Fälle verlief die folgende Entwicklung wie erwartet. Ebenso wurde die Erwartung, durch Fusionen die Rohölversorgung zu sichern, durch die nachfolgende Entwicklung eines reichlichen Ölangebotes und fallender Ölpreise ad absurdum geführt. Auch nach der Fusion von Daimler-Benz mit MBB stellte sich heraus, daß die Prämissen, auf denen die Erlaubnis beruhte, nur wenig realistisch waren. Diese Fälle zeigen deutlich, daß indu-

---

other guidelines factors controlled for" praktisch keinen Einfluß auf die Entscheidungen der Federal Trade Commission gehabt.

[16] Demgegenüber argumentiert Herrmann (1989, S. 1217), daß die genannte Abwägungsklausel, die auf eine „Verbesserung der Wettbewerbsbedingungen" abstellt, kein „efficiency defense" sei. Ob sich der Wettbewerb intensiviert, kann freilich nur am erwarteten Marktergebnis gemessen werden. Wenn überdies im Gesetz von einem „Überwiegen" gesprochen wird, scheint eine Quantifizierung der Wirkungen einer Wettbewerbsbeschränkung einerseits und einer Verbesserung der Wettbewerbsbedingungen andererseits denknotwendig zu sein.

striepolitische Interventionen in der Wettbewerbspolitik höchst problematisch sind.

In der Fusionskontroll-Verordnung der EG wird in Artikel 2 bestimmt, daß „Zusammenschlüsse, die eine beherrschende Stellung begründen oder verstärken, durch die wirksamer Wettbewerb im Gemeinsamen Markt oder in einem wesentlichen Teil desselben erheblich behindert wird" für unvereinbar mit dem Gemeinsamen Markt zu erklären sind. Bei der Prüfung der Frage, ob diese Voraussetzungen vorliegen, muß u.a. „die Entwicklung des technischen und wirtschaftlichen Fortschritts, sofern diese dem Verbraucher dient und den Wettbewerb nicht behindert", berücksichtigt werden. Ob diese Klausel eine „efficiency defense" begründet, ist strittig. Aus dem Wortlaut der Verordnung allein läßt sich die Rechtfertigung einer Fusion durch Effizienzgewinne nicht ableiten, wie Jacquemin (1999, S. 217) zu Recht feststellt. Gleichwohl werden, wie auch Jacquemin einräumt und wie von Haid (1999) durch die Analyse einer größeren Zahl von Fällen demonstriert wird, Genehmigungen von Fusionen in der EG in der Regel von industriepolitischen Erwägungen mitbestimmt sein. Dafür ist nicht zuletzt das Fusionskontrollverfahren der EG verantwortlich, das keine Trennung zwischen wettbewerbsrechtlicher Beurteilung und gesamtwirtschaftlicher Abwägung kennt.

Dagegen wird in Deutschland ein zweistufiges Verfahren praktiziert. Zuerst prüft das Bundeskartellamt, ob durch die angezeigte Fusion eine nicht tolerierbare Wettbewerbsbeschränkung entsteht oder nicht. Wird die Erlaubnis zur Fusion nicht erteilt, kann der Bundesminister für Wirtschaft auf Antrag entscheiden, ob die Fusion im Interesse der Allgemeinheit gerechtfertigt ist. In der EG gehen beide Aspekte in eine einheitliche Entscheidung ein, die von der Kommission der Europäischen Gemeinschaften gefällt wird. Hier fließen dann nolens volens wettbewerbs- und industriepolitische Traditionen der verschiedenen Mitgliedsländer ein. Während die Wettbewerbspolitik in Deutschland inzwischen eine recht lange Tradition besitzt und wettbewerbspolitische Aspekte eindeutig gegenüber industriepolitischen Erwägungen dominieren, liegen die Dinge in anderen Mitgliedsländern völlig anders. Einige besitzen überhaupt keine wettbewerbspolitische Tradition, in anderen werden die Gewichte anders gesetzt als in Deutschland. In Großbritannien zum Beispiel dominierte in Bezug auf Fusionen bis vor kurzem der Aspekt des öffentlichen Interesses (public interest), aus dem heraus industriepolitische Erwägungen im Vordergrund standen, so daß Veljanovski (1995, S. 140) feststellt, daß „The UK stands out in Western Europe as having the most permissive and conducive environment for merger and acquisition activity." Erst seit den späten achtziger Jahren hat sich der Schwerpunkt der Beurteilung zur Wettbewerbspolitik hin verschoben

(Veljanovski 1995, S. 148ff.). In Frankreich haben traditionell industriepolitische Aspekte das Denken bestimmt. Obgleich seit 1977 eine Fusionskontrolle existiert, kann Jenny (1995, S. 172) feststellen, daß „there is still a lingering feeling among French bureaucrats in charge of industrial policy that economic concentration is necessary to ensure the competitiveness of French firms and that the government should play an active role in the area of industrial structures". Nicht zuletzt infolge des faktischen Gewichts industriepolitischer Erwägungen dürfte zu erklären sein, daß in der EG bei Fusionen tatsächlich ein „efficiency defense" praktiziert wird und daß dabei der Erwartung, durch eine höhere horizontale Konzentration Wohlfahrtsgewinne zu erreichen, ein großes Gewicht beigemessen wird.

Dadurch ist der Eindruck entstanden, als würden Unternehmenszusammenschlüsse in der europäischen Fusionskontrolle großzügiger genehmigt als das in Deutschland der Fall ist (vgl. Haid 1999). Obgleich einzelne Fusionsfälle, wie zum Beispiel der oben erwähnte Fusionsfall Mercedes-Benz/Kässbohrer, diesen Eindruck vermitteln, läßt sich diese Vermutung quantitativ nicht bestätigen. Von 1973 bis 1991 gab es in Deutschland, also in der Zeit vor dem Beginn EG-14403 dem Bundeskartellamt gemeldete Fusionsfälle, von denen 98 untersagt wurden (Monopolkommission 1992, S. 251). Das sind 0,68 %. In der EG gab es seit dem Beginn der Fusionskontrolle im Jahre 1990 bis 1997 bei 701 Fusionsfällen 8 Untersagungen, also 1,1 % und damit relativ doppelt soviele wie in Deutschland.

Tatsächlich gibt es eine überwältigende empirische Evidenz dafür, daß die Effizienzgewinne, die durch zunehmende Unternehmensgröße und horizontale Konzentration erreichbar sind, nur ein geringes Gewicht besitzen. Selbst dort, wo unmittelbar nach einer Fusion Kosteneinsparungen zu verzeichnen sind, werden sie längerfristig häufig von den Verlusten, die aus einer Verlangsamung des technischen Fortschritts resultieren, weit in den Schatten gestellt. Das wurde oben in Kapitel II ausführlich theoretisch wie durch Hinweis auf empirische Studien dokumentiert und ist in der Fachwelt weithin anerkannt (vgl. Jacquemin 1995, S. 87). Darüber hinaus ist auf eine große Zahl von Studien zu verweisen, die sich der Frage widmen, wie sich durch Fusionen horizontaler, vertikaler und konglomerater Art die Profitabilität entwickelt hat.[17]

---

[17] Vgl. dazu die Übersicht bei Mueller (1995), wo dokumentiert wird, daß in den USA und im UK Fusionen ganz überwiegend die mit ihnen anfangs verbundenen Erwartungen in eine Zunahme der Profitabilität nicht erfüllten. Das beruht nicht zuletzt darauf, daß in diesen beiden Ländern ein sehr hoher Anteil der Unternehmenszusammenschlüsse auf konglomerate Fusionen entfiel. Dieser Befund wird faktisch dadurch bestätigt, daß in jüngster

Trotz unterschiedlicher Traditionen bezüglich der Wettbewerbspolitik in den USA und Europa ist zu erwarten, daß sich in der Beurteilung von Fusionsfällen eine Konvergenz einstellt. Das beruht erstens darauf, daß in allen Ländern mehr und mehr die ökonomische Theorie in der Wettbewerbspolitik die Führung übernommen hat. Zweitens wird innerhalb Europas die Wettbewerbspolitik maßgeblich vom Recht der Europäischen Gemeinschaft bestimmt. Für die großen Fusionsfälle, die so gut wie ausnahmslos grenzüberschreitend wirken, ist die Europäische Kommission zuständig. Da Fusionsfälle von geringerer quantitativer Bedeutung und solche, die in ihrer Wirkung auf einzelne Mitgliedsländer beschränkt sind, im Prinzip nicht anders beurteilt werden können, als die in die Zuständigkeit der Europäischen Kommission fallenden Fälle, gibt es zwangsläufig eine Tendenz zur Angleichung der Beurteilungsstandards. Darüber hinaus ist auch eine Konvergenz zwischen amerikanischer Antitrust-Politik und europäischer Wettbewerbspolitik zu erwarten. Das beruht nicht zuletzt darauf, daß sowohl das amerikanische als auch das europäische Recht exterritoriale Wirkungen besitzt. Da zahlreiche Großunternehmen Produktionsstätten sowohl in Europa als auch in den USA unterhalten, führt eine Fusion in den USA regelmäßig auch zu einem Zusammenschluß der dazugehörigen Firmen in Europa und umgekehrt. Eine Fusion amerikanischer Firmen bedarf in solchen Fällen auch der Genehmigung der europäischen Wettbewerbsbehörden, und eine Fusion europäischer Firmen der Genehmigung durch die amerikanischen Behörden, von einer grenzüberschreitenden Fusion wie zum Beispiel der zwischen Daimler und Chrysler ganz zu schweigen. Mit der Globalisierung der Wirtschaftsbeziehungen ist daher auch eine Globalisierung der Wettbewerbspolitik zu erwarten. Das gilt nicht nur für Fusionen, sondern wegen der Substitutionsbeziehung zwischen horizontaler Konzentration und Kartellen auch bezüglich internationaler Kartelle.[18]

Untersagung, Auflösung und Auflagen

In Europa wie in den USA wird die Fusionskontrolle gegenwärtig präventiv

---

Zeit zahlreiche diversifizierte Großunternehmen sich zunehmend auf Aktivitätsbereiche konzentrieren, in denen sie glauben, „Kernkompetenz" zu besitzen und dafür Randbereiche abgeben. Anders als in den USA und im UK spielten in anderen Ländern, auch in Deutschland, horizontale Fusionen eine größere Rolle. Dementsprechend ist das Bild bezüglich der durch Fusionen erreichten Profitabilität weniger eindeutig. Doch auch hier war bei konglomeraten Fusionen eine geringe Erfolgsquote zu verzeichnen, während sich horizontale Fusionen als weitaus erfolgreicher erwiesen (Bühner 1994, S. 30ff.).

[18] Vgl. dazu auch Kapitel IV.

gehandhabt. In den USA gibt es darüber hinaus die Möglichkeit, bereits vollzogene Fusionen wieder rückgängig zu machen. Die spektakulären Fälle, Standard Oil of New Jersey (1911), The American Tobacco Company (1911) und Dupont (1912), liegen freilich weit zurück. In einer interessanten Studie zeigen Comanor und Scherer (1995), daß die Zerschlagung der marktbeherrschenden Unternehmen zu Marktstrukturen führte, in denen die Nachfolgeunternehmen schließlich prosperierten. Demgegenüber waren die Unternehmen, die sich wie US Steel vor Gericht mit Erfolg gegen eine Zerschlagung verteidigen konnten, in der Folgezeit weit weniger erfolgreich. In neuerer Zeit wurde das Telefonmonopol AT&T aufgelöst. In Verbindung mit der Deregulierung des Telekommunikationsbereichs entwickelte sich intensive Konkurrenz. Eine gleichartige Möglichkeit zur Anordnung einer Auflösung einmal vorgenommener Fusionen existiert nach deutschem Recht nicht.[19] Dagegen ist es nach deutschem Recht wie auch nach dem Recht der Europäischen Gemeinschaft möglich, eine Fusion unter Auflagen zu genehmigen, die unter anderem darin bestehen können, daß sich die beteiligten Unternehmen verpflichten, gewisse Beteiligungen zu veräußern. Prinzipiell ist die Europäische Kommission ermächtigt, eine Fusionserlaubnis zu widerrufen, „wenn die beteiligten Unternehmen einer in der Entscheidung vorgesehenen Auflage zuwiderhandeln" (Art. 8 Abs. 5 lit.b Fusionskontroll-Verordnung). Von der Möglichkeit der Genehmigung einer Fusion unter Auflagen wird auch in den USA Gebrauch gemacht.

Manche Auflagen werden bereits im Vorfeld der Fusionskontrolle zwischen den Behörden und den beteiligten Unternehmen ausgehandelt, ohne daß dies der Öffentlichkeit bekannt wird, andere Auflagen werden mit der Genehmigung der Fusion erteilt. Ziel der Erteilung von Auflagen ist es, die Wettbewerbsfähigkeit vorhandener oder potentieller Wettbewerber zu steigern, indem der Marktanteil der fusionierenden Unternehmen vermindert und Konkurrenten aufgebaut werden. So mußte sich zum Beispiel Nestlé/Perrier verpflichten, einige seiner Brunnen und Marken zu verkaufen. Neben solchen Veräußerungszusagen gibt es sog. Marktöffnungszusagen. Durch Auflösung von vertikalen Bindungen und Alleinvertriebsvereinbarungen soll der Marktzugang für Dritte eröffnet werden. Im Alcatel/Teletra-Fall mußte das spanische Telekommunikationsunternehmen Telefónica seine Kapitalbeteiligung an Alcatel/Teletra veräußern, da diese Beteiligung als Marktzutrittsschranke für andere Anbieter angesehen wurde (Kerber 1994, S. 125).

---

[19] Allerdings ist nach § 41 Abs. 3 KartellG ein vollzogener Zusammenschluß, den das Bundeskartellamt untersagt hat oder dessen Freigabe es widerrufen hat, aufzulösen, wenn nicht der Bundesminister für Wirtschaft eine „Ministererlaubnis" erteilt.

Die Zusagenpraxis ist aus zwei Gründen problematisch. Erstens zeigte es sich, daß Verkaufsauflagen häufig nicht ausgeführt wurden, weil sich keine Käufer fanden. Aus ökonomischer Sicht würde man vermuten, daß der Mangel an Käufern durch den geforderten Preis bedingt war. Durch die Forderung eines hohen Preises kann die Realisierung von Auflagen in der Tat sabotiert werden. Von grundsätzlicher Bedeutung ist freilich ein zweiter Aspekt. Durch eine Genehmigung unter Auflagen macht sich die Wettbewerbsbehörde einer „Anmaßung von Wissen" schuldig. Sie gibt vor zu wissen, welches die Marktstruktur ist, die einen funktionsfähigen Wettbewerb gewährleistet und die Wettbewerbsbeschränkung, die durch die Fusion verursacht wird, durch eine Intensivierung von Wettbewerb an anderer Stelle kompensiert.

Gemeinschaftsunternehmen

Die meisten Gemeinschaftsunternehmen findet man im Kreis der Großunternehmen und bei diesen wiederum unter den größten, von denen viele an mehreren Gemeinschaftsunternehmen gleichzeitig beteiligt sind (Monopolkommission 1996, S.275f.). Das ist auch leicht zu erklären, denn vielfach bietet sich auf einzelnen Gebieten eine Zusammenarbeit zwischen Unternehmen an, ohne daß die ökonomischen Vorteile aus einer solchen Zusammenarbeit eine Fusion zwischen Großunternehmen rechtfertigen, die über ein breites Spektrum von wirtschaftlichen Aktivitäten verfügen.

Die Gründung von Gemeinschaftsunternehmen wird entsprechend ihrer Struktur entweder als Fusion oder als Kollusion betrachtet und unterliegt deshalb prinzipiell einer doppelten Überprüfung. Ein Gemeinschaftsunternehmen gilt als Fusion und ist deshalb Gegenstand der Fusionskontrolle, wenn ein eigenständiges Unternehmen geschaffen wird, das alle wesentlichen Funktionen eines Unternehmens aufweist und am Markt Produkte oder Dienstleistungen anbietet, statt sie ausschließlich den Muttergesellschaften anzubieten, die sich ihrerseits aus der Produktion in dem betreffenden Geschäftsfeld zurückziehen. In der 1997 revidierten Fusionskontroll-Verordnung der EG wurde dafür der Begriff des Vollfunktions-Gemeinschaftsunternehmens eingeführt. Ein Gemeinschaftsunternehmen gilt dagegen als kooperative Veranstaltung, wenn die organisatorische Struktur in erster Linie dazu dient, das Verhalten der Muttergesellschaften aufeinander abzustimmen.

Zwei Fälle eines kooperativen Gemeinschaftsunternehmens seien beispielhaft erwähnt. Im Jahre 1975 wurde vom Bundesgerichtshof das vom Bundeskartellamt ausgesprochene Verbot eines Gemeinschaftsunternehmens zwischen vier Zementfabriken bestätigt, die eine gemeinsame Verkaufsorganisation in Form einer rechtlich selbständigen Firma gründen wollten. Im Jahre 1980 wurde vom Bundeskartellamt die Gründung einer Handelsgesellschaft freier Groß- und Einzelhandelsbetriebe GmbH, durch die die beteiligten Unternehmen bessere Einkaufsbedingungen erreichen wollten, als illegales Einkaufskartell verboten.

Als Unternehmenszusammenschluß wurde vom Bundeskartellamt 1976 ein Gemeinschaftsunternehmen zur Exploration und Ausbeutung von Manganknollen aus der Tiefsee erlaubt, da eine Wettbewerbsbeschränkung nicht zu vermuten war und ein Gemeinschaftsunternehmen wegen des hohen Bedarfs an Kapital und technischer Expertise für notwendig gehalten wurde. Andererseits wurde 1984 vom Bundeskartellamt ein Gemeinschaftsunternehmen von fünf führenden deutschen Kabelherstellern zur Produktion von optischen Kabeln verboten, weil es das existierende marktbeherrschende Oligopol verstärken würde, als Fortführung des vorher bestandenen Kabelkartells in anderer Form anzusehen sei und den Eintritt neuer Konkurrenten behindern und den technischen Fortschritt auf dem Gebiet der optischen Kabel beeinträchtigen würde. In diesem Fall, in dem konzentrative und kooperative Elemente vorlagen, wurde ein Überwiegen wettbewerbsbeschränkender Effekte angenommen.

In der EG ist eine Tendenz erkennbar, Gemeinschaftsunternehmen vorwiegend als konzentrativ einzustufen. Als kooperativ gelten nur noch solche Gemeinschaftsunternehmen, die in einem aktuellen Wettbewerbsverhältnis zu ihren Gründern stehen (Monopolkommission 1996, S. 338). Das liegt einmal im Interesse der beteiligten Unternehmen, weil in der Fusionskontrolle schnell entschieden wird und weil bei der angewandten Praxis konzentrative Gemeinschaftsunternehmen eine gute Chance haben, genehmigt zu werden. Demgegenüber dauern die nach Artikel 81 EG-Vertrag durchzuführenden kartellrechtlichen Verfahren bei kooperativen Gemeinschaftsunternehmen deutlich länger, und ihre Ausgang ist weniger gewiß. Für die Europäische Kommission beinhaltet die Anwendung der Fusionskontrolle eine erhebliche Arbeitsentlastung gegenüber einer kartellrechtlichen Prüfung.

Dementsprechend gilt seit dem 1.3.1998 eine neue Verordnung des Ministerrates der EU, nach der das Kontrollverfahren vereinfacht werden soll. Eingeführt wurde damit die Konzeption des Vollfunktions-Gemeinschaftsunternehmens (full function cooperative joint venture). Es ist dadurch ausgezeichnet, daß erstens das Unternehmen über ausreichende Ressourcen wie finanzielle Mittel, Personal, materielle und immaterielle Vermögenswerte verfügt. Zweitens wird das Vorliegen eines Vollfunktions-Gemeinschaftsunternehmens auch dann anerkannt, wenn eine oder mehrere der Muttergesellschaften am Markt des Gemeinschaftsunternehmens aktiv bleiben, gleichviel ob es sich um nachgelagerte, vorgelagerte oder benachbarte Märkte handelt (Denness 1998, S. 30). Vollfunktions-Gemeinschaftsunternehmen werden demnach als Fusionen behandelt. Wenn jedoch zwischen den Gründerunternehmen eine Koordinierung festgestellt werden kann, wird die Europäische Kommission das Vorhaben im Rahmen des Genehmigungsverfahrens nach Artikel 81 EG-Vertrag untersuchen (Europäische Kommission 1998, S. 14).

Kooperation in Forschung und Entwicklung

Eine bedeutende Rolle wird der zwischenbetrieblichen Kooperation in Forschung und Entwicklung zugeschrieben, weil dadurch technischer Fortschritt und damit wirtschaftliches Wachstum gefördert werden könne. Zwei Argumente stehen dabei im Vordergrund.

Erstens wird argumentiert, durch gemeinsame Forschung und Entwicklung lasse sich die Duplizierung von F&E-Projekten vermeiden, so daß das gleiche Ergebnis mit einem geringeren Aufwand erreichbar sei. Die Tragfähigkeit dieses Arguments ist jedoch fragwürdig. Der Erfolg von Forschungsprojekten unterliegt einer substantiell höheren Ungewißheit als der Erfolg der meisten sonstigen Investitionsvorhaben. F&E-Projekte sind eher als Experimente einzustufen, deren Erfolg zufallsbedingt ist und deren Erfolgswahrscheinlichkeit kleiner als Eins ist. Die Wahrscheinlichkeit dafür, daß bei mehreren parallel und unabhängig voneinander durchgeführten Experimenten wenigstens eines von Erfolg gekrönt ist, ist um so größer, je höher die Zahl der Experimente ist. Für die Gesamtwirtschaft ist deshalb die Erfolgswahrscheinlichkeit von Forschung und Entwicklung bei konkurrierenden F&E-Projekten größer als wenn alle Forschungsanstrengungen in einem einzigen Projekt gebündelt werden.

Zweitens wird zur Begründung kooperativer Forschung und Entwicklung vorgebracht, daß durch eine Kooperation positive Externalitäten von F&E-Projekten internalisiert werden können. Dadurch werde der wirtschaftliche Anreiz für die Forschungsanstrengungen erhöht und die Investition in Forschung und Entwicklung insgesamt vergrößert (D'Aspremont und Jacquemin 1988, Jacquemin 1988). Dieser Aspekt ist sicher bedeutsam, sein Gewicht sollte aber auch nicht überschätzt werden. Einerseits stehen die wesentlichen Informationen über eine Erfindung allen Interessenten zur Verfügung, soweit für die Erfindung ein Patent erteilt worden ist. Für nicht wenige Erfindungen wird – insbesondere von kleineren und mittleren Unternehmen – ein Patent wegen der Kosten und der Dauer eines Patentverfahrens, einer Vorliebe für Geheimhaltung, fehlenden Vertrauens in die Schutzkraft von Patenten und der Unfähigkeit zur Durchsetzung eines Patents gar nicht erst beantragt (Simon 1996, S. 106) und würde deshalb auch nicht in eine zwischenbetriebliche F&E-Kooperation eingebracht.

Wettbewerbspolitisch problematisch werden Kooperationen in F&E, wenn sie sich auf die Vermarktung erstrecken. Dementsprechend wurde im Weißbuch der Europäischen Kommission über den Binnenmarkt (EG 1985) Forschungskooperationen als wettbewerbspolitisch unbedenklich eingestuft, wenn sie sich auf die sog. Präkompetitive Phase beschränken und sich nicht auf die Vermarktung des gemeinschaftlich erworbenen Know-how erstrecken. Die damit eingezogene Trennungslinie zwischen erlaubten und verbotenen Kooperationen ist jedoch unrealistisch. Es ist kaum zu erwarten, daß Unternehmen in Forschung und Entwicklung zusammenarbeiten, ohne auf die Auswirkungen Rücksicht zu nehmen, die davon für ihre Stellung im Wettbewerb untereinander zu erwarten sind (Wissenschaftlicher Beirat beim Bundesministerium für Wirtschaft 1987, S. 1345). Dies wurde von Jorde und Teece (1990) nachdrücklich unterstrichen. Sie wiesen darauf hin, daß der Zusammenhang zwischen F&E einerseits und der Vermarktung der Ergebnisse andererseits nicht als serieller Prozeß sondern als interaktive Beziehung zu sehen ist. Aus dieser Tatsache allein kann jedoch die von ihnen vertretene Position, F&E-Kooperation sollte deshalb großzügiger als bisher zugelassen werden, nicht überzeugend begründet werden. Ihre Charakterisierung der F&E-Kooperation als serieller Prozeß trifft weitestgehend für vertikale Beziehungen zum Beispiel zwischen einen Industrieunternehmen und seinen Zulieferern zu, kaum aber für eine Forschungskooperation zwischen Konkurrenten. Überdies ist ihr weiteres Argument nicht stichhaltig, in Wirtschaftszweigen, die durch raschen technologischen Wandel charakterisiert sind, sei nicht zu erwarten, daß eine zwischenbetriebliche Kooperation zu Wettbewerbsbeschränkungen führe. Technischer Fortschritt ist kein exogener Vorgang, sondern wird maßgeblich durch Wettbewerb bestimmt. Aus diesem Grund wird in der Wettbewerbspolitik die Trennungslinie zwischen erlaubten und verbotenen Kooperationen anders gezogen.

Zwischenbetriebliche Kooperation in Forschung und Entwicklung gilt dann als wettbewerbspolitisch bedenklich, wenn marktbeherrschende Unternehmen daran beteiligt sind. Das gilt für die USA, für die Europäische Gemeinschaft wie auch in Deutschland. In den USA wurde durch einen National Cooperative Research Act (NCRA) von 1984 ein einfaches Anmeldeverfahren für kooperative F&E eingeführt und ihre Beurteilung der *rule of reason* unterworfen. Falls bei Privatklagen gegen F&E-Abkommen vom angerufenen Gericht eine verbotene Wettbewerbsbeschränkung festgestellt wird, kann nur einfacher, nicht jedoch dreifacher Schadenersatz verlangt werden. In der Vergangenheit sind F&E-Kooperationen, die sich auf die Vermarktung erstreckten, von den amerikanischen

Wettbewerbsbehörden nur dann angegriffen worden, wenn die horizontale Konzentration hoch war (Brodley 1990, S. 101). Von der Europäischen Kommission sind Forschungskooperationen von Nicht-Wettbewerbern durch eine Gruppenfreistellung (VO EWG Nr. 418/85 vom 19.12.1984) für fünf Jahre nach Beginn des ersten Verkaufs der Forschungsprodukte vom Kartellverbot freigestellt. Bei Mitbewerbern erfolgt eine Freistellung nur dann, wenn der Marktanteil nicht mehr als 20 % beträgt. Für Vertriebskooperationen bezüglich der aus der gemeinsamen Forschung hervorgegangenen Produkte gilt eine engere Marktanteilsgrenze von 10 %. De facto werden Forschungskooperationen von der Europäischen Kommission großzügig selbst dann behandelt, wenn Großunternehmen daran beteiligt sind, da finanzieller Aufwand und Risiken oftmals selbst für ein Großunternehmen allein als nicht tragbar angesehen werden (Beispiele bei Emmerich 1994, S. 557). Die Beschränkung eines Verbots von F&E-Kooperationen auf den Fall, daß eine marktbeherrschende Stellung entsteht oder verstärkt wird, gilt auch nach deutschem Recht. Rationalisierungskartelle (§ 5 KartellG) müssen beim Bundeskartellamt angemeldet werden und können erlaubt werden, wenn der Rationalisierungserfolg in einem angemessenen Verhältnis zu der damit verbundenen Wettbewerbsbeschränkung steht und wenn dadurch eine marktbeherrschende Stellung nicht entsteht.

Vertikale Fusionen

Der vertikale Umfang eines Unternehmens wird dadurch bestimmt, ob es profitabler ist, eine wirtschaftliche Aktivität in das Unternehmen zu integrieren, oder ob es vorteilhafter ist, am Markt zu kaufen oder zu verkaufen. Dieses von Coase (1937) erstmals formulierte Prinzip erklärt den vertikalen Umfang eines Unternehmens und damit vertikale Fusionen in erster Linie aufgrund von Kostenüberlegungen, bei denen die Kosten innerbetrieblicher Transaktionen und die Kosten des Marktes gegeneinander abgewogen werden (vgl. Langlois und Foss 1999). Die Kosten des Marktes, deren Vermeidung eine vertikale Integration begründen kann, können technologischer Natur sein, auf Ungewißheit und Risiken von Marktbeziehungen beruhen oder durch Marktmacht von Vertragspartnern im Einkauf oder Verkauf begründet sein. Wettbewerbspolitisch relevant ist die Frage, ob durch vertikale Integration Wettbewerbsbeschränkungen herbeigeführt, insbesondere ob Eintrittsbarrieren für neue Konkurrenten geschaffen werden. Diese können auf unterschiedliche Weise entstehen.

Eine Eintrittsschranke kann erstens der Kapitalbedarf darstellen, der zum Markteintritt als vertikal integriertes Unternehmen erforderlich ist. Vielfach wird eine Innovation, die an sich einen Markteintritt auf einer Produktionsstufe rechtfertigen würde, nicht zum Markteintritt führen, weil das neue Unternehmen, ist es nicht selbst vertikal integriert, von Konkurrenten Ware kaufen oder an sie verkaufen muß, so daß eine attraktive Rendite nicht erzielbar ist.[20] Die Kapitalgeber werden Zweifel haben, ob ein Unternehmen, das bisher nur auf einer Produktionsstufe Leistungen vorweisen kann, in der Lage ist, den Erfahrungsvorsprung vertikal integrierter Konkurrenten einzuholen, um auf der ganzen Linie konkurrenzfähig zu sein.

Der Markteintritt kann ferner durch Ausschlußstrategien (foreclosure) etablierter Unternehmen behindert sein. Dieser Fall hat in der amerikanischen Wettbewerbspolitik eine große Rolle gespielt. „Foreclosure" besagt, daß ein Unternehmen durch Rückwärts- oder Vorwärtsintegration den Umfang der Transaktionen beschränkt, die auf dem offenen Markt stattfinden können. Wenn Rohstoffe unvermehrbar sind, kann durch eine Rückwärtsintegration der Gesamtbestand eines wesentlichen Rohstoffes in den Besitz der etablierten Unternehmen der Verarbeitungsindustrie gelangen, so daß der Zugang für neue Konkurrenten erschwert oder gar ganz gesperrt werden kann.[21] Da das rückwärtsintegrierte Unternehmen das Angebot der Ressource kontrolliert, steigt der Beschaffungspreis für nicht integrierte Konkurrenten.

Wie sich „Foreclosure" durch vertikale Rückwärtsintegration und eine dadurch bedingte Erhöhung der Kosten von Rivalen („raising rivals' costs", Salop und Scheffman 1983) auf Marktanteile, Produktion und den Preis des Endprodukts auswirkt, hängt von den Bedingungen des einzelnen Falles ab.[22] Wenn sich z.B. bei Cournot-Wettbewerb auf der Verarbeitungsstufe nur die Grenzkosten der nicht integrierten Konkurrenten erhöhen, steigt der Marktanteil und der Gewinn des integrierten Unternehmens, während sich das Gesamtangebot auf der Ver-

---

[20] Ein Beispiel findet sich im Alcoa-Fall. Alcoa produzierte und verkaufte eine Legierung „duralumin" und hatte Wettbewerber, die das Rohaluminium von Alcoa kaufen mußten. „Alcoa set the price of the ingot just below the price at which it would sell its own duralumin thereby putting a price ‚squeeze' on all competitors in the duralumin market" (Kintner 1980 II, S. 401).

[21] Ein Beispiel dafür findet sich in der Geschichte der deutschen Eisen- und Stahlindustrie. Als nach dem deutsch-französischen Krieg 1870/71 Lothringen an Deutschland kam, erwarben die deutschen Stahlunternehmen die Erzgruben Lothringens und brachten auf diese Weise eine wichtige Rohstoffquelle unter ihre Herrschaft (vgl. Neumann 1966). Ein weiteres Beispiel ist der Erwerb von Eisenerzminen durch US Steel kurz nach ihrer Gründung im Jahre 1901 (Parsons und Ray 1975, Riordan 1998, S. 1234).

[22] Vgl. dazu Salinger 1988, Ordover, Saloner und Salop (1990), Hart und Tirole (1990), Riordan (1998). Durch diese Arbeiten wurde die früher von Bork (1978, S. 222-245, Posner (1976, S. 171-184) und Posner und Easterbrook (1981, S. 869-876) gegenüber der „Foreclosure"-Doktrin vorgetragene Kritik widerlegt.

arbeitungsstufe verringert und der Preis steigt, so daß infolge der vertikalen Integration die ökonomische Wohlfahrt sinkt.[23] Dem kann ein positiver Wohlfahrtseffekt gegenüberstehen, wenn infolge der vertikalen Integration auch die Grenzkosten des integrierten Unternehmens gesenkt werden können.

Eine Eintrittsbeschränkung kann auch dadurch geschaffen werden, daß ein Unternehmen eine Vorwärtsintegration vornimmt und dadurch einen so großen Anteil des nachgelagerten Marktes beherrscht, daß Konkurrenten keinen ausreichenden Absatz mehr finden, um bei Unteilbarkeiten der Technik und dadurch bedingten Fixkosten noch konkurrenzfähig produzieren zu können.[24]

3. Mißbrauch von Marktmacht

Zwei Fälle des Mißbrauchs monopolistischer Marktmacht sind zu unterscheiden, Ausbeutung von Käufern bzw. Verkäufern und Behinderung von Konkurrenten. Ein Ausbeutungsmißbrauch wird nach deutschem Recht darin gesehen, daß ein marktbeherrschendes Unternehmen oder ein Kartell Preise fordert, „die von denjenigen abweichen, die sich bei wirksamem Wettbewerb mit hoher Wahrscheinlichkeit ergeben würden" (§ 19, Abs. 4, Nr. 2 KartellG). Ein Behinderungsmißbrauch liegt vor, wenn ein marktbeherrschendes Unternehmen oder ein Kartell „die Wettbewerbsmöglichkeiten anderer Unternehmen in einer für den Wettbewerb auf dem Markt in erheblicher Weise ohne sachlich gerechtfertigten Grund beeinträchtigt" (§ 19, Abs. 4, Satz 1 KartellG). Das ist insbesondere dann der Fall, wenn eine marktbeherrschende Stellung dazu benutzt wird, um den Eintritt neuer Konkurrenten zu behindern oder Konkurrenten sonst in ihren Entfaltungsmöglichkeiten zu beeinträchtigen, kurz, wenn ein Verhalten vorliegt, daß im Sherman Act als „monopolizing" gebrandmarkt wird. Im EG-Recht wird der Mißbrauch einer marktbeherrschenden Stellung substantiell in der gleichen Weise beschrieben und durch Beispiele verdeutlicht. Wesentlich ist ferner, daß ein Mißbrauch in einem Verhalten gesehen wird, das „dazu führen kann, den Handel zwischen Mitgliedsstaaten zu beeinträchtigen" (Art. 82 EG-Vertrag).

---

[23] Zieht man das Cournot-Modell aus Kapitel II zu Rate, so findet man daß

$$\partial q_1/\partial c_2 = 1/3b, \quad \partial q_2/\partial c_2 = -2/3b, \quad \partial Q/\partial c_2 = -1/3b$$

sowie $\partial G_1/\partial c_2 = q_1/3$ und $\partial G_2/\partial c_2 = -2q_2/3$.

[24] Die „Foreclosure"-Doktrin lag nach einer Studie von Areeda und Turner (1980) in den USA zahlreichen Entscheidungen zugrunde, in denen die horizontale Konzentration hoch war und der Ausschlußeffekt nicht zu vernachlässigen war.

Ausbeutungsmißbrauch

Ausbeutungsmißbrauch ist ein in sich widersprüchliches Konzept. Nicht zuletzt aus diesem Grund hat sich eine Mißbrauchsaufsicht über marktbeherrschende Unternehmen wie auch über Kartelle, die eine monopolistische Ausbeutung zu verhindern suchte, als Fehlschlag erwiesen. Der logische Widerspruch ist evident, wenn man sich die Implikationen des oben aus dem Kartellgesetz zitierten Satzes vergegenwärtigt. Ein marktbeherrschendes Unternehmen wird in einer Marktwirtschaft den Wert des investierten Kapitals, den „shareholder value" zu maximieren suchen und deshalb bei gewinnmaximierendem Verhalten den Preis so setzen, daß er die Grenzkosten übersteigt. Bei einem Verhalten, das man von einem marktbeherrschenden Unternehmen in einer Marktwirtschaft erwartet, wird der Preis deshalb höher sein als in der vollständigen Konkurrenz, höher auch als bei „wirksamem Wettbewerb". Dabei kann dies wohl nur bedeuten, daß zum Vergleich ein Zustand herangezogen wird, in dem Marktbeherrschung nicht vorliegt. Dies ist entweder ein fiktiver Markt oder ein Markt in einem anderen Land. In beiden Fällen ist offenbar für das betreffende Produkt ein wirksamer Wettbewerb prinzipiell möglich, so daß die Entstehung einer marktbeherrschenden Stellung hätte verhindert werden können. Infolge der bei Marktbeherrschung vorliegenden monopolistischen Marktmacht wird ein Unternehmen, das in der Marktwirtschaft systemkonform den Kapitalwert zu maximieren sucht, seine Kunden immer „ausbeuten". Das ist eine unausweichliche Folge, wenn die Entstehung einer marktbeherrschenden Stellung zugelassen wird. Soll „Ausbeutung" verhindert werden, so muß die Entstehung einer marktbeherrschenden Stellung von vornherein (in its incipiency) unterbunden werden. Soll oder kann das nicht geschehen, weil ein sog. natürliches Monopol vorliegt, so muß die Preisbildung staatlich reguliert werden. Diese Konsequenz wurde in den USA ganz klar gesehen. In dem oben zitierten Urteil des Supreme Court im Socony-Vacuum-Fall von 1935 wurde zutreffend festgestellt, daß eine Mißbrauchskontrolle der Preissetzung durch ein Kartell in einer Marktwirtschaft ein Fremdkörper ist. Das gilt natürlich ebenfalls für marktbeherrschende Unternehmen. Schon früher hatte Justice Holmes im 1914 entschiedenen International Harvester-Fall eine Preiskontrolle über ein marktbeherrschendes Unternehmen als ein „problem beyond human ingenuity" mit der folgenden Begründung abgelehnt (Bork 1965, S. 842):

> „The reason is not the general uncertainties of a jury trial but that the elements necessary to determine the imaginary ideal are uncertain both in nature and degree of effect to the acutest commercial mind".

In den USA wird eine Mißbrauchsaufsicht konsequenterweise nur im Bereich der sog. regulierten Unternehmen praktiziert, in dem Monopole zugelassen werden, die sich dann einer staatlichen Aufsicht unterwerfen müssen.

Wegen ihrer Widersprüchlichkeit blieb die in Deutschland im Rahmen der Kartell-Verordnung von 1923 praktizierte Mißbrauchsaufsicht bezüglich eines Ausbeutungsmißbrauchs praktisch wirkungslos. Wenig effektiv blieb auch die hinsichtlich einer Ausbeutung im Rahmen des Gesetzes gegen Wettbewerbsbeschränkungen praktizierte Mißbrauchsaufsicht. Tatsächlich hat das Bundeskartellamt praktisch aufgehört, Ausbeutung durch marktbeherrschende Unternehmen als Mißbrauchstatbestand zu verfolgen. Während im Zeitraum 1973-75 noch 314 Verfahren anhängig waren, sank diese Zahl 1986-87 auf 14, 1988-89 auf 7 und 1990-91 auf 14. Wie in den USA beschränkt sich die Aufsicht bezüglich eines Ausbeutungstatbestandes nur noch auf den Bereich der regulierten und öffentlichen Unternehmen.

Maßgebend für den Rückzug des Bundeskartellamts aus der generellen Mißbrauchsaufsicht bezüglich monopolistischer Ausbeutung war rechtstechnisch vor allem, daß die Voraussetzungen für die Diagnose eines Ausbeutungsmißbrauchs in § 19, Abs. 4 KartellG sehr anspruchsvoll formuliert sind. Erstens ist die Zahl der marktbeherrschenden Unternehmen außerhalb des Bereichs der Wirtschaft, in dem der Marktzugang staatlich reglementiert ist, nicht sehr groß. Zweitens verlangt das im § 19, Abs. 4, Satz 2 KartellG verankerte Vergleichsmarktkonzept, einen geeigneten Referenzmarkt zu finden, auf dem wirksamer Wettbewerb herrscht. Drittens ist in der Rechtsprechung zu den vom Bundeskartellamt aufgegriffenen Fällen verlangt worden, daß für die Feststellung eines Preismißbrauchs eine erhebliche Überschreitung des fiktiven Wettbewerbspreises erforderlich ist (Monopolkommission 1990, Tz 495). Der Rückzug des Bundeskartellamts aus der allgemeinen Mißbrauchsaufsicht über marktbeherrschende Unternehmen bezüglich eines Ausbeutungsmißbrauchs ist darüber hinaus aus den oben dargelegten konzeptionellen Gründen angebracht und zu begrüßen.

Vertikale Vertriebsbindungen

Vertikale Vertriebsbindungen liegen vor, wenn ein Unternehmen den Absatz seiner Produkte in einem bestimmten Gebiet ausschließlich einem Händler überträgt und diesen verpflichtet, keine Konkurrenzprodukte zu vertreiben. Um solche vertikalen Vertriebsbindungen wettbewerbspolitisch zu beurteilen, ist von zwei grundlegenden Sachverhalten auszugehen. Erstens wird die Produktionstiefe eines Unternehmens, d.h. die Zahl der vertikal aufeinander folgenden Produktionsstufen unter dem Dach eines Unternehmens, nach dem von Coase (1937) hervorgehobenen Gesichtspunkt durch eine Nutzen-Kosten-Analyse des

Unternehmens bestimmt. Unter Wettbewerbsbedingungen wird eine weitere Produktionsstufe aufgenommen, wenn die Grenzkosten der internen Organisation geringer sind als die marginalen Transaktionskosten einer Marktbeziehung. Zweitens ist von Alchian und Demsetz (1972) ein Unternehmen als ein Geflecht von Verträgen interpretiert worden. Dieser Aspekt verdeutlicht, daß zwischen einem Unternehmen, in dem mehrere vertikal aufeinander folgende Produktionsstufen vereinigt sind, und eine bloß vertraglich durch Ausschließlichkeitsbindungen organisierte Aufeinanderfolge von Produktionsstufen, eine enge Verwandtschaft besteht. Vertikale Integration innerhalb eines Unternehmens und vertikale Ausschließlichkeitsbindungen können daher aus einem einheitlichen Prinzip heraus erklärt werden.

Geht man von dieser Einsicht aus, so können unter Wettbewerbsbedingungen weder gegen eine vertikale Fusion noch gegen vertikale Ausschließlichkeitsbindungen an sich Bedenken erhoben werden. Für die Wettbewerbspolitik entstehen Probleme erst dann, wenn Marktmacht vorliegt und Ausschließlichkeitsbindungen durch Marktmacht auferlegt werden. Das kann einerseits einen Ausbeutungsmißbrauch beinhalten und zweitens die Handlungsfreiheit Dritter beschränken.

Eine vertikale Vertriebsbindung kann dazu dienen, eine monopolistische Preisdifferenzierung mit dem Ziel durchzusetzen, den Gewinn zu erhöhen. Die Folge ist ein gesamtwirtschaftlicher Wohlfahrtsverlust. Das läßt sich auf folgende Weise zeigen. Monopolistische Preisdifferenzierung setzt voraus, daß Teilmärkte voneinander abgeschottet werden können, so daß ein Handel zwischen ihnen mit dem Produkt des Monopols nicht möglich ist. Genau dies wird durch eine vertikale Vertriebsbindung erreicht, durch die der Produzent einem Händler in einem bestimmten Gebiet ein Alleinverkaufsrecht einräumt und ihm gleichzeitig untersagt, das Produkt außerhalb seines Absatzgebietes zu vertreiben. Der Produzent kann dann auf den Teilmärkten unterschiedlich hohe Preise setzen. Eine solche monopolistische Preisdifferenzierung lohnt sich für ihn immer dann, wenn die Preiselastizität der Nachfrage auf den Teilmärkten verschieden hoch ist. Der Verkaufspreis ist dann für diejenigen Teilmärkte am höchsten, auf denen die Preiselastizität der Nachfrage am geringsten ist. Eine niedrige Preiselastizität hat zur Folge, daß die Käufer auf diesem Teilmarkt nur über vergleichsweise wenige Alternativen verfügen und sich deshalb in einer starken Abhängigkeit vom Verkäufer befinden.

Graphisch läßt sich monopolistische Preisdifferenzierung mit Hilfe der folgenden Figur 1 darstellen. Auf den beiden Teilmärkten A und B gelten die eingezeichneten Nachfragekurven $p_A = A - q_A$ und $p_B = B - q_B$. Die Steigung ist dabei in beiden Fällen mit Eins als gleich groß angenommen, da die Steigung der Nachfragekurven für die Möglichkeit der Preisdifferenzierung irrelevant ist. Angenommen ist jedoch, daß $A > B$ ist. Die Preiselastizität der Nachfrage ist dann auf dem Markt A bei jedem Preis geringer als auf dem Markt B. Demzufolge führt eine gewinnmaximale Wahl der Angebotsmengen q_A^* und q_B^*, wie in Figur 1 dargestellt zu $p_A > p_B$. Der aus der Preisdifferenzierung resultierende Gewinn ist höher, als wenn der Monopolist auf beiden Märkten einen ein-

Figur 1

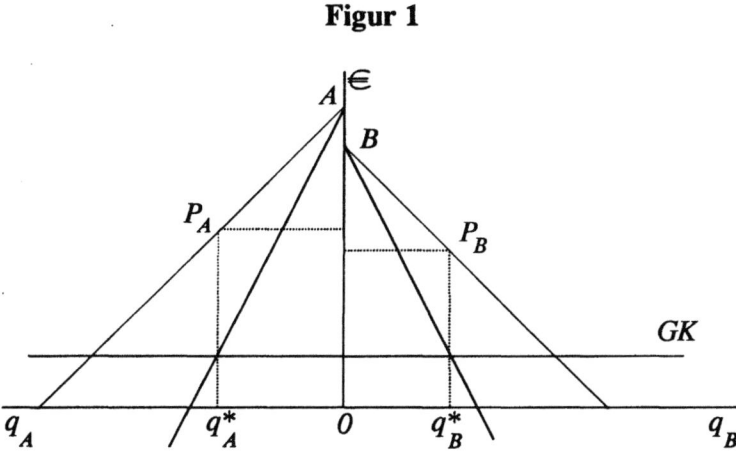

heitlichen Preis verlangen würde.[25] Da sich der statische Wohlfahrtsverlust bekanntlich auf die Hälfte des Monopolgewinns beläuft, ist der Wohlfahrtsverlust bei monopolistischer Preisdifferenzierung größer als bei einem einheitlichen Preis.

Aus dieser Sicht wäre eine vertikale Vertriebsbindung immer als Wettbewerbsbeschränkung zu verurteilen. Dem steht jedoch gegenüber, daß eine Vertriebsbindung für den Produzenten als Mittel dienen kann, den Weiterverkäufer als Gegenleistung für das Alleinvertriebsrecht zu verpflichten, absatzfördernde

---

[25] Der Gewinn beider Teilmärkte zusammen beträgt $\sum G = \left[(A-c)^2 + (B-c)^2\right]/4$. Bei einheitlicher Preisbildung wäre von der inversen Nachfragefunktion $p = (A+B-Q)/2$ auszugehen, die sich aus einer Horizontaladdition der Nachfragekurven beider Teilmärkte ergibt. Der Gewinn beträgt dann $G_0 = \left[(A-c)+(B-c)\right]^2/8$ und ist damit geringer als bei Preisdifferenzierung, denn $\sum G - G_0 = (A-B)^2/8 > 0$, wenn $A \neq B$.

Maßnahmen durchzuführen, wie z.B. Werbung am Verkaufsort, ansprechende Plazierung der Ware im Einzelhandelsgeschäft, ständige Verfügbarkeit der Ware bei Werbung durch den Produzenten, Qualitätssicherung und Beratung der Kunden. Bei der wettbewerbspolitischen Beurteilung der vertikalen Vertriebsbindung ist deshalb eine Abwägung zwischen Nachteilen und Vorteilen erforderlich.

Ein Beispiel war der Beschluß des Bundeskartellamtes, die ausschließliche Vertriebsbindung der von VW autorisierten Vertragswerkstätten zu untersagen, weil durch die Ausschließlichkeitsbindung rund die Hälfte der potentiellen Anbieter von Ersatzteilen ausgeschlossen wurden (Kamecke 1998, S. 154; WuW/E BGH S. 1829). Die Feststellung des Bundeskartellamtes, daß diese Vertriebsbindung prinzipiell als Mißbrauch einer marktbeherrschenden Stellung (§ 26 GWB) anzusehen ist, wurde vom BGH bestätigt. Gleichwohl wurde das vom Bundeskartellamt verhängte Verbot der Ausschließlichkeitsbindung aufgehoben. Das Gericht anerkannte das Recht von VW, zur Sicherung der Qualität der Ersatzteile und im Interesse des Images von VW eine Ausschließlichkeitsbindung zu praktizieren. Im Rahmen einer Abwägung hielt das Gericht diesen Gesichtspunkt für gewichtiger als die mit der Ausschließlichkeitsbindung einhergehende Wettbewerbsbeschränkung.

Im Recht der Europäischen Gemeinschaft kommt bei Vertriebsbindungen noch ein weiterer Gesichtspunkt hinzu. Viele Vertriebsbindungen innerhalb Europas enthielten für den importierenden Händler ein Verbot des Re-Exports. Durch solche Ausschließlichkeitsbindungen zwischen Produzenten und Händlern wurden damit die Grenzen wieder eingeführt, die durch die Gründung der Europäischen Wirtschaftsgemeinschaft beseitigt werden sollten. Deshalb sind nach EG-Recht Vertriebsbindungen verboten, wenn sie den Handel zwischen den Mitgliedsstaaten beeinträchtigen. Das gleiche gilt für Abkommen über die Marktaufteilung, wie sie von der chemischen Industrie praktiziert wurde (Kamecke 1998, S. 144), sowie für Demarkationsverträge zwischen öffentlichen Versorgungsunternehmen (Strom, Gas, Wasser). Verstöße gegen diese Vorschriften können von den nationalen Wettbewerbsbehörden verfolgt werden (§ 50 KartellG in Verbindung mit Art. 84, 85 EG-Vertrag).

Durch die Verordnung Nr. 17/62 vom 6.2.1962 der Europäischen Kommission besteht für alle Vereinbarungen zwischen Unternehmen, die unter Artikel 81 und 82 EG-Vertrag fallen, eine Meldepflicht gegenüber der Europäischen Kommission. Auf Antrag kann die Kommission in Anbetracht möglicher Effizienzvorteile vertikaler Bindungen vorbehaltlich einer späteren Überprüfung und Entscheidung eine Unbedenklichkeitsbescheinigung (comfort letter) erteilen oder die Genehmigung von der vorherigen Erfüllung von Auflagen abhängig machen. Hier entsteht eine Überschneidung zwischen Behinderungs- und Ausbeutungsmißbrauch. Wenn bei einem Verdacht auf monopolistisch überhöhte Preise ein Referenzmarkt in einem anderen Mitgliedstaat der Europäischen Union gefunden werden kann, auf dem der Preis für das betreffende Produkt niedriger ist, kann auf ein Handelshemmnis geschlossen werden. Liegt dieses in Verträgen zum Beispiel über vertikale Vertriebsbindungen begründet, so ist ein verbotener Mißbrauch zu konstatieren.

Preisbindung der zweiten Hand

Durch eine Preisbindung der zweiten Hand wird die vertikale Vertragsbeziehung auf die Preispolitik ausgedehnt. Der Produzent legt den Einzelhandelspreis fest und verpflichtet den Einzelhändler, diesen Preis einzuhalten. Bei der ökonomischen und wettbewerbspolitischen Beurteilung sind verschiedene Aspekte zu berücksichtigen.

Der Produzent erwartet vom Einzelhändler, daß dieser durch Beratung der Kunden und durch attraktive Präsentation der Ware in seinem Laden einen Service erbringt, für den er durch eine angemessene Handelsspanne entschädigt wird. Ein Einzelhändler, der einen solchen Kundenservice erbringt, würde leer ausgehen, wenn der Kunde nach einer Beratung den Laden verlassen und bei einem Händler kaufen würde, der die Preisbindung nicht respektiert und bei geringerem oder gar keinem Kundenservice das Geschäft macht. Wegen dieser Gefahr wird der Einzelhandel kein Interesse daran haben, Serviceleistungen zu erbringen, auf die der Produzent zur Förderung seines Absatzes Wert legt. Auf der anderen Seite betreibt der Produzent für seine Marke Werbung, die auch dem Einzelhändler zugute kommt. Aus dieser Sicht ist mit Vertriebsbindung und Preisbindung der zweiten Hand ein Austausch von Leistungen zum gegenseitigen Vorteil verbunden.

Eine alternative Interpretation der Preisbindung der zweiten Hand besteht darin, daß die Einzelhändler ein Interesse daran haben, ein Kartell zu bilden und sich zur Durchsetzung der Kartelldisziplin der von den Produzenten auferlegten Preisbindung zu bedienen (Yamey 1954). So entsteht eine Konstellation mit aufeinander folgenden Stufen, auf denen jeweils monopolistische Marktmacht herrscht.

Um abzuschätzen, ob damit ein Vorteil oder ein Nachteil für die Konsumenten verbunden ist, kann man die Kombination von Vertriebsbindung und Preisbindung der zweiten Hand als einen Fall betrachten, der zum gleichen Ergebnis führt wie eine Fusion von zwei aufeinander folgenden Monopolen. Das mit einem solchen Modell gewonnene Ergebnis gilt auch im Fall von zwei sukzessiven Oligopolen (Greenhut und Ohta 1979).

Die Zusammenhänge werden durch Figur 2 illustriert. Angenommen werden zwei aufeinander folgende Produktionsstufen mit konstanten Grenzkosten c_I und c_H sowie einer linearen Nachfragekurve DD'. Setzt man vereinfachend voraus, daß die Produktion beider Stufen in ein und demselben Maßstab ausge-

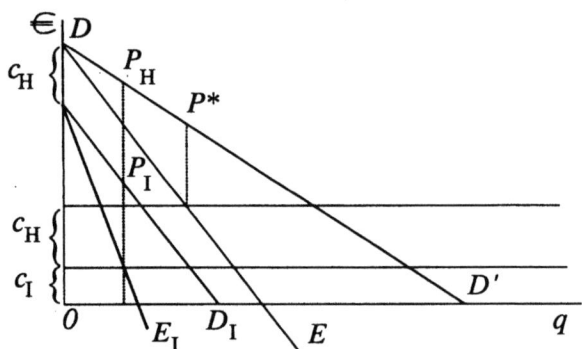

Figur 2

drückt werden kann, so kann man sie auf der Abszisse durch q abtragen. Auf jeder Stufe wird im Zustand vor der vertikalen Integration der Monopolpreis berechnet, der sich aus der Übereinstimmung von Grenzkosten und Grenzerlös ergibt. Die Nachfragekurve für die erste Stufe erhält man, indem man die Grenzkosten c_H vertikal vom Grenzerlös der zweiten Stufe subtrahiert. Durch den Schnittpunkt der dazu gehörigen Grenzerlöskurve E_I mit der Grenzkostenkurve c_I ergibt sich der Monopolpreis der ersten Stufe durch den Punkt P_I. Addiert der Monopolist der zweiten Stufe zu diesem seinem Einkaufspreis der Ware seine Grenzkosten c_H, so resultiert aus der Übereinstimmung der gesamten Grenzkosten (Einkaufspreis + Grenzkosten c_H) mit dem Grenzerlös E der durch den Punkt P_H bezeichnete Endverkaufspreis. Demgegenüber würde nach einer vertikalen Integration das fusionierte Unternehmen die Summe der Grenzkosten $c_I + c_H$ mit dem Grenzerlös der Endnachfrage in Übereinstimmung bringen, so daß bei einer höheren Produktion ein niedrigerer Endverkaufspreis zustande kommt, der durch den Punkt P^* bezeichnet wird. Das integrierte Unternehmen geht von der inversen Nachfragefunktion $p = a - bq$ aus und maximiert den gemeinsamen Gewinn $G = pq - (c_I + c_H)q$, woraus sich das Angebot $q = [a - (c_I + c_H)]/2b$ ergibt.[26]

Soll das gleiche Ergebnis ohne Fusion durch vertragliche Abmachungen im Rahmen einer Vertriebsbindung und einer Preisbindung der zweiten Hand erreicht werden, so müssen sich die Produzenten auf den beiden Stufen über die Aufteilung des gemeinsam erreichten Gewinns verständigen. Vielfach wird dabei unter dem Gesichtspunkt der Fairness eine leistungsgerechte Entlohnung angestrebt, die durch eine Festlegung von Handelsspannen für Produzenten, Großhändler und Einzelhändler erreicht werden soll.

Vergleicht man jetzt das Gleichgewicht, das bei vollständiger Integration sukzessiver Monopole (bzw. Oligopole) zustande kommt, mit dem, das dann resultiert, wenn auf der ersten Stufe ein Monopol besteht, während auf der zweiten Stufe vollständiger Wettbewerb herrscht, so findet man, daß den Konsumenten im zweiten Fall die gleiche Produktionsmenge zum gleichen Preis wie im ersten Fall angeboten wird. Wenn auf der Einzelhandelsstufe vollständige Konkurrenz herrscht, so daß stets die Grenzkosten (= Einkaufspreis + Grenzkosten des Einzelhandels) gleich dem Endverkaufspreis sind, entsteht für die Produzenten die abgeleitete Nachfragefunktion $p = a - c_H - bq$. Maximierung des Gewinns des Produzenten $G_I = pq - c_I q - F$ führt dann zur Produktion $q = [a - (c_I + c_H)]/2b$, die ebenso hoch ist wie im Fall der vertikalen Integration sukzessiver Monopole.

Der Unterschied zwischen den beiden behandelten Fällen besteht darin, daß im zweiten Fall der Monopolgewinn allein dem Produzenten zufällt, während der

---

[26] Wenn die Nachfrage der Verbraucher durch die Funktion $p = a - bq$ beschrieben werden kann, im Einzelhandel Grenzkosten c_H und in der Industrie Grenzkosten c_I sowie Fixkosten F entstehen, beträgt der Gewinn des monopolistischen Handelsunternehmens $G_H = (a - bq)q - (c_H + p_I)q$ und der des Industrieunternehmens $G_I = (a - c_H - 2bq)q - c_I q - F$. Wird der Gewinn auf beiden Stufen durch die Wahl der Produktion bzw. der Absatzmenge maximiert, so beträgt die Produktion $q = (a - c_H - c_I)/4b$. Der Lieferpreis der Industrie beläuft sich auf $p_I = c_I + (a - c_H - c_I)/2$. Der maximierte Gewinn von Handel und Industrie beträgt dann zusammen $G_H^* + G_I^* = (a - c_H - c_I)^2/8b - F$. Wenn demgegenüber nach vertikaler Integration der gemeinsame Gewinn $G = (a - bq)q - (c_I + c_H)q - F$ maximiert wird, beläuft sich der Absatz auf $q = (a - c_H - c_I)/2b$, die Konsumenten zahlen einen geringeren Preis und der gemeinsame Gewinn ist mit $G^* = (a - c_H - c_I)^2/4b - F$ höher als im Fall der sukzessiven Monopole.

Gewinn im Fall der vertikalen Integration zwischen Produzent und Händler geteilt werden muß. Daraus folgt zwingend, daß der Produzent kein Interesse daran haben kann, auf der Einzelhandelsstufe ein Kartell zu schaffen, es sei denn, daß dadurch der Absatz vergrößert und der Gesamtgewinn erhöht werden kann. Das kann dadurch erreicht werden, daß der Handel den Absatz des Produktes am Verkaufsort fördert, indem die Ware zum Beispiel an einem privilegierten Platz präsentiert und ein spezieller Service nach dem Kauf offeriert wird. Im Austausch dafür verspricht der Produzent dem Einzelhändler Exklusivität. Ein Beispiel bildet der ausschließliche Vertrieb durch den Facheinzelhandel. Durch die zusätzlichen Aufwendungen des Einzelhandels erhöht sich der Absatz, so daß der Gewinn steigt (vgl. oben das Beispiel des Einflusses von Fixkosten auf den Absatz im Oligopol). Diese Interpretation der Zusammenhänge wird empirisch durch eine Studie von Ippolito und Overstreet (1996) gestützt. Danach ging der Absatz der amerikanischen Firma Corning nach dem Verbot der Preisbindung der zweiten Hand zurück.

Obwohl die beschriebene Konstellation für die Konsumenten vorteilhaft zu sein scheint, ist sie doch nicht ohne Probleme. Die im Rahmen einer Vertriebsbindung und Preisbindung der zweiten Hand vom Einzelhandel angebotenen Serviceleistungen werden bei beratungsbedürftigen Produkten von vielen Käufern sicher geschätzt. Bei zahlreichen anderen Produkten besteht ein Beratungsbedarf aber überhaupt nicht. Das gilt in der Regel bei Markenartikeln, für die von den Produzenten intensiv Werbung betrieben wird. Viele Verbraucher ziehen deshalb ein Angebot ohne Serviceleistungen, aber niedrigem Preis vor. Eine von den Produzenten allgemein durchgesetzte Preisbindung der zweiten Hand geht deshalb am Bedarf der Nachfrager vorbei und hindert Einzelhändler daran, ein den Nachfragewünschen entsprechendes Angebot zu machen. Das gilt insbesondere für eine Preisbindung der zweiten Hand, die von einem marktbeherrschenden Unternehmen praktiziert wird. Man mag auch eine Täuschung der Konsumenten wie auch der vertraglich gebundenen Einzelhändler darin erblicken, daß Produzenten eine zweigleisige Marktstrategie betreiben, indem Markenwaren einmal in Vertriebsbindung mit gebundenen Preisen verkauft werden und gleichzeitig physisch identische Produkte ohne Markennamen (anonym, no name) zu einem niedrigeren Preis vertrieben werden.

In den USA wurde 1911 durch die Entscheidung des Supreme Court im Fall Dr Miles Medical Company v. John D. Park and Sons Company eine Preisbindung der zweiten Hand als unzulässige Beschränkung des Handels untersagt. Das Urteil stützte sich auf das Argument, daß mit dem Verkauf einer Ware alle Verfügungsrechte (property rights) auf den Käufer übergehen, so daß der Verkäufer kein Recht haben kann, über die weitere Verwendung der Ware zu verfügen. Das Gericht stellte fest: „Where commodities have passed into channels of trade and have been sold by complainant to dealers at prices satisfactory to complainant, the public is entitled to whatever advantage may be derived from competition in the subsequent traffic" (Neale 1966, S. 341). Aus mittelstandspolitischen Gründen wurde die Preisbindung der zweiten Hand 1937 durch den Miller-Tydings Act und 1952 durch den McGuire-Act (Fair Trade Act) in den meisten Staaten der USA legalisiert. Eine erste Einschränkung ergab sich aus dem gerichtlich bestätigten Verbot der von der Firma Corning Glass Works praktizierten Preisbindung der zweiten Hand durch die Federal Trade Commission im Jahre 1973. Im Jahr 1975 schließlich wurden die ursprünglich mittelstandspolitisch motivierten Fair-Trade-Gesetze (Miller-Tydings Act und der McGuire-Act) vom Kongreß aufgehoben (Ippolito und Overstreet 1996). Aus der Geschichte der Preisbindung der zweiten Hand in den USA ergibt sich, daß von Anbeginn ein Schutz mittelständischer Einzelhändler vor exzessiver Konkurrenz erreicht werden sollte. Der Erlaubnis der Preisbindung der zweiten Hand lag also das gleiche Motiv zugrunde, das von jeher zur Rechtfertigung von Kartellen vorgebracht worden ist.

In der Bundesrepublik Deutschland war die Preisbindung der zweiten Hand bis 1973 erlaubt, wenn die Produzenten miteinander im Wettbewerb standen. Seit 1973 ist die Preisbindung der zweiten Hand mit Ausnahme des Buchhandels (und für Arzneimittel, für die staatlich festgelegte Preistaxen gelten) verboten. Das Verbot wurde dadurch begründet, daß Großunternehmen des Einzelhandels die Preisbindung nicht respektierten und - vor allem mittelständische - Produzenten wegen ihrer wirtschaftlichen Abhängigkeit von den Großabnehmern des Handels gegen Vertragsbruch gerichtliche Schritte nicht zu unternehmen wagten. Dagegen wurde von ihnen gegenüber mittelständischen Einzelhändlern die Preisbindung durchgesetzt, so daß diese gegenüber den Großunternehmen des Handels benachteiligt waren. Aus diesem - vor allem mittelstandspolitischen - Grund wurde in der Praktizierung der Preisbindung der zweiten Hand ein Mißbrauch gesehen. Die gesetzgeberische Konsequenz war das generelle Verbot der Preisbindung der zweiten Hand. Erlaubt blieben jedoch unverbindliche Preisempfehlungen der Produzenten gegenüber dem Handel (§ 23 KartellG). Die Preisempfehlungen unterliegen der Mißbrauchsaufsicht durch das Bundeskartellamt. Ein Mißbrauch wird insbesondere darin erblickt, daß die Preisempfehlungen zu einer Verteuerung der Ware führen oder Preissenkungen verhindert werden und daß Preisempfehlungen nicht eingehalten werden und deshalb zu einer Täuschung der Käufer führen.

Zur Umgehung des Verbots der Preisbindung der zweiten Hand wurde von Telefunken der Versuch unternommen, die einzelnen Händler hinsichtlich der

Produkte von Telefunken in den Status von abhängigen Agenturen zu versetzen. Dieser Versuch, obgleich rechtlich im Prinzip gangbar, ist praktisch gescheitert, da der BGH einen Agenturstatus nur dann anzuerkennen bereit war, wenn der Produzent einen wesentlichen Teil des Absatzrisikos und damit des Lagerhaltungsrisikos im Einzelhandel trägt. Diese Anforderung, die Telefunken nicht zu erfüllen bereit war, hat dazu geführt, daß von der Möglichkeit der Begründung eines Agenturverhältnisses kaum Gebrauch gemacht worden ist (Kamecke 1998, S. 149).

Koppelungsverträge

Ein Koppelungsgeschäft liegt vor, wenn zwei Güter nur zusammen angeboten werden. Dabei kann die Koppelung technisch bedingt sein oder - bei komplementären Gütern - vom Anbieter willkürlich herbeigeführt werden. Dabei wird eines der Güter relativ billig abgegeben, um Nachfrage zu erzeugen, und das andere, das gekoppelte Gut, wird teurer verkauft. Wettbewerbspolitisch relevant sind Koppelungsgeschäfte nur dann, wenn sie von einem Unternehmen mit Marktmacht durchgeführt werden und die Handlungsmöglichkeiten von Konkurrenten beeinträchtigen. Tatsächlich sind Koppelungsgeschäfte aber auch nur für marktbeherrschende Unternehmen attraktiv und realisierbar.

Rechtstechnisch werden Koppelungsgeschäfte in den USA und in Europa unterschiedlich behandelt. In Deutschland und der EG gibt es kein *per se*-Verbot. Dagegen sind in den USA Koppelungsgeschäfte aufgrund der Rechtsprechung nach dem Sherman Act *per se* verboten, wenn es sich um zwei unterschiedliche Güter handelt.[27] Dieses Problem tauchte zum Beispiel im Fall Microsoft mit der Frage auf, ob das Betriebssystem Windows und der Internet Explorer zwei unterschiedliche Güter sind oder nicht. Voraussetzung ist ferner, daß der Anbieter Marktmacht bezüglich des koppelnden Gutes (market power in the tying product market) besitzen muß und die Koppelung durch Zwang auferlegt (coercion). Eine *rule of reason*-Rechtfertigung gibt es bisher trotz einiger in der Rechtsprechung erkennbarer Ansätze nicht (Monopolkommission 1992, S. 462f.). Im Gegensatz dazu ist in Deutschland eine Rechtfertigung aus Kostengründen möglich. Koppelungsgeschäfte sind in Deutschland unzulässig, wenn sie dem Abnehmer von einem marktbeherrschenden Unternehmen aufgezwungen werden und eine Verschlechterung der Marktstruktur im Markt für das gekoppelte Gut verursachen, es sei denn, das Koppelungsgeschäft trägt zu Kostenvorteilen

---

[27] Demgegenüber hat das Koppelungsverbot im Clayton Act keine selbständige Bedeutung erlangt.

bei (Monopolkommission 1992, S. 456).

Ein typischer Fall in den USA war der der American Can Company, die bei Konservendosen einen Marktanteil von 40 % hatte und bei den zum Schließen der Dosen benutzten Maschinen einen Marktanteil von 50 %. Die Maschinen wurden zu einem relativ niedrigen Preis unter der Bedingung vermietet, daß der Nutzer die Dosen von der American Can Company kaufte. Dieses Arrangement wurde 1949 für illegal erklärt (Neale 1966, S. 156ff.). Ein anderes Beispiel aus Europa ist der Fall der Firma Tetra Pak, die ein sehr effizientes Verfahren zur aseptischen Abfüllung von H-Milch entwickelt hatte und darin einen Marktanteil von mehr als 90 % realisierte. Die Molkereien konnten Abfüllmaschinen mieten und waren gezwungen, die Kartons von Tetra Pak zu kaufen. Die Begründung, dies sei wegen der Komplexität des Abfüllprozesses und zur Sicherung der Qualität erforderlich, wurde von der Europäischen Kommission nicht anerkannt.

Kampfpreise

Kampfpreise, d.h. Preise, die nicht kostendeckend sind, können mit normalem Wettbewerb vereinbar, sie können aber auch wettbewerbspolitisch angreifbar sein. Ein Unternehmer, der in einen Markt eindringen will, muß in der Regel Konkurrenten verdrängen. Er muß Kunden gewinnen, die bisher bei Konkurrenten gekauft haben. Das kann gelingen, wenn die Produktionskosten niedriger sind und/oder wenn die Qualität des angebotenen Produkts höher ist als bei den etablierten Anbietern. Um Anfangserfolge zu erzielen, um insbesondere bei neuen Produkten erste Käufer zu gewinnen, die als Multiplikatoren wirken, ist es vielfach erforderlich, zunächst Verluste in Kauf zu nehmen, indem zu Einführungspreisen verkauft wird, die die Kosten nicht decken, oder Werbung zu betreiben, deren Aufwand zunächst durch Erlöse nicht kompensiert wird. Eine Preisunterbietung und ein damit verbundener Anfangsverlust kann für den Aggressor auch dann vorteilhaft sein, wenn er damit rechnen kann, daß seine Durchschnittskosten mit wachsender Produktion durch „learning by doing" sinken, so daß ein Anfangsverlust durch spätere Gewinne ausgeglichen werden kann. Eine notwendige Voraussetzung für eine auf die Erlangung einer Monopolstellung abzielenden Kampfpreisstrategie besteht darin, daß ein Wiedereintritt in den Markt durch den zunächst verdrängten Konkurrenten oder der Markteintritt neuer Konkurrenten ausgeschlossen werden kann. Nur in diesem Fall ist es möglich, anfänglich in Kauf genommene Verluste durch spätere Gewinne auszugleichen. Im Fall des „learning by doing" kann durch die Verdrängung von Konkurrenten selbst ein Kostenvorsprung geschaffen werden, der von Konkurrenten, die einen erneuten Eintritt in den Markt in Erwägung ziehen, praktisch nicht aufgeholt werden kann. Das gleiche gilt, wenn durch den einmal realisierten Vorsprung Kundenloyalität aufgebaut wird. Dementsprechend hat in den USA der Supreme Court 1993 im Fall Brooke Group v. Brown & Williamson Tobacco Corp. klargestellt, daß eine verbotene Kampfpreisstrategie nur dann angenommen werden kann, wenn zwei Voraussetzungen erfüllt sind. Erstens wird ein Preis verlangt, der die Kosten nicht deckt und zweitens muß es ausreichend wahrscheinlich sein, daß Anfangsverluste später durch höhere Preise kompensiert werden können (Cabral und Riordan 1997, S. 155). Eine Kampfpreisstrategie ist jedoch als normale Geschäftspraxis zu beurteilen, wenn die am Wettbewerb beteiligten Unternehmen unter gleichen Startbedingungen agieren.

Ein Fall dieser Art ereignete sich in den USA auf dem Markt für Fernsehgeräte. Die japanische Firma Matsushita hatte für einen langen Zeitraum in Amerika Fernsehgeräte zu niedrigeren Preisen als in Japan verkauft und wurde wegen „predatory pricing" (und Dumping) verklagt. Der Supreme Court argumentierte demgegenüber, daß eine Absicht (intent) der Monopolisierung nur dann vermutet werden kann, wenn nicht nur eine geographische, sondern auch eine intertemporale Diskriminierung vorliegt, bei der die infolge niedriger Preise zunächst eintretenden Verluste durch spätere Gewinne kompensiert werden. Da Matsushita jedoch für mehr als zwei Dekaden in den USA zu niedrigeren Preisen verkauft hatte, ohne die dominierenden US Firmen verdrängen zu können, schloß die Mehrheit des Gerichts eine predatorische Absicht aus (Utton 1995, S. 112f).

Wettbewerbspolitische Probleme entstehen, wenn Kampfpreisstrategien von marktbeherrschenden Unternehmen oder Kartellen praktiziert werden, um ihre marktbeherrschende Stellung zu verstärken, oder wenn Monopolgewinne benutzt werden, um Kampfpreisstrategien auf anderen Märkten zu finanzieren. Als unzulässiger Kampfpreis soll nach Areeda und Turner (1975) ein Preis anzusehen sein, der niedriger ist als die Grenzkosten. Wegen der praktischen Schwierigkeit, die Grenzkosten zu ermitteln, treten an ihre Stelle die variablen Durchschnittskosten. Wie von Baumol (1996) dargelegt worden ist, besteht die Ratio des Areeda-Turner-Tests darin, daß durch den Kampfpreis eines marktbeherrschenden Unternehmens nicht ein effizienterer Anbieter vom Markt ausgeschlossen werden soll. Deshalb sollten die durchschnittlichen „vermeidbaren" Kosten (avoidable costs) als Maßstab dienen. Zu den vermeidbaren Kosten zählen neben den variablen Kosten auch produktspezifische Fixkosten, die nicht versunken, also vermeidbar sind, wenn die Produktion eingestellt wird.[28]

In Deutschland ist es Unternehmen, die gegenüber kleinen und mittleren Wettbewerbern überlegene Marktmacht besitzen, nach § 20 Abs. 4 KartellG untersagt, solche Wettbewerber unmittelbar oder mittelbar unbillig zu behindern. Als Regelbeispiel heißt es im folgenden Satz, daß eine unbillige Behinderung insbesondere dann vorliegt, „wenn ein Unternehmen Waren oder gewerbliche Leistungen nicht nur gelegentlich unter Einstandspreis anbietet, es sei denn, dies ist sachlich gerechtfertigt". Die Beweislast obliegt dem marktmächtigen Unternehmen.

Der Vorwurf, Monopolmacht durch Kampfpreisstrategien erlangt zu haben, wurde insbesondere gegenüber John D. Rockefeller in der Begründung zur Auflösung des Standard Oil Trusts erhoben. Die Fähigkeit, durch Kampfpreisstrategien kleinere Konkurrenten zur Aufgabe zu zwingen, wurde durch die Hypothese der „deep pockets" besonders Großunternehmen zugeschrieben und von Corwin Edwards (1955, S. 334f.) wie folgt kritisiert:

> „An enterprise that is big in this sense obtains from its bigness a special kind of power, based upon the fact that it can spend money in large amounts. If such a concern finds itself matching expenditures or losses, dollar for dollar, with a substantially smaller firm, the length of its purse assures it of victory. ... The large company is in a position to hurt without being hurt."

Dieser Gesichtspunkt ist auch in das Wettbewerbsrecht in Deutschland und der Europäischen Gemeinschaft eingegangen, indem in der Fusionskontrolle angenommen wird, daß Marktbeherrschung auch durch die Verfügung über finanzielle Ressourcen begründet sein kann.

Gegen die wettbewerbspolitische Relevanz von Kampfpreisstrategien, insbesondere dagegen, daß sie für die Entstehung des Standard Oil Trusts eine Rolle gespielt hätten, hat McGee (1958) das Argument vorgebracht, Kampfpreisstrategien seien nicht rational, denn nicht nur den angegriffenen Konkurrenten würden Verluste zugefügt, sondern auch der Angreifer selbst würde Verluste erleiden, und diese seien, wenn er größer ist als der Angegriffene, höher als bei diesem. Preisunterbietungen seien deshalb keine rationale Strategie und deshalb sei die Drohung von Preisunterbietungen nicht glaubhaft. Anstelle einer Kampf-

---

[28] Baumol weist zu Recht darauf hin, daß die totalen Durchschnittskosten für die Frage, ob ein unerlaubter Kampfpreis vorliegt, schon deshalb irrelevant sind, weil bei Mehrproduktunternehmen sich totale Durchschnittskosten für einzelne Produkte wegen des Vorhandenseins von Gemeinkosten nicht eindeutig feststellen lassen.

preisstrategie sei deshalb sowohl für den Angreifer wie auch den Angegriffenen eine Fusion vorzuziehen, indem der Angreifer den kleineren Konkurrenten zu einem Preis aufkauft, der den Kapitalwert des künftigen Monopolgewinns teilweise einschließt.[29] Wenn es jedoch so wäre, wie McGee behauptet, so würde es viele Konkurrenten geben, die bereit wären, ihren Betrieb zu verkaufen, ja es würden zahlreiche Neugründungen entstehen, die alle mit einem Aufkauf rechnen. Dies wäre jedoch für das etablierte Unternehmen völlig unattraktiv. Es kann nicht in seinem Interesse liegen, im Kaufpreis künftige Monopolgewinne zu vergüten. Die Höhe des Kaufpreises wird tatsächlich durch das Drohpotential des Angreifers bestimmt, der durch Preisunterbietungen das angegriffene Unternehmen an den Rand des Konkurses treiben kann, um einen günstigen Übernahmepreis zu erzwingen. Dies ist im Standard Oil-Fall wie auch im Fall des Tobacco-Trusts (Burns 1986) dadurch geschehen, daß Standard Oil wie auch American Tobacco scheinbar unabhängige Firmen (bogus independents) gründeten, die durch Preiskämpfe das Opfer übernahmebereit machten.

Tatsächlich ist auch über diese Fälle hinaus die Existenz von Kampfpreisstrategien, die mit dem Ziel der Monopolisierung betrieben wurden, nicht zu bestreiten. Wie Kestner/Lehnich (1927, S. 72) berichten, sah eine ganze Reihe von Kartellverträgen in Deutschland ein planmäßiges Unterbieten als Kampfmittel gegen Außenseiter ausdrücklich vor. In einem 1931 vom Reichsgericht entschiedenen Fall hatte ein Kartell der Hersteller von Autotreibstoffen einheitliche Zonenpreise in Deutschland vereinbart und diese erhöht. Eine freie Tankstelle in Benrath, einem Vorort von Düsseldorf, behielt jedoch die bisherigen Preise bei. Daraufhin wies das Kartell die Mitgliedstankstellen der Mineralölhersteller in Benrath an, ihre Preise stets niedriger zu halten als der Außenseiter, so daß dieser vor die Alternative gestellt war, entweder seinen Preis ebenfalls zu erhöhen oder seinen Betrieb wegen Unwirtschaftlichkeit einzustellen. Nach dem Urteil des Reichsgerichts war die Schädigung des Wettbewerbers der ausschließliche Zweck der Kampfaktion, die von einem marktbeherrschenden Kartell ausging. Sie war deshalb nach dem Gesetz gegen unlauteren Wettbewerb (UWG) als unlauterer Wettbewerb zu untersagen (vgl. Mestmäcker 1984, S. 162f.).

Von einem spektakulären Preiskampf eines Kartells gegen Außenseiter berichtet Yamey (1972, S. 138-142). Für den Seefrachtverkehr von China nach England

---

[29] Von McGee war überdies behauptet worden, die Absicht Rockefellers, durch Kampfpreisstrategien Marktmacht zu erlangen, sei anhand der Akten des Antitrustverfahrens gegen die Standard Oil Company nicht nachzuweisen. Wie Scherer (1980, S. 336) zeigt, läßt sich dies jedoch aus anderen Quellen durchaus belegen.

bestand seit 1879 eine „Konferenz", d.h. ein Kartell, das Frachtraten und Marktanteile regulierte. Die Mogul-Dampfschiffahrtsgesellschaft versuchte, Mitglied zu werden, wurde aber zurückgewiesen und blieb Außenseiter. Dann geschah folgendes:

> „In 1885 the conference decided 'that if any non-Conference steamer should proceed to Hankow to load independently the necessary number of Conference steamers should be sent at the same time to Hankow, in order to underbid the freight which the independent ship owners might offer, without any regard to whether the freight they should bid would be remunerative or not'. Three independent ships were sent to Hankow, two of them being Mogul ships; and the agents of the conference lines responded by sending such ships as they thought necessary. Freight rates fell dramatically. ... Apparently in the event the losses of the conference were larger than those of the outsiders, since some conference ships sailed empty from Hankow, while all the outsiders' vessels were able to load up with some cargo and did not have to sail in ballast. ... The fact that shipping companies continued to use fighting ships after the Mogul affair suggests that predatory pricing and the standing threat of such action were considered efficacious."

Obgleich dies aus heutiger Sicht ein klarer Fall verbotener monopolistischer Praktiken war, fiel das Urteil in England durch den Court of Appeal und das House of Lords (Mogul Steamship Co. v. McGregor, Gow & Co. 1888) anders aus, denn das Kartell der Schiffahrtslinien war nach englischem Recht jener Zeit nicht verboten, so daß seine Verteidigung als legitim galt.[30]

Aus jüngerer Zeit ist aus Europa der Tetra Pak-Fall erwähnenswert. Tetra Pak, bei einem Marktanteil von über 90 % für aseptische Verpackung von H-Milch und Fruchtsäften in Tüten, versuchte mit Kampfpreisen - besonders in Italien - in den benachbarten Markt für nicht-aseptische Verpackung von Frischmilch und Säften einzudringen, auf dem Tetra Pak einen weitaus geringeren Marktanteil besaß. Darin wurde von der EG-Kommission in einer vom EuGH bestätigten Entscheidung ein unzulässiger Mißbrauch einer marktbeherrschenden Stellung gesehen. Wesentlich ist hier die Einsicht, daß Monopolmacht in einem Markt benutzt wurde, um Marktmacht in einem anderen Markt zu erlangen.

Eine solche Konstellation lag auch der Strategie Rockefellers zugrunde, die zum Aufbau des Standard Oil Trusts führte. Der Eintritt in den Raffineriemarkt, auf dem Standard Oil am Ende praktisch ein Monopol besaß, war im letzten Drittel des 19. Jahrhunderts verhältnismäßig leicht. Im Jahr 1880 konnte

---

[30] „The object was a lawful one. It is not illegal for a trader to aim at driving a competitor out of trade, provided the motive be his own gain by appropriation of the trade and the means he used be lawful weapons" (Kintner 1980 I, S. 123).

eine Raffinerie von beträchtlicher Größe für weniger als 50000 Dollar errichtet werden (Scherer 1980, S. 336). Um 1870 gab es hunderte von kleinen Raffinerien, und der Marktanteil von Rockefellers Firma in Cleveland betrug nur 4 %. Es ist deshalb zunächst schwer verständlich, wie unter diesen Voraussetzungen ein Monopol aufgebaut werden konnte, dessen Marktanteil sich 1879 auf mehr als 90 % belief. Die Erklärung liegt darin, daß das Raffineriemonopol durch ein Eisenbahnkartell stabilisiert wurde (Granitz und Klein 1996). Da die Raffinerien zu jener Zeit auf den Eisenbahntransport angewiesen waren, besaß derjenige, der die Eisenbahn beherrschte, auch den Hebel zur Beherrschung des Raffineriemarktes.[31] Um 1870 gab es drei Eisenbahngesellschaften, die Petroleum transportierten. Standard Oil stabilisierte das Kartell durch die Zusage, die Marktanteile der drei Gesellschaften stabil zu halten, und das Kartell unterstützte die Aufkäufe von konkurrierenden Raffinerien durch Rockefeller, indem es den Konkurrenten ungünstige Frachtraten berechnete. Ergänzt wurde die Herrschaft über den Öltransport durch Standard Oil später durch den Aufbau eines Netzes von Pipelines. Während der Marktzutritt zum Raffineriesektor nach wie vor frei war, bestanden im Transportsektor infolge der dort vorliegenden Unteilbarkeiten erhebliche Eintrittsschranken. Das Beispiel zeigt, wie eine vertikale Beziehung die Schaffung horizontaler Marktmacht begünstigen kann.

Alle diese Beispiele verdeutlichen, daß Kampfpreisstrategien wettbewerbspolitisch relevant sind. Selbst wenn sie, wie McGee behauptet, rational nicht zu begründen wären, müßten sie wegen ihrer Auswirkung auf die Wettbewerbsverhältnisse aus wirtschaftspolitischer Sicht unterbunden werden. Tatsächlich freilich haben Granitz und Klein (1996) die Rationalität der von Rockefeller eingeschlagenen Strategie überzeugend demonstriert. Im übrigen läßt sich durch spieltheoretische Modelle bei unvollkommener Information zeigen, daß es Konstellationen gibt, in denen Kampfpreisstrategien rational sind (Ordover und Saloner 1989). Ferner läßt sich zeigen, daß Unvollkommenheiten des Kapital-

---

[31] Später hat John D. Rockefeller der amerikanischen Stahlindustrie hinsichtlich dieses Zusammenhangs eine Lektion erteilt. Nach der Entdeckung der reichen Eisenerzvorkommen am Oberen See im Mesabi-Gebiet wunderte sich Rockefeller, daß die Stahlindustrie nichts unternahm, den Transport zu sichern. So ließ Rockefeller selbst eine Flotte bauen, die den Transport der Eisenerze in die Verhüttungsregionen in Ohio und Pennsylvania besorgte. Als Carnegie (der Hauptaktionär der Carnegie-Steelworks, des Kerns der späteren US-Steel Company) eine drastische Senkung der Frachtraten verlangte, stoppte Rockefeller den Transport und stellte damit klar, wer die Macht besaß. Am Ende wurde die Flotte durch Vermittlung von J.P. Morgan an US-Steel verkauft. Vgl. den Bericht dieser Episode bei Ellis (1974, S. 208ff.).

marktes die Grundlage für Kampfpreisstrategien schaffen können, durch die die Hypothese der „tiefen Taschen" theoretisch untermauert wird (Tirole 1988, S. 377ff.).[32]

Andererseits kann nicht jede Preisunterbietung durch Großunternehmen als wettbewerbspolitisch verwerfliche Kampfpreisstrategie verurteilt werden. Für ein diversifiziertes Großunternehmen kann es unter Umständen rational sein, ein Produkt im Extremfall selbst unter den Grenzkosten zu verkaufen, wenn zwischen dem Gewinn aus dem betreffenden Produkt und dem Ertrag des sog. Marktportfolios aller ertragbringenden Investitionen einer Wirtschaft eine negative Korrelation besteht (Neumann 1982, 1994, S. 275f.).[33]

Bei negativer Kovarianz, wenn sich der Ertrag aus der Produktion des Gutes i gegenläufig zum Ertrag des Marktportfolios entwickelt, kann eine Preispolitik rational sein, bei der der Erwartungswert des Gewinnes für dieses Gut negativ ist. Für ein konglomerates Unternehmen ist eine solche Strategie deshalb vorteilhaft, weil dadurch das Risiko des Unternehmens so stark gesenkt werden kann, daß der Erwartungswert des Nutzens höher ist, obgleich der Erwartungswert des Portfolioertrags gemindert wird.

---

[32] In den USA hat sich der Supreme Court 1993 im Fall Brooke Group Ltd. vs. Brown & Williamson Tobacco Corp. der von McGee vertretenen Ansicht durch die Feststellung, daß „discouraging a price cut ... does not constitute sound antitrust policy" weitgehend angeschlossen und damit die Schwelle für eine Verurteilung von „predation" sehr hoch gesetzt. Angesichts der neueren Entwicklung in der Theorie dürfte dieses Urteil jedoch revisionsbedürftig sein (vgl. Business Week November 23, 1998, S. 82).

[33] Geht man vom Kapitalwert eines in vollständigem Wettbewerb stehenden Unternehmens aus, der bei Ungewißheit durch den Ausdruck

$$V_i = \frac{\bar{p}_i q_i - C(q_i) - \lambda_1 \text{cov}(R_i, R_M)/\sigma_M}{r}$$

gegeben ist, wobei $\bar{p}_i$ der erwartete Preis, q_i die Produktion, $\text{cov}(R_i, R_M)$ die Kovarianz zwischen dem Ertrag aus der Produktion des Gutes i und dem Ertrag des Marktportfolios ist, σ_M die Standardabweichung des Ertrags des Marktportfolios, λ_1 der sich am Kapitalmarkt bildende Marktpreis des Risikos und r der Zins, so beträgt der Erwartungswert des Gewinnes

$$E(G_i) = \bar{p}_i q_i - C(q_i) - rV_i = \lambda_1 \text{cov}(R_i, R_M)/\sigma_M .$$

Der Erwartungswert des Gewinns ist positiv, wenn die Kovarianz positiv ist, er ist negativ, wenn die Kovarianz negativ ist.

Ein Einproduktunternehmen in der Produktionsrichtung i würde sich genauso verhalten können, wenn es sich im Besitz von Kapitaleigentümern befände, die alle ein optimal diversifiziertes Portfolio unterhielten. Vielfach jedoch gibt es kleinere und mittlere Unternehmen, deren Eigentümer praktisch ihr gesamtes Vermögen in ihrem Unternehmen investiert haben. Das hängt damit zusammen, daß die Beschaffung von Kapital am Kapitalmarkt nicht unbegrenzt zum herrschenden Zins möglich ist. Da ein Konkursrisiko nicht ausgeschlossen werden kann, verlangen die Kreditgeber dingliche Sicherheiten, so daß dadurch die Verfügbarkeit von Krediten rationiert ist. Wenn andererseits technisch bedingte Größenersparnisse realisiert werden können, kann es für den Unternehmer zweckmäßig sein, sein gesamtes Vermögen im eigenen Unternehmen zu investieren. Der Eigentümer verzichtet auf die durch Diversifikation mögliche Risikominderung, weil er auf Grund der realisierbaren Größenvorteile so hohe Erträge erwartet, daß ihm das höhere Risiko tragbar erscheint. Wenn die Ertragsentwicklung der betreffenden Produktionsrichtung nun invers zur gesamtwirtschaftlichen Entwicklung verläuft, was insbesondere bei Wachstumsbranchen der Fall ist, kann eine in die betreffende Produktionsrichtung eindringende konglomerate Unternehmung durch die oben beschriebene Strategie das kleinere Unternehmen vom Markt verdrängen.

Nachfragemacht

Nachfragemacht stellt ebenso wie die monopolistische Macht eines Anbieters ein wettbewerbspolitisches Problem dar. Das gilt nicht nur im Fall eines Monopsons, sondern auch dann, wenn ein Oligopson, d.h. eine kleine Zahl von Nachfragern, einer großen Zahl von konkurrierenden Lieferanten gegenübersteht. Eine solche Situation trifft man häufig im Verhältnis zwischen großen Industrieunternehmen und ihren Zulieferern an sowie zwischen Handelsunternehmen und ihren Lieferanten. Um die dabei entstehenden Zusammenhänge darzulegen, sei eine lineare Nachfragekurve

$$p = a - bQ$$

für das Endprodukt und eine lineare Angebotskurve

$$w = A + BQ$$

der Lieferanten unterstellt. Dabei ist $Q := \sum_{i=1}^{n} q_i$ die Summe des Angebots aller n Produzenten auf der Endstufe. Beim Angebot auf der Endstufe entstehen konstante Grenzkosten in Höhe von c, von denen zur Vereinfachung der graphischen Darstellung angenommen wird, sie seien Null.

Gäbe es nur einen einzigen Nachfrager, der gleichzeitig auf der Endstufe ein Monopol besitzt, so würde das Gleichgewicht durch die folgende Figur 3 dargestellt. Darin ist DD' die um die konstanten Grenzkosten parallel nach unten verschobene Nachfragekurve und GE die dazu gehörende Grenzerlöskurve. Die gewinnmaximale Produktion Q_M, der um die Grenzkosten c verminderte Endverkaufspreis p_M und der Einkaufspreis w_M werden durch den Schnittpunkt der Grenzausgabenkurve AA' mit der Grenzerlöskurve GE bestimmt.

Figur 3

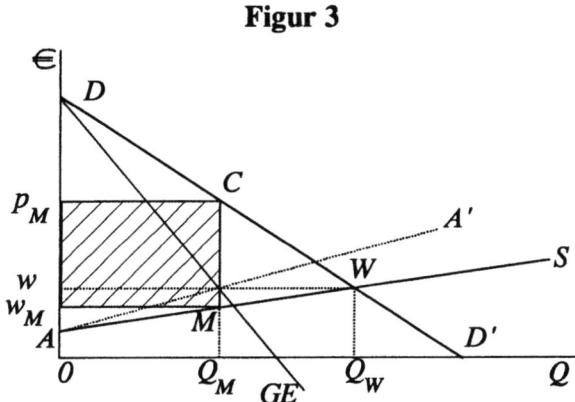

Da der Einkaufspreis niedriger ist als die Grenzausgabe und der Endverkaufspreis höher ist als der um die Grenzkosten verminderte Grenzerlös, entsteht aufgrund der Monopolmacht und der Monopsonmacht ein Gewinn, dessen Höhe durch die schraffierte Fläche $p_M C M w_M$ wiedergegeben wird. Wenn im Gegensatz zu der dargestellten Situation überall vollständige Konkurrenz gegeben wäre, so würde sich das Gleichgewicht durch den Schnittpunkt der Angebotskurve AS mit der Nachfragekurve DD' ergeben, und der Endverkaufspreis wäre $p = w + c$. Infolge der Marktmacht im Einkauf und im Verkauf entsteht bei der geringeren Produktion ein Wohlfahrtsverlust, dessen Höhe durch das Dreieck CMW wiedergegeben wird und sich aus einem Verlust an Konsumentenrente und Produzentenrente zusammensetzt.

Im Fall eines Oligopsons kommt ein Gleichgewicht zustande, bei dem die Produktion größer als Q_M ist, aber geringer als Q_W. Der Endverkaufspreis ist niedriger und der Einkaufspreis ist höher als im Fall des Monopsons. Dementsprechend ist der Gewinn ebenso wie der Wohlfahrtsverlust geringer. Die Lösung läßt sich auf folgende Weise ableiten und charakterisieren.

Der Gewinn eines Oligopsonisten ist

$$G_i = (a - bQ)q_i - (A + BQ)q_i - cq_i .$$

Wird der Gewinn durch die Wahl der Produktionsmenge q_i maximiert, so ergibt sich ein Cournot-Gleichgewicht mit

$$q = \frac{a-c-A}{(n+1)(b+B)} \quad , \quad Q = \frac{n}{n+1} \frac{a-c-A}{b+B} .$$

Setzt man den für Q gefundenen Wert in die Nachfragefunktion und die Angebotsfunktion ein, so erkennt man folgendes:

- Da $\partial Q / \partial n = (a-c-A)/(b+B)(n+1)^2 > 0$ ist, fällt Q um so niedriger aus, je geringer die Zahl der Anbieter ist. Mit zunehmender Konzentration erhöht sich deshalb der Verkaufspreis p, während der Einkaufspreis w bei sinkender Nachfrage der Oligopsonisten abnimmt.

- Bei einer Senkung der Grenzkosten c steigt die Produktion Q, sinkt der Endverkaufspreis p und steigt der Einkaufspreis w.

Möglich wäre es, daß durch eine Zunahme der horizontalen Konzentration die Grenzkosten auf der Endverkaufsstufe sinken. Dann entstehen gegenläufige Effekte. Dem aus erhöhter Konzentration resultierenden Druck auf die Einkaufspreise steht eine durch zunehmende Produktion bedingte Tendenz zur Steigung des Einkaufspreises gegenüber, die bei wachsender Nachfrage noch weiter verstärkt wird. Gleichwohl ist festzuhalten, daß horizontale Konzentration auf der Endstufe ceteris paribus wettbewerbsbeschränkend wirkt und zu einer Verringerung des Einkaufspreises führt. Für diese aus dem theoretischen Modell ableitbare Konsequenz der Nachfragemacht wurde von Lustgarten (1975) für die USA und von Waterson (1980) für das Vereinigte Königreich empirische Evidenz vorgelegt.[34]

Bei Kollusion der Nachfrager kommt ein Ergebnis zustande, das sich dem des Monopsons nähert. Kollusion zur Ausübung von Nachfragemacht fällt deshalb prinzipiell unter das Verbot von Kartellen. Wegweisend wurde in den USA der 1948 vom Supreme Court entschiedene Fall Mandeville Island Farmers v. American Crystal Sugar Co. (Blair und Harrison 1993, S. 69). Zuckerraffinerien in Nordkalifornien hatten eine Preisvereinbarung für den Einkauf von Zuk-

---

[34] Das Ergebnis von Lustgarten wurde zwar von Guth, Schwartz und Whitcomb (1976) aus methodischer Sicht in Frage gestellt, das von Waterson für England gefundene Resultat dürfte aber das von Lustgarten gefundene Ergebnis stützen, wenn auch weitere von Schmalensee (1989, S. 977) erwähnte Studien Zweifel an der Robustheit des Zusammenhangs wecken.

kerrüben getroffen. Das Ergebnis waren Einkaufspreise, die unter den Preisen lagen, die bei Abwesenheit der Vereinbarung zu erwarten gewesen wären. Der Supreme Court erklärte die Vereinbarung für illegal. Doch nicht alle Einkaufskooperationen werden in den USA nach dem Sherman Act als illegal eingestuft. Vielmehr wird die ursprünglich im Addyston Pipe-Fall angesprochene, dort aber nicht angewandte Doktrin des *ancillary restraint* verwendet (Blair und Harrison 1993, S. 100f.). Sie greift dann Platz, wenn durch das Abkommen in erster Linie Rationalisierungserfolge angestrebt werden und die Preisvereinbarung für den Erfolg unabdingbar ist.

Diese Praxis entspricht auch dem deutschen Kartellrecht. Grundlegend war die vom Kammergericht 1986 (WuW 10/86 OLG 3737ff.) bestätigte Untersagung der Durchführung einer Einkaufs-, Abrechnungs- und Delkredere-Gemeinschaft durch das Bundeskartellamt (Fall „Selex-Tania"). Die Selex + Tania-Gruppe nahm für die mehr als 100 angeschlossenen Handelsunternehmen Aufgaben im Bereich des Wareneinkaufs und der Abwicklung des Zahlungsverkehrs mit Lieferanten wahr, um durch eine weitgehende Bündelung der Nachfrage bessere Einkaufskonditionen zu erlangen. Zahlenmäßig überwogen unter den angeschlossenen Unternehmen kleinere und mittlere Betriebe. Entscheidend bestimmt wurde das Gewicht der Gruppe jedoch durch elf Umsatzmilliardäre, die mehr als die Hälfte des Einkaufsvolumens aller Mitglieder auf sich vereinigten. Obgleich für die angeschlossenen Unternehmen vertraglich kein Bezugszwang bestand, nahm das Kammergericht dennoch eine Wettbewerbsbeschränkung an, denn der „auf der gemeinsamen Zielsetzung, die Einkaufskonditionen durch Nachfragebündelung zu verbessern, beruhende Grundkonsens der Anschlußunternehmen schließt einen – weitgehenden – Verzicht auf die wettbewerbliche Handlungsfreiheit ein, auf die allein es im Rahmen von § 1 GWB ankommt." (WuW 10/86 OLG 3743).

Der im amerikanischen Recht in diesem Zusammenhang angewandten Doktrin des *ancillary restraint* entspricht im deutschen Kartellrecht die in § 5 Abs. 2 KartellG vorgesehene Freistellung vom Kartellverbot für gemeinsame Beschaffungs- oder Vertriebseinrichtungen, „wenn der Rationalisierungszweck auf andere Weise nicht erreicht werden kann". In die gleiche Richtung gehen die jüngst von der EG vorgeschlagenen Regelungen für Einkaufskooperationen.

Konzentration im Handel und die Formierung von Einkaufsorganisationen haben zu verschärftem Preiswettbewerb geführt. Als Folge davon wurde der Vorwurf laut, Großunternehmen des Handels würden durch Preisdiskriminierung und Kampfpreisstrategien mittelständische Konkurrenten vom Markt verdrängen und die liefernde Industrie – und dort insbesondere mittelständische Unternehmen - ausbeuten. Argumente dieser Art hatten in den USA 1936 zum Robinson-Patman Act geführt, durch den Preisdiskriminierung untersagt wurden.[35] In Deutschland wurde aus den gleichen Gründen dem Einzelhandel durch die jüngste Novelle zum GWB mit § 20 Abs. 4 KartellG, wie schon oben erwähnt, ein Verkauf unter Einstandspreis der Ware verboten.

Es scheint freilich auf den ersten Blick fraglich zu sein, ob die Entwicklung des Verhältnisses zwischen Handel und Industrie ausschließlich als Folge einer Zunahme von Nachfragemacht zu interpretieren ist. Ausübung von Nachfragemacht besteht darin, daß die Nachfrager durch Zurückhaltung im Einkauf einen Druck auf die Einkaufspreise ausüben und dadurch Preissenkungen erzwingen. Bei einer ansteigenden Angebotskurve der Lieferanten bewirkt dies, wie gezeigt wurde, eine Verminderung des Angebots und damit auch eine Verringerung des Absatzes des Handels. Dieser Fall scheint aber praktisch ohne Bedeutung zu sein. Vielmehr werden den Großunternehmen des Handels von den Lieferanten gewöhnlich niedrigere Preise bei steigendem Absatz eingeräumt. Möglich ist dies als Resultat zunehmender Konzentration und sinkender Grenzkosten im Handel bei steigender Nachfrage. Zur Beschreibung dieser Zusammenhänge mag aber ein alternatives Modell besser geeignet sein.

Da differenzierte Produkte angeboten werden, kann man davon ausgehen, daß sowohl in der Industrie als auch im Handel monopolistische Konkurrenz im Sinne Chamberlins herrscht. Die Ausgangslage kann deshalb durch ein Modell sukzessiver Oligopole beschrieben werden. Auf dem Weg der Ware vom Produzenten zum Verbraucher entsteht zweimal ein Monopolgewinn (double marginalization). Würde sich ein Produzent mit einem Handelsunternehmen vertikal zusammenschließen und als wirtschaftliche Einheit handeln, so würde die doppelte Berechnung eines Monopolgewinns entfallen und bei niedrigerem Verbraucherpreis sowie höherem Absatz wäre, wie oben gezeigt wurde, der gemeinsame Gewinn größer als die vorher erzielbare Summe der Gewinne von Handel und Industrie.

Das durch vertikale Integration erreichbare Resultat läßt sich auch verwirklichen, indem Produzent und Händler in einer vertikalen Vertragsbeziehung eine gemeinsame Strategie betreiben. Dabei ist der Produzent jedoch verletzlich, wenn er im Vertrauen auf den Bestand der vertikalen Beziehung vertragsspezifisch irreversible Investitionen vorgenommen hat, die als Fixkosten zu Buche schlagen. Bei rückläufiger Nachfrage der Verbraucher ist er der Gefahr ausgesetzt, daß sich sein Vertragspartner opportunistisch verhält und durch Verweis

---

[35] Vgl. dazu im einzelnen Neale (1966, S. 463ff.), Herrmann (1984, S. 368-389).

auf alternative Bezugsquellen einen größeren Anteil am gemeinsamen Gewinn beansprucht. Der Gefahr, durch opportunistisches Verhalten des Abnehmers ausgebeutet zu werden, kann der Produzent dadurch entgehen, daß er sich nicht ausschließlich an einen einzigen Abnehmer bindet, sondern seinen Absatz diversifiziert. Für einen mittelständischen Produzenten mag das schwierig sein, denn häufig bestehen technologische Unteilbarkeiten, die schon zur Bedienung eines einzigen Abnehmers hohe Investitionen erfordern. Die Finanzierungskraft eines mittelständischen Unternehmens kann dann überfordert sein, wenn vertikale Absatzbeziehungen mit mehreren Abnehmern gleichzeitig aufgebaut werden sollen. Aus diesem Grund ist zu erwarten, daß eine horizontale Konzentration im Handel auch eine Tendenz zur Konzentration in der Industrie hervorruft.

4. Regulierung, Deregulierung und Privatisierung

Sowohl das amerikanische als auch das deutsche Wettbewerbsrecht definiert Ausnahmebereiche, von denen angenommen wird, daß ein funktionsfähiger Wettbewerb nicht möglich ist. Das Recht der Europäischen Gemeinschaft sieht solche Ausnahmebereiche explizit nicht vor, kann dem Problem aber durch Freistellungen vom Kartellverbot im Rahmen von Artikel 81 Absatz 3 EG-Vertrag Rechnung tragen. Die Ausnahme vom Kartellverbot beruht in diesen Fällen nicht auf einer *rule of reason*-Erwägung, in der Vor- und Nachteile eines Kartellverbots gegeneinander abgewogen werden. Ausnahmebereiche werden deshalb zugelassen, weil und soweit Wettbewerb aus technologischen Gründen nicht möglich ist. Für die Ausnahmebereiche ist dann eine Verhaltenskontrolle erforderlich, um einen Mißbrauch von Marktmacht zu verhindern.

Darüber hinaus nimmt der Staat für sich in Anspruch, im Interesse des Gemeinwohls durch Regulierungen auch in private Eigentumsrechte einzugreifen. In den USA wurde das 1877 durch die Entscheidung des Supreme Court im Fall Munn v. Illinois klargestellt. Zur Begründung dafür, daß der Staat Illinois Preise für die Nutzung von Lagerhäusern für Getreide regulieren dürfe, wurde vom Supreme Court postuliert (zitiert nach Viscusi, Vernon und Harrington 1995, S. 311), daß

> „property does become clothed with public interest when used in a manner to make it of public consequence, and affect the community at large. When, therefore, one devotes his property to a use in which the public has an interest, he, in effect, grants to the public interest in that use, and must submit to be controlled by the public for the common good."

Dem entspricht das im Grundgesetz der Bundesrepublik Deutschland (Art. 14

Abs. 2 GG: „Eigentum verpflichtet. Sein Gebrauch soll zugleich dem Wohl der Allgemeinheit dienen") festgeschriebene Prinzip der Sozialpflichtigkeit des Eigentums. Es muß also möglich sein, daß der Staat zur Verhinderung des Mißbrauchs, aber auch zur Verhinderung anderer, zum Beispiel durch externe Effekte verursachte Schäden in Eigentumsrechte eingreift.

Die Eingriffsrechte des Staates sind jedoch durch die Verfassung beschränkt. Zwar enthält das Grundgesetz der Bundesrepublik Deutschland keine explizite Festlegung auf eine bestimmte Wirtschaftsordnung, das ist jedoch durch die Ratifizierung des EG-Vertrages geschehen. Während das Grundgesetz im Prinzip Enteignungen und damit auch enteignungsgleiche Eingriffe – gegen Entschädigung – erlaubt, ist dies durch den EG-Vertrag weitestgehend ausgeschlossen. In Artikel 4 des Vertrages heißt es, daß die Wirtschaftspolitik der Mitgliedstaaten und der Gemeinschaft „dem Grundsatz einer offenen Marktwirtschaft mit freiem Wettbewerb verpflichtet ist". Diese Verpflichtung wird in Artikel 98 wiederholt mit dem Zusatz, daß dadurch „ein effizienter Einsatz der Ressourcen gefördert wird".

Ursachen für die Unmöglichkeit funktionsfähigen Wettbewerbs

Die Unmöglichkeit funktionsfähigen Wettbewerbs beruht auf der Existenz zunehmender Skalenerträge, die durch Unteilbarkeiten bedingt sind und zu versunkenen Fixkosten führen, so daß die Durchschnittskosten mit steigender Produktion fallen. Dadurch können die folgenden Probleme entstehen:

- ruinöse Konkurrenz,
- ein natürliches Monopol,
- Unterversorgung von „dünnen" Märkten,
- Konsumentenschutz, Sicherheit am Arbeitsplatz und Umweltschutz.

Wirtschaftspolitisch sind unterschiedliche Wege möglich, um den damit verbundenen Problemen zu begegnen: Die Gründung öffentlicher Unternehmen, die dem Gemeinwohl verpflichtet sind, und staatliche Aufsicht über private Unternehmen, die aufgrund staatlich postulierter Marktzugangsbeschränkungen Monopolmacht besitzen (vgl. Kahn 1988, Knieps 1988, Borrmann und Finsinger 1999).

Ruinöse Konkurrenz kann bei einem Rückgang der Nachfrage in einer Rezession und/oder beim Markteintritt eines Übermaßes von Konkurrenten entstehen, wenn die (inverse) Nachfragekurve unterhalb der Durchschnittskostenkurve liegt, so daß Kostendeckung nicht mehr gewährleistet ist. Vielfach kann das einzelne Unternehmen dann immer noch erwarten, daß seine variablen Durchschnittskosten gedeckt sind, und hoffen, durch eine Preissenkung Konkurrenten zu verdrängen. Ruinöse Konkurrenz kann sich auch in einer Verschlechterung der Qualität der angebotenen Produkte oder Dienstleistungen äußern, indem zum Beispiel durch Unterlassen von Sicherheitskontrollen Kosten eingespart werden[36]. Vor allem diese Aspekte waren in den USA Anlaß dafür, den Marktzugang zum Eisenbahnverkehr 1887 durch den Interstate Commerce Act zu begrenzen und die Interstate Commerce Commission (ICC) zu schaffen. Später wurden gleichartige Kommissionen zur Regulierung anderer Wirtschaftsbereiche ins Leben gerufen, insbesondere für öffentliche Versorgungsunternehmen für Strom, Gas und Wasser, für den Güterfernverkehr auf den Straßen, für die Telekommunikation, die Bank- und Versicherungswirtschaft. Auch in Europa unterliegt die Bank- und Versicherungswirtschaft staatlicher Aufsicht. Das gleiche gilt in Deutschland nach der Privatisierung des Telekommunikationsbereichs der Deutschen Bundespost für die Telekommunikation, deren Aufsicht einer neu geschaffenen Behörde übertragen wurde. Im übrigen aber begegnete man dem Problem gewöhnlich durch die Gründung öffentlicher Unternehmen. Sie sollen dem Gemeinwohl verpflichtet sein und im allgemeinen kostendeckend arbeiten. Gewinne sollen gemeinnützigen Zwecken zugeführt werden. Da sie über Monopolmacht verfügen, unterliegen sie freilich keinem vom Markt her kommenden Druck, die jeweils kostengünstigste Produktionstechnik zu verwirklichen, so daß die Kosten infolge von X-Ineffizienz tendenziell höher sein dürften als unter Konkurrenzbedingungen erwartet werden könnte.

Von einem natürlichen Monopol spricht man im Fall eines Ein-Produkt-Unternehmens dann, wenn die Durchschnittskosten mit steigender Produktion ständig sinken und wenn die Fixkosten versunken sind, also auf irreversiblen Investitionen beruhen. Bei einem Mehrproduktunternehmen lassen sich Durchschnittskosten wegen der Existenz von Gemeinkosten für einzelne Produkte nicht eindeutig bestimmen. Ein natürliches Monopol liegt dann vor, wenn bei versunkenen Kosten die Kostenfunktion sub-additiv ist (Baumol, Panzar und Willig 1982). Das ist dann der Fall, wenn für die Produktionsmengen $q_1, q_2, ..., q_n$ die Kosten einer gemeinsamen Produktion geringer sind als die Kosten, die bei getrennter Produktion entstehen würden, wenn also $C(q_1, q_2, ..., q_n) < C(q_1) +$

---

[36] Die Gefahr ruinöser Konkurrenz infolge hoher Fixkosten wurde von Eugen Schmalenbach, einem prominenten deutschen Betriebswirt, für so gravierend eingeschätzt, daß er dadurch die Funktionsfähigkeit einer Marktwirtschaft überhaupt in Frage gestellt sah und dies 1949 in einer Schrift mit dem provozierenden Titel „Der freien Wirtschaft zum Gedächtnis" zum Ausdruck brachte.

$C(q_2) + ... + C(q_n)$ ist. Subadditivität kann darauf beruhen, daß aufgrund von Unteilbarkeiten die Kosten eines bestimmten Güterbündels bei steigender Produktion unterproportional zunehmen, sowie darauf, daß zwischen den einzelnen Produktionslinien externe Effekte auftreten (economies of scope).

Hohe Fixkosten können auch der Grund dafür sein, daß auf einem „dünnen" Markt ein privatwirtschaftliches Angebot nicht zustande kommt. Die (inverse) Nachfragekurve D_0, durch die die Zahlungsbereitschaft der Konsumenten zum Ausdruck gebracht wird, mag, wie in Figur 4 dargestellt ist, bei hohen Fixkosten bei jeder denkbaren Produktion auf einem dünn besetzten Markt unterhalb

Figur 4

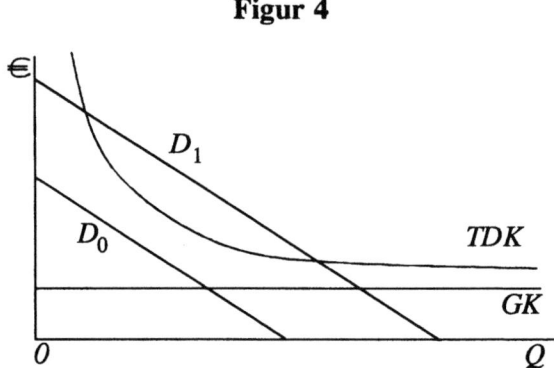

der Durchschnittskostenkurve verlaufen, während die Nachfragekurve bei einem dichter besetzten Markt darüber liegt. Das erklärt, warum zum Beispiel für dünn besiedelte und von den Wirtschaftszentren entfernt liegende Gebiete eine Verkehrsanbindung aus privater Initiative nicht entsteht oder nur in einer Qualität, die von den politischen Instanzen als unbefriedigend angesehen wird. Die Lösung kann dann darin bestehen, daß ein öffentliches Unternehmen die Versorgung übernimmt und die Defizite aus dem Staatshaushalt gedeckt werden. Möglich ist auch, daß das öffentliche Unternehmen oder ein privates Unternehmen durch staatliche Lizenz eine Monopolstellung auch für ein dichter besiedeltes Gebiet erhält und die auf dem „dünnen" Markt entstehenden Defizite aus dem Monopolgewinn abdeckt.

Preiskontrolle

Bei einem natürlichen Monopol würde eine Preisbildung zu Grenzkosten zu Verlusten führen. Die wohlfahrtsökonomisch erstbeste Lösung ist deshalb ausgeschlossen. Ist das natürliche Monopol ein Ein-Produkt-Unternehmen, muß entweder ein Preis zugelassen werden, der die Durchschnittskosten deckt, oder das Defizit muß aus dem Staatshaushalt gedeckt werden. Bei einem Mehrproduktunternehmen kommen als zweitbeste Lösung Ramsey-Preise in Betracht. Die Deckung der Fixkosten wird dabei, wenn Kostendeckung erreicht werden soll, durch interne Quersubventionierung herbeigeführt. Leitidee ist das Ziel, die Fixkostenlast so auf die einzelnen Produkte zu verteilen, daß der Wohlfahrtsverlust minimiert wird. Ist der Preis höher als die Grenzkosten, so entsteht ein durch den Verlust an Konsumentenrente gemessener Wohlfahrtsverlust, der um so höher ist, je größer die Preiselastizität der (kompensierten) Nachfrage ist. Aus dieser Überlegung ergibt sich die Ramsey-Regel: Für Produkte, deren Preiselastizität gering ist, soll der Preis die Grenzkosten stärker übersteigen als bei Produkten, deren Preiselastizität der Nachfrage hoch ist (vgl. Neumann 1995a, S. 277, 283f.).

Preiskontrolle allein ist jedoch nicht ausreichend, um den durch ein natürliches Monopol entstehenden Problemen gerecht zu werden. Wenn zum Beispiel Ramsey-Preise festgelegt werden und dabei der Preis für eines der Produkte über den Durchschnittskosten liegt, die bei der Produktion nur dieses Gutes in einem Ein-Produkt-Unternehmen entstehen würden, wird der Markteintritt eines Konkurrenten induziert (Rosinenpicken, cream skimming). Ein System von Ramsey-Preisen läßt sich deshalb nur dadurch sichern, daß der Marktzutritt gesperrt wird. Die Preiskontrolle für natürliche Monopole induziert deshalb Wettbewerbsbeschränkungen.

Ein weiteres Problem besteht darin, daß der Regulierungsbehörde die Kostenstruktur eines regulierten natürlichen Monopols nur insoweit bekannt wird, wie sie vom Unternehmen mitgeteilt wird. Außerdem besteht für ein natürliches Monopol eines öffentlichen Unternehmens kein dem Marktmechanismus bei Konkurrenz vergleichbarer Zwang zur Kostensenkung. Im Gegenteil, nicht wenige Fälle sind bekannt geworden, in denen sich Politiker öffentlicher Unternehmen bedienen, um sozialpolitische und beschäftigungspolitische Ziele zu verfolgen, die mit dem Zweck des Unternehmens wenig zu tun haben. Die Regulierungsbehörde kann den fehlenden Druck, der sonst auf kompetitiven Märkten herrscht, dadurch ersetzen, daß Preisobergrenzen festgelegt und diese im Zeitablauf in Relation zum allgemeinen Preisniveau abgesenkt werden. Vorreiter dieser Praxis war Großbritannien mit der sog. „RPI - X Regulation", die seit 1983 eingeführt wurde. Danach darf der durchschnittliche Preis für die Leistungen eines öffentlichen Unternehmens nicht stärker steigen als der Einzelhandelspreisindex (Retail Price Index) minus X %, wobei der jeweilige Prozentsatz durch die zuständige Regulierungsbehörde festgelegt wird (Armstrong, Cowan und Vickers 1994, S. 165ff.).

Eine indirekte Preiskontrolle wird in den USA praktiziert, indem für regulierte Unternehmen eine maximale Rendite vorgegeben wird. Die Festsetzung einer solchen maximal zulässigen Rendite, die niedriger ist als der Marktzins, kann durch den Hinweis auf die Existenz einer Zeitpräferenzrate begründet werden. Als gesamtwirtschaftlich optimal wird ein Zins angesehen, der mit der Wachstumsrate des Sozialprodukts übereinstimmt, da dann nach der Goldenen Regel der Kapitalakkumulation (Phelps 1961) der Konsum pro Kopf maximiert wird. Ein solches Optimum wird in der Regel verfehlt, wenn aufgrund einer Zeitpräferenzrate gegenwärtiger Konsum höher geschätzt wird als zukünftiger Konsum und deshalb der Marktzins die Wachstumsrate des Sozialprodukts übersteigt. Wenn der Staat sich verpflichtet sieht, ein gesamtwirtschaftliches Optimum der Kapitalbildung anzustreben und deshalb die im Marktzins zum Ausdruck kommende Minderschätzung zukünftiger Bedürfnisse ignoriert, wird er die für staatlich regulierte Unternehmen zulässige Rendite niedriger ansetzen als den Marktzins. Dadurch entsteht eine Tendenz, daß in den regulierten Unternehmen Kapital in einem Maße eingesetzt wird, bei dem der Wert des Grenzproduktes (bzw. das Produkt aus Grenzerlös und physischem Grenzprodukt) gleich der vorgegebenen Rendite und damit niedriger als der Marktzins ist. Die Kapitalintensität ist dann höher als in vergleichbaren privaten Unternehmen (Averch-Johnson-Effekt, Averch und Johnson 1962).

Im Wettbewerb wird ökonomische Effizienz insoweit verfehlt, als externe Effekte vorliegen. Das gilt insbesondere dann, wenn durch die Produktion eines Gutes Dritten Schäden zugefügt werden. Da in diesem Fall die der Gesellschaft insgesamt entstehenden Kosten, zu denen auch die externen Schäden gehören, vom Produzenten nicht oder nicht vollständig getragen werden, wird von dem betreffenden Gut zuviel produziert und von anderen Gütern zu wenig. Es liegt daher im Interesse der gesamtwirtschaftlichen Wohlfahrt, daß die private Produktion reguliert wird. Das gilt für die Sicherheit im Transportwesen, auf den Straßen, Eisenbahnen und im Luft- und Seeverkehr; es gilt im Gesundheitsbereich für Ärzte, Krankenhäuser und andere medizinische Dienstleistungen, für die Arzneimittelindustrie und Apotheken; es gilt für die Produktsicherheit zum Beispiel elektrischer Geräte und anderer Maschinen, die Sicherheit am Arbeitsplatz und für den Umweltschutz.[37] Staatliche Regulierungen auf diesen Gebieten führen zu Eintrittsbeschränkungen und damit potentiell und meistens auch aktuell zu Wettbewerbsbeschränkungen.

Eine fundamentale Kritik gegenüber staatlicher Regulierung wurde durch die

---

[37] Vgl. im einzelnen für die USA Viscusi, Vernon und Harrington (1995, S. 551-830).

sog. „capture theory" vorgebracht, die von Stigler (1971) und Peltzman (1976) erweitert und verallgemeinert wurde. Die „capture theory" beruht auf der Beobachtung, daß die Regulierungsbehörden zur Erfüllung ihrer Aufgaben auf Informationen aus den regulierten Wirtschaftszweigen und Unternehmen angewiesen sind, so daß die Regulierungsbehörden nicht selten in ein Abhängigkeitsverhältnis zur regulierten Wirtschaft geraten. Dabei zeigt sich, daß die staatliche Regulierung sich weniger zugunsten der Konsumenten als vielmehr der Produzenten auswirkte, deren Gewinne dank der Regulierung höher waren als sie unter Wettbewerbsbedingungen hätten sein können. Staatliche Regulierung hat sich häufig als ein Instrument der Umverteilung von Einkommen zugunsten regulierter Wirtschaftszweige ausgewirkt. Nach der von Stigler und Peltzman vorgetragenen Hypothese war das keineswegs ein Zufall, sondern das Ergebnis der Aktivität von Interessengruppen, die es im parlamentarischen Kräftespiel geschafft haben, eine Regulierung zugunsten ihrer Branche durchzusetzen.[38]

Dies waren die Gründe, weshalb die Regulierung in den USA seit den siebziger Jahren zunehmend kritisiert und schließlich in den meisten Bereichen zurückgedrängt oder ganz abgeschafft wurde. Soweit Monopolmacht vorhanden und unvermeidbar ist, fällt dann den Wettbewerbsbehörden die Funktion der Mißbrauchsaufsicht zu. Diese kann jedoch, wie im vorigen Abschnitt dargelegt wurde, kaum wirksam praktiziert werden. Als Ausweg bleibt dann nur, soweit öffentliche Unternehmen privatisiert oder private Unternehmen aus der staatlichen Regulierung entlassen werden, Marktstrukturen zu schaffen, die soviel Wettbewerb wie möglich gewährleisten. Deshalb – und wegen anderer im Handeln des Staates angelegten Unzulänglichkeiten – sind staatliche Regulierungen, die zur Vermeidung eines durch Monopolmacht und externe Effekte verursachten sog. Marktversagens eingeführt werden, im allgemeinen nicht geeignet, das angestrebte Ziel zu erreichen. Dennoch ist eine staatliche Regulierung insoweit unverzichtbar, als natürliche Monopole bestehen.

Privatisierung

Der Tendenz, daß öffentliche Unternehmen unwirtschaftlich arbeiten, indem die allokative Effizienz verletzt ist oder X-Ineffizienz entsteht, ist am besten durch Privatisierung zu begegnen. Dadurch wird der Kontrollmechanismus des Kapitalmarktes aktiviert. Dieser arbeitet sicher auch nicht perfekt, aber er ist doch

---

[38] Einen Überblick über die Entwicklung der ökonomischen Theorie der Regulierung bietet Viscusi, Vernon und Harrington (1995, S. 322-344).

in der Lage, Unwirtschaftlichkeit zu begrenzen. Dem steht entgegen, daß die Privatisierung eines natürlichen Monopols alle Nachteile monopolistischer Marktmacht mit sich bringt und eine Mißbrauchsaufsicht eines Ausbeutungsmißbrauchs großen praktischen Problemen gegenübersteht. Dieses Dilemma führt zu der Frage nach der tatsächlichen Relevanz des Falles eines natürlichen Monopols. Offensichtlich sind nicht alle öffentlichen Unternehmen natürliche Monopole. Gewöhnlich besitzt nur die Infrastruktur den Charakter eines natürlichen Monopols mit zunehmenden Skalenerträgen und versunkenen Kosten. Bei Eisenbahnen ist das der Schienenweg, beim Flugverkehr sind es die Flughäfen und die Flugüberwachung, bei der Seeschiffahrt die Hafenanlagen, bei den Versorgungsunternehmen Stromnetze und Pipelines. Demgegenüber fehlt diese Eigenschaft der Eisenbahn, den Schiffen und Flugzeugen, den Elektrizitätswerken, Gaswerken sowie der Peripherie der Telekommunikation. Es ist deshalb letztlich unbegründet, zum Beispiel ein Eisenbahnunternehmen, das Schienennetz und Fahrzeuge betreibt, insgesamt als natürliches Monopol zu behandeln. Dementsprechend liegt es nahe, die Teile öffentlicher Unternehmen zu privatisieren, die nicht den Charakter eines natürlichen Monopols besitzen. Für die Teile, die ein natürliches Monopol bilden, muß durch Kontrahierungszwang ein allgemeiner Zugang für konkurrierende Nutzer geschaffen werden, wobei die vom Eigentümer der jeweiligen Infrastruktureinrichtung geforderten Nutzungsentgelte einer Regulierung unterliegen, die zum Teil von den Wettbewerbsbehörden oder einer für den jeweiligen Bereich zuständigen Regulierungsbehörde ausgeübt wird. In diese Richtung gehen die wettbewerbspolitischen Schritte, die in Deutschland für die Deutsche Bahn AG vorgenommen wurden, und in der EG bezüglich des Zugangs zur Nutzung von Stromnetzen und Gasleitungen sowie der Telekommunikation.

Etwas anders liegen die Dinge bei der Versorgung dünn besiedelter Räume mit Verkehrsleistungen, Telekommunikation und Postdiensten. Hier handelt es sich um staatliche gesetzte Ziele, deren Erreichung durch Steuern finanziert werden sollte. Es ist problematisch, die Versorgung staatlich lizensierten Monopolen zu übertragen, die sie durch Quersubventionierung finanzieren. Abgesehen davon, daß sich eine solche Finanzierung von Staatsaufgaben finanzpolitisch kaum rechtfertigen läßt, entstehen infolge der Monopolmacht Wohlfahrtsverluste.

5. Fazit

Ist die Wettbewerbspolitik erfolgreich gewesen? Ist es gelungen, durch Kartellverbot, Fusionskontrolle und Mißbrauchsaufsicht über marktbeherrschende Unternehmen und die Regulierung natürlicher Monopole die stets vorhandenen

Tendenzen zu Wettbewerbsbeschränkungen einzudämmen und die ökonomische Wohlfahrt zu fördern? Diese Fragen kann man abschließend eindeutig bejahen. Sicher ist es richtig, daß durch Verbote Gesetzesübertretungen nicht absolut verhindert werden können – auch Diebstahl und Mord kommen trotz bestehender Verbote vor. Aufs Ganze gesehen aber ist Wettbewerbspolitik erfolgreich gewesen. Diejenigen Länder, die eine konsequente Wettbewerbspolitik betreiben, weisen die höchste internationale Wettbewerbsfähigkeit auf. Nicht zuletzt aus diesem Grund haben die Mitgliedsländer der Europäischen Gemeinschaft ihre nationale Gesetzgebung an die Regeln der Wettbewerbspolitik der Gemeinschaft angepaßt und diese wiederum weist eine starke Konvergenz mit der amerikanischen Antitrustpolitik auf.

Die Wettbewerbspolitik, die auf die Etablierung einer Wettbewerbsordnung abzielt, steht immer auch vor dem Problem, sich von einer interventionistischen Wirtschaftspolitik abzugrenzen, Regulierungen zu vermeiden, die ihrerseits die Freiheit des Wettbewerbs einschnüren. Richtig ist zwar, daß Wettbewerbspolitik immer auf einer Abwägung von Vorteilen und Nachteilen beruht. Eine solche Abwägung kann, wie zum Beispiel für Kartelle, zu dem Ergebnis führen, daß ein *per se*-Verbot gerechtfertigt ist, weil eventuell mögliche Vorteile gegenüber den zu erwartenden Wohlfahrtsverlusten nicht ins Gewicht fallen. In weniger klaren Fällen dagegen, bei Fusionen und vertikalen Wettbewerbsbeschränkungen, ist eine Abwägung von Vorteilen und Nachteilen angebracht. Dabei lassen sich Eingriffe in private Eigentumsrechte durch Bezugnahme auf das öffentliche Interesse, das Gemeinwohl, rechtfertigen. Derartige Eingriffe dürfen aber den Wettbewerbsprozeß nicht wohlfahrtsmindernd verzerren und sollten auf eindeutige Fälle eines natürlichen Monopols und externer Effekte beschränkt sein, die auf andere Weise nicht zu kompensieren sind.

Zur Eindämmung von Wettbewerbsbeschränkungen kommen in der Hauptsache Eingriffe staatlicher Instanzen in Betracht. Darüber hinaus können Wettbewerbsbeschränkungen auch dadurch verhindert werden, daß den Geschädigten Schadenersatzansprüche eingeräumt werden. Die Bemessung solcher Ansprüche ist freilich schwierig, da die Inzidenz der durch Wettbewerbsbeschränkungen verursachten Schäden nicht leicht nachzuweisen ist. Durch die Ausübung von Monopolmacht verändert sich die Einkommensverteilung und darüber hinaus entsteht ein Wohlfahrtsverlust. Während die Verteilungswirkungen infolge überhöhter Preise in manchen Fällen quantifizierbar sein mögen, kann die Inzidenz des Wohlfahrtsverlustes im einzelnen nicht belegt werden. Deshalb bilden vor allem von den Wettbewerbsbehörden auferlegte Bußgelder und von Gerichten verhängte Geld- oder Freiheitsstrafen die richtigen Sanktionen zur Abschreckung und zur Kompensation für die der Allgemeinheit durch Wettbewerbsbeschränkungen verursachten Schäden. Während in Europa private Schadenersatzansprüche auf wenige Fälle beschränkt sind, spielen private Klagen in den USA eine wichtige Rolle.[39]

---

[39] Zur Problematik der Möglichkeit, dreifachen Schadenersatz zu erlangen, vgl. Pitofsky (1979, S. 1207).

Kapitel IV
Rahmenbedingungen der Wettbewerbspolitik

Da Wettbewerbspolitik ein integraler Teil der Wirtschafts- und Gesellschaftspolitik ist, manifestieren sich in der Wettbewerbspolitik widerstreitende Tendenzen und Interessen. Einerseits hat in jüngerer Zeit unter dem Einfluß der ökonomischen Theorie der Gesichtspunkt der ökonomischen Effizienz ein recht großes Gewicht erlangt, andererseits aber hat stets auch der gesellschaftspolitische Aspekt der Verteilung von Macht, Vermögen und Einkommen eine bedeutende Rolle gespielt. Dazu gehört auch die Frage, inwieweit dem Marktmechanismus Raum gegeben werden soll und in welchem Ausmaß staatliche Regulierungen erforderlich sind. Diese Probleme sollen im vorliegenden Kapitel erörtert werden, indem das Verhältnis der Wettbewerbspolitik zu anderen Politikbereichen im nationalen und internationalen Kontext diskutiert wird.

1. Wettbewerbsfreiheit und Eigentumsrechte

Von überragender Bedeutung für die Wettbewerbspolitik ist der Aspekt der Wettbewerbsfreiheit. Angesichts der Tatsache, daß die Neigung zu wettbewerbsbeschränkenden Absprachen weit verbreitet ist, daß der Nachweis von Kollusion für die Wettbewerbsbehörden schwierig ist und daß erhebliche Probleme bestehen, effizienzinduzierte Fusionen von solchen zu unterscheiden, deren Hauptziel in der Erlangung von monopolistischer Marktmacht besteht, wird die Aufgabe der Wettbewerbspolitik durch Gewährleistung weitestgehender Freiheit des Marktzutritts erleichtert, denn Wettbewerbsfreiheit vermag kollusive Absichten zu unterminieren.

Märkte sind nur dann funktionsfähig, wenn es klar definierte Eigentumsrechte an Gütern gibt. Da Eigentum ein Ausschließlichkeitsrecht an der Nutzung von Gütern verschafft, mag privates Eigentum auf den ersten Blick als ein Monopolrecht erscheinen. In einer Wettbewerbsordnung freilich sollte jedermann Zugang zu privatem Eigentum besitzen, so daß aus der Existenz der rechtlichen Institution des Privateigentums selbst noch keine Monopolmacht erwächst, die effizienzmindernde Verzerrungen der Allokation hervorruft oder unerwünschte Wirkungen auf die Einkommensverteilung ausübt. Im Gegenteil, Privateigentum schafft die Grundlage für die individuelle Motivation, die den Wettbewerbsprozeß treibt und sich wohlstandserhöhend auswirkt. Wettbewerb führt andererseits als Prozeß „schöpferischer Zerstörung" aber zwangsläufig auch zur Beeinträchtigung des Eigentums der im Wettbewerb unterlegenen Unternehmer. Schutz des Privateigentums kann deshalb nicht bedeuten, daß dem einzelnen Eigentümer Schutz vor Wettbewerb und den Folgen des Wettbewerbs garantiert wird. Die Grundlage einer Wettbewerbsordnung würde dadurch unterhöhlt. Derartige Effekte gehen häufig von staatlichen Regelungen aus, die Privaten den Zugang zur Nutzung von Standorten oder Ressourcen verweigern. Solche Entscheidungen sind vielfach im Interesse der öffentlichen Ordnung oder des Schutzes der Umwelt durchaus begründet. Nicht selten jedoch werden sie auch von Interessengruppen beeinflußt, die sich - im Prozeß der „schöpferischen Zerstörung" - in ihren Rechten beeinträchtigt sehen und gesellschaftspolitische Argumente zur Stützung ihrer individuellen Interessen ins Feld führen.

Patente

Das Janusgesicht privater Eigentumsrechte und die Möglichkeit damit verbundener Wettbewerbsbeschränkungen kommt besonders gut bei Patenten zum Ausdruck. Das für eine Erfindung verliehene Patent verschafft dem Inhaber für eine begrenzte Zeit das ausschließliche Nutzungsrecht an der Erfindung. Wegweisend für die Entwicklung des Patentwesens war das 1623-24 vom englischen Parlament verabschiedete „Statute of Monopolies", durch das staatlich verliehene Monopole mit einer Ausnahme verboten wurden, dem zeitlich befristeten Patentmonopol für „den ersten und wahren Erfinder" eines Erzeugnisses.[1] In den USA wird dementsprechend ein Patent für die Dauer von 20 Jahren demjenigen erteilt, der nachweist, daß er der erste und wahre Erfinder ist. In Deutschland dagegen wird ein Patent, das einen Schutz vor Nachahmung für maximal 20 Jahre verschafft, demjenigen verliehen, der die Erfindung als erster beim Patentamt anmeldet. Voraussetzung für die Erteilung eines Patents ist eine ausreichende „Höhe" der Erfindung. Um einen Schutz der Erfindung auch im Ausland zu erlangen, muß die Erfindung auch im Ausland zum Patent angemeldet werden. Ein Schutz innerhalb Europas ist alternativ durch eine Anmeldung beim Europäischen Patentamt mit Sitz in München erreichbar. In Deutschland kann für Neuerungen von geringerer Höhe beim Patentamt die Eintragung eines „Gebrauchsmusters" beantragt werden, dessen Schutzdauer maximal zehn Jahre beträgt. Der Patentinhaber kann sein Recht veräußern, er kann eine Lizenz zur Nutzung erteilen und das Nutzungsrecht territorial beschränken, er kann das Patentrecht mit anderen teilen. Zur Aufrechterhaltung des Patentrechts sind für das dritte und alle folgenden Jahre Gebühren zu entrichten, die mit der Dauer des in Anspruch genommenen Nutzungsrechts steigen. Nicht zuletzt deshalb

---

[1] Zu den vorangegangenen und nachfolgenden Kontroversen über die Rechtfertigung von Patentmonopolen vgl. Fritz Machlup (1961).

geben Patentinhaber ihr Ausschließlichkeitsrecht vielfach schon vor dem Ende der maximalen Laufzeit auf.

Könnte eine Erfindung von jedermann genutzt werden, so bestünde nur ein geringer oder gar kein Anreiz, Aufwendungen für Forschung und Entwicklung auf sich zu nehmen. Die ökonomische Funktion des Patents besteht deshalb erstens darin, dem Erfinder durch die Zuteilung eines Eigentumsrechts die Erzielung eines Entgelts zu ermöglichen. Andererseits wird mit der Patentschrift der Inhalt des Patents veröffentlicht, so daß jeder Interessierte auf der Grundlage dieser Veröffentlichung Forschung betreiben kann, um über die erste Erfindung hinausgehende Neuerungen zu entwickeln. Da Konkurrenten auf diese Weise Parallelerfindungen machen können, entscheiden sich Unternehmen in nicht wenigen Fällen – besonders bei Verfahrensinnovationen - dazu, auf die Beantragung eines Patents ganz zu verzichten und stattdessen ihre Kenntnisse geheim zu halten (Simon 1996, S. 106).

Da in Deutschland der Anmeldezeitpunkt für die Patenterteilung maßgebend ist, besteht hier ein Anreiz zur Patentanmeldung, denn bei Geheimhaltung droht die Gefahr, daß die Erfindung ebenfalls von einem anderen gemacht und zum Patent angemeldet wird. Um den wirtschaftlichen Wert eines Patents zu schützen, werden vielfach Erfindungen in der technologischen Nachbarschaft zur ursprünglichen Erfindung zum Patent angemeldet, so daß ein möglichst weites Feld technologischer Möglichkeiten durch Patente für Konkurrenten gesperrt wird.

Die ökonomische Wirkung des Patentwesens ist ambivalent. Einerseits wird durch die Einräumung einer zeitweiligen Monopolstellung ein Anreiz zu Erfindungen und Innovationen geschaffen, andererseits aber wird durch die Ausschlußwirkung des Patents die Verbreitung einer Neuerung behindert und damit der technische Fortschritt gehemmt. Welcher Effekt, Ansporn oder Hemmnis, überwiegt, ist von vornherein nicht eindeutig zu bestimmen.[2]

Da mit dem Patent das Recht zur ausschließlichen Nutzung einer Erfindung nur für eine begrenzte Zeit erteilt wird, können die Vorteile aus der Erfindung vom Erfinder in vielen Fällen nicht vollständig genutzt werden. Die Erfindung hat positive Externalitäten zur Folge, so daß der gesamtwirtschaftliche Grenznutzen einer Erfindung größer ist als der Grenznutzen des Erfinders. Wegen dieser

---

[2] Machlup (1961, S. 136) benutzt zur Veranschaulichung der Zusammenhänge den Hinweis darauf, daß gute Bremsen eines Automobils Voraussetzung dafür sind, daß sich der Fahrer auf der Autobahn mit hoher Geschwindigkeit bewegen kann.

positiven Externalität wird trotz eines Patents der Anreiz für Forschung und Entwicklung tendenziell gemindert, so daß eine gesamtwirtschaftlich suboptimale F&E-Aktivität zu erwarten ist. Aufgrund dieser Überlegung lassen sich staatliche Subventionen für Forschung und Entwicklung rechtfertigen. Demgegenüber sind jedoch zwei Argumente ins Feld geführt worden. Erstens hat der Erfinder einen Wissensvorsprung vor allen anderen und kann sich an Unternehmen beteiligen, die die Erfindung selbst oder Parallel- und Folgeerfindungen anwenden (Hirshleifer 1971). Zweitens findet man häufig in Oligopolen „Patentrennen", in denen die Unternehmen hoffen, den Konkurrenten Marktanteile abjagen zu können, so daß aus gesamtwirtschaftlicher Sicht ein Übermaß an F&E-Ausgaben getätigt wird. Dementsprechend findet man für einzelne Industriezweige auch empirisch keine eindeutige Korrelation zwischen dem Ausmaß, in dem Forschungsergebnisse appropriierbar sind, und der Höhe der F&E-Ausgaben (Gual 1995, S. 13, Cohen und Levin 1989, S. 1095). Gleichwohl ist unbestreitbar, daß durch Patente Eigentumsrechte geschaffen werden, die Anreize für Forschung und Entwicklung schaffen, so daß durch Wettbewerb die ökonomische Entwicklung vorangetrieben wird.

Aus wettbewerbspolitischer Sicht liegt ein Mißbrauch eines Patents dann vor, wenn es benutzt wird, um Rechte durchzusetzen, die über den Inhalt des Patents hinausgehen. Nach deutschem Recht (§ 17 KartellG) dürfen Beschränkungen hinsichtlich Art, Umfang, technischem Anwendungsbereich, Menge, Gebiet oder Zeit der Ausübung des Schutzrechts nicht über den Inhalt des Schutzrechts hinausgehen. Das durch ein Patent verliehene Monopol darf nicht benutzt werden, um ein anderes Monopol zu erlangen. Dieses Prinzip ist in den USA durch die Rechtsprechung fest etabliert.

Ein Patentinhaber kann einem Lizenznehmer für ein patentiertes Produkt die Verpflichtung zur Einhaltung eines Mindestpreises auferlegen, er kann aber nicht die Einhaltung eines Mindestpreises für ein Produkt verlangen, in das das patentierte Produkt nur als Teil eingeht (Neale 1966, S. 263ff.). Ein Mißbrauch des Patentrechts kann auch dann vorliegen, wenn sich Unternehmen untereinander Lizenzen erteilen und einen Patent-Pool bilden. Eine solche Zusammenfassung konkurrierender Patente ist analog zum Fall eines finanziellen Zusammenschlusses zu betrachten. Grundlegend für diese Beurteilung im amerikanischen Antitrustrecht war der 1945 vom Supreme Court entschiedene Fall US v. Hartford Empire Company (Neale 1966, S. 278f.). Konkurrierende Glasproduzenten hatten die Patente für Maschinen zur Glasherstellung in einen Pool eingebracht und hatten die geballte Macht der Patente genutzt, um neue Konkurrenten auszuschließen und um Angebot und Preise für Glasprodukte zu kontrollieren, die selbst nicht patentiert waren.[3]

Ein Mißbrauch des Patentrechts ist ferner darin zu erblicken, wenn andere Beschränkungen auferlegt werden, wie Koppelung oder das Verbot des Gebrauchs anderer Produkte, exklusive Rückgewährung von Lizenzen (grantback condition), Ausschluß einer Anfechtung der Rechtsgültigkeit eines Patents durch den Lizenznehmer (condition preventing challenges to validity), gebündelte Lizenzvergabe mit Zwangswirkung (coercive package licensing).

Warenzeichen und Werbung

Warenzeichen sind ähnlich wie ein Patent ein geschütztes Recht desjenigen, der das Warenzeichen für ein Produkt oder eine Produktgruppe als „Marke" in die Warenzeichenrolle des Patentamts eintragen läßt. Das Patentamt prüft die Marke daraufhin, ob sie die erforderliche Unterscheidungskraft besitzt. Mit der Eintragung entsteht das Recht, das anderen verbietet, die geschützte Marke im gesamten Bundesgebiet für Waren oder Dienstleistungen der angegebenen Art zu verwenden. Die Schutzdauer beträgt zunächst zehn Jahre und ist jeweils in Zehn-Jahres-Schritten beliebig oft verlängerbar. Wirtschaftlichen Wert gewinnt ein Warenzeichen dadurch, daß es durch Werbung bekannt gemacht wird. Durch Werbung kann ein Goodwill aufgebaut werden, der dem werbenden Unternehmen einen Vorsprung vor Konkurrenten verschafft. Tatsächlich hat sich in zahlreichen empirischen Studien gezeigt, daß die Preis-Kosten-Marge und die Profitabilität von Unternehmen durch Werbung positiv beeinflußt wird. Für die Bundesrepublik Deutschland zeigte sich, daß ein solcher positiver Effekt auch durch den Bestand an Warenzeichen eines Unternehmens herbeige-

---

[3] Zusammenfassend hatte Mr Justice Roberts folgendes (Neale 1966, S. 279) festgestellt:
„In summary, the situation brought about in the glass industry, and existing in 1938 was: Hartford, with the technical and financial aid of others in the conspiracy, had acquired more than 600 patents. These, with over 100 Corning patents, sixty Owens patents, over seventy Hazel patents and some twelve Lynch patents, had been merged by cross-licensing agreements into a pool which effectively controlled the industry. Production in Corning's field was allocated to Corning, the general container field was allocated to Owens, Hazel, Thatcher, Ball and smaller manufacturers the group agreed should be licensed. The result was that 94 % of the glass containers manufactured in this country on feeders and formers were made on machinery licensed under the pooled patents. The district court found that invention of glass-making machinery had been discouraged, that competition in the manufacture and sale or licensing of such machinery had been suppressed, and that the system of restricted licensing had been employed to suppress competition in the manufacture of unpatented glassware and to maintain prices of the manufactured product."

führt wird (Neumann, Böbel und Haid 1979).

In diesem Befund wird vielfach eine wirtschaftspolitisch nicht erwünschte Unvollkommenheit des Marktes erblickt. Man vermutet, daß durch Werbung die Präferenzen der Verbraucher manipuliert werden und daß überdies durch Werbung monopolistische Marktmacht geschaffen wird. Aus diesen Gründen wird vielfach eine gesetzliche Beschränkung der Werbung gefordert.

Die Vermutung einer Manipulation der Verbraucherwünsche kann indes leicht widerlegt werden. Ein Unternehmen, dessen Produkte den Präferenzen der Verbraucher am besten entspricht, kann mit geringeren Verkaufsanstrengungen erfolgreich sein als ein Unternehmen, das ein von den Konsumenten weniger geschätztes Produkt anbietet. Das besser auf die gegebenen Verbraucherwünsche zugeschnittene Produkt erfordert weniger Werbung als ein weniger gut geeignetes Produkt. Deshalb wird im Wettbewerb das bessere Produkt erfolgreicher sein. Demgegenüber sind Werbeaufwendungen für Produkte, die den eigentlichen Präferenzen der Verbraucher nicht gerecht werden, bei rationalem Verhalten der Unternehmen kaum zu erwarten. Sie sind zwar nicht auszuschließen, werden aber im Wettbewerb mit besseren Produkten verdrängt.

Durch eine einfache Überlegung läßt sich ferner zeigen, daß Werbung dazu beiträgt, daß gerade qualitativ hochwertige Produkte an den Märkten Erfolg haben. Ausgangspunkt ist die Beobachtung, daß die Produzenten über die Eigenschaften der von ihnen angebotenen Ware im allgemeinen besser informiert sind als die Konsumenten. Um die Konsequenzen einer solchen asymmetrischen Information herauszuarbeiten, sei angenommen, daß die Käufer überhaupt nicht in der Lage sind, die Qualität eines Gutes vor dem Kauf festzustellen. Ferner sei vorausgesetzt, daß es keine dauerhaften Kundschaftsverhältnisse gibt. Unter diesen Bedingungen erzielt der Produzent der Ware mit der geringsten Qualität (und damit den niedrigsten Kosten) den höchsten Gewinn. Produzenten, die anfänglich Ware höherer Qualität lieferten, werden veranlaßt, die Qualität ihrer Ware zu senken. Schlechte Ware verdrängt also gute Ware. Anders liegen die Dinge, wenn der Produzent besserer Produkte die Käufer davon überzeugen kann, daß er Ware höherer Qualität liefert und daß deshalb auch ein höherer Preis gerechtfertigt ist. Als Mittel dazu können Werbung, Warenzeichen und Garantieversprechen eingesetzt werden. Wenn der Käufer nach dem Erwerb der Produkte feststellt, daß die durch Werbung vermittelten Informationen zutreffend waren, kann er zum dauerhaften Kunden werden. Er wird darüber hinaus, wenn sein Lieferant neue Produkte anbietet, seine bisherigen Erfahrungen extrapolieren (von Weizsäcker 1980, S. 72f.) und bereit sein, die zu erwartende höhere Qualität durch einen höheren Preis zu honorieren. Will der Produzent den auf diese Weise erworbenen Goodwill nicht aufs Spiel setzen, muß er den Erwartungen der Kunden entsprechen.

Richtig ist freilich auch, daß der durch Werbung und nachfolgend gute Erfahrungen der Kunden geschaffene Goodwill einen Wettbewerbsvorteil bildet. Da Werbeaufwendungen ferner versunkene Kosten darstellen, kann der Goodwill ebenso wie andere versunkene Fixkosten den Marktzutritt von Konkurrenten beschränken.

Verbot unlauteren Wettbewerbs

Der Schutz von Eigentumsrechten wird auch durch die Gesetzgebung gegen unlauteren Wettbewerb verfolgt. Das geschieht in Deutschland durch das „Gesetz gegen den unlauteren Wettbewerb" von 1909[4] mit der in § 1 (UWG) formulierten Generalklausel

> „Wer im geschäftlichen Verkehr zu Zwecken des Wettbewerbs Handlungen vornimmt, die gegen die guten Sitten verstoßen, kann auf Unterlassung und Schadensersatz in Anspruch genommen werden."

In den USA wurde etwa zur gleichen Zeit - 1914 zusammen mit dem Clayton Act - der Federal Trade Commission Act (FTC Act) erlassen, durch den „unfair methods of competition" untersagt wurden. In der Stoßrichtung gibt es freilich einen bemerkenswerten Unterschied zwischen dem deutschen und dem amerikanischen Recht. Nach amerikanischem Recht steht der Konsumentenschutz im Vordergrund. Dagegen zielt das deutsche UWG von 1909 auch auf den Schutz der Gewerbetreibenden ab, indem „der den anständigen Gepflogenheiten in Gewerbe und Handel zuwiderlaufende Wettbewerb" unterbunden werden soll (Hefermehl 1998, S. X). Nach amerikanischem Recht gelten solche Handlungen als unfair, die nach dem Sherman Act oder dem Clayton Act verboten sind (FTC 1998, S. 6f.). Nach deutschem Recht handelt derjenige wettbewerbswidrig, der sich einen ungerechtfertigten Vorsprung dadurch zu verschaffen sucht, „daß er die dem Kunden angebotene eigene Leistung verfälscht (kundenbezogene Unlauterkeit) oder die Mitbewerber gezielt daran hindert, ihre Leistung dem Kunden zum Vergleich zu stellen (mitbewerberbezogene Unlauterkeit)" (Hefermehl 1998, S. XI). Das schließt zwar, wie im amerikanischen Recht, Verbraucherschutz ein und umfaßt auch wettbewerbsbeschränkende Behinderungspraktiken, die nach dem Kartellgesetz verboten sind, die Bezug-

---

[4] Es stellt eine Novellierung des Gesetzes gegen den unlauteren Wettbewerb von 1896 dar, das auf wenige Einzelfälle zugeschnitten war und deshalb 1909 durch eine Regelung mit größerer Reichweite abgelöst wurde.

nahme auf die „anständigen Gepflogenheiten" im jeweiligen Gewerbe öffnet aber die Tür auch für kollusive Elemente, die im Rahmen der nach § 24 KartellG zulässigen, von Wirtschafts- und Berufsvereinigungen aufgestellten Wettbewerbsregeln das Verhalten an den Märkten beeinflussen können. Nach § 24 Abs. 2 KartellG sind Wettbewerbsregeln solche Bestimmungen, „die das Verhalten von Unternehmen im Wettbewerb regeln zu dem Zweck, einem den Grundsätzen des lauteren oder der Wirksamkeit eines leistungsgerechten Wettbewerbs zuwiderlaufenden Verhalten im Wettbewerb entgegenzuwirken und ein diesen Grundsätzen entsprechendes Verhalten im Wettbewerb anzuregen."

Regionalpolitik

Als Wettbewerbsbeschränkungen wirken sich nicht selten kommunale Regelungen der Flächennutzung aus. Diese sind an sich durch Ziele der Raumordnung und des Umweltschutzes begründet. Darüber hinaus spielen aber auch häufig industriepolitische Gesichtspunkte eine Rolle, indem zum Beispiel neuen Formen des Einzelhandels, wie Supermärkten und Factory Outlets, zum Schutz traditioneller Einzelhandelsformen Ansiedlungsgenehmigungen verweigert werden. Das vielfach von den etablierten Anbietern unterstützte Bestreben der Stadtverwaltungen, eine Verödung der Innenstädte zu verhindern, wirkt sich als Marktzutrittsschranke für neue Konkurrenten aus. Andererseits werden von Kommunen und Ländern häufig Industrieansiedlungen durch Subventionen in Form von Steuerbegünstigungen oder die preisgünstige Überlassung von Grundstücken gefördert, so daß Wettbewerbsverzerrungen entstehen.

Verbraucherschutz als Wettbewerbsbeschränkung

Freiheit des Marktzutritts kann unter Umständen die öffentliche Sicherheit und die Gesundheit der Bürger gefährden. Schlecht oder falsch informierte Verbraucher können durch nicht qualifizierte Anbieter geschädigt werden. Angesichts dieser Möglichkeiten haben Regierungen es von jeher als eine ihrer Aufgaben angesehen, den Marktzutritt im Interesse des Verbraucherschutzes zu kontrollieren, indem der Marktzugang durch Genehmigungsvorbehalte gelenkt wird und/oder Qualifikationsanforderungen gestellt werden. Beispiele in Deutschland sind der Meisterbrief als Zugangsvoraussetzung für die selbständige Tätigkeit im Handwerk (der sog. Große Befähigungsnachweis), Ausbildungsanforderungen für Apotheker, die Mitgliedschaft in der Kassenärztlichen Vereinigung für die Zulassung zur Behandlung von Mitgliedern der gesetzlichen Krankenversicherung sowie der Genehmigungsvorbehalt für Banken durch die im Kreditwesengesetz verankerten Vorschriften über die Bankenaufsicht. In den USA existiert für Ärzte eine ähnlich wirkende Regelung. Während bis vor kurzem die Zulassung zur ärztlichen Praxis durch die Mitgliedschaft in der American Medical Association (AMA) reguliert wurde, so daß Monopolmacht begründet und praktiziert wurde (Kessel 1958), unterliegen seit dem Urteil des Supreme Court von 1975, nach dem die „learned professions" nicht vom Antitrustrecht ausgenommen sind, auch Ärzte dem Sherman Act (vgl. Toepffer 1997, S. 115f.), so daß die wettbewerbsbeschränkende Macht der AMA insofern beseitigt ist. Zugangsbeschränkungen bestehen dennoch insofern fort, als es allein durch die Mitgliedschaft in der AMA möglich ist, einen tragbaren Zugang zu einer Haftpflichtversicherung zu erlangen.

Dem Verbraucherschutz und der Sicherung der Arbeitnehmer an ihrem Arbeitsplatz sollen Normen und Schutzvorschriften dienen, die teils von Versicherungen (z.B. den Berufsgenossenschaften als den Trägern der gesetzlichen Unfallversicherung in Deutschland) und teils von Normungsausschüssen der privaten Wirtschaft eingeführt worden sind. Diese Vorschriften wirken nicht selten als nicht-tarifäre Handelshemmnisse und beschränken dadurch den Wettbewerb durch ausländische Konkurrenten.

Ein eklatantes Beispiel dieser Art war der vom Europäischen Gerichtshof entschiedene Fall des Cassis de Dijon, ein in Frankreich vertriebenes Getränk, dessen Verkauf in Deutschland aus gesundheitspolitischen Gründen – paradoxerweise wegen eines zu geringen Alkoholgehaltes – verboten war. Vom EuGH wurde in diesem Fall der folgende für die Etablierung des europäischen Binnenmarktes der EG konstitutive Grundsatz aufgestellt: Wenn ein Erzeugnis in einem Mitgliedstaat der EG rechtmäßig hergestellt und in den Verkehr gebracht worden ist, darf es überall in der Gemeinschaft ungehindert verkauft werden. Allein zwingende Erfordernisse des Gesundheitsschutzes und der öffentlichen Sicherheit können Ausnahmen begründen. Durch dieses Urteil wurden zahllose nicht-tarifäre Handelshemmnisse zwischen den Mitgliedstaaten der EG gegenstandslos. Aus der Anwendung dieses Grundsatzes folgt eine innergemeinschaftliche Konkurrenz der Standards. Das muß nicht, wie manchmal befürchtet wird, zur Folge haben, daß sich die niedrigeren Standards durchsetzen. Man kann Konsumenten in der Regel ausreichende Urteilskraft zutrauen, die Qualität gekaufter Produkte ausreichend gut einschätzen zu können. Das gilt insbesondere dann, wenn die Produzenten zur zutreffenden Kennzeichnung ihrer Waren verpflichtet sind und sie für Schäden haften. Darüber hinaus wird, wie oben dargelegt wurde, Werbung, die zu versunkenen Kosten führt, den Qualitätswettbewerb fördern, so daß die Produzenten selbst ein Interesse daran haben, gute Qualität zu liefern.

Netzwerkeffekte

Ein verwandtes Problem entsteht, wenn Netzwerkeffekte vorliegen wie zum Beispiel in der Telekommunikation. Der Nutzen eines Telefonanschlusses ist um so höher, je größer die Zahl der Teilnehmer am Telefonverkehr ist, denn mit zunehmender Zahl der Teilnehmer können Economies of Scale zur Geltung kommen und die Teilnahme an der Telekommunikation verbilligen.

Gewöhnlich gibt es mehrere Alternativen, Netzwerke zu schaffen. Welche davon realisiert werden, kann im Wettbewerb der verschiedenen Systeme entschieden werden, durch Vereinbarungen der Anbieter oder durch staatliche Vorschriften. Hat eine der Alternativen einmal einen Vorsprung gewonnen, so entsteht dank der Economies of Scale gewöhnlich ein irreversibler Prozeß, in dem der Marktanteil des führenden Anbieters ständig zunimmt. Die Einführung eines Standards durch staatliche Anordnung oder Vereinbarung der Anbieter - wie zum Beispiel 220 V für Haushaltsstrom in Deutschland versus 110 V in den USA, die Verwendung des metrischen Maßsystems oder des Zolls - schafft Planungssicherheit und ermöglicht die Nutzung von Größenvorteilen zur Kostensenkung. Wenn verschiedene Standards miteinander im Wettbewerb stehen (wie z.B. bei Video-Recordern, beim Mobiltelefon in den USA) sind die Möglichkeiten der Nutzung von Größenvorteilen zunächst beschränkt. Wenn sich am Ende einer der Standards am Markt durchsetzt, sind die Investitionen zur Realisierung alternativer Systeme verloren. Auf den ersten Blick scheint deshalb die kollektive Entscheidung zugunsten eines Systems kostengünstiger zu sein. Aufgrund dieser Erwägung waren in Deutschland nach dem Gesetz gegen Wettbewerbsbeschränkungen (GWB) Rationalisierungskartelle, die lediglich die einheitliche Anwendung von Normen oder Typen zum Gegenstand haben, zugelassen. Das gilt im Ergebnis auch nach dem seit 1999 geltenden Kartellgesetz (KartellG), das in § 5 Rationalisierungskartelle vom Kartellverbot ausnimmt, sofern der Rationalisierungserfolg in einem angemessenen Verhältnis zu der mit dem Kartell verbundenen Wettbewerbsbeschränkung steht und diese nicht zur Entstehung oder Verstärkung einer marktbeherrschenden Stellung führt.

Bei näherer Betrachtung ist jedoch nicht ganz eindeutig, ob mit einer kollektiven Festlegung von Standards ein gesamtwirtschaftlicher Vorteil verbunden ist. Mit der kollektiven Entscheidung wird eine Pfadabhängigkeit begründet, durch die weitere Experimente mit abgelehnten Alternativen von vornherein ausgeschlossen sind. Selbst wenn diese sich am Ende als überlegen hätten herausstellen können, geschieht dies nicht. Ähnliches gilt natürlich auch dann, wenn sich im Wettbewerb ein System durchsetzt, bevor eine Alternative ihr volles Potential hat entfalten können. Zu bedenken ist auch, daß für konkurrierende

Systeme gewöhnlich private Eigentumsrechte (Patente, Gebrauchsmuster) bestehen, so daß mit dem Sieg eines Systems Wettbewerbsbeschränkungen für Konkurrenten entstehen. Demgegenüber ist die Nutzung staatlich verordneter Standards für jedermann frei zugänglich. Da solche Regelungen jedoch in erster Linie im nationalen Rahmen vorgenommen werden, schaffen sie im internationalen Handel nicht-tarifäre Handelshemmnisse und wirken insoweit ebenfalls wettbewerbsbeschränkend.

Eigentumsrechte als Eintrittsbarriere

Daß Eigentumsrechte eine Eintrittsbarriere darstellen und damit Monopolmacht begründen können, zeigt sich beim sog. „Flaschenhals-Monopol" (bottleneck facility, essential facilities). Ein Beispiel dafür war in den USA die Terminal Railroad Association of St. Louis. St. Louis kann vom Westen her nur durch ein enges Tal erreicht werden. Alle Eisenbahnen müssen deshalb diese Route benutzen. Im Jahre 1889 hatten mehrere Eisenbahngesellschaften als Gemeinschaftsunternehmen die Terminal Railroad Association of St. Louis gegründet, um den Schienenweg zu betreiben. Dabei war vereinbart worden, daß Außenseitern die Nutzung nur aufgrund einstimmigen Beschlusses und gegen ein vom Gemeinschaftsunternehmen festgelegtes Entgelt gestattet werden sollte. Der Supreme Court verurteilte dies 1912 als eine Verletzung des Sherman Act (Neale 1966, S. 131).

Die Rechtfertigung für eine solche staatliche Regulierung ergibt sich aus dem öffentlichen Interesse, wie in den USA durch den Supreme Court 1877 im Fall Munn v. Illinois und in Deutschland durch die Sozialpflichtigkeit des Eigentums nach Artikel 14 Abs. 2 GG postuliert. Damit wird aber zugleich eine enge Begrenzung des staatlichen Interventionsrechts begründet. Gelegentlich wird argumentiert, das Recht der Mitbenutzung einer Infrastruktureinrichtung sei deshalb geboten, weil die Duplizierung einer potentiellen Engpaßeinrichtung unnötige Kosten verursache (zum Beispiel Valletti und Estache 1999, S. 1). Grundlage dieser Argumentation bildet das Modell eines Oligopols mit Fixkosten, in dem bei freiem Marktzutritt eine Tangentenlösung auf dem fallenden Ast der Durchschnittskostenkurve zustande kommt, so daß keiner der Anbieter seine Produktionsanlagen bis zum Minimum der Durchschnittskosten nutzen kann. Würde der einzelne Anbieter verpflichtet sein, seine Produktionskapazität Konkurrenten gegen ein von einer Regulierungsbehörde festgesetztes Entgelt zur Mitbenutzung zur Verfügung zu stellen, so würde ein weites Feld staatlicher Eingriffsrechte eröffnet, einer staatlichen Investitionslenkung Tür und Tor geöffnet und damit der Wettbewerb weitgehend unterminiert. Das öffentliche Interesse kann so weit nicht gehen, derartige Staatseingriffe zu rechtfertigen. In einer auf Privateigentum und privater Initiative basierenden marktwirtschaftlichen Ordnung kann nicht ausgeschlossen werden, daß Investitionen kurzfristig nicht rentabel sind. Freiheit des Wettbewerbs ist der beste Garant dafür, daß sich auf die Dauer die bestmögliche Lösung durchsetzt, weil der im Wettbewerb sich vollziehende Suchprozeß effektiver ist, als ein System staatlicher Interventionen. Aus diesem Grund muß schon aus wirtschaftlichen Erwägungen die generelle Erlaubnis der Mitbenutzung privater Infrastruktur verworfen werden. Ein staatlicher Eingriff in private Eigentumsrechte zur Nutzung einer Infrastruktur durch Konkurrenten kann nur dann gerechtfertigt werden, wenn erstens der Engpaß durch natürliche Umstände verursacht ist, die jenseits menschlichen Einflusses liegen. Das Beispiel des Engpasses für Eisenbahnlinien westlich von St. Louis in den USA macht das deutlich. Ein zweiter Fall liegt dann vor, wenn einem privaten Unternehmen von der öffentlichen Hand ein Monopolrecht verliehen worden ist und der Aufbau der Infrastruktur möglicherweise sogar durch staatliche Beihilfen finanziell gefördert wurde. Ein Beispiel bilden die in einer öffentlichen Straße verlegten Leitungen für Elektrizität, Telefon, Gas und Wasser. Die Verleihung des Monopols muß mit einschließen, daß der Staat die Nutzung des Monopolrechts überwachen und beeinflussen kann.[5] Das deutsche Recht und das Recht der Europäischen Gemeinschaft knüpft die Rechtfertigung eines Regulierungseingriffs an das Vorliegen des Mißbrauchs einer marktbeherrschenden Stellung. Nach deutschem Recht (§ 19, Abs. 4 Nr. 4 KartellG) liegt ein Mißbrauch einer marktbeherrschenden Stellung dann vor,

> „wenn das marktbeherrschende Unternehmen sich weigert, einem anderen Unternehmen gegen angemessenes Entgelt Zugang zu den eigenen Netzen oder anderen Infrastruktureinrichtungen zu gewähren, wenn es dem anderen Unternehmen aus rechtlichen oder tatsächlichen Gründen nicht möglich ist, auf dem vor- oder nachgelagerten Markt als Wettbewerber des marktbeherrschenden Unternehmens tätig zu werden; dies gilt nicht, wenn das marktbeherrschende Unternehmen nachweist, daß die Mitbenutzung aus betriebsbedingten oder sonstigen Gründen nicht möglich oder nicht zumutbar ist."

Im wesentlichen die gleichen Voraussetzungen müssen nach europäischem Recht erfüllt sein, um ein Nutzungsrecht an einer „essential facility" zu begründen.

---

[5] Vgl. Papier (1997) und Wallenberg (1999, S. 22), zur Darlegung der Verhältnisse nach deutschem Recht und die Diskussion der „Essential Facilities" - Doktrin im Europäischen Recht bei Müller (1998).

2. Wettbewerbspolitik und Handelspolitik

Traditionell wurde Wettbewerbspolitik als eine nationale Angelegenheit betrachtet und von der internationalen Handelspolitik getrennt gesehen und betrieben. Ziel der Handelspolitik ist es, Vorteile für die eigene Volkswirtschaft zu erlangen, sei es auch auf Kosten des Auslands. Dem steht auf der anderen Seite das Bemühen gegenüber, handelspolitisch motivierte Angriffe des Auslands zum Schutz der eigenen Wirtschaft abzuwehren. Zur Begrenzung derartiger Handelskriege wurde nach dem zweiten Weltkrieg das GATT (General Agreement on Tariffs and Trade) implementiert, das sich auf den Handel mit Waren bezog, und später durch die WTO (World Trade Organization) durch die Einbeziehung des Handels mit Dienstleistungen erweitert. Grundlegend dafür war die Einsicht, daß internationaler Handel für alle beteiligten Länder wirtschaftliche Vorteile mit sich bringt. In mehreren Runden wurden Zölle gesenkt und der Einführung und Verbreitung nicht-tarifärer Handelshemmnisse entgegengewirkt. Dadurch wurden die internationalen Wirtschaftsbeziehungen offener, ohne daß freilich bereits davon gesprochen werden könnte, durch die Tendenz zur Globalisierung der Wirtschaftsbeziehungen sei ein einheitlicher Weltmarkt für Güter und Dienstleistungen entstanden. Die traditionellen Ausrichtungen von Handelspolitik und Wettbewerbspolitik haben sich als sehr resistent erwiesen.

Strategische Handelspolitik und Exportkartelle

Bis heute sind Exportkartelle, sofern sie keine Inlandswirkungen haben, vom allgemeinen Kartellverbot ausgenommen. Grundlage dafür ist in den USA der Webb-Pommerene Act von 1918, 1982 ergänzt durch den Export Trading Act und den Foreign Trade Antitrust Improvement Act. In Deutschland waren aufgrund des bis 1998 geltenden Gesetzes gegen Wettbewerbsbeschränkungen (GWB) reine Exportkartelle vom Kartellverbot vollkommen ausgenommen, und Exportkartelle mit Inlandswirkung unterlagen einer *rule of reason*. Sie waren nur dann zu untersagen, wenn sie zu einer wesentlichen Beschränkung des Wettbewerbs im Inland führten oder internationalen Verträgen widersprachen. In der ab 1999 geltenden Neufassung des Kartellgesetzes (KartellG) sind reine Exportkartelle nach wie vor vom Kartellverbot durch die Vorschrift des § 130 ausgenommen, wonach das Gesetz nur auf Wettbewerbsbeschränkungen Anwendung findet, die sich im Bundesgebiet auswirken. Auch durch die Wettbewerbsvorschriften des EG-Vertrages werden reine Exportkartelle nicht erfaßt, da nach Artikel 81 EG-Vertrag nur Kartellvereinbarungen verboten sind, die den Handel zwischen den Mitgliedsstaaten und im Inneren der Gemeinschaft beschränken.

Im Geist der traditionellen, allein auf das nationale Wohl bedachten Ausrichtung der Handelspolitik wurde in jüngster Zeit die Idee der strategischen Handelspolitik entwickelt. Während die klassische und neoklassische Außenhandelstheorie von der Voraussetzung vollständiger Konkurrenz auf allen Märkten ausging, wurde mit der strategischen Handelspolitik der Tatsache Rechnung getragen, daß auf zahlreichen Märkten Oligopole vorliegen. Das einfachste - in Kapitel II behandelte - Beispiel (Brander und Spencer 1985) ist ein Dyopol mit einem Unternehmen im Inland und einem im Ausland, die beide das gleiche Gut produzieren, dessen Handel durch Zölle und Mengenbeschränkungen nicht behindert ist. Wenn nun den inländischen Unternehmen vom Staat eine Subvention gezahlt wird, so daß die Grenzkosten sinken, wird sich der Marktanteil des inländischen Anbieters zu Lasten des ausländischen Anbieters erhöhen. Sein Gewinn wird steigen und der des ausländischen Anbieters wird sinken. Setzt man voraus, daß Nachfragekurve und Kostenkurve linear verlaufen, steigt der Gewinn des inländischen Produzenten sogar um mehr als die vom Staat gezahlte Subvention, denn bei einer Verminderung der Grenzkosten sinkt der Preis nur unterproportional. Der Gedanke dieses Modells läßt sich natürlich auch auf den Fall übertragen, in dem inländische Unternehmen ein vom Staat subventioniertes Exportkartell bilden.

Jenseits der fiktiven Modellwelt dürfte es jedoch kaum möglich sein, im Außenhandel Marktmacht auszuüben, ohne daß auch im Inland monopolistische Marktmacht wirksam wird. Es ist ferner kurzsichtig, wenn allein die unmittelbaren Inlandswirkungen in Betracht gezogen werden. Strategische Handelspolitik dürfte von den ausländischen Unternehmen regelmäßig als Dumping angesehen werden. Sie werden ihre Regierung auffordern, ihnen durch Antidumping-Maßnahmen[6] Schutz zu verschaffen. Ein dadurch geschaffenes Klima ist dazu geeignet, daß sich im Schatten der staatlichen Handelspolitik weitere Wettbewerbsbeschränkungen entwickeln.

Dumping und Antidumping

Im Einzelfall ist meist schwer zu entscheiden, ob ein Konkurrenzangebot ausländischer Produzenten darauf beruht, daß diese leistungsfähiger sind und deshalb zu niedrigeren Preisen anbieten können, oder ob es sich um Dumping handelt, das durch staatliche Subventionen ermöglicht wird. Natürlich werden in-

---

[6] Zu „countervailing duties" vgl. Marvel und Ray (1995).

ländische Produzenten konkurrierende Importe aus dem Ausland als störend empfinden, besonders dann, wenn der Wettbewerb im Inland durch Eintrittsschranken gegenüber inländischen Wettbewerbern und kollusives Verhalten beschränkt ist. Man kann deshalb erwarten, daß die inländischen Produzenten versuchen, die Auslandskonkurrenz als Dumping zu diffamieren und Außenhandelsschutz zu fordern. Ein typisches Beispiel ist der 1990 von der Europäischen Kommission entschiedene Fall der Antidumping-Beschwerde von europäischen Produzenten von Pottasche. Das GATT-Sekretariat kommentierte diesen Fall (zitiert nach Bourgeois und Demaret 1995, S. 108f.) wie folgt:

> „A recent case in which the EC authorities intervened to restore competitive conditions concerns soda-ash, where domestic producers had sought antidumping protection to defend cartel rents against competing imports. The companies involved were convicted under EC competition law and the antidumping measures repealed in 1990/91".

Tatsächlich kann eine Antidumping-Politik protektionistische Züge tragen und kollusives Verhalten inländischer Produzenten stabilisieren (Messerlin 1990, Messerlin und Reed 1995). Vom Standpunkt der Wettbewerbspolitik kann man als Dumping nur einen Preiskampf einstufen, der mit dem Ziel der Vernichtung von Konkurrenten unternommen wird. Um Dumping in diesem Sinne zu identifizieren, bedarf es der gleichen Kriterien wie für „predatory conduct" marktbeherrschender Unternehmen. Ein solches Verhalten ist nicht ausgeschlossen, dürfte aber, wie schon Viner 1923 (so auch Messerlin und Reed 1995, S. 1568) feststellte, verhältnismäßig selten anzutreffen sein, weil es eine weltweite Marktbeherrschung durch ein Unternehmen oder ein Exportkartell voraussetzt.

Auch im folgenden, von Ethier (1982) charakterisierten Fall, liegt ein wettbewerbswidriges Dumping nicht vor. Bei einer durch spezifischen Faktoreinsatz (specificity) bedingten Immobilität von Produktionsfaktoren mag ein konjunktureller Nachfragerückgang im Inland dazu führen, daß eine Überschußproduktion zu variablen Durchschnittskosten auf den Markt geworfen wird und bei international asymmetrischem Konjunkturverlauf im Ausland abgesetzt werden kann. Dort wird der Import als Dumping empfunden. In Wirklichkeit handelt es sich aber um einen Vorgang, wie er sich auch im Inland abspielen kann, ohne daß eine Wettbewerbsbeschränkung involviert ist.

Eine Verfälschung des Wettbewerbs liegt natürlich dann vor, wenn Unternehmen durch staatliche Subventionen in die Lage versetzt werden, Konkurrenten im Ausland zu verdrängen. Zu Recht wird deshalb innerhalb der EU von der Kommission eine Aufsicht über staatliche Beihilfen ausgeübt, um derartige Verzerrungen des Wettbewerbs zu verhindern (vgl. auch Abschnitt 4). Bemühungen in gleicher Richtung werden weltweit im Rahmen der WTO unternommen.

Exterritorialität nationaler Wettbewerbspolitik und internationale Wettbewerbspolitik

Die gegenwärtigen Tendenzen zur Globalisierung der Wirtschaft legen es nahe, auch die Wettbewerbspolitik global zu betreiben. Der erste Schritt zur Globalisierung der Wettbewerbspolitik besteht darin, daß die nationale Wettbewerbspolitik exterritoriale Wirkungen entfaltet (Auswirkungsprinzip). Vielfach sind an Wettbewerbsbeschränkungen durch Kartelle und Fusionen auch ausländische Unternehmen beteiligt und nicht selten werden Kartelle, die sich im Inland auswirken, vom Ausland aus organisiert. So handelte es sich zum Beispiel in dem in Kapitel I erwähnten Teerfarbenfall um ein internationales Kartell von Unternehmen der chemischen Industrie, die sowohl innerhalb als auch außerhalb der Europäischen Gemeinschaft ihren Sitz hatten. Zu den von der EWG-Kommission mit einem Bußgeld belegten Firmen gehörte auch das britische Unternehmen ICI, obgleich Großbritannien damals noch nicht Mitglied der EWG war. Jüngst wurde ein internationales Kartell von Produzenten von Heizungsrohren von der Europäischen Kommission verboten. Die empfindlichste Strafe verhängte die Kommission gegen die in Zürich ansässige Gesellschaft ABB (Asea Brown Boveri Ltd), denn von der Schweiz aus wurde das Kartell organisiert (FAZ v. 22.10.1998, S. 20). Im Fall Gencor/Lonrho bestätigte das Gericht erster Instanz des EuGH die durch die Europäische Kommission ausgesprochene Untersagung der Gründung eines in Südafrika geplanten Gemeinschaftsunternehmen zur Förderung von Platin zwischen der südafrikanischen Bergbaugruppe Gencor und dem britischen Unternehmen Lonrho (Christensen und Owen 1999, S. 23). Exterritoriale Geltung wird auch durch das ab 1999 in Deutschland geltende Kartellgesetz beansprucht, denn nach § 130 KartellG findet es Anwendung auf Wettbewerbsbeschränkungen im Inland, auch wenn diese außerhalb Deutschlands veranlaßt werden.

Politisch handelt es sich dabei (noch) um ein heikles Problem. Einerseits können die von einem Staat erlassenen Gesetze prinzipiell nur im eigenen Staatsgebiet Geltung beanspruchen. Andererseits aber muß ein Staat in der Lage sein, sich gegen die Folgen von Wettbewerbsbeschränkungen, die im eigenen Staatsgebiet untersagt sind, zu schützen, wenn sie vom Ausland ausgehen. Diesen Auswirkungen kann ein Land im Prinzip mit handelspolitischen Mitteln begegnen. Dadurch werden aber oft Gegenmaßnahmen der betroffenen Staaten hervorgerufen, so daß ein Handelskrieg entsteht. Deshalb wird zunehmend zu Recht versucht, derartige Konflikte durch die Schaffung einer internationalen

Rechtsordnung von vornherein zu vermeiden, potentielle Konflikte also friedlich-schiedlich auszuräumen. Dieser Tendenz folgend hat das sog. Auswirkungsprinzip gegenüber dem strikten Territorialprinzip zunehmend Anerkennung gefunden. Das Teerfarbenurteil des Europäischen Gerichtshofs zum Beispiel stützte sich ebenso wie die Urteile in den bereits genannten Fällen auf das Auswirkungsprinzip (Basedow 1998, S. 17f.). Im gleichen Sinn stellte in den USA der Supreme Court 1993 fest (zitiert nach Basedow 1998, S. 20), es sei

> „well established by now that the Sherman Act applies to foreign conduct that was meant to produce and did in fact produce some substantial effect in the United States".

Die politisch brisante Frage, wie in einem Konflikt zwischen den nationalen Rechtsordnungen der beteiligten Staaten zu verfahren sei, hat der Supreme Court 1993 in dem Sinne entschieden, daß von einem echten Konflikt (true conflict) zwischen amerikanischem und ausländischem Recht nur dann die Rede sein könne, wenn ein Land ein Verhalten zwingend vorschreibe, das nach amerikanischem Wettbewerbsrecht verboten sei. Wenn dagegen das ausländische Recht das Verhalten nur gestatte, ohne es anzuordnen, könne sich das ausländische Unternehmen so verhalten, daß amerikanisches Recht nicht verletzt werde (Basedow 1998, S. 25). Dieser Grundsatz erlaubt im Fall von Kartellen so gut wie immer eine exterritoriale Wirkung des nationalen Wettbewerbsrechts. Anders liegen die Dinge im Fall von Fusionen und in allen übrigen Fällen, in denen die *rule of reason* anzuwenden ist. In der Regel wird es deshalb erforderlich sein, eine einvernehmliche Lösung zu suchen, wie das zum Beispiel im Fusionsfall von Boeing und McDonnell-Douglas geschehen ist. Dementsprechend wurde am 18.6.1998 zwischen der EU und den USA in Bezug auf Kartelle, allerdings nur in beschränktem Ausmaß bei Fusionen, eine sog. „positive comity" vereinbart. Das bedeutet, daß die Wettbewerbsbehörde eines Vertragspartners auf Verlangen des anderen eine Untersuchung hinsichtlich des Vorliegens einer Wettbewerbsbeschränkung einleitet und den Vertragspartner über das Ergebnis informiert (Kiriazis 1998).

Obgleich mit der Anerkennung des Auswirkungsprinzips ein Schritt in der richtigen Richtung vorgenommen wird, sollte die Entwicklung weitergehen. Immer noch spielen politische Erwägungen eine dominante Rolle bei der Lösung von Konfliktfällen. Besser wäre es, wenn man sich international auf Prinzipien der Wettbewerbspolitik verständigen könnte, so daß Konflikte rechtsförmig gelöst werden können. Erste Vorschläge in dieser Richtung liegen vor.[7]

Ein internationales Wettbewerbsrecht wäre sicher zu begrüßen, um Wettbewerbsbeschränkungen durch grenzüberschreitende Kartelle und globale Fusionen wirksam begegnen zu können. Es ist jedoch sehr fraglich, ob dieses Ziel durch eine weltweite Harmonisierung des Wettbewerbsrechts im Rahmen der World Trade Organization (WTO) erreichbar ist. Angesichts sehr unterschiedlicher Traditionen der jeweils nationalen Wirtschaftspolitik ist kaum zu erwarten, daß eine weltweite Einigung auf Ziele und Instrumente der Wettbewerbspolitik erreicht werden kann, die den in den USA und der EG praktizierten Standards entsprechen würden. Die internationalen Wirtschaftsbeziehungen werden immer noch von handelspolitischen Zielsetzungen dominiert, die auch auf die nationale Wettbewerbspolitik durchschlagen. Bemerkenswert ist, daß eine offensichtliche Inkonsistenz der Wettbewerbspolitik insofern existiert, als Exportkartelle – in den USA, Deutschland wie auch im übrigen in der Europäischen Gemeinschaft – zugelassen sind, andererseits aber eine exterritoriale Geltung des jeweils eigenen Wettbewerbsrechts beansprucht wird. Ein erster Schritt zur internationalen Harmonisierung der Wettbewerbspolitik könnte darin bestehen, einen Vorschlag der American Bar Association folgend (vgl. Scherer 1994, S. 91), Exportkartelle generell zu verbieten. Im übrigen kann man erwarten, daß die Anwendung des Auswirkungsprinzips Tendenzen zu einer Harmonisierung der Wettbewerbspolitik auslöst.

3. Finanzmärkte und Wettbewerb auf Gütermärkten

Die Existenz potentieller Konkurrenz hängt in erheblichem Maße einerseits davon ab, inwieweit neue Anbieter Zugang zu finanziellen Mitteln haben, und andererseits davon, inwieweit etablierte Anbieter durch die Verfügung über finanzielle Ressourcen Vorteile besitzen, aufgrund derer sie neue Konkurrenten abschrecken können.

Finanzierungsquellen in alternativen Finanzsystemen

Finanzielle Mittel neuer Konkurrenten können entweder aus Eigenkapital oder aus Fremdkapital bestehen. In der Unternehmensfinanzierung beobachtet man nun eine in der Literatur als „pecking order" bezeichnete typische Hierarchie

---

[7] Ein Vorschlag wurde mit dem „Draft International Antitrust Code" 1993 von einer von Wolfgang Fikentscher geleiteten Forschergruppe dem GATT unterbreitet (Basedow 1998, S. 142.-154). Ein anderer Vorschlag stammt von F.M. Scherer (1994).

der finanziellen Quellen. An erster Stelle steht die Innenfinanzierung aus Gewinnen. Es folgt die Außenfinanzierung durch aufgenommene Kredite und erst an letzter Stelle findet man die Finanzierung durch die Emission von Aktien (Myers 1984). Tatsächlich entfiel von der Gesamtfinanzierung nicht-finanzieller Unternehmen in den USA, Kanada, UK, Deutschland und Frankreich in der Zeit von 1978-1990 mit 40-60 v.H. der größte Anteil auf die Innenfinanzierung (in Deutschland von 1960-1992 sogar 62 v.H.), ein Anteil von rund 40 v.H. auf Außenfinanzierung und nur ein sehr geringer Anteil auf die Emission von Aktien. In Japan war der Anteil der Innenfinanzierung etwas geringer und der Anteil der Außenfinanzierung durch Kredite höher (Schwiete 1998, S. 93).

Fremdkapital kann in Form von Bankkrediten aufgenommen werden oder durch Emission von Schuldverschreibungen. Die letztere Möglichkeit, die Sekurisierung, steht praktisch nur großen und bekannten Unternehmen offen. Sie ist für kleinere Unternehmen so gut wie verschlossen. Tatsächlich nehmen in Deutschland die langfristigen Bankverbindlichkeiten bei Großunternehmen einen deutlich geringeren Anteil an der Außenfinanzierung ein als bei kleineren und mittleren Unternehmen. Sie betrugen 1989 im produzierenden Gewerbe, Handel und Verkehr bei Unternehmen mit einem Jahresumsatz von 100 Mio. DM und mehr 7,6 v.H. der Bilanzsumme, bei Unternehmen unter 10 Mio. DM Jahresumsatz 32 v.H. und bei mittelgroßen Unternehmen 24,3 v.H. (Weigand, C. 1998, S. 120). Die langfristigen Bankverbindlichkeiten waren bei Kapitalgesellschaften geringer als bei Einzelkaufleuten und Personengesellschaften und in Industriezweigen mit hoher horizontaler Konzentration geringer als in solchen mit niedriger Konzentration (Weigand, C. 1998, S. 123ff.). Aus diesen Befunden ergibt sich die starke Vermutung, daß die Organisation des Finanzsektors einer Volkswirtschaft einen beträchtlichen Einfluß auf den Wettbewerb auf den Gütermärkten auszuüben in der Lage ist.

Asymmetrische Information als Eintrittsbarriere

Neu gegründete Unternehmen besitzen gegenüber etablierten Unternehmen im allgemeinen einen systematischen Wettbewerbsnachteil. Sie verfügen nicht über einbehaltene Gewinne und sind deshalb auf Außenfinanzierung durch Kredit und gegebenenfalls durch eine Emission von Aktien angewiesen. Ihre Finanzierungskosten sind auf Grund asymmetrischer Information zwischen dem Unternehmer und Kreditgebern bzw. Aktienzeichnern höher als bei etablierten Unternehmen. Neue Unternehmen sind unbekannt, und ihre Ertragsaussichten werden deshalb von Kapitalgebern als weniger sicher eingeschätzt als dies bei etablierten Unternehmen meistens der Fall ist. Deshalb muß bei einem neuen Unternehmen der erwartete Kapitalertrag zur Abgeltung des Risikos höher sein als bei etablierten Unternehmen. Darüber hinaus werden bei neuen Unternehmen von Kreditgebern im allgemeinen dingliche Sicherheiten in größerem Umfang gefordert als bei etablierten und bekannten Unternehmen. Als Folge dieser Zusammenhänge sind bei neuen Unternehmen die langfristigen Grenzkosten, in denen die Finanzierungskosten für Investitionen enthalten sind, höher als bei etablierten Konkurrenten. Bei im übrigen gleichen Produktionskosten können etablierte Unternehmen deshalb mit einem höheren Marktanteil rechnen als neue Konkurrenten.

Ein Markteintritt ist zwar schon dann lohnend, wenn der erwartete Ertrag die Opportunitätskosten des Kapitals, d.h. den generell am Kapitalmarkt erzielbaren Ertrag übersteigt. Eine Kapitalanlage in einem etablierten Unternehmen ist aber dennoch rentabler als in einem neuen Unternehmen, es sei denn, daß dieses auf Grund niedrigerer Kosten oder besserer Produkte einen Gewinn erwarten läßt, der trotz des größeren Risikos höher ist als in einem etablierten Unternehmen. Ist diese Voraussetzung nicht erfüllt, so besitzt ein etabliertes Unternehmen finanzielle Überlegenheit gegenüber neuen Konkurrenten und könnte im Fall einer marktbeherrschenden Stellung neue Konkurrenten einschüchtern und vom Markteintritt abschrecken.

Alternative Finanzsysteme im Wettbewerb

Hinsichtlich der Möglichkeit der Außenfinanzierung durch Kredit und Aktienemission lassen sich zwei alternative Typen des gesamtwirtschaftlichen Finanzsystems unterscheiden, marktorientierte und bankorientierte Finanzsysteme (Schwiete 1998, S. 115ff., Neuberger 1999). In marktorientierten Finanzsystemen erfolgt die Unternehmensfinanzierung überwiegend durch Sekurisierung in Form von Anleihen oder Aktien, in bankorientierten Finanzsystemen durch Bankkredit. Als Prototypen können die USA und Deutschland gelten, die USA mit einem marktorientierten Finanzsystem, Deutschland - wie im übrigen auch Japan - mit einem bankorientierten Finanzsystem. So beliefen sich von 1978-1990 die langfristigen Bankkredite in den USA auf 18,4 v.H., in Deutschland dagegen auf 62 v.H. des aufgenommenen Fremdkapitals (Schwiete 1998, S. 118).

Vielfach wird das marktorientierte Finanzsystem, das durch einen hohen Grad der Sekurisierung charakterisiert ist, als ein aufgrund natürlicher Evolution besonders fortgeschrittenes System eingestuft. Dieser Ansicht steht jedoch entgegen, daß das amerikanische Bankensystem aufgrund eines in den USA ausgeprägten Mißtrauens gegenüber potentieller Macht der Banken umfassend reguliert ist. Durch die Vorschrift eines Trennbanksystems, in dem „commercial banking" und „investment banking" nicht zusammengehen dürfen, dem Verbot der staatenübergreifenden Bankgeschäfte und des Verbots einer Fusion von Banken und Versicherungen (Roe 1993) wird bzw. wurde das Aktivitätsfeld der Banken stark eingeschränkt.[8] Die Marktorientierung des amerikanischen Finanzsystems kann deshalb weitestgehend als Folge der staatlichen Regulierung angesehen werden (Roe 1991, Neuberger 1999, Schwiete 1998, S. 120f.). Man kann deshalb auch nicht unter Berufung auf Gesetzmäßigkeiten der Evolution von Institutionen auf eine Überlegenheit eines marktorientierten Finanzsystems schließen. Welches der alternativen Systeme wirtschaftlich überlegen ist, kann sich nur in der Konkurrenz erweisen. Tatsächlich ist in jüngster Zeit nach einem gewissen Abbau der Regulierung des Bankensektors in den USA eine Tendenz zur Konvergenz der alternativen Systeme zu beobachten (Blommerstein 1995).

Banken und Gütermärkte

Wettbewerbsbeschränkungen in der Bankwirtschaft wirken sich aufgrund der zentralen Rolle der Finanzierung der Unternehmen auch auf den Wettbewerb auf den Gütermärkten aus. Generell ist von Smith (1998) dargelegt worden, daß durch eine infolge monopolistischer Marktmacht erhöhten Profitabilität von Banken die Opportunitätskosten des Kapitals in der Gesamtwirtschaft steigen, so daß sich die Außenfinanzierung verteuert. Als Folge monopolistischer Marktmacht in der Bankwirtschaft wird dadurch die makroökonomische Aktivität gemindert.

Das gilt natürlich in besonderem Maße für Länder mit einem bankorientierten Finanzsystem. Konzentrationsprozesse im finanziellen Sektor der Wirtschaft sind deshalb aus wettbewerbspolitischer Sicht kritisch zu beurteilen. Das gilt besonders deshalb, weil der Zugang zur Bankwirtschaft durch die staatliche Bankenaufsicht reguliert wird. In Deutschland waren in jüngerer Zeit Neueintritte inländischer Anbieter nicht mehr zu beobachten. Dagegen hat sich durch Fusionen die horizontale Konzentration erhöht. Gleichwohl ist der Konzentrationsgrad im allgemeinen noch verhältnismäßig niedrig. Der Anteil der Groß-

---

[8] Die nach dem Glass-Steagall Act von 1933 verordnete Trennung von Kredit- und Investmentbanken soll seit Jahren abgeschafft werden, jedoch ist die Verabschiedung des entsprechenden Reformgesetzes bisher am Widerstand der Versicherungslobby und anderer Interessengruppen gescheitert. Der McFadden Act von 1927, mit dem staatenübergreifende Bankgeschäfte untersagt wurden, wurde 1994 durch den Riegel-Neal Interstate Banking and Efficiency Act abgelöst, der eine Filialisierung der Banken über Staatsgrenzen hinaus erlaubt.

banken am Geschäftsvolumen aller Banken in Deutschland belief sich im Oktober 1998 auf nicht mehr als 11 v.H. Demgegenüber betrug der besonders für kleinere und mittlere Unternehmen relevante Anteil des Sparkassensektors (Girozentralen und örtliche Sparkassen) 36 v.H. und der des Genossenschaftssektors (Genossenschaftliche Zentralbanken und Kreditgenossenschaften) 14 v.H. (Monatsberichte der Deutschen Bundesbank Dezember 1998, S. 20*).

Der Sparkassensektor wird dabei aus mittelstandspolitischen Gründen durch staatliche Vorgaben in Form der „Anstaltslast" und der Gewährträgerhaftung gefördert. Durch die „Anstaltslast" wird vom kommunalen Träger im Fall der örtlichen Sparkassen und vom jeweiligen Bundesland im Fall der Girozentralen (Landesbanken) die fortwährende Funktionsfähigkeit garantiert. Gewährträgerhaftung bedeutet, daß der Träger gesamtschuldnerisch und ohne Begrenzung für die Verbindlichkeiten der Bank haftet. Das hat zur Folge, daß insbesondere die Landesbanken, die auch am internationalen Kapitalmarkt aktiv sind, die bestmögliche Bonitätseinstufung genießen und damit günstiger als die meisten anderen Banken und Unternehmen Kredite erhalten können. Diese Subvention ist auf heftige Kritik gestoßen (Sinn 1997). Gleichwohl wurde im Anschluß an den seit Mai 1999 geltenden Vertrag von Amsterdam auf Drängen der deutschen Bundesregierung in einer Erklärung folgendes festgestellt:

> „In Deutschland bleibt es den Gebietskörperschaften überlassen, auf welche Weise sie in ihren Regionen eine flächendeckende und leistungsfähige Finanzstruktur zur Verfügung stellen. Dadurch dürfen jedoch die Wettbewerbsbedingungen nicht in einem Ausmaß beeinträchtigt werden, das über das zur Erfüllung der besonderen Aufgaben erforderliche Maß hinausgeht und zugleich dem Interesse der Gemeinschaft entgegenwirkt."

Mit dieser Erklärung wurde de facto eine Ausnahmeregelung von der Beihilfekontrolle der Europäischen Gemeinschaft für die Landesbanken eingeführt. Zur Rechtfertigung läßt sich anführen, daß damit kleineren und mittleren Unternehmen sowie breiten Schichten der Bevölkerung als Sparer und Kapitalanleger ein Zugang zum internationalen Kapitalmarkt eröffnet wird, und insoweit Wettbewerbsnachteile, die aus geringer Größe resultieren, kompensiert werden.

Obgleich die Konzentration im Banksektor insgesamt verhältnismäßig gering ist, spielen die Großbanken bei der Finanzierung von Großunternehmen in Industrie und Handel eine beachtliche Rolle. Angesichts der Konzentration unter den Kreditkunden der Großbanken ist der Verdacht nicht von vornherein von der Hand zu weisen, daß auf Grund der Kreditbeziehungen kollusives Verhalten begünstigt wird. Die Vertreter der Banken in den Aufsichtsräten, in denen sie als Kreditgeber, als Verwalter von Depotstimmrechten ihrer Kundschaft und teilweise infolge von Industriebeteiligungen vertreten sind, könnten dazu neigen, aggressiven Wettbewerbshandlungen, durch die Kredite gefährdet werden, entgegenzuwirken. Dem wird durch die Begrenzung der zulässigen Zahl von Aufsichtsratsmandaten der einzelnen Personen und die Treuepflicht der Aufsichtsräte gegenüber ihren Gesellschaften gegengesteuert, kollusive Tendenzen lassen sich aber wohl kaum völlig ausschließen.

Die Monopolkommission (1978, S. 44ff. und 281ff.) hat nachdrücklich auf mögliche Konflikte hingewiesen, die aus dem Zusammentreffen von Industriebeteiligungen der Banken, dem Depotstimmrecht und dem Interesse als Kreditgeber erwachsen können. Einer daraus abgeleiteten Empfehlung, Industriebeteiligungen von Banken zu untersagen oder doch sehr stark einzuschränken, ist mit Vorbehalten zu begegnen. Angesichts des Auseinanderfallens von „Eigentum und Kontrolle" in Großunternehmen mit breit gestreutem Aktienbesitz (Berle und Means 1932) sind Kontrollmechanismen erforderlich, um die Unternehmensleitungen zu veranlassen, im Interesse der Eigentümer zu handeln. In marktorientierten Finanzsystemen geschieht dies durch den Markt für Unternehmenskontrolle (market for corporate control, vgl. Manne 1965, Jensen und Ruback 1983 mit einer Einschätzung der Effektivität). In einem bankorientierten Finanzsystem fällt die Kontrollaufgabe den Banken in ihrer Funktion als Kreditgeber, als Vertreter der Aktionäre durch das Depotstimmrecht und gegebenenfalls durch eigene Beteiligungsrechte zu. Es wäre nicht ratsam, ein Strukturelement eines bankorientierten Finanzsystems zu beseitigen, ohne einen adäquaten Ersatz zu schaffen (Neuberger 1997).

4. Staatsaufgaben und Wettbewerbspolitik

Die Zielsetzungen der Wettbewerbspolitik können mit denen der Strukturpolitik und generell der Sozial- und Gesellschaftspolitik in Konflikte geraten. Deshalb ist eine Einordnung und eine Einschätzung des Stellenwertes der Wettbewerbspolitik als Teil der gesamten Wirtschafts- und Gesellschaftspolitik erforderlich. Dabei sind insbesondere Konflikte zwischen wirtschaftlicher Effizienz und sozialer Gerechtigkeit zu überbrücken. Wie von Alfred Müller-Armack (1954) zum Ausdruck gebracht wurde, soll die von ihm propagierte Wirtschaftsordnung der Sozialen Marktwirtschaft „das Prinzip der Freiheit auf dem Markt mit dem des sozialen Ausgleichs" verbinden. Während die Wettbewerbspolitik in erster Linie darauf abzielt, wirtschaftliche Freiheit zu sichern und als Folge davon ökonomische Effizienz zu verwirklichen, ist die Realisierung eines sozialen Ausgleichs eine vielschichtige Aufgabe. Zum sozialen Ausgleich trägt die Wettbewerbspolitik selbst insofern bei, als sie monopolistische Marktmacht eindämmt und damit die Entstehung von Monopolgewinnen verhindert und dadurch die Entwicklung der Arbeitseinkommen und damit die der Einkommen der Mehrheit der Bevölkerung günstig beeinflußt. Den gleichen Effekt hat die Wettbewerbspolitik auch dadurch, daß sie technischen Fortschritt fördert und damit das Einkommenswachstum erhöht. Dementsprechend beobachtete Adam Smith (1776, vol. I, S. 90f.)

> „that it is in the progressive state, while the society is advancing to the further acquisition, rather than when it has acquired its full complement of riches, that the condition of the labouring poor, of the great body of the people, seems to be the happiest and the most comfortable. It is hard in the stationary, and miserable in the declining state. The progressive state is in reality the cheerful and the hearty state to all the different orders of the society."

Im gleichen Sinne propagierte Ludwig Erhard die Soziale Marktwirtschaft. Für ihn bestand das Soziale an der Sozialen Marktwirtschaft in erster Linie darin, daß sie Chancen der Wohlstandssteigerung für alle schafft.

Subventionen (Beihilfen des Staates für die private Wirtschaft)

Die Wettbewerbsverhältnisse zwischen den Unternehmen eines Landes, innerhalb der EG und international können durch staatliche Subventionen in erheblichem Maße beeinflußt werden. Dementsprechend wird im Artikel 87 EG-Vertrag postuliert, daß

> „soweit in diesem Vertrag nicht etwas anderes bestimmt ist, staatliche oder aus staatlichen Mitteln gewährte Beihilfen gleich welcher Art, die durch die Begünstigung bestimmter Unternehmen oder Produktionszweige den Wettbewerb verfälschen oder zu verfälschen drohen, mit dem Gemeinsamen Markt unvereinbar sind, soweit sie den Handel zwischen Mitgliedstaaten beeinträchtigen."

Artikel 87 EG-Vertrag bezieht sich nicht auf allgemeine Maßnahmen zugunsten aller Unternehmen eines Mitgliedstaates (EG 1995, S. 66f.). Dagegen können alle Beihilfen, die einem einzelnen Unternehmen gewährt werden, als unzulässig eingestuft werden, wenn sie diesem einen wirtschaftlichen Vorteil verschaffen, den es im normalen Geschäftsverlauf nicht erhalten hätte. Das gilt für private Unternehmen wie auch für öffentliche Unternehmen. Beihilfen können dabei in unterschiedlicher Form gewährt worden sein, als verlorene Zuschüsse, als Befreiung von Steuern und Abgaben, durch Überlassung von Grundstücken zu einem Preis, der unter dem Marktpreis liegt, durch die Übernahme einer Bürgschaft zu besonders günstigen Bedingungen oder in Form von Eigenkapitalzuführungen im Fall öffentlicher Unternehmen. Staatliche Kapitalbeteiligungen werden dann als Beihilfen eingestuft, wenn ein privater Kapitalgeber sich nicht oder nicht zu den gleichen Bedingungen an dem betreffenden Unternehmen beteiligt hätte. Bei Anwendung dieses Kriteriums („private investor test") lassen sich nach einem Urteil in erster Instanz des Europäischen Gerichtshofs vom 21. Januar 1999 im Fall Neue Maxhütte Stahlwerke GmbH (vgl. FAZ v. 26.2.99, S. 22) staatliche Beihilfen nicht dadurch rechtfertigen, daß gesamtwirtschaftliche Effekte, wie z.B. der Erhalt von Arbeitsplätzen in einer bestimmten Region, herbeigeführt werden, denn für einen privaten Investor wären solche Erwägungen irrelevant.

Bei der Beihilfenkontrolle durch die Europäische Kommission ist freilich zu berücksichtigen, daß die Gewährung einer Subvention durchaus im Interesse der Wirtschaftspolitik des betreffenden Landes liegen kann. Es ist zwar richtig, daß internationaler Handel wie auch interregionaler Handel innerhalb des Gemeinsamen Marktes der EG durch komparative Vorteile der einzelnen Länder gelenkt wird und die Richtung sowie das Ausmaß der Handelsströme nicht durch Subventionen - zum Beispiel im Rahmen einer strategischen Handelspolitik - verfälscht werden sollte. Komparative Vorteile sind aber nicht ausschließlich naturgegeben und unveränderlich. Sie beruhen vielmehr in erheblichem Maße auf der Ausstattung der einzelnen Länder mit privatem und öffentlichem Kapital, die durch wirtschaftspolitische Maßnahmen beeinflußt werden kann. Aus diesem Grund sind nach Artikel 87 Absatz 3 EG-Vertrag Ausnahmen vom Beihilfeverbot vorgesehen, und zwar unter anderem

- Beihilfen zur Förderung der wirtschaftlichen Entwicklung von Gebieten, in denen die Lebenshaltung außergewöhnlich niedrig ist oder eine erhebliche Unterbeschäftigung herrscht,

- Beihilfen zur Förderung der Entwicklung gewisser Wirtschaftszweige oder Wirtschaftsgebiete, soweit sie Handelsbedingungen nicht in einer Weise verändern, die dem gemeinsamen Interesse zuwiderläuft und

- Beihilfen zur Förderung wichtiger Vorhaben von gemeinsamem europäischen Interesse, zur Behebung beträchtlicher Störungen im Wirtschaftsleben eines Mitgliedstaates, zur Förderung der Kultur und des kulturellen Erbes und sonstige Arten von Beihilfen, die der Ministerrat durch eine Entscheidung mit qualifizierter Mehrheit auf Vorschlag der Kommission bestimmt.

Nach Artikel 87 Absatz 2 des EG-Vertrags sind auch Beihilfen sozialer Art an einzelne Verbraucher zulässig, wenn sie ohne Diskriminierung nach der Herkunft der Waren gewährt werden, Beihilfen zur Beseitigung von Schäden, die durch Naturkatastrophen verursacht sind, und Beihilfen für die Wirtschaft bestimmter durch die Teilung Deutschlands betroffener Gebiete der Bundesrepublik Deutschland, soweit sie zum Ausgleich der durch die Teilung verursachten wirtschaftlichen Nachteile erforderlich sind.

Nach dem diesen Vorschriften zugrunde liegenden Prinzip können Beihilfen aus nationaler Sicht industriepolitisch oder sozialpolitisch motiviert sein, sie dürfen aber dem Gesamtinteresse der Europäischen Gemeinschaft nicht zuwiderlaufen. Der Europäischen Kommission als Sachwalterin des Gemeinschaftsinteresses obliegt es, im Einzelfall abzuwägen und zu entscheiden.

Verboten sind alle Beihilfen, die nicht im Ausnahmekatalog von Artikel 87 Absatz 2 und 3 des EG-Vertrags enthalten sind und den Handel zwischen den Mitgliedstaaten spürbar beeinträchtigen.

> „Nach Ansicht der Kommission erfüllte die Beihilfe an das deutsche Unternehmen *Leuna-Werke GmbH* dieses Kriterium, obwohl das Unternehmen keine Waren in andere Mitgliedstaaten exportiert; es kann jedoch durch die Beihilfe in die Lage versetzt werden, seine Produktion für den Inlandsmarkt zu erhöhen und damit die Absatzmöglichkeiten für importierte Waren aus anderen Mitgliedsstaaten zu verringern" (EG 1995, S. 67).

Bei der Beurteilung von Beihilfen an einzelne Unternehmen im Rahmen von Regionalbeihilferegelungen - z.B. für *FORD Genk* - richtete sich die Kommission nach dem Grundsatz, daß Regionalbeihilfen in einem angemessenen Verhältnis zu den tatsächlichen regionalen Nachteilen stehen müssen (EG 1995, S. 69).

Die Problematik der Beihilfen und ihrer Kontrolle durch die Europäische Kommission ergibt sich aus ihrer industriepolitischen Zielsetzung. Mit der Bezugnahme auf das gemeinsame Interesse der Europäischen Gemeinschaft sind bestimmte industriepolitische Ziele involviert, deren Verfolgung mit den Prinzipien der Wettbewerbspolitik kollidieren kann. So wurde zum Beispiel eine Beihilfe, die zur Erhöhung der Produktionskapazität eines Betriebes der Volkswagen AG in Sachsen führen sollte, wegen bestehender struktureller Überkapazitäten im Automobilsektor als unvereinbar mit dem Gemeinsamen Markt eingestuft. Beihilfen für andere Produzenten, die mit dem Abbau von Produktionskapazitäten - unter anderen durch die Firmen Daimler und Ford - einhergehen sollten, wurden demgegenüber genehmigt (EG 1996, S. 61). Fragwürdig ist dabei, daß die Europäische Kommission in derartigen Fällen Unternehmensentscheidungen positiv bzw. negativ beurteilt, Entscheidungen, für die letztlich die Unternehmen selbst die Verantwortung tragen. Demgegenüber ist zu Recht einzuwenden, daß der Staat - im vorliegenden Fall kontrolliert durch die Europäische Gemeinschaft - regionalpolitisch begründet handeln kann. Die Rechtfertigung der Billigung oder Verweigerung von Beihilfen war in den erwähnten Fällen aber nur zum Teil durch regionalpolitische Erwägungen bestimmt. Sie beruhte auch auf strukturpolitischen Prognosen über die Entwicklungschancen bestimmter Produkte der Automobilindustrie. Da es sich in den erwähnten Fällen überdies um Großunternehmen mit zahlreichen Betriebsstätten in verschiedenen Regionen Europas handelte, ist die Inzidenz einer Beihilfeentscheidung nicht klar.

In der Beihilfenkontrolle sind zwischen dem Gemeinschaftsinteresse und den nationalen Zielen der Wirtschaftspolitik Konflikte angelegt, aus denen erhebliche Effizienzverluste resultieren können. Ein eklatantes Beispiel bildet der europäische Stahlmarkt, auf dem verschiedene Mitgliedsstaaten versucht haben, ihrer nationalen Stahlindustrie – die zum Teil verstaatlicht war – durch Subventionen einen größeren Marktanteil zu verschaffen. Die Beihilfekontrolle der Europäischen Kommission war dabei weitgehend wirkungslos. Von 1975 bis 1993 wurden von den 12 Mitgliedsstaaten Beihilfen im Gesamtbetrag von 138 Mrd DM geleistet, davon 12,7 Mrd DM von Belgien, 23,8 Mrd DM von Frankreich, 27 Mrd DM von Großbritannien, 44,4 DM von Italien gegenüber 8 Mrd DM von Deutschland, wovon 3,3 Mrd DM allein auf ein Unternehmen im Saarland entfielen (Berthold 1994, S. 29). Zeitweilig, anfangs der achtziger Jahre, kam es trotz großer Bemühungen der Europäischen Kommission zu einem Subventionswettlauf, bei dem die nationalen Regierungen offenbar glaubten, unumgängliche Anpassungslasten des Strukturwandels in einer insgesamt eher stagnierenden Industrie auf andere Länder abwälzen zu können. Das Ziel, bestehende Angebotsüberhänge abzubauen, konnte deshalb nicht gelingen. Dieses Beispiel zeigt deutlich die Problematik einer strategischen Handelspolitik, die zu einer beggar-my-neighbor Politik führt, bei der am Ende alle verlieren.

Vergabe öffentlicher Aufträge

Wettbewerbspolitische Probleme sind auch mit der Vergabe öffentlicher Aufträge verbunden. Einerseits können mit der Vergabe öffentlicher Aufträge industriepolitische Ziele verfolgt werden, indem Unternehmen in bestimmten Regionen als Lieferanten bevorzugt oder ausländische Anbieter gegenüber inländischen Produzenten diskriminiert werden. Andererseits besteht ein öffentliches Interesse daran, daß die Beschaffung durch staatliche Instanzen zu möglichst günstigen Bedingungen erfolgt. Bei privaten Unternehmen wird dies durch das Selbstinteresse sichergestellt. Da es ein gleichartig eindeutiges Ziel bei einer staatlichen Auftragsvergabe nicht gibt, bedarf es eines anderen Mechanismus zur Gewährleistung eines kostengünstigen Einkaufs. Zwei Probleme sind dabei zu bewältigen. Erstens besteht die Gefahr der Korruption, die deswegen besonders virulent ist, weil es sich bei öffentlichen Aufträgen meist um beträchtliche Summen handelt, die im Verhältnis zu dem Einkommen der für die Auftragserteilung verantwortlichen Beamten riesig sind. Zweitens besteht die Gefahr, daß die um öffentliche Aufträge konkurrierenden Anbieter untereinander Absprachen treffen. Um sowohl Korruption als auch Kollusion zu verhindern, wird für öffentliche Aufträge im allgemeinen ein formalisiertes Verfahren der Auftragsvergabe vorgesehen, die Submission nach öffentlicher Ausschreibung. Dadurch soll erstens eine Gleichbehandlung der Konkurrenten erreicht werden. Zweitens kann vorgeschrieben werden, daß den an einer Ausschreibung beteiligten Bietern das Recht eingeräumt wird, die Fairness des Verfahrens gerichtlich überprüfen zu lassen. Das gilt z.B. für öffentliche Aufträge, die aufgrund ihre Volumens nach den Richtlinien der Europäischen Union offen auszuschreiben sind (§§ 100, 102ff. KartellG, vgl. auch Byok 1998), so daß eine unbeschränkte Anzahl von Unternehmen zur Abgabe von Angeboten aufgefordert wird. Unter den abgegebenen Angeboten soll der Zuschlag dem wirtschaftlichsten Angebot erteilt werden. Dabei ist die Zuverlässigkeit und Leistungsfähigkeit der Bewerber zu berücksichtigen. In diesem Rahmen ist nach § 97 KartellG mittelständischen Interessen durch eine Teilung der Aufträge Rechnung zu tragen.

In einer Auktion wird durch die eindeutige Definition des ausgeschriebenen Auftrags ein homogenes Gut konstruiert und damit ein reiner Preiswettbewerb herbeigeführt (McAfee und McMillan 1987, Milgrom 1989). Wie im Modell des Bertrand-Wettbewerbs der Oligopoltheorie wäre deshalb auf den ersten Blick zu erwarten, daß der Preis sich in Höhe der Grenzkosten einstellt. Tatsächlich ist aber in der Regel mit Fixkosten zu rechnen, so daß ein Preis in Höhe der Grenzkosten nicht kostendeckend wäre. Eher kommt deshalb das Modell eines bestreitbaren Marktes in Betracht, denn mit dem Angebot sind kaum versunkene Kosten verbunden, so daß ein Markteintritt – d.h. die Teilnahme an der Submission – und ein Austritt – d.h. Verzicht auf die Ausführung eines Auftrags – so gut wie ohne Kosten möglich ist. Der Gleichgewichtspreis des Bertrand-Wettbewerbs in einer Auktion dürfte deshalb durch die totalen Durchschnittskosten bestimmt sein. Es läßt sich zeigen, daß der aus einer Auktion resultierende Angebotspreis um so niedriger ist, je größer die Zahl der Bieter ist (Phlips 1995, S. 72). Diese theoretisch ableitbare Hypothese ist in empirischen Studien mehrfach bestätigt worden (McAfee und McMillan 1987, S. 729). Deshalb ist es aus ökonomischer Sicht gut begründet, daß öffentliche Aufträge in einem offenen Ausschreibungsverfahren zu vergeben sind. Dadurch wird ein großer Kreis potentieller Anbieter angesprochen.

Bei der Abgabe eines Angebots zur Ausführung eines öffentlichen Auftrags besteht häufig Ungewißheit über die wirklichen Kosten. Gerade bei großen Bauvorhaben ist das vielfach der Fall. Hier tritt dann ein Phänomen in Erscheinung, das als „Fluch des Sieges" (winner's curse) bezeichnet wird. Da der Zuschlag dem Bieter erteilt wird, der den niedrigsten Preis verlangt, entsteht eine Tendenz dazu, daß vielfach derjenige als Sieger aus der Ausschreibung hervorgeht, der die wirklich entstehenden Kosten zu niedrig einschätzt und am Ende Verluste erleidet. Nicht selten kommt es deshalb zum Bankrott eines siegreichen Bieters noch bevor das Bauwerk vollendet ist.

Die Strenge des Bertrand-Wettbewerbs und darüber hinaus die Gefahr, als Sieger einer Ausschreibung am Ende Verluste zu erleiden, trägt dazu bei, daß von den Konkurrenten Versuche unternommen werden, den Wettbewerb durch Absprachen zu beschränken. Submissionskartelle sind deshalb verhältnismäßig häufig (OECD 1976, McAfee und McMillan 1992). Das gilt besonders dann, wenn die gleichen Anbieter in Ausschreibungen immer wieder aufeinandertreffen. Da der Angebotspreis der einzelnen Konkurrenten bei der Öffnung der Angebote allen Bietern bekannt wird, sind Angebote, die von einem abgesprochenen Preis abweichen, unmittelbar identifizierbar. Dadurch wird die Überwachung einer Kollusion erleichtert, so daß abweichendes Verhalten weniger wahrscheinlich ist.

Wettbewerb im Verhältnis zur Sozialpolitik

Der aus dem Wettbewerb resultierende Strukturwandel bringt regelmäßig Risiken mit sich, Risiken für Arbeitnehmer wie auch für Unternehmer. Obgleich im Prozeß der „schöpferischen Zerstörung" zugleich Chancen eröffnet werden, treten für die Verlierer des Strukturwandels zunächst Verluste ein. Nicht jeder kann die damit verbundenen Risiken aus eigener Kraft tragen. Sozialpolitik kann deshalb einen wesentlichen Beitrag zur Stabilität und Funktionsfähigkeit einer Marktwirtschaft leisten und bildet deshalb ein zur Wettbewerbspolitik komplementäres Strukturelement einer marktwirtschaftlichen Ordnung. Der Gesichtspunkt des sozialen Ausgleichs darf jedoch nicht auf die Verfolgung distributiver Gerechtigkeit durch Sozialpolitik allein reduziert werden. Soziale Gerechtigkeit muß auch aus der Sicht der kommutativen Ethik Leistungsgerechtigkeit einschließen. Leistung ist dabei der durch die Märkte bewertete Beitrag des einzelnen zum gesamtwirtschaftlichen Erfolg. Würde soziale Gerechtigkeit – allein im Sinne der distributiven Gerechtigkeit – mit Egalisierung von Einkommen gleichgesetzt werden, so würden die für den Wettbewerbsprozeß konstitutiven Anreizstrukturen eingeebnet und die wirtschaftliche Entwicklung würde gehemmt. Dadurch würden wirtschaftliche Strukturen zementiert, Chancen für Aufstiegswillige verbaut und durch die Beeinträchtigung des wirtschaftlichen Wachstums die finanzielle Grundlage der Sozialpolitik unterminiert.

Aus sozialpolitischer Sicht wird die Tatsache begründet, daß die Arbeitsmärkte nicht Gegenstand der Wettbewerbspolitik sind. Die deutsche Verfassung garantiert in Artikel 9 Absatz 3 des Grundgesetzes für alle Berufe das Recht zur Bildung von Vereinigungen zur Wahrung und Förderung der Arbeits- und Wirtschaftsbedingungen und auch in den USA sind die Gewerkschaften nicht dem Antitrustrecht unterworfen. Das gleiche gilt für alle übrigen Industrieländer. Auf den Arbeitsmärkten sind damit Kartelle der Arbeitgeber und Arbeitnehmer erlaubt, die untereinander in Tarifverträgen Vereinbarungen über Arbeitsbedingungen und Löhne treffen können. Zur Begründung dieser generellen Ausnahme vom Wettbewerb als Ordnungsprinzip wird gewöhnlich darauf verwiesen, daß am Arbeitsmarkt eine strukturelle Unterlegenheit der Arbeitnehmer gegenüber den Arbeitgebern besteht. Das ergibt sich einmal aus einem Vergleich der Zahlen. Im allgemeinen sind die Arbeitnehmer weitaus zahlreicher als die Arbeitgeber. Zweitens ist zu berücksichtigen, daß Kapitaleigentümer, deren Interessen von den Arbeitgebern vertreten werden, ihre Investitionen diversifizieren können, während die Arbeitnehmer im allgemeinen ihre Arbeitskraft und damit das von ihnen investierte Humankapital undiversifiziert anbieten müssen. Die Fähigkeit, das Angebot zeitweilig auszusetzen, ist deshalb auf der Seite des Kapitals strukturell größer als bei der Arbeit. Das führt dazu, daß selbst in einem bilateralen Monopol des Zusammenwirkens von Arbeitgeberverbänden und Gewerkschaften die Arbeitnehmerseite schwächer ist als die Arbeitgeberseite.[9] Als Gegengewicht dient das Recht der kollektiven Angebotsaussetzung durch Streiks.

Eine ähnliche Asymmetrie der Marktmacht wird allgemein für die Landwirtschaft vermutet. Aus diesem Grund ist in Europa die Landwirtschaft ebenfalls teilweise aus der Wettbewerbsordnung ausgenommen. Für die Landwirtschaft und den Handel mit landwirtschaftlichen Erzeugnissen wurde im Rahmen der Europäischen Gemeinschaft (Art. 32ff. EG-Vertrag) eine Marktordnung geschaffen, in der nur ein regulierter Wettbewerb möglich ist. Für die meisten landwirtschaftlichen Produkte wird im Rahmen der gemeinsamen Agrarpolitik ein Preissystem installiert, in dessen Rahmen Mindestpreise gelten, an die sich die einzelnen Produzenten im Wettbewerb anpassen können. Doch selbst dies ist nur mit Einschränkungen möglich. Da infolge der festgelegten Mindestpreise

---

[9] Man kann das gut mit Hilfe des Rubinstein-Modells eines bilateralen Monopols veranschaulichen, in dem die Aufteilung eines gegebenen Betrages wesentlich von der Höhe der Zeitpräferenzrate der beiden Parteien abhängig ist. Ceteris paribus zieht derjenige den kürzeren, der - bei höherer Zeitpräferenzrate - künftige Gewinne stärker diskontiert. Vgl. Rubinstein (1982) und Neumann (1995a, S. 53ff.).

regelmäßig Angebotsüberschüsse entstanden, mußte durch Anbau- und andere Produktionsbeschränkungen gegengesteuert werden. Spiegelbildlich zu diesen Regulierungen werden in § 28 KartellG Vereinbarungen von landwirtschaftlichen Erzeugerbetrieben sowie Vereinigungen dieser Betriebe über die Erzeugung oder den Absatz landwirtschaftlicher Erzeugnisse oder die Benutzung gemeinschaftlicher Einrichtungen für die Lagerung, Be- oder Verarbeitung landwirtschaftlicher Erzeugnisse vom Kartellverbot ausgenommen, sofern sie keine Preisbindung enthalten und den Wettbewerb nicht ausschließen. Dabei ist das Verbot der Preisbindung insoweit gegenstandslos, als für Marktordnungsprodukte im Rahmen der gemeinsamen Agrarpolitik der EU Mindestpreise festgelegt werden.

5. Fazit

Die Wettbewerbspolitik bildet einen Eckpfeiler einer marktwirtschaftlichen Ordnung. Wettbewerbspolitik ist aber nicht alles. Sie ist eingebettet in die allgemeine Wirtschaftspolitik. Die Wettbewerbspolitik zielt in erster Linie darauf ab, die Effizienz der Wirtschaft zu sichern, andere Bereiche der Wirtschaftspolitik sind auf andere Ziele ausgerichtet, so daß Zielkonflikte entstehen können.

Wettbewerb geht mit „schöpferischer Zerstörung" einher, bisher dominierende Wirtschaftszweige verlieren an Boden und neue Wirtschaftszweige entstehen. Die Einkommens- und Vermögensverluste in schrumpfenden Bereichen werden im Wachstumsprozeß auf die Dauer zwar überkompensiert durch einkommens- und Vermögensgewinne in neuen Sektoren, die temporären Verluste werden jedoch vielfach als vermeidbare Härte empfunden. Daraus erwächst die Frage, ob nicht Kooperation statt Konkurrenz als Leitbild der Wirtschaftspolitik dienen solle, so daß im Konsens unterschiedlicher Interessen ein gelenkter Wandel der wirtschaftlichen Strukturen stattfinden und soziale Härten weitestgehend vermieden werden. Diese Vorstellung ist jedoch ein Trugbild, das in die Irre führt. Kooperation, die in einer kleinen Gruppe, einer Familie zumal, gut funktionieren kann, ist für Interaktionen unter Fremden, in einer globalen Wirtschaft, nicht zweckmäßig. Eine Kooperation birgt die Tendenz in sich, daß die Teilnehmer Vorteile zu Lasten Dritter anstreben, wie das bei Kartellen und anderen Formen der Kollusion der Fall ist. Auch bei Kooperationen, die von einer solchen Tendenz frei sind, bleibt im allgemeinen das Marktergebnis hinter dem bei Konkurrenz erreichbaren Resultat zurück. Das ist der Grund dafür, daß der genossenschaftlich organisierte Teil der Wirtschaft in der Konkurrenz mit dem kapitalistisch organisierten Teil nicht mehr als eine Randerscheinung geblieben ist, und viele der Rechtsform nach genossenschaftliche Organisationen de facto von kapitalistischen Organisationen, mit denen sie im Wettbewerb stehen, nicht zu unterscheiden sind. Darüber hinaus wird durch die internationalen Konkurrenzbeziehungen in einer globalen Wirtschaft Wettbewerb als Ordnungsprinzip aufgezwungen. Es ist dann allemal besser, es aktiv zu nutzen, als hinhaltenden Widerstand zu leisten, der am Ende doch vergeblich ist.

Mit der Idee einer kooperativen Wirtschaftsordnung wird vielfach auch die Erwartung verbunden, daß altruistisches Verhalten das für eine Marktwirtschaft typische Streben nach Gewinn zurückdrängen könne, daß Nächstenliebe ethisch wertvoller sei als Habgier, die man vielfach mit dem Ziel der Maximierung des Shareholder Value verbunden sieht. Aus dieser Einstellung heraus werden Betriebe, die nicht auf Gewinnerzielung bedacht sind – sog. Non-Profit-Organisationen –, sondern mildtätigen Zielen verpflichtet sind, besonders begrüßt. In den USA tragen diese Organisationen rund 10 v.H. des Bruttosozialproduktes bei (Weisbrod 1998). Ihr Anteil ist in jüngster Zeit jedoch gesunken, und auch in Deutschland ist eine Tendenz zu verzeichnen, den Non-Profit-Sektor dem Wettbewerb auszusetzen, weil man davon eine höhere Leistungsfähigkeit erwartet.

Es bleibt dann die Frage, wie Konflikte zwischen den Zielen der Effizienz und der Verteilung im weitesten Sinn gelöst werden können, zwischen Konflikten, die sich in unterschiedlichen Zielen der verschiedenen Wirtschaftsbereiche manifestieren. In der Wettbewerbspolitik treten solche Konflikte vor allem bei der Beurteilung mittelstandspolitischer Argumente auf, bei der Rechtfertigung staatlicher Eingriffe durch den Hinweis auf das öffentliche Interesse und bei der Beurteilung von Fusionen hinsichtlich ihrer Folgen für die Balance der politischen Machtverhältnisse. Eine Lösung der Probleme in jedem Einzelfall zu suchen, wäre zu kostspielig und zwar nicht nur im administrativen Sinn, sondern auch dadurch, daß während der langen Prozesse, die zur Klärung erforderlich wären, Unsicherheit entstünde, durch die unternehmerische Entscheidungen verzögert oder gar verhindert würden.

Tatsächlich werden zahlreiche Konflikte durch generelle Regelungen gelöst. Drei Ebenen kann man dabei unterscheiden. Auf der Verfassungsebene werden unveräußerliche Rechte festgelegt, die den Handlungsspielraum von Individuen und Staat begrenzen. Durch sie werden Machtverhältnisse bestimmt, die nicht zuletzt die Einkommens- und Vermögensverteilung beeinflussen. Als zweite Ebene kann man die *per se*-Regelungen des Wettbewerbsrechts nennen. Sie schaffen Rechtssicherheit. Sie sind natürlich nicht kostenlos zu haben, man erwartet jedoch, daß die Vorteile der generellen Regelungen größer sind als eventuelle Nachteile. Schließlich bleiben auf der dritten Ebene die Einzelfallentscheidungen über die Zulassung oder Ablehnung von Wettbewerbsbeschränkungen. Im deutschen Wettbewerbsrecht ist hier ein zweistufiges Verfahren vorgesehen. Generell ist das Bundeskartellamt zuständig, das allein aus wettbewerbspolitischer Sicht zu entscheiden hat. In Ausnahmefällen kann der Bundesminister für Wirtschaft Wettbewerbsbeschränkungen „aus überwiegenden Gründen der Gesamtwirtschaft und des Gemeinwohls" (§ 7 KartellG) und Fusionen (§ 42 KartellG) ausnahmsweise erlauben. Der Vorteil dieses zweistufigen Verfahrens besteht darin, daß die Gründe für die am Ende getroffene Entscheidung transparent werden. Demgegenüber werden Entscheidungen über die Zulassung von Kartellen und Fusionen in der Europäischen Gemeinschaft von der Kommission getroffen, so daß die Gründe für die jeweilige Entscheidung häufig im Dunkeln bleiben und deswegen auch nicht Gegenstand einer öffentlichen Diskussion werden können. Vorschläge, auch in der Europäischen Gemeinschaft ein zweistufiges Entscheidungsverfahren einzuführen, haben bisher keine Mehrheit finden können. In den USA gibt es keine formalen Ausnahmeregeln vom *per se*-Verbot von Kartellen, die mit dem deutschen und dem Recht der Europäischen Gemeinschaft vergleichbar sind, und Aktionen zum Verbot von Fusionen werden von der Federal Trade Commission und/oder dem Justizministerium in die Wege geleitet. Ob derartige Initiativen allein aus wettbewerbspolitischen Gründen ergriffen oder unterlassen werden oder ob auch allgemeine politische Erwägungen ins Spiel kommen, ist kaum definitiv festzustellen. Darüber hinaus spielen private Initiativen, die auf die Zuerkennung von Schadenersatzansprüchen durch Gerichte hinauslaufen, eine wichtige Rolle. Insgesamt dürften in den USA wettbewerbspolitische Motive gegenüber politischen Motiven ein größeres Gewicht besitzen als in Europa.

Literatur

Acs, Z.J. und D.B. Audretsch 1990, Innovation and Small Firms, Cambridge, Mass. und London: MIT Press

Aiginger, K. und M. Pfaffermayr 1997, Looking at the Cost Side of "Monopoly", Journal of Industrial Economics 55, 245-267

Albach, H. 1994, Information, Zeit und Wettbewerb, in: Neumann, M. (Hrsg.), Unternehmensstrategie und Wettbewerb auf globalen Märkten und Thünen-Vorlesung, Jahrestagung des Vereins für Socialpolitik in Münster 1993, Berlin: Duncker & Humblot, 113-154

Albach, H. 1996, The U.K. Agricultural Tractors Information Exchange System, in: Albach, H., J.Y. Jin und C. Schenk (Hrsg.), Collusion through Information Sharing? Berlin: Rainer Bohn Verlag, 123-135

Albach, H. und N. Kloten 1973, Preispolitik auf dem Farbstoffmarkt in der EWG. Gutachtliche Stellungnahme zu der Preispolitik auf dem Farbstoffmarkt in der EWG in der Zeit von 1964 bis 1967, Tübingen: J.C.B. Mohr (Siebeck)

Alchian, A.A. und H. Demsetz 1972, Production, Information Costs, and Economic Organization, American Economic Review 62, 777-795

Areeda, P. und D. Turner 1975, Predatory Pricing and Related Practices under Section 2 of the Sherman Act, Harvard Law Review 88, 697-733

Areeda, P. und D. Turner 1980, Antitrust Law IV, Boston: Little, Brown

Armstrong, M., S. Cowan und J. Vickers 1994, Regulatory Reform: Economic Analysis and British Experience, Cambridge, Mass. – London, England: MIT Press

Arrow, K.J. 1962, Economic Welfare and the Allocation of Resources for Invention, in: The Rate and Direction of Inventive Activity: Economic and Social Factors, NBER, Princeton: Princeton University Press

Ashton, T.S. 1964, The Industrial Revolution 1760-1830, New York: Oxford University Press

Audretsch, D.B. 1995, Innovation and Industry Evolution, Cambridge, Mass.: MIT Press

Audretsch, D.B. 1999, Industrial Policy and Industrial Organization, in: Mueller, D.C., A. Haid und J. Weigand (Hrsg.), Competition, Efficiency, and Welfare. Essays in Honor of Manfred Neumann, Dordrecht/Boston/London: Kluwer, 223-252

Averch, H. und L. Johnson 1962, Behavior of the Firm under Regulatory Constraint, American Economic Review 52, 1052-1069

Badura, P. 1966, Bewahrung und Veränderung demokratischer und rechtsstaatlicher Verfassungsstrukturen in den internationalen Gemeinschaften, VVDStRL (Veröffentlichungen der Vereinigung Deutscher Staatsrechtslehrer) 23, 34 ff.

Bagwell, K. und R.W. Staiger, 1997, Collusion Over the Business Cycle, Rand Journal of Economics 28, 82-106

Bain, J.S. 1951, Relation of Profit Rate to Industry Concentration: American Manufacturing, 1936-1940, Quarterly Journal of Economics 65, 293-324

Bain, J.S. 1956, Barriers to New Competition, Cambridge: Harvard University Press

Bain, J.S. 1966, International Differences in Industry Structure, New Haven: Yale University Press

Baldwin, J.R. und P.K. Gorecki 1994, Concentration and Mobility Statistics in Canada's Manufacturing Sector, Journal of International Economics 42, 93-103

Banerjee, A. und E.W. Eckard 1998, Are Mega-Mergers Anticompetitive? Evidence from the First Great Merger Wave, Rand Journal of Economics 29, 803-827

Basedow. J. 1998, Weltkartellrecht, Tübingen:
Mohr Siebeck

Baumol, W.J. 1996, Predation and the Logic of the Average Variable Cost Test, Journal of Law and Economics 39, 49-72

Baumol, W.J., J.C. Panzar und R.D. Willig 1982, Contestable Markets and The Theory of Industry Structure, New York: Harcourt Brace Jovanovich

Baxter, W.F. 1980, The Political Economy of Antitrust, in: Tollison, R.D. (Hrsg.), The Political Economy of Antitrust: Principal Paper by William Baxter, Lexington, Mass.: Lexington Books, 3-49

Bergson, A. 1973, On Monopoly Welfare Losses, American Economic Review 63, 853-870

Berle, A.A. und G. Means 1932, The Modern Corporation and Private Property, New York: Macmillan

Berthold, N. 1994, Dauerkrise am europäischen Stahlmarkt – Macht- oder Politikversagen? Bad Homburg: Frankfurter Institut

Bertrand, J. 1883, Théorie des Richesses, Journal des Savants, September, 499-508 (Rezension von „Théorie Mathématique de la Richesse Sociale", par Léon Walras, Professeur d'économie politique à l'académie de Lausanne, Lausanne 1838 und „Recherches sur les Principes Mathématiques de la Théorie des Richesses", par Augustin Cournot, Paris 1838)

Bittlingmayer, G. 1982, Decreasing Average Cost and Competition: A New Look at the Addyston Pipe Case, Journal of Law and Economics 25, 201-

Blair, R.D. und J.L. Harrison 1993, Monopsony. Antitrust Law and Economics, Princeton, N.J.: Princeton University Press

Blommerstein, H.J. 1995, Structural Changes in Financial Markets: Overview of Trends and Prospects, in OECD 1995, The New Financial Landscape, Paris, S. 9-48

Böbel, I. 1984, Wettbewerb und Industriestruktur. Industrial Organization-Forschung im Überblick, Berlin u.a.: Springer-Verlag

Böhm, F. 1948, Das Reichsgericht und die Kartelle, ORDO Jahrbuch 1, 197-213

Bork, R.H. 1965, The Rule of Reason and the Per Se Concept: Price Fixing and Market Division, Yale Law Review 74, 775-847

Bork, R.H. 1978, The Antitrust Paradox: A Policy at War with Itself, New York: Basic Books

Borrmann, J. und J. Finsinger 1999, Markt und Regulierung, München: Franz Vahlen

Bourgeois, J.H.J. und P. Demaret 1995, The Working of EC Policies on Competition, Industry and Trade: A Legal Analysis, in: Buigues, P., A. Jacquemin und A. Sapir (Hrsg.), European Policies on Competition, Trade and Industry. Conflict and Complementarities, Aldershot, UK - Brookfield, US: Edward Elgar, 65-114

Bourlakis, C.A. 1997, Testing Competitive Environment and the Persistence of Profit Hypotheses, Review of Industrial Organization 12, 203-218

Brander, J. und B. Spencer 1985, Export Subsidies and International Market Share Rivalry, Journal of International Economics 18, 83-100

Bremer, K.J. 1985, Die Kartellverordnung von 1923: Entstehung, Inhalt und praktische Anwendung, in: H. Pohl (Hrsg.), Kartelle und Kartellgesetzgebung in Praxis und Rechtsprechung vom 19. Jahrhundert bis zur Gegenwart, Wiesbaden: Franz Steiner Verlag, S. 111-126

Brodley, J.F. 1990, Antitrust Law and Innovation Cooperation, Journal of Economic Perspectives 4, 97-112

Brozen, Y. 1971, Bain's Concentration and Rates of Return Revisited, Journal of Law and Economics 14, 351-369

Brozen, Y. 1974, Concentration and Profits: Does Concentration Matter? The Antitrust Bulletin 19, 381-399

Bücher, K. 1895, Die wirtschaftlichen Kartelle, in: Schriften des Vereins für Sozialpolitik, Band 61, S. 138-157

Bühner, R. 1994, Erfolge und Mißerfolge von Unternehmenszusammenschlüssen, in: M. Neumann (Hrsg.), Unternehmensstrategie und Wettbewerb auf globalen Märkten und Thünen-Vorlesung, Jahrestagung des Vereins für

Socialpolitik in Münster 1993, Berlin: Duncker & Humblot, 23-40

Burns, M. 1986, Predatory Pricing and the Acquisition Costs of Competitors, Journal of Political Economy 94, 266-296

Byok, J. 1998, Das neue Vergaberecht, Neue Juristische Wochen (NJW) 1998, Heft 38, 2774-2779

Cabral, L.M.B. und M.H. Riordan 1997, The Learning Curve, Predation, Antitrust, and Welfare, Journal of Industrial Economics 45, 155-169

Cecchini, P. 1988, Europa '92. Der Vorteil des Binnenmarktes. Baden-Baden: Nomos Verlagsgesellschaft

Chamberlin, E.H. 1933, The Theory of Monopolistic Competition, Cambridge, Mass.: Harvard University Press

Chandler, A.D. 1977, The Visible Hand. The Managerial Revolution in American Business, Cambridge, Mass. u.a.: Harvard University Press

Choi, E.K., C.F. Menezes und J.H. Tressler 1985, A Theory of Price Fixing Rings, Quarterly Journal of Economics 100, 465-478

Christensen, P. und P. Owen 1999, Comment on the Judgement of the Court of First Instance of 25 March 1999 in the Merger Case IV/M.619 – Gencor/

Lonrho, EC Competition Policy Newsletter Number 2, June, 19-23

Clark, J.M. 1940, Toward a Concept of Workable Competition, American Economic Review 30, 241-256

Clark, J.M. 1961, Competition as a Dynamic Process, Washington, D.C.: The Brookings Institution

Clarke, R.N. 1983a, Duopolists Don't Wish to Share Information, Economic Letters 11, 33-36

Clarke, R.N. 1983b, Collusion and the Incentives for Information Sharing, Bell Journal of Economics 14, 383-394

Coase, R.H. 1937, The Nature of the Firm, Economica 4, 386-405

Coates, M.B. und F.S. McChesney 1992, Enforcement of the US Merger Guidelines. Empirical Evidence on FTC Enforcement of the Merger Guidelines, Economic Inquiry 30, 277-293

Cohen, W.M. und R.C. Levin 1989, Empirical Studies of Innovation and Market Structure, in: Schmalensee, R. und R.D. Willig (Hrsg.), Handbook of Industrial Organization, vol. II, Amsterdam u.a.: North-Holland, 1059-1107

Comanor, W.S. und F.M. Scherer 1995, Rewriting History: the Early Sherman Act Monopolization Cases, International Journal of the Economics of Business 2, 263-89

Cooke, A. 1975, Geschichte Amerikas, Herrsching: Manfred Pawlak (ursprünglich „Alistair Cooke's Amerika", London: BBC Publications 1973)

Cournot, A. 1838, Recherches sur les Principes Mathématiques de la Théorie des Richesses, Paris (Faks.-Ausgabe der 1838 erschienenen Erstausgabe, Düsseldorf: Verlag Wirtschaft und Finanzen)

Cowling, K. und D.C. Mueller 1978, The Social Costs of Monopoly Power, Economic Journal 88, 727-748

Cowling, K. und M. Waterson 1976, Price-Cost Margins and Market Structure, Economica 43, 267-274

D'Asprement, C. und A. Jacquemin 1988, Cooperative and Noncooperative R&D in Duopoly with Spillovers, American Economic Review 78, 1133-1137 und Erratum 1990, American Economic Review 80. 641

Davies, S.W. und P. Geroski 1997, Changes in Concentration, Turbulence, and the Dynamics of Market Shares, Review of Economic Statistics 79, 383-391

Deneckere, R. und C. Davidson 1985, Incentives to Form Coalitions with Bertrand Competition, Rand Journal of Economics 16, 473-486

Denness, J. 1998, Application of the New Article 2(4) of the Merger Regulation – a review of the first ten cases, EC Competition Policy Newsletter, no. 3, October, 30-32

Dick, A.R. 1996, When are Cartels Stable Contracts? Journal of Law and Economics 39, 241-283

DiLorenzo, T.J. und J.C. High 1988, Antitrust and Competition, Historically Considered, Economic Inquiry 26, 423-436

Duménil, G., M. Glick und D. Lévy 1997, The History of Competition Policy as Economic History, The Antitrust Bulletin, Summer, 373-416

Eddy, A.J. 1912, The New Competition. An Examination of the Conditions Underlying the Radical Change that is Taking Place in the Commercial and Industrial World – the Change from a Competitive to a Cooperative Basis, Chicago, Ill.: McClury

Edwards, C.D. 1955, Conglomerate Bigness As a Source of Power, in: National Business Concentration an Price Policy (hrsg. von Bureau of Economic Research (NBER)), Princeton: Princeton University Press, 331-359

EG 1985, Vollendung des Binnenmarktes. Weißbuch der Kommission an den Europäischen Rat, Juni 1985

EG 1995, Die Wettbewerbspolitik der Europäischen Gemeinschaft. XXV. Bericht über die Wettbewerbspolitik, Brüssel/Luxemburg: EGKS-EG-EAG 1996

EG 1996, Die Wettbewerbspolitik der Europäischen Gemeinschaft, XXVI. Bericht über die Wettbewerbspolitik, Brüssel/Luxemburg: Europäische Gemeinschaften 1997

EG 1997, Bekanntmachung der Kommission über die Definition des relevanten

Marktes im Sinne des Wettbewerbsrechts der Gemeinschaft, Amtsblatt der Europäischen Gemeinschaften vom 9.12.1997

EG 1998, Die Wettbewerbspolitik der Europäischen Gemeinschaft. XXVII. Bericht über die Wettbewerbspolitik 1997, Brüssel/Luxemburg: Europäische Gemeinschaften

EG 1999, Weißbuch über die Modernisierung der Vorschriften zur Anwendung der Artikel 85 und 86 EG-Vertrag, Arbeitsprogramm der Kommission Nr. 99/027

Ellis, W.D. 1974, Land of the Inland Seas, New York: Weathervane Books

Elzinga, K.G. 1977, The Goals of Antitrust: Other Than Competition and Efficiency, What Else Counts? University of Pennsylvania Law Review 125, 1191-1213

Emmerich, V. 1994, Kartellrecht, 7. Aufl., München: Beck Verlag

Ethier, W.J. 1982, Dumping, Journal of Political Economy 90, 487-506

Eucken, W. 1959, Grundsätze der Wirtschaftspolitik, Herausgegeben von E. Eucken-Erdsiek und K.P. Hensel, Hamburg: Rohwohlt

EuGH, 1972, Begriff und Indizien aufeinander abgestimmten Verhaltens. Urteil des Gerichtshofes der EG vom 14. Juli 1972 („Farbstoffe"), Wirtschaft und Wettbewerb (WuW) 9, 593-600

Fairburn, J. 1993, The Evolution of Merger Policy in Britain, in: Bishop, M. und J. Kay (Hrsg.), European Mergers and Merger Policy, Oxford: Oxford University Press, 239-277

Fairburn, J. und P. Geroski 1993, The Empirical Analysis of Market Structure and Performance, in: Bishop, M. and J. Kay (Hrsg.), European Mergers and Merger Policy, Oxford: University Press, 217-238

Feldenkirchen, W. 1985, Das Zwangskartellgesetz von 1933. Seine wirtschaftliche Bedeutung und seine praktischen Folgen, in: H. Pohl (Hrsg.), Kartelle und Kartellgesetzgebung in Praxis und Rechtsprechung vom 19. Jahrhundert bis zur Gegenwart, Wiesbaden: Franz Steiner Verlag, 145-164

Fischer, C.E. 1954, Die Geschichte der deutschen Versuche zur Lösung des Kartell- und Monopolproblems, Zeitschrift für die gesamte Staatswissenschaft 110, 425-456

Fisher, F.M. und J.J. McGowan 1983, On the Misuse of Accounting Rate of Return to Infer Monopoly Profits, American Economic Review 73, 82-97

FTC 1998, A Brief Overview of The Federal Trade Commission's Investigative and Law Enforcement Authority, Internet www.ftc.gov/ogc/brfovrvw.htm

Gaskins, D.W. 1971, Dynamic Limit Pricing: Optimal Pricing under Threat of New Entry, Journal of Economic Theory 3, 306-322

Gaskins, D.W. 1974, Alcoa Revisited: The Welfare Implication of a Secondhand Market, Journal of Economic Theory 7, 254-271

George, K.D. 1990, Lessons from UK Merger Policy, in: P.H. Admiral (Hrsg.) Merger and Competition Policy in the European Community, Oxford: Basil Blackwell, 71-116

Geroski, P.A. 1989, European Industrial Policy and Industrial Policy in Europe, Oxford Review of Economic Policy 5, 20-36

Geroski, P.A. 1990, Innovation, Technological Opportunity and Market Structure, Oxford Economic Papers 42, 586-602

Geroski, P.A. 1994, Market Structure, Corporate Performance and Innovative Activity, Oxford: Oxford University Press

Geroski, P.A. und J. Schwalbach (Hrsg.) 1991, Entry and Market Contestability. An International Comparison, Oxford und Cambridge, Mass.: Blackwell

Gilman, J.J. 1992, Broken Sticks - Why Mergers May Fail to Garner Market Shares, Managerial and Decision Economics 13, 453-456

González, F.E. 1998, Commentaire sur L'Arrêt de la Cour du 31 mars 1998 dans l'affaire 'Kali und Salz', EC Competition Policy Newsletter, June, 38-42

Granitz, E. und B. Klein 1996, Monopolization by 'Raising Rivals' Costs: The Standard Oil Case, Journal of Law and Economics 39, 1-47

Greenhut, M.L. und H. Ohta 1979, Vertical Integration of Successive Oligopolies, American Economic Review 69, 137-141

Grossman, P.Z. 1996, The Dynamics of a Stable Cartel: The Railroad Express 1851-1913, Economic Inquiry 34, 220-236

Gual, J. 1995, The Three Common Policies: An Economic Analysis, in: Buigues, P., A. Jacquemin, A. Sapir (Hrsg.), European Policies on Competition, Trade and Industry. Conflict and Complementarities, Aldershot, UK - Brookfield, US: Edward Elgar, 3 - 48

Guth, L.A., R.A. Schwartz und D.K. Whitcomb 1976, The Use of Buyer Concentration Ratios in Tests of Oligopoly Models, Review of Economics and Statistics 58, 488-492

Haid, A. 1999, European Merger Control, Political Discretion, and Efficient Market Structures, in: Mueller, D.C., A. Haid und J. Weigand (Hrsg.), Competition, Efficiency, and Welfare. Essays in Honor of Manfred Neumann, Dordrecht/Boston/London: Kluwer, S. 147- 172

Haltiwanger J. und J.E. Harrington 1991, The Impact of Cyclical Demand Movements on Collusive Behavior, Rand Journal of Economics 22, 89-

Harberger, A. 1954, Monopoly and Resource Allocation, American Economic Review (May) 44, 77-92

Hart, O. und J. Tirole 1990, Vertical Integration and Market Foreclosure, Brookings Papers on Economic Activity, Special Issue, 205-276

Hayek, F.A. von 1968, Wettbewerb als Entdeckungsverfahren, Kiel: Institut für Weltwirtschaft

Hayek, F.A. von 1973, Rules and Order, reprinted in: Law, Legislation and Liberty, London: Routledge & Kegan Paul

Hazlett, T.W. 1992, The Legislative History of the Sherman Act Re-Examined, Economic Inquiry 30, 263-276

Hefermehl, W. 1998, Einführung, in: Wettbewerbsrecht und Kartellrecht, 20. Neubearbeitete Auflage, (Beck Texte im dtv), München: C.H. Beck, IX-XXXVII

Henderson, J.M. und R.E. Quandt 1983, Mikroökonomische Theorie. Eine mathematische Darstellung, München: Franz Vahlen; 1958, Microeconomic Theory. A Mathematical Approach, New York: McGraw-Hill

Herrmann, H. 1984, Interessenverbände und Wettbewerbsrecht, Baden-Baden: Nomos

Herrmann, H. 1986, Die gefährdungstatbestandliche Auslegung des § 23a Abs. 1 Nr. 1a und b GWB bei Marktverkettungsfusionen. Ein deutsch-amerikanischer Rechtsvergleich, Recht der Internationalen Wirtschaft 32, 253-269

Herrmann, H. 1989, Wettbewerbsgefahren der Konglomeratfusion, Betriebsberater 44, 1213-1217

Hirshleifer, J. 1971, The Private and Social Value of Information and Reward to Inventive Activity, American Economic Review 61, 561-574

Hoppmann, E. 1966, Das Konzept der optimalen Wettbewerbsintensität – Rivalität oder Freiheit des Wettbewerbs: Zum Problem eines wettbewerbspolitisch adäquaten Ansatzes der Wettbewerbstheorie, Jahrbücher für Nationalökonomie und Statistik 179, 286-323

Hughes, A. 1993, Mergers and Economic Performance in the UK: A Survey of Empirical Evidence 1950-1990, in: M. Bishop und J. Kay (Hrsg.), European Mergers and Merger Policy, Oxford: Oxford University Press, 9-95

Hughes, J. 1973, The Vital Few. American Economic Progress and Its Protagonists, New York: Oxford University Press

Ippolito, P.M. und T.R. Overstreet, jr. 1996, Resale Price Maintenance: An Assessment of the Federal Trade Commission's Case against the Corning Glass Works, Journal of Law and Economics 39, 285-328

Jacquemin, A. 1988, Cooperative Agreements in R&D and European Antitrust Policy, European Economic Review 32, 551-560

Jacquemin, A. 1995, Horizontal Concentration and European Merger Policy, in: G. Mussati (Hrsg.), Mergers, Markets and Public Policy, Dordrecht/Boston/ London: Kluwer, 81-94

Jacquemin, A. 1999, Theories of Industrial Organization and Competition Policy. What are the Links? in: Mueller, D.C., A. Haid, und J. Weigand (Hrsg.), Competition, Efficiency, and Welfare. Essays in Honor of Manfred Neumann, Dordrecht/Boston/London: Kluwer, 199-222

Jacquemin, A. und M.E. Slade 1989, Cartels, Collusion, and Horizontal Mergers, in: Handbook of Industrial Organization, Vol. I, hrsg. von R. Schmalensee und R.D. Willig, Amsterdam: Elsevier, 415-473

Jenny, F. 1995, Evolution of Antitrust Policies in France., in: G. Mussati (Hrsg.), Mergers, Markets and Public Policy, Dordrecht/Boston/London: Kluwer, 163-200

Jensen, M.C. und R. Ruback 1983, The Market for Corporate Control: The Scientific Evidence, Journal of Financial Economics 11, 5-50

Jewkes, J., D. Sawers, und R. Stillerman 1958, The Sources of Invention, London: Macmillan

Jin, J.Y. 1994, Information Sharing Through Sales Report, Journal of Industrial Economics 42, 323-333

Jorde, T.M. and D.J. Teece 1990, Innovation and Cooperation: Implications for Competition and Antitrust, Journal of Economic Perspectives 4, 75-96

Kahn, A.E. 1988, The Economics of Regulation. Principles and Institutions, Cambridge, Mass.: MIT Press

Kamecke, U. 1998, Vertical Restraints in German Antitrust Law, in S. Martin (Hrsg.), Competition Policies in Europe, Amsterdam: Elsevier, 143-159

Kantzenbach, E. 1967, Die Funktionsfähigkeit des Wettbewerbs, 2. Aufl., Göttingen: Vandenhoeck und Rupprecht

Kaysen C. und D.F. Turner 1959, Antitrust Policy: An Economic and Legal Analysis, Cambridge, Mass.: Harvard University Press

Kerber, W. 1994, Die Europäische Fusionskontrollpraxis und die Wettbewerbskonzeption der EG, Bayreuth: Verlag PCO

Kessel, R.A. 1958, Price Discrimination in Medicine, Journal of Law and Economics 1, 20-53

Kestner, F. und O. Lehnich 1927, Der Organisationszwang. Eine Untersuchung über die Kämpfe zwischen Kartellen und Außenseitern, 2. Aufl., Berlin: Carl Heymanns Verlag

Kinne, K. 1998, The „Efficiency Defense" in the U.S. American Merger Policy, HWWA Diskussionspapier 67

Kintner, E.W. 1980 I, Federal Antitrust Law, Vol I, Economic Theory, Common Law, and the Introduction of the Sherman Act, Cincinnati: Anderson Publishing Co.

Kintner, E.W. 1980 II, Federal Antitrust Law, Vol II, Practices Prohibited by the Sherman Act, Cincinnati: Anderson Publishing Co.

Kiriazis, G. 1998, Positive Comity in EU/US Cooperation in Competition Matters, EC Competition Policy Newsletter, no. 3, October, 11-14

Kleinwächter, F. 1883, Die Kartelle. Ein Beitrag zur Frage der Organisation der Volkswirtschaft, Innsbruck: Verlag der Wagner'schen Universitäts-Buchhandlung

Knieps, G. 1988, Theorie der Regulierung und Entregulierung, in: Horn, M., G. Knieps und J. Müller (Hrsg.), Deregulierungsmaßnahmen in den USA: Schlußfolgerungen für die Bundesrepublik Deutschland, Baden-Baden: Nomos Verlagsgesellschaft

Knight, F.H. 1921, Risk, Uncertainty and Profit, Chicago: University of Chicago Press

Kreps, D. und J. Scheinkman 1983, Quantity Precommitment and Bertrand Competition Yield Cournot Outcomes, Bell Journal of Economics 14, 326-337

Kwoka, J.E. und D.J. Ravenscraft 1986, Cooperation v. Rivalry: Price-Cost Margins by Line of Business, Economica 53, 351-363

Langlois, R.N. und N.J. Foss 1999, Capability and Governance: The Rebirth of Production in the Theory of Economic Organization, Kyklos 52, 201-218

Leibenstein, H. 1966, Allocative Efficiency vs. X-Efficiency, American Economic Review 56, 392-415

Lerner, A.P. 1943, The Concept of Monopoly and the Measurement of Monopoly Power, Review of Economic Studies, June 1943, 157-175

Levenstein, M.C. 1997, Price Wars and the Stability of Collusion: A Study of the Pre-World War I Bromine Industry, Journal of Industrial Economics 55, 117-137

Lever, J. 1999. The Development of British Competition Law: A Complete Overhaul and Harmonization, Berlin: WZB Discussion Papers FS IV, 99-4

Liefmann, R. 1915, Monopoly or Competition as the Basis of Government Trust Policy, Quarterly Journal of Economics 29, 308-325

Liefmann, R. 1927, Kartelle, Konzerne und Trusts, 7. Aufl., Stuttgart: Ernst Heinrich Moritz (Inh. Franz Mittelbach)

Lipsey, R.G. und K. Lancaster 1956, The General Theory of Second Best, Review of Economic Studies 24, 11-32

Locke, J. 1690 (1966), Über die Regierung (The Second Treatise of Government) Hamburg: Rowohlt

Lustgarten, S.H. 1975, The Impact of Buyer Concentration in Manufacturing Industries, Review of Economics and Statistics 57, 125-132

Machlup, F. 1961, Die wirtschaftlichen Grundlagen des Patentrechts, Weinheim: Verlag Chemie GmbH

Maillet, P. 1984, La politique industrielle, Paris: Presse Universitaire de France

Manne, H.G. 1965, Mergers and the Market for Corporate Control, Journal of Political Economy 73, 110-120

Martin, S. (Hrsg.) 1998, Competition Policies in Europe, Amsterdam u.a.: Elsevier

Martin, S. 1999, Depression Cartels, Market Structure, and Performance, in: Mueller, D.C., A. Haid und J. Weigand (Hrsg.), Competition, Efficiency, and Welfare. Essays in Honor of Manfred Neumann, Dordrecht: Kluwer, 85-99

Marvel, H.P. und E.J. Ray, Countervailing Duties, Economic Journal 105, 1576-1593

Mason, E.S. 1939, Price and Production Policies of Large-Scale Enterprise, American Economic Review 29 Part 2, 61-74

McAfee, R.P. und J. McMillan 1987, Auctions and Bidding, Journal of Economic Literature 25, 699-738

McAfee, R.P. und J. McMillan 1992, Bidding Rings, American Economic Review 82, 579-599

McGahan, A. und M.E. Porter 1999, The Persistence of Shocks to Profitability, Review of Economics and Statistics 81, 143-153

McGee, J.S. 1958, Predatory Price Cutting. The Standard Oil (N.J.) Case, Journal of Law and Economics 1, 137-169

McWilliams, A. und K. Keith 1994, The Genesis of the Trusts. Rationalization in Empty Core Markets, International Journal of Industrial Organization 12, 245-267

Messerlin, P.A. 1990, Anti-dumping Regulations or Pro-Cartel Law? The EC Chemical Cases, The World Economy, 465-492

Messerlin, P.A. und G. Reed 1995, Antidumping Policies in the United States and the European Community, Economic Journal 105, 1565-1575

Mestmäcker, E.-J. 1984, Der verwaltete Wettbewerb. Eine vergleichende Untersuchung über den Schutz von Freiheit und Lauterkeit im Wettbewerbsrecht, Tübingen: J.C.B. Mohr (Paul Siebeck)

Mestmäcker, E.-J. 1999, Versuch einer kartellpolitischen Wende in der EU. Zum Weißbuch der Kommission über die Modernisierung der Vorschriften zur Anwendung der Art. 85 und 86 EGV a.F. (Art. 81 und 82 EGV n.F.), Europäische Zeitschrift für Wirtschaftsrecht (EuZW) 10, 523-529

Milgrom, P. 1989, Auctions and Bidding: A Primer, Journal of Economic Perspectives 3, 3-22

Mill, J.St. 1859, On Liberty, (hrsg. Von C.V. Shields, The Bobbs-Merrill Company), Indianapolis und New York 1956

Mill, J.St. 1861, Utilitarianism, (hrsg. von Oskar Piest, The Library of Liberal Arts), Indianapolis und New York 1957

Möschel, W. 1972, 70 Jahre Deutsche Kartellpolitik: Von RGZ 38,155 "Sächsisches Holzstoffkartell" zum BGHZ 55,104 "Teerfarben", Tübingen: JC.B. Mohr (Paul Siebeck)

Monopolkommission 1978, Fortschreitende Konzentration bei Großunternehmen, Hauptgutachten 1976/77, Baden-Baden: Nomos Verlagsgesellschaft

Monopolkommission 1986, Gesamtwirtschaftliche Chancen und Risiken wachsender Unternehmensgrößen, Hauptgutachten 1984/1985, Baden-Baden: Nomos Verlagsgesellschaft

Monopolkommission 1990, Wettbewerbspolitik vor neuen Herausforderungen. Hauptgutachten 1988/89, Baden-Baden: Nomos Verlagsgesellschaft

Monopolkommission 1992, Wettbewerbspolitik oder Industriepolitik. Hauptgutachten 1990/1991, Baden-Baden: Nomos Verlagsgesellschaft

Monopolkommission 1996, Wettbewerbspolitik in Zeiten des Umbruchs, Hauptgutachten 1994/1995, Baden-Baden: Nomos

Mosteller, F. 1965, Fifty Challenging Problems in Probability - with Solutions, Reading, Mass.: Addison-Wesley

Mueller, D.C. 1986, Profits in the Long Run, Cambridge: Cambridge University Press

Mueller, D.C. 1990a, The Persistence of Profits in the United States, in Mueller, D.C. (Hrsg.), The Dynamics of Company Profits. An International Comparison, Cambridge: Cambridge University Press, 35-57

Mueller, D.C. 1990b, Profits in the Process of Competition, in: Mueller, D.C. (Hrsg.), The Dynamics of Company Profits. An International Comparison, Cambridge: Cambridge University Press, 1-14

Mueller, D.C. 1991, Entry, Exit, and the Competitive Process, in: Geroski, P.A. und J. Schwalbach (Hrsg.), Entry and Market Contestability. An International Comparison, Oxford: Basil Blackwell, 1-22

Mueller, D.C. 1995, Mergers: Theory and Evidence, in: Mussati, G. (Hrsg.), Mergers, Markets and Public Policy, Dordrecht/Boston/London: Kluwer Academic Publishers, 9-43

Mueller, D.C. 1996, Antimerger Policy in the United States: History and Lessons, Empirica 23, 229-253

Müller, M. 1998, Die "Essential Facility"-Doktrin im Europäischen Kartell-

recht, Europäische Zeitschrift für Wirtschaftsrecht (EuZW), 232-237
Müller-Armack, A. 1946, Wirtschaftslenkung und Marktwirtschaft, abgedruckt in: Müller-Armack, A. 1976, Wirtschaftsordnung und Wirtschaftspolitik, 2. Aufl., Bern und Stuttgart: Paul Haupt, 19-170
Münter, M.T. 1999, Wettbewerb und die Evolution von Industrien, Bayreuth: Verlag P.C.O.
Myers, S.C. 1984, The Capital Structure Puzzle, Journal of Finance 39, 575-592
Nash, J. 1951, Non-cooperative Games, Annals of Mathematics 54, 286-295
Neale, A.D. 1966, The Antitrust Laws of the United States of America, Cambridge: Cambridge University Press
Needham, D. 1978, The Economics of Industrial Structure, Conduct and Performance, London-Sydney-Toronto: Holt, Rinehart and Winston
Nelson, R.R. und S.G. Winter 1982, The Schumpeterian Tradeoff Revisited, American Economic Review 72, 114-132
Neuberger, D. 1997, Anteilsbesitz von Banken: Wohlfahrtsverlust oder Wohlfahrtsgewinn? ifo-Studien 43, 15-34
Neuberger, D. 1999, Finanzsysteme in Europa: Harmonisierung? Anglifizierung? Zeitschrift für Wirtschaftspolitik 48, 11-26
Neumann, M. 1966, Vertikale Integrationsprozesse in der Industrie, Schmollers Jahrbuch 86, 665-678
Neumann, M. 1982, 'Predatory Pricing' by a Quantity Setting Multiproduct Firm, American Economic Review 72, 825-828
Neumann, M. 1990, Industrial Policy and Competition Policy, European Economic Review 34, 562-567
Neumann, M. 1994, Theoretische Volkswirtschaftslehre III. Wachstum, Wettbewerb und Verteilung, 2. Aufl., München: Franz Vahlen
Neumann, M. 1995a, Theoretische Volkswirtschaftslehre II. Produktion, Nachfrage und Allokation, 4. Aufl., München: Franz Vahlen
Neumann, M. 1995b, Competition Policy in the Federal Republic of Germany, in: G. Mussati (Hrsg.), Mergers, Markets and Public Policy, Dordrecht/Boston/London: Kluwer Academic Publishers, 95-131
Neumann, M. 1997, The Rise and Fall of the Wealth of Nations. Long Waves in Economics and International Politics, Cheltenham (UK) and Lyme (US): Edward Elgar
Neumann, M. 1998a, The Evolution of Cartel Policy in Germany, in: S. Martin (Hrsg.), Competition Policies in Europe, Amsterdam: Elsevier, S. 41-53
Neumann, M., I. Böbel und A. Haid 1979, Profitability and Market Structure

in West German Industries, Journal of Industrial Economics 27, 227-242

Neumann, M., I. Böbel und A. Haid 1982, Innovations and Market Structure in West German Industries, Managerial Decision Economics 3, 131-139

Neumann, M., I. Böbel und A. Haid 1983, Business Cycle and Industrial Market Power: An Empirical Investigation for West German Industries, 1965-77, Journal of Industrial Economics 32, 187-196

Neumann, M., I. Böbel und A. Haid 1985, Domestic Concentration, Foreign Trade and Economic Performance, International Journal of Industrial Organization 3, 1-19

Neumann, M. und A. Haid 1985, Concentration and Economic Performance: A Cross-Section Analysis of West German Industries, in: J. Schwalbach (Hrsg.), Industry Structure and Performance, Berlin: edition sigma rainer bohn verlag, 61-84

Neumann, M., J. Weigand und A. Gross 1999, Market Size, Fixed Costs and Horizontal Concentration, Arbeitspapier

Neven, D., R. Nuttall, und P. Seabright 1993, Merger in Daylight. The Economics and Politics of European Merger Control, London: CEPR

Nevins, A. und H.S. Commager 1981, A Pocket History of the United States of America, 7. Aufl., überarbeitet und erweitert, New York: Pocket Books

North, D.C. 1981, Structure and Change in Economic History, New York: Norton; deutsch: Theorie des institutionellen Wandels, Tübingen: J.C.B. Mohr (Paul Siebeck) 1988

Novshek, W. 1980, Cournot Equilibrium with Free Entry, Review of Economic Studies 47, 473-486

Novshek, W. und H. Sonnenschein 1982, Fulfilled Expectations, Cournot Duopoly with Information Acquisition and Release, Bell Journal of Economics 13, 2143-218

Odagiri, H. und H. Yamawaki 1990, The persistence of Profits: International Comparison, in: Mueller, D.C. (Hrsg.), The Dynamics of Company Profits. An International Comparison, Cambridge: Cambridge University Press, 169-185

OECD, Collusive Tendering, Paris 1976

Olson, M. 1965, The Logic of Collective Action. Public Goods and the Theory of Groups, Cambridge, Mass.: Harvard University Press

Ordover, J.A. und G. Saloner 1989, Predation, Monopolization, and Antitrust, in: Schmalensee, R. und R.D. Willig (Hrsg.), Handbook of Industrial Organization, vol. I, Amsterdam: Elsevier, 537-596

Ordover, J.A., G. Saloner und S.C. Salop, 1990, Equilibrium Vertical Foreclosure, American Economic Review 80, 127-142

Papier, H.-J. 1997, Durchleitungen und Eigentum, Betriebs-Berater 52, 1213-1220

Parsons, D.O. und E.J. Ray 1975, The United States Steel Consolidation: The Creation of Market Control, Journal of Law and Economics 18, 181-219

Peltzman, S. 1976, Toward a More General Theory of Regulation, Journal of Law and Economics 19, 211-240

Phelps, E.S. 1961, The Golden Rule of Accumulation: A Fable for Growthmen, American Economic Review 51, 638-643

Phlips, L. 1995, Competition Policy: A Game-Theoretic Perspective, Cambridge: Cambridge University Press

Piore, M.J. und C.F. Sabel 1984, The Second Industrial Divide, New York: Basic Books

Pitofsky, R. 1979, The Political Content of Antitrust, University of Pennsylvania Law Review 127, 1051-1075

Popper, K.R. 1957, The Poverty of Historicism, London: Routledge & Kegan Paul; deutsch: Das Elend des Historizismus, Tübingen: J.C.B. Mohr (Paul Siebeck) 1965

Porter, M.A. 1990, The Competitive Advantage of Nations, New York: Free Press

Posner, R.A. 1975, The Social Costs of Monopoly and Regulation, Journal of Political Economy 83, 807-827

Posner, R.A. 1976, Antitrust Law: An Economic Perspective, Chicago, Ill.: University of Chicago Press

Posner, R.A. und F.H. Easterbrook 1981, Antitrust, 2. Aufl., St.Paul: West Publishing

Pryor, F.L. 1972, An International Comparison of Concentration Ratios, Review of Economics and Statistics 54, 130-140

Raith, M. 1996, A General Model of Information Sharing in Oligopoly, Journal of Economic Theory 71, 260-288

Ravenscraft, D.J. 1983, Structure-Profit Relationships at the Line of Business and Industry Level, Review of Economics and Statistics 65, 22-31

Reinganum, J.F. 1989, The Timing of Innovation: Research, Development, and Diffusion, in: Handbook of Industrial Organization, Vol. I, hrsg von R. Schmalensee und R.D. Willig, Amsterdam: Elsevier, 849-908

Rhoades, S.A. und J.M. Cleaver 1973, The Nature of the Concentration/Price-Cost Margin Relationship for 352 Manufacturing Industries: 1967, Southern Economic Journal 1973/74, 90-102

Riordan, M.H. 1998, Anticompetitive Vertical Integration by a Dominant Firm, American Economic Review 88, 1232-1248

Robinson, J. 1933, The Economics of Imperfect Competition, London: Macmillan

Roe, M.J. 1991, A Political Theory of American Corporate Finance, Columbia Law Review 91, 10-67

Roe, M.J. 1993, Foundations of Corporate Finance: The 1906 Pacification of the Insurance Industry, Columbia Law Review 93, 639-684

Röper, B. und P. Erlinghagen 1974, Wettbewerbsbeschränkung durch Marktinformation? Köln u.a.: Carl Heymanns Verlag

Rotemberg, J.J. und G. Saloner 1986, A Supergame-Theoretic Model of Price Wars During Booms, American Economic Review 76, 390-407

Rubinstein, A. 1982, Perfect Equilibrium in a Bargaining Model, Econometrica 50, 97-109

Salant, S.W., S. Switzer und R.J. Reynolds 1983, Losses from Horizontal Merger: The Effects of an Exogenous Change in Industry Structure on Cournot-Nash Equilibrium, Quarterly Journal of Economics 98, 185-199

Salinger, M. 1988, Vertical Mergers and Market Foreclosure, Quarterly Journal of Economics 103, 345-356

Salinger, M. 1990, The Concentration - Margins Relationship Reconsidered, in: Brooking Papers on Economic Activity, Microeconomics, Washington, D.C.: Brooking Institution, 287-335

Salop, S.C. und D.T. Scheffman 1983, Raising Rivals' Costs, American Economic Review (Papers and Proceedings) 73, 267-271

Scherer, F.M. 1980, Industrial Market Structure and Economic Performance, 2. Aufl., Chicago: Rand McNally

Scherer, F.M. 1994, Competition Policies for an Integrated World Economy, Washington: The Brookings Institution

Schmalenbach, E. 1949, Der freien Wirtschaft zum Gedächtnis, Köln: Westar Verlag

Schmalensee, R. 1989, Inter-Industry Studies of Structure and Performance, in: Schmalensee, R. und R.D. Willig (Hrsg.), Handbook of Industrial Organization, vol. II, Amsterdam: Elsevier, 951-1009

Schmidt, I. 1999, Wettbewerbspolitik und Kartellrecht, 6. Aufl., Stuttgart: Lucius & Lucius

Schmidt, I. und A. Schmidt 1997, Europäische Wettbewerbspolitik. Eine Einführung, München: Franz Vahlen

Schmoller, G. 1906, Schriften des Vereins für Socialpolitik, Band 116, 237-271

Schumpeter, J.A. 1912, Theorie der wirtschaftlichen Entwicklung, (5. Aufl. 1952), Berlin: Duncker & Humblot

Schumpeter, J.A. 1942, Capitalism, Socialism and Democracy, New York:

Harper (deutsch: Kapitalismus, Sozialismus und Demokratie, München: Leo Lehnen 1956)

Schwalbach, J. und A. Schwerk 1999, Stability of German Cartels, in: Mueller, D.C., A. Haid und J. Weigand (Hrsg.), Competition, Efficiency, and Welfare, Essays in Honor of Manfred Neumann, Dordrecht/Boston/London: Kluwer, 101-125

Schwiete, M. 1998, Finanzsysteme und wirtschaftliche Entwicklung, Berlin: Duncker & Humblot

Seidel, I. 1998, Öffentliches Auftragswesen, in: Dauses, M.A. (Hrsg.), Handbuch des EU-Wirtschaftsrechts, Band 2, H.4, Rdn. 106

Selten, R. 1973, A Simple Model of Imperfect Competition Where Four are Few and Six are Many, International Journal of Game Theory 2, 141-201

Servant-Schreiber, J.-J. 1967, Le défi américain, Paris: Denoel (1968, Die amerikanische Herausforderung, 2. Aufl., Hamburg: Hoffmann und Campe)

Shapiro, C. und R.D. Willig 1990, On the Antitrust Treatment of Production Joint Ventures, Journal of Economic Perspectives 4, 113-130

Shepherd, W.G. 1972, The Elements of Market Structure, Review of Economics and Statistics 54, 25-38

Shepherd, W.G. 1984, Contestability vs. Competition, American Economic Review 74, 572-587

Simon, H. 1996, Die heimlichen Gewinner (Hidden Champions), 3. Aufl., Frankfurt/New York: Campus Verlag

Sinn, H.-W. 1997, Der Staat im Bankwesen. Zur Rolle der Landesbanken in Deutschland, München: C.H. Beck

Sleuwaegen, L. und H. Yamawaki 1988, The Formation of the European Common Market and Changes in Market Structure and Performance, European Economic Review 32, 1451-1475

Smiley, R.H. 1995, Merger Activity and Antitrust Policy in the United States, in: G. Mussati (Hrsg.), Mergers, Markets and Public Policy, Dordrecht/Boston/London: Kluwer, 45-79

Smith, A. 1776. An Inquiry into the Nature and Causes of the Wealth of Nations, Cannan-Edition, London: Methuen; deutsche Übertragung von Recktenwald, H.C., München: C.H. Beck 1974

Smith, R.T. 1998, Banking Competition and Macroeconomic Performance, Journal of Money, Credit, and Banking 30, 793-815

Sombart, W. 1921, Die deutsche Volkswirtschaft im neunzehnten Jahrhundert und im Anfang des 20. Jahrhunderts, 5. Aufl., Berlin: Georg Bondi

Souam, S. 1998, French Competition Policy, in S. Martin (Hrsg.), Competition Policies in Europe, Amsterdam u.a.: Elsevier, 205-227

Stackelberg, H. von 1934, Marktform und Gleichgewicht, Wien und Berlin: Julius Springer

Stigler, G.J. 1964, A Theory of Oligopoly, Journal of Political Economy 72, 44-61

Stigler, G.J. 1971, The Theory of Economic Regulation, Bell Journal of Economics 2, 3-21

Stiglitz, J.E. 1994, Whither Socialism? Cambridge, Mass.: MIT Press

Sutton, J. 1991, Sunk Costs and Market Structure, Cambridge, Mass.: MIT Press

Sutton, J. 1997, Gibrat's Legacy, Journal of Economic Literature 35, 40-59

Sutton, J. 1998, Technology and Market Structure: Theory and History, Cambridge, Mass.: MIT Press

Suzumura, K. 1992, Cooperataive and Noncooperative R&D in an Oligopoly with Spillovers, American Economic Review 82, 1307-1320

Symeonidis, G. 1998, The Evolution of UK Cartel Policy and Its Impact on Market Conduct and Structure, in: S. Martin (Hrsg.), Competition Policies in Europe, Amsterdam u.a.: Elsevier, 55-73

Tawney, R.H. 1926, Religion and the Rise of Capitalism, New York: Harcourt, Brace and Company (reprinted and published as a Mentor Book, New York 1948)

Telser, L.G. 1971, Competition, Collusion, and Game Theory, London: Macmillan Press Ltd.

Tirole, J. 1988, The Theory of Industrial Organization, Cambridge, Mass.: MIT Press

Toepffer, J. 1997, Krankenversicherung im Spannungsfeld von Markt und Staat, Bayreuth: Verlag P.C.O.

Traugott, R. 1998, Zur Abgrenzung von Märkten, Wirtschaft und Wettbewerb 10/1998, 929-939

Tullock, G. 1967, The Welfare Costs of Tariffs, Monopolies and Theft, Western Economic Journal 5, 224-232

Utton, M.A. 1995, Market Dominance and Antitrust Policy, Aldershot UK und Brookfield US: Edward Elgar

Valletti, T.M. und A. Estache 1999, The Theory of Access Pricing: An Overview for Infrastructure Regulators, Centre for Economic Policy Research Discussion Paper No. 2133

Veljanovski, C. 1995, Merger and Monopoly Policy in the U.K., in: G, Mussati (Hrsg.), Mergers, Markets and Public Policy, Dordrecht/Boston/London: Kluwer, 133-162

Viner, J. 1923, Dumping: A Problem in International Trade, Chicago: University of Chicago Press

Vives, X. 1984, Duopoly Information Equilibrium: Cournot and Bertrand, Journal of Economic Theory 34, 71-94

Viscusi, W.K., J.M. Vernon, and J.E. Harrington, Jr. 1995, Economics of Regulation and Antitrust, 2. Aufl., Cambridge, Mass.: MIT Press

Wallenberg, G. von 1999, Der Anspruch auf Netzzugang muß die Grundrechte beachten, Frankfurter Allgemeine Zeitung vom 19.2.1999, 22

Waterson, M. 1980, Price-Cost Margins and Successive Market Power, Quarterly Journal of Economics 94, 135-150

Weber, M. 1956, Wirtschaft und Gesellschaft. Grundriß der verstehenden Soziologie, 1. Halbband, hrsg. von J. Winckelmann, 4. Auflage, Tübingen: J.C.B. Mohr (Paul Siebeck)

Weigand, C. 1998, Der Einfluß der Bankkreditvergabe auf den Unternehmenswettbewerb unter besonderer Berücksichtigung der Finanzierungsprobleme kleiner und neu gegründeter Unternehmen, Hamburg: Dr. Kovac

Weigand, J. 1996, Innovationen, Wettbewerb und Konjunktur, Berlin: Duncker & Humblot

Weisbrod, B.A. (Hrsg.) 1998, To Profit or Not to Profit: The Commercial Transformation of the Non-Profit Sector, Cambridge, Mass.: Cambridge University Press

Weiss, L.W. 1971, Quantitative Studies of Industrial Organization, in: M.D. Intriligator (Hrsg.), Frontiers of Quantitative Economics, Amsterdam: North-Holland, 362-411

Weizsäcker, C.C. von 1980, Barriers to Entry. A theoretical treatment, Berlin: Springer-Verlag

Williamson, O.E. 1968, Economies as an Antitrust Defense: The Welfare Tradeoffs, American Economic Review 58, 18-36

Williamson, O.E. 1969, Economies as an Antitrust Defense: Reply, American Economic Review 59, 954-959

Willig, R.D. 1976, Consumer's Surplus Without Apology, American Economic Review 66, 589-597

Wissenschaftlicher Beirat beim Bundesministerium für Wirtschaft 1987, Wettbewerbspolitik, Gutachten vom 6. 12. 1986, in: Sammelband der Gutachten von 1973 bis 1986, Göttingen: Otto Schwartz & Co., 1359-1391

Wissenschaftlicher Beirat beim Bundesministerium für Wirtschaft 1987, Stellungnahme zum Weißbuch der EG-Kommission über den Binnenmarkt vom 21./22. Februar 1986, Sammelband der Gutachten von 1973 bis 1986, Göttingen: Otto Schwartz & Co., 1333-1358

Yamawaki, H. 1985, Dominant Firm Pricing and Fringe Expansion: The Case of the U.S. Iron and Steel Industry, 1907-1930, Review of Economics and Statistics 67, 429-37

Yamey, B.S. 1954, Economics of Resale Price Maintenance, London: Pitman

Yamey, B.S. 1972, Predatory Price Cutting: Notes and Comments, Journal of Law and Economics 15, 129-142

Young, A.A. 1915, The Sherman Act and the New Anti-Trust Legislation, Journal of Political Economy 23, 201-220

Autorenverzeichnis

Acs, Z.J. 109, 233
Admiral, P.H. 239
Aiginger, K. 103, 233
Albach, H. VII, 128, 130, 142, 233
Alchian, A.A. 168, 233
Areeda, P. 165, 178, 233
Armstrong, M. 193, 233
Arrow, K.J. 109, 233
Ashton, T.S. 6, 233
Audretsch, D.B. 17, 38, 109, 146, 233
Averch, H. 194, 233

Badura, P. 34, 234
Bagwell, K. 32, 234
Bain, J.S. 73, 86, 96, 97, 234, 235
Baldwin, J.R. 99, 234
Banerjee, A. 145, 234
Basedow, J. 215, 216, 234
Baumol, W.J. 20, 43, 178, 179, 191, 234
Baxter, W.F. 144, 234
Bergson, A. 101, 234
Berle, A.A. 221, 234
Berthold, N. 225, 234
Bertrand, J. 56, 131, 234, 237, 242, 250
Bishop, M. 238, 240
Bittlingmayer, G. 30, 120, 234
Blair, R.D. 186, 187, 235
Blommerstein, H.J. 219, 235
Böbel, I. 32, 87, 94, 95, 98, 105, 107, 109, 204, 235, 245
Böhm, F. 30, 44, 235
Bork, R.H. 3, 19, 38, 39, 121, 123, 164, 166, 235

Borrmann, J. 190, 235
Bourgeois, J.H.J. 213, 235
Bourlakis, C.A. 96, 235
Brander, J. 63, 212, 235
Bremer, K.J. 44, 235
Brodley, J.F. 163, 235
Brozen, Y. 96, 97, 235
Bücher, K. 29, 235
Bühner, R. 157, 235
Buigues, P. 235, 239
Burns, M. 180, 236
Byok, J. 226, 236

Cabral, L.M.B. 178, 236
Cecchini, P. 73, 236
Chamberlin, E.H. 55, 67, 70, 236
Chandler, A.D. 41, 236
Choi, E.K. 78, 236
Christensen, P. 214, 236
Clark, J.M. 29, 34, 38, 60, 236
Clarke, R.N. 131, 236
Cleaver, J.M. 93, 247
Coase, R.H. 163, 167, 236
Coates, M.B. 153, 236
Cohen, W.M. 202, 236
Comanor, W.S. 42, 158, 236
Commager, H.S. V, 6, 246
Cooke, A. 41, 236
Cournot, A. 56, 80, 81, 131, 234, 236, 242, 246, 250
Cowan, S. 193, 233
Cowling, K. 88, 93, 94, 106, 237

D'Asprement, C. 161, 237
Dauses, M.A. 248
Davidson, C. 83, 144, 237
Davies, S.W. 99, 237

Demaret, P. 213, 235
Demsetz, H. 168, 233
Deneckere, R. 83, 144, 237
Denness, J. 161, 237
Dick, A.R. 32, 237
DiLorenzo, T.J. 8, 30, 60, 237
Duménil, G. 39, 237

Easterbrook, F.H. 164, 247
Eckard, E.W. 145, 234
Eddy, A.J. 128, 237
Edwards, C.D. 179, 237
EG 27, 47, 124, 129, 145, 149, 155, 156, 159, 160, 162, 176, 187, 196, 207, 216, 222, 223, 224, 237, 238, 241
Ellis, W.D. 182, 238
Elzinga, K.G. 39, 238
Emmerich, V. 163, 238
Erlinghagen, P. 128, 129, 247
Estache, A. 209, 250
Ethier, W.J. 213, 238
Eucken, W. 2, 6, 34, 44, 238
Eucken-Erdsiek, E. 238
EuGH 48, 127, 128, 130, 131, 149, 152, 181, 207, 214, 238

Fairburn, J. 50, 238
Feldenkirchen, W. 31, 238
Finsinger, J. 190, 235
Fischer, C.E. 31, 238
Fisher, F.M. 98, 238
Foss, N.J. 163, 242
FTC 139, 153, 205, 236, 238

Gaskins, D.W. 17, 42, 147, 238
George, K.D. 133, 141, 239
Geroski, P.A. 17, 72, 99, 109, 237, 238, 239, 244
Gilman, J.J. 24, 239

Glick, M. 39, 237
González, F.E. 149, 239
Gorecki, P.K. 99, 234
Granitz, E. 182, 239
Greenhut, M.L. 172, 239
Gross, A. 246
Grossman, P.Z. 37, 239
Gual, J. 202, 239
Guth, L.A. 186, 239

Haid, A. VII, 32, 49, 94, 95, 98, 107, 109, 152, 155, 156, 204, 233, 239, 240, 243, 245, 248
Haltiwanger, J. 32, 239
Harberger, A. 105, 111, 239
Harrington, J.E. 32, 189, 194, 195, 239, 250
Harrison, J.L. 186, 187, 235
Hart, O. 164, 239
Hayek, F.A. von 4, 16, 121, 239, 240
Hazlett, T.W. 38, 240
Hefermehl, W. 205, 240
Henderson, J.M. 67, 240
Hensel, K.P. 238
Herrmann, H. 150, 154, 188, 240
High, J.C. 8, 30, 60, 237
Hirshleifer, J. 202, 240
Hoppmann, E. 2, 240
Horn, M. 242
Hughes, A. 134, 240
Hughes, J. 42, 240

Intriligator, M.D. 251
Ippolito, P.M. 174, 175, 240

Jacquemin, A. 155, 156, 161, 235, 237, 239, 240, 241
Jenny, F. 51, 156, 241
Jensen, M.C. 221, 241

Jewkes, J. 109, 241
Jin, J.Y. 131, 233, 241
Johnson, L. 194, 233
Jorde, T.M. 162, 241

Kahn, A.E. 190, 241
Kamecke, U. 170, 176, 241
Kantzenbach, E. 33, 241
Kay, J. 238, 240
Kaysen, C. 1, 139, 241
Keith, K. 30, 243
Kerber, W. 158, 241
Kessel, R.A. 207, 241
Kestner, F. 85, 180, 241
Kinne, K. 147, 153, 241
Kintner, E.W. 6, 37, 38, 139, 146, 164, 181, 241
Kiriazis, G. 215, 241
Klein, B. 182, 239
Kleinwächter, F. 29, 241
Kloten, M. 128, 233
Knieps, G. 190, 242
Knight, F.H. 7, 33, 59, 242
Kreps, D. 56, 242
Kwoka, J.E. 93, 242

Lancaster, K. 115, 242
Langlois, R.N. 163, 242
Lehnich, O. 85, 180, 241
Leibenstein, H. 106, 242
Lerner, A.P. 10, 11, 14, 89, 242
Levenstein, M.C. 37, 242
Lever, J. 50, 242
Levin, R.C. 202, 236
Lévy, D. 39, 237
Liefmann, R. 12, 31, 32, 242
Lipsey, R.G. 115, 242
Locke, J. 4, 242
Lustgarten, S.H. 186, 242

Machlup, F. 200, 201, 242
Maillet, P. 34, 242
Manne, H.G. 221, 242
Martin, S. VI, 52, 125, 241, 242, 243, 245, 249, 250
Marvel, H.P. 212, 243
Mason, E.S. 86, 243,
McAfee, R.P. 226, 227, 243
McChesney, F.S. 153, 236
McGahan, A. 97, 243
McGee, J.S. 179, 180, 182, 183, 243
McGowan, J.J. 98, 238
McMillan, J. 226, 227, 243
McWilliams, A. 30, 243
Means, G. 221, 234
Menezes, C.F. 78, 236
Messerlin, P.A. 213, 243
Mestmäcker, E.-J. 46, 124, 180, 243
Milgrom, P. 226, 243
Mill, J.St. 4, 48, 243
Möschel, W. 29, 31, 243
Monopolkommission 26, 71, 134, 152, 156, 159, 160, 167, 176, 221, 243, 244
Mosteller, F. 23, 24, 244
Mueller, D.C. 17, 18, 97, 98, 99, 106, 133, 153, 156, 233, 237, 239, 240, 243, 244, 246, 248
Müller, J. 242
Müller, M. 210, 244
Müller-Armack, A. 44, 221, 244
Münter, M.T. VII, 18, 74, 76, 244
Mussati, G. 240, 241, 244, 245, 249, 250
Myers, S.C. 217, 244

Nash, J. 55, 244

Neale, A.D. 29, 37, 40, 43, 121, 122, 129, 175, 177, 188, 202, 203, 209, 244
Needham, D. 105, 245
Nelson, R.R. 109, 245
Neuberger, D. VII, 218, 219, 221, 245
Neumann, M. VIII, 13, 32, 34, 74, 76, 91, 94, 95, 98, 101, 103, 107, 109, 112, 114, 137, 164, 183, 193, 204, 228, 233, 235, 239, 240, 243, 245, 246, 248
Neven, D V, 141, 246
Nevins, A. 6, 246
North, D.C. 5, 246
Novshek, W. 70, 131, 246
Nuttall, R. 141, 246

Odagiri, H. 98, 246
OECD 114, 227, 235, 246
Ohta, H. 172, 239
Olson, M. 33, 246
Ordover, J.A. 164, 182, 246
Overstreet, T.R. jr. 174, 175, 240
Owen, P. 214, 236

Panzar, J.C. 20, 43, 191, 234
Papier, H.-J. 210, 246
Parsons, D.O. 164, 246
Peltzman, S. 195, 246
Pfaffermayr, M. 103, 233
Phelps, E.S. 194, 246
Phlips, L. 59, 126, 131, 133, 226, 246
Piore, M.J. 28, 72, 246
Pitofsky, R. 2, 38, 40, 198, 247
Pohl, H. 235, 238
Popper, K.R. 35, 247
Porter, M.A. 35, 247
Porter, M.E. 97, 243

Posner, R.A. 3, 38, 106, 164, 247
Pryor, F.L. 73, 247

Quandt, R.E. 67, 240

Raith, M. 131, 247
Ravenscraft, D.J. 92, 93, 242, 247
Ray, E.J. 212, 243
Reed, G. 213, 243
Reinganum, J.F. 109, 247
Reynolds, R.J. 82, 139, 144, 247
Rhoades, S.A. 93, 247
Riordan, M.H. 164, 178, 236, 247
Robinson, J. 39, 43, 55, 70, 247
Roe, M.J. 219, 247
Röper, B. 128, 129, 247
Ross, D. 120, 248
Rotemberg, J.J. 32, 247
Ruback, R. 221, 241
Rubinstein, A. 228, 247

Sabel, C.F. 28, 72, 246
Salant, S.W. 82, 144, 247
Salinger, M. 93, 164, 248
Saloner, G. 32, 164, 182, 246, 247
Salop, S.C. 164. 246, 248
Sapir, A. 235, 239
Sawers, D. 109, 241
Scheffman, D.T. 164, 248
Scheinkman, J. 56, 242
Schenk, C. 233
Scherer, F.M. 42, 72, 87, 120, 158, 180, 182, 216, 236, 248
Schmalenbach, E. 191, 248
Schmalensee, R. 87, 93, 99, 186, 236, 241, 246, 247, 248
Schmidt, A. 248
Schmidt, I. 130, 248
Schmoller, G. 29, 248

Schumpeter, J.A. 4, 7, 8, 29, 109, 248
Schwalbach, J. 17, 85, 239, 244, 245, 248
Schwartz, R.A. 186, 239
Schwerk, A. 85, 248
Schwiete, M. 217, 218, 219, 248
Seabright 141, 246
Seidel, I. 248
Selten 28, 248
Servan-Schreiber, J.-J. 51, 249
Shapiro, C. 249
Shepherd, W.G. 96, 249
Simon, H. 161, 201, 249
Sinn, H.-W. 29, 33, 36, 53, 62, 106, 215, 220, 230, 249
Slade, M.E. 241
Sleuwaegen, L. 73, 95, 249
Smiley, R.H. 134, 145, 151, 153, 249
Smith, A. 5, 6, 35, 53, 110, 114, 132, 222, 249
Smith, R.T. 219, 249
Sombart, W. 31, 32, 79, 249
Sonnenschein, H. 131, 246
Souam, S. 51, 52, 249
Spencer, B. 63, 212, 235
Stackelberg, H. von 55, 249
Staiger, R.W. 32, 234
Stigler, G.J. 79, 89, 91, 195, 249
Stiglitz, J.E. 21, 39, 249
Stillerman, R. 109, 241
Sutton, J. 23, 57, 72, 249, 250
Suzumura, K. 250
Switzer, S. 82, 144, 247
Symeonidis, G. 50, 129, 137, 250

Tawney, R.H. V, 5, 39, 250
Teece, D.J. 162, 241
Telser, L.G. 79, 250

Tirole, J. 56, 96, 164, 183, 239, 250
Toepffer, J. 207, 250
Tollison, R.D. 234
Traugott, R. 139, 140, 250
Tressler, J.H. 78, 236
Tullock, G. 106, 250
Turner, D.F. 1, 139, 165, 178, 233, 241

Utton, M.A. 178, 250

Valletti, T.M. 209, 250
Veljanovski, C. 51, 155, 250
Vernon, J.M. 189, 194, 195, 250
Vickers, J. 193, 233
Viner, J. 213, 250
Viscusi, W.K. 189, 194, 195, 250
Vives, X. 131, 250

Wallenberg, G. von 210, 250
Waterson, M. 88, 93, 94, 186, 237, 250
Weber, M. 11, 250
Weigand, C. 217, 250
Weigand, J. VII, 74, 76, 94, 109, 233, 239, 240, 243, 246, 248, 251
Weisbrod, B.A. 230, 251
Weiss, L.W. 87, 99, 251
Weizsäcker, C.C. von 71, 204, 251
Whitcomb, D.K. 186, 239
Williamson, O.E. 107, 108, 109, 153, 178, 183, 251
Willig, R.D. 20, 43, 103, 191, 234, 236, 241, 246, 247, 248, 249, 251
Winckelmann, J. 250
Winter, S.G. 109, 245

Yamawaki, H. 73, 95, 98, 246, 249, 251

Yamey, B.S. 171, 180, 251

Young, A.A. 12, 251

Stichwortverzeichnis

ABB 214
Addyston Pipe-Fall 120, 123, 187
Alcoa-Fall 146, 164
American Can Company 177
American Column and Lumber Company 129
American Tobacco Company 120, 158
Angebotselastizität 14, 143
Anreize zur Innovation 16, 109
Ansätze der Wettbewerbspolitik 36
Antitrust 40, 41, 211, 216
AT&T 158
Aufholfusion 149
Ausbeutungsmißbrauch 165, 166, 167, 168, 171, 196
Ausnahmebereiche vom Kartellverbot 120, 122
Ausschlußstrategie 164
Auswirkungsprinzip 214, 215, 216
Außenhandelspolitik 31, 32, 33

Bedarfsmarktkonzept 139
Begriff der Macht 11
Beihilfe 210, 213, 222, 223, 224, 225
Bertrand-Nash-Gleichgewicht 67, 68, 83, 84, 85
Bertrand-Wettbewerb 56, 131, 226, 227
BP/Gelsenberg 154
Brown Shoe Company 147
Bundeskartellamt 46, 127, 137, 138, 140, 150, 151, 155, 156, 158, 159, 160, 163, 167, 170, 175, 187, 231
Bundesminister für Wirtschaft 154, 155, 158, 231

Cassis de Dijon 207
Celler-Kefauver Antimerger Act 145
Chicago-School 38
Clayton Act 36, 40, 41, 42, 43, 46, 48, 145, 147, 153, 176, 205
Coca-Cola Enterprises/Amalgated Beverages GB 141
comfort letter 124, 170
Contestability-Doktrin 148, 151
contestable market 43
Cournot-Gleichgewicht 55, 57, 58, 59, 60, 62, 70, 71, 80, 81, 82, 86, 104, 127, 186

deep pockets 179
Deregulierung 36, 158, 189
Diamond International Corp. v. Waltershöfer 139
Diversifikation 43, 184
dominante Position 18, 150
dominantes Produktdesign 18
Dumping 178, 212, 213
Durchschnittskosten 7, 8, 9, 10, 11, 15, 16, 20, 21, 22, 30, 57, 58, 60, 71, 72, 75, 86, 87, 98, 100, 103, 108, 121, 177, 178, 179, 190, 191, 193, 209, 213, 226
Dynamik der Marktstruktur 99
Dynamik des Wettbewerbs 34, 56
dynamischer Wettbewerb 17, 35
Dyopol 58, 60, 65, 67, 80, 127, 148, 212

economies of scale 2, 153

efficiency defense 117, 153, 154, 155, 156
Eigentumsrecht VII, 189, 190, 197, 199, 200, 202, 205, 209, 210
Einfuhrkontingent 143
Einkaufskooperation 187
Einkommensverteilung 19, 109, 197, 199
Eintrittsbarriere 76, 77, 93, 163, 209, 217
Elastizität der konjekturalen Reaktion 89, 90
Entdeckungsverfahren 16, 34, 116, 121
Entwicklungszyklus eines Marktes 81
Erosion von Gewinnen 8
Erosionsprozeß 97
Europäische Gemeinschaft 27, 36, 47, 48, 49, 50, 52, 73, 119, 122, 123, 124, 126, 141, 145, 148, 155, 157, 158, 162, 170, 179, 189, 197, 210, 214, 216, 220, 224, 228, 231
Europäische Kommission 48, 50, 123, 124, 130, 131, 138, 140, 141, 149, 152, 157, 158, 160, 161, 162, 163, 170, 177, 213, 214, 223, 224, 225
Evolutionsprozeß 112, 135
Exportkartell 211, 212, 213, 216
Exportquote 95
Externalitäten 2, 110, 161, 201
externer Effekt 190, 192, 194, 195

Fair Trading Act 50
Finanzsystem 218, 219, 221
Fixkosten 9, 10, 11, 30, 31, 33. 57, 61, 68, 71, 72, 73, 74, 75, 76, 87, 90, 100, 116, 121, 126, 165, 173, 174, 178, 188, 190, 191, 192, 193, 205, 209, 226
foothold acquisition 150
FORD Genk 224
Foreclosure 164, 165
Forschung 51, 62, 66, 93, 108, 109, 112, , 124, 161, 162, 201, 202, 205,
Forschung und Entwicklung 62, 66, 93, 108, 124, 161, 162, 201, 202
Frankreich 36, 51, 52, 73, 95, 98, 156, 207, 217, 225
freier Marktzutritt 43, 85
FTC 139, 153, 205
funktionsfähiger Wettbewerb 34, 190
Fusion V, VII, 34, 40, 41, 42, 43, 48, 51, 53, 73, 74, 76, 92, 101, 117, 119, 120, 121, 126, 133, 134, 135, 136, 137, 139, 140, 142, 144, 145, 147, 150, 151, 152, 153, 154, 155, 156, 157, 158, 159, 161, 163, 171, 173, 180, 197, 199, 214, 215, 216, 219, 230, 231
Fusionskontrolle 40, 43, 45, 48, 50, 52, 133, 135, 137, 145, 147, 148, 151, 156, 157, 158, 159, 160, 179, 196

GATT 33, 73, 143, 211, 216
Gemeinschaftsunternehmen 159, 160, 209, 214
General Dynamics 153
Gerechtigkeit 2, 19, 20, 221, 227
gesellschaftliche Indifferenzkurve 101
Gesetz gegen unlauteren Wettbe-

werb 46, 180
Gesetz gegen Wettbewerbsbeschränkungen 36, 45, 46, 48, 122, 138, 151, 208
Gesetzgebung 36, 38, 41, 45, 52, 106, 197, 205
Gewerbefreiheit V, 30
Gewerkschaften 106, 228
Gewinn 7, 8, 10, 11, 16, 17, 18, 21, 57, 58, 61, 62, 63, 64, 65, 66, 68, 70, 74, 78, 80, 81, 82, 83, 84, 85, 86, 87, 90, 93, 96, 98, 100, 104, 105, 106, 114, 123, 132, 135, 144, 164, 168, 169, 173, 174, 183, 185, 186, 188, 189, 204, 212, 218, 230
Gewinnerosion 17
Gewinnmaximierung 12, 67, 74
Gewinnmaximum 10, 14, 58, 59, 60, 68, 79, 83, 84, 88, 91
Gibrats Gesetz 22, 23
Gleichgewicht 2, 11, 21, 55, 56, 57, 59, 67, 68, 70, 71, 72, 74, 75, 87, 98, 100, 102, 112, 115, 120, 173, 185
Globalisierung V, 73, 75, 157, 211, 214
Grenzerlös 10, 58, 115, 172, 185, 194
Grenzkosten 8, 9, 10, 11, 15, 16, 56, 57, 59, 60, 61, 62, 63, 65, 66, 68, 69, 70, 71, 74, 75, 78, 80, 83, 87, 90, 92, 98, 100, 101, 103, 104, 105, 107, 108, 115, 120, 121, 127, 141, 142, 164, 166, 168, 172, 173, 178, 183, 184, 185, 186, 188, 192, 212, 218, 226
Grenznutzen 113, 201
Grenznutzenelastizität 113

Grenzrate der Transformation 115
Größe des Marktes 71, 75, 78, 93
Größenverteilung 22, 23, 76, 133, 149
Größenvorteil 22, 72, 184
Großbritannien 52, 128, 155, 193, 214, 225
Großunternehmen V, 1, 23, 28, 38, 43, 45, 51, 72, 73, 92, 99, 107, 109, 117, 135, 136, 140, 145, 150, 157, 159, 163, 175, 179, 183, 187, 188, 217, 220, 221, 225
Gruppenfreistellung 123
GWB 45, 46, 122, 126, 128, 151, 154, 170, 187, 188, 208, 211

Handelshemmnisse 143, 207, 209, 211
Handelspolitik VII, 63, 64, 65, 211, 212, 223, 225
Hartford Empire Company 202
Hart-Scott-Rodino Pre Merger Notification Act 138
Herfindahl-Index 21, 22, 25, 26, 27, 89, 91, 92, 94, 95, 147, 148, 149
heterogener Markt 55
Holzmann/Hochtief 140
homogener Markt 55
horizontale Fusion 43, 133, 134, 135, 136, 138, 148, 157
horizontale Größe des Marktes 56, 71
horizontale Konzentration 20, 21, 22, 23, 72, 73, 86, 89, 91, 92, 96, 97, 98, 99, 101, 107, 109, 117, 136, 137, 138, 144, 150, 156, 157, 163, 165, 186, 189, 217, 219

Humankapital 8, 112, 228

Imitation 19, 97, 100
immediate entrant 140
Importquote 95
Industrieökonomik VII, 55, 117
Industriepolitik VI, 1, 2, 33, 34, 35, 51, 53, 126
industriepolitisch 2, 224
Industriezweig 32, 87, 93, 94, 97, 202
Informationsaustauschsysteme 128
Innovation 7, 8, 12, 17, 18, 19, 29, 35, 59, 61, 62, 70, 82, 109, 163, 201
International Harvester 166
internationale Wettbewerbsfähigkeit 35, 197
Interventionismus 2, 44, 116
Investition 11, 66, 109, 114, 123, 136, 183, 188, 191, 208, 210, 218, 228
Italien 73, 95, 181, 225

Kampfpreise 177
Kapitalakkumulation 112, 113, 194
Kapitalmarkt 16, 183, 184, 218, 220
Kartell V, VI, VII, 6, 12, 28, 29, 30, 31, 32, 33, 34, 37, 38, 40, 41, 44, 45, 46, 49, 50, 51, 53, 56, 73, 78, 79, 80, 82, 84, 85, 101, 119, 120, 122, 123, 125, 126, 129, 136, 137, 144, 157, 165, 166, 171, 174, 180, 181, 182, 197, 208, 214, 215, 216, 228
Kartelldisziplin 30, 37, 38, 44, 171
KartellG 45, 46, 122, 126, 128, 145, 149, 154, 158, 163, 165, 167, 170, 175, 179, 187, 188, 202, 206, 208, 210, 211, 214, 226, 229, 231
Kartellgesetz 45, 50, 122, 166, 205, 208, 214
Kartellverbot 29, 47, 101, 120, 122, 123, 124, 126, 163, 187, 189, 196, 208, 211, 229
Kinder der Not 29, 30, 31
Kinney Shoe Company 147
Kollusion 76, 80, 81, 82, 84, 85, 87, 88, 89, 91, 96, 99, 100, 116, 119, 126, 127, 128, 132, 141, 159, 186, 199, 226, 227, 229
kollusives Verhalten 12, 82, 125, 149, 213, 220
kompensierende Einkommensvariation 103
kompensierte Nachfragekurve 103
Konglomerat 135, 150
konglomerate Fusion 43, 133, 135, 136, 150, 156
Konjunkturaufschwung 95, 122
Konstruktivismus und Evolution 34
Konsum pro Kopf 113, 194
Konsumentenrente 101, 103, 104, 185, 193
Konsumentenschutz 190, 205
Konzentrationsgrad 20, 87, 91, 92, 93, 94, 95, 99, 100, 147, 149, 219
Kooperation 161, 162, 229
Koppelungsgeschäfte 176
Kosteneinsparungen 74, 101, 108, 117, 144, 153, 156
Kostenfunktion 9, 10, 57, 59, 70, 191
Kreuzpreiselastizität 66, 67, 90, 142

Kursentwicklung am Aktienmarkt 144

Linseed Oil Company 129

Marktanteil 12, 18, 22, 23, 25, 26, 27, 42, 43, 60, 61, 62, 63, 71, 88, 89, 90, 91, 92, 96, 97, 98, 99, 120, 123, 127, 132, 133, 144, 146, 147, 148, 149, 152, 158, 163, 164, 177, 181, 182, 208, 212, 218, 225
Marktanteilsverteilung 26, 143
Marktaustritte 18
marktbeherrschende Stellung 136, 145, 146, 150, 163, 165, 178
Marktbeherrschung 147, 148, 151, 152, 154, 166, 179, 213
Markteintritte 18
Markteintrittsbarrieren 97
Marktergebnis 35, 53, 115, 148, 154, 229
Marktführer V, 18, 42, 149, 150
Marktgröße 73
Marktmacht 2, 7, 11, 12, 13, 18, 20, 22, 28, 42, 44, 53, 72, 88, 89, 92, 96, 99, 100, 101, 105, 106, 108, 109, 117, 119, 120, 135, 136, 137, 141, 142, 144, 145, 153, 163, 165, 166, 168, 171, 176, 179, 180, 181, 182, 185, 196, 199, 204, 212, 219, 221, 228
Marktstruktur VII, 22, 33, 34, 35, 55, 87, 90, 96, 98, 99, 109, 116, 159, 176
Markttransparenz 125, 130, 132
Marktverkettung 150
Marktwirtschaft 1, 4, 5, 44, 49, 52, 135, 166, 190, 191, 221,

222, 227, 230
Marktzutritt 17, 26, 28, 70, 71, 73, 74, 75, 76, 96, 97, 100, 126, 151, 182, 193, 205, 206, 209
McGuire-Act 175
Merger Guidelines 141, 147, 151, 153
Microsoft 176
Miller-Tydings Act 175
Mindestpreis 228
Ministerrat 123, 124, 223
Mißbrauch von Marktmacht 42, 165, 189
Mißbrauchsaufsicht 45, 119, 122, 166, 167, 175, 195, 196
Mobilität der Marktanteile 99
Monopol 6, 7, 9, 10, 11, 12, 17, 19, 40, 42, 62, 71, 89, 103, 107, 108, 110, 115, 146, 173, 181, 185, 191, 192, 196, 202, 228
Monopolgewinn 19, 71, 102, 104, 106, 173, 188, 192
Monopolisierung 42, 46, 120, 145, 178, 180
monopolistischen Konkurrenz 55
monopolistische Preisdifferenzierung 168
Monopolkommission 26, 71, 134, 152, 156, 159, 160, 167, 176, 221
Monopolmacht 6, 10, 11, 12, 13, 19, 20, 4089, 101, 104, 105, 106, 107, 108, 109, 110, 111, 112, 114, 115, 116, 117, 179, 181, 185, 190, 191, 195, 196, 197, 199, 207, 209
Monopolmaß 14
Monopson 13, 14
Montanunion 47, 126, 133
Montanunionsvertrag 36, 47, 132

Mosteller-Modell 25, 26, 27, 76, 77
Munn v. Illinois 189, 209

Nachfragemacht 14, 184, 186, 188
natürliches Monopol 116, 166, 190, 191, 193, 196
Nestlé/Perrier 149, 158
Netzwerkeffekt 208
Neue Maxhütte Stahlwerke GmbH 223

öffentlicher Auftrag 225, 226
ökonomische Wohlfahrt 34, 35, 165, 197
Oligopol 55, 57, 61, 74, 78, 87, 104, 127, 160, 174
Opportunitätskosten 106, 218, 219

Parallelverhalten 89, 128
Patent 161, 200, 201, 202, 203, 209
per se 41, 45, 119, 120, 125, 144, 176, 197, 230
Persistenz von Gewinnen 17
potentielle Konkurrenz 18, 21, 148, 151, 152, 216
potentieller Wettbewerb 20, 21, 148, 152, 158
predatory pricing 178, 181
Preis-Absatz-Funktion 57, 67
Preisbindung 171, 173, 174, 175, 229
Preisdiskriminierung 187
Preiselastizität 10, 14, 88, 89, 90, 91, 92, 104, 105, 108, 115, 142, 168, 169, 193
Preiskontrolle 166, 192, 193, 194
Preis-Kosten-Marge 10, 32, 87, 88, 89, 90, 91, 92, 93, 94, 95, 98,
99, 100, 107, 116, 141, 142, 147, 151, 200, 201, 202, 203, 209
Preismeldestelle 128
Preiswettbewerb 12, 62, 127, 133, 187, 226
Privateigentum 1, 199, 210
Privatisierung 189, 191, 195
Procter & Gamble/Clorox 150
Produktdifferenzierung 67, 83, 90
Produktionskapazität 56, 57, 66, 67, 125, 140, 209, 224
Produktionsmenge 9, 56, 57, 58, 59, 78, 80, 88, 173, 186
Produktionsmöglichkeitskurve 101
Produktivitätsgewinn 120
Profit 97, 98
Profitabilität 86, 87, 96, 97, 98, 99, 100, 101, 132, 136, 145, 147, 156, 203, 219
property rights 174

Qualität 99, 132, 135, 144, 170, 177, 191, 192, 204, 207
Quasirente 16

Rahmenbedingung 12, 112, 116, 199
Ramsey-Regel 193
Rationalisierungskartell 122, 163, 208
Reaktionskurve 58, 59, 60, 68, 69, 84
Rechtsordnung 1, 3, 4, 215
Regionalpolitik 206
Regulierung 2, 3, 53, 189, 191, 194, 195, 196, 209, 219
Rente 16, 106
Rentensuche 105, 106, 107
Restrictive Trade Practices Act

129, 137
Reynolds Metals Co. v. FTC 139
Rezession 28, 32, 120, 121, 125, 136, 190
Rivalität 7, 12, 79
ruinöse Konkurrenz 30, 51, 190, 191
rule of reason 42, 101, 119, 120, 122, 135, 136, 153, 162, 176, 189, 211, 215

schöpferische Zerstörung 4, 8, 29, 35, 199, 200, 227, 229
Selex-Tania 187
Shareholder Value 12, 230
Sherman Act 36, 38, 39, 40, 41, 46, 48, 120, 122, 136, 145, 146, 153, 165, 176, 187, 205, 207, 209, 215
Skalenerträge 15, 16, 22, 72, 190
Socony Vacuum-Fall 120, 122, 125, 166
Sozialpolitik 1, 227
sozialpolitisch 224
Spezialisierungskartelle 122
Spieltheorie 3, 55, 80
spontane Ordnung 4
Staatsaufgaben VII, 196, 221
stabiles Geld 1
Stabilität der Kollusion 79
Stackelberg-Fall 65, 66, 148
Standard Oil Company 6, 42, 120, 158, 179, 180, 181
statischer Wohlfahrtsverlust 108, 109, 110, 112, 114
Steuern 114, 196, 222
strategische Handelspolitik 64
Strukturkrisenkartelle 123, 125
Substitutionsgüter 10, 140, 142
Subvention 1, 35, 63, 64, 48, 77, 126, 136, 202, 206, 212, 213, 220, 222, 223, 225
Supreme Court 41, 42, 43, 122, 125, 127, 129, 139, 146, 147, 150, 153, 166, 174, 178, 183, 186, 189, 202, 207, 209, 215

technischer Fortschritt 8, 9, 50, 92, 109, 112, 113, 114, 156, 160, 161, 222
Teerfarben-Fall 127
Telefunken 175
Terminal Railroad Association of St. Louis 209
The Sugar Institute 129
Theorie des Zweitbesten 115, 116
thrust upon-doctrine 146
tiefen Taschen 183
Transportkosten 63, 66, 133, 143
Trenton Potteries-Fall 120, 122

Unteilbarkeiten 15, 72, 100, 116, 133, 136, 156, 165, 182, 189, 190, 192
Unternehmenszusammenschluß 38, 47, 101, 144, 160
US Steel 42, 158, 164
US v. E.I. du Pont de Nemours & Co. 139
US v. United Shoe Machinery Corp. 146
USA V, VI, VII, 4, 6, 21, 27, 29, 30, 36, 37, 38, 41, 43, 45, 46, 48, 51, 52, 53, 55, 72, 73, 87, 92, 93, 98, 99, 105, 106, 117, 119, 120, 122, 123, 128, 133, 134, 135, 136, 138, 139, 145, 147, 148, 150, 156, 157, 162, 165, 166, 167, 174, 176, 177, 178, 183, 186, 188, 189, 191,

194, 195, 198, 200, 202, 205, 206, 208, 209, 211, 215, 216, 217, 218, 228, 230, 231

variable Durchschnittskosten 121
Varianz der Marktanteile 22, 76, 77
VEBA/Gelsenberg 154
Verbraucherschutz 205, 206, 207
Vereinigtes Königreich 49
Vergrößerung des Marktes 73, 74, 75, 76, 151
Verhaltenskontrolle 53, 119, 189
Vermutungskriterien 46, 144, 148, 151
Verschwörung 126, 145
versunkene Kosten 66, 125, 205, 226
Verteilung der Marktanteile 24, 25, 27
vertikale Fusion 150, 163, 168
vertikale Größe des Marktes 56
vertikale Vertriebsbindung 168, 169, 171
Vertragsfreiheit 1, 28
Vollfunktions-Gemeinschaftsunternehmen 161
vollständige Konkurrenz VI, 7, 8, 11, 12, 13, 22, 33, 53, 55, 59, 66, 87, 103, 104, 108, 142, 148, 166, 173, 185, 212

Wachstumsrate des Sozialprodukts 109, 112, 117, 194
Wahrscheinlichkeit einer Kollusion 81, 89
Warenzeichen 203, 204
Weißbuch zur Wettbewerbspolitik 124
weites Oligopol 33

Weltwirtschaftskrise 43, 49, 125
Werbung 85, 93, 124, 142, 170, 171, 174, 177, 203, 204, 205, 207
Werturteil 107, 110
Wettbewerb als Entdeckungsverfahren 16
Wettbewerb als Institution 5, 6, 41, 43
Wettbewerbsbehörde 48, 124, 126, 137, 138, 150, 153, 157, 163, 170, 195, 196, 197, 199
Wettbewerbsbeschränkung V, VII, 2, 3, 6, 19, 20, 23, 24, 25, 30, 33, 34, 38, 39, 40, 42, 44, 45, 46, 48, 50, 52, 53, 76, 78, 115, 116, 117119, 124, 128, 130, 132, 135, 137, 148, 150, 154, 155, 159, 160, 162, 163, 167, 169, 170, 187, 193, 194, 197, 200, 206, 208, 209, 211, 212, 213, 214, 215, 216, 219, 231
Wettbewerbsfreiheit 51, 199
Wettbewerbsgleichgewicht 11, 30, 87, 101, 120
Wettbewerbsordnung 1, 2, 3, 49, 50, 51, 197, 199, 228
Wettbewerbspolitik V, VI, VII, 1, 2, 3, 5, 6, 12, 19, 20, 28, 32, 33, 34, 36, 38, 39, 40, 41, 43, 44, 45, 46, 47, 48, 49, 50, 51, 52, 53, 55, 100, 107, 115, 116, 117, 119, 122, 126, 128, 132, 137, 142, 144, 155, 157, 162, 164, 168, 196, 197, 199, 211, 213, 214, 215, 216, 221, 224, 227, 228, 229, 230
Wettbewerbsverzerrung 35, 206
wirksamer Wettbewerb 155, 166, 167

wirtschaftliche Macht 5, 11
Wohlfahrt VII, 49, 101, 110, 116, 194
Wohlfahrtsmaximierung 3, 39
Wohlfahrtsoptimum 2, 20, 112
Wohlfahrtsverlust 101, 102, 104, 105, 106, 107, 108, 109, 110, 111, 112, 114, 168, 169, 185, 193, 196, 197
wohlwollender Diktator 71
World Trade Organisation V, 33, 73, 143, 211, 214, 216

X-Ineffizienz 106, 109, 191, 195

Zahl der Anbieter 13, 22, 24, 55, 56, 59, 71, 74, 75, 76, 77, 78, 82, 86, 141, 186
Zeitpräferenzrate 113, 194, 228
Zölle 143, 211, 212
Zucker-Fall 127
Zufall 20, 24, 76, 100, 195
Zufallsmodell 25
zunehmender Skalenertrag 16, 20, 72, 120, 135

DIE WIRTSCHAFTSWISSENSCHAFTEN

Wolfgang Breuer
Finanzierungstheorie
Eine systematische Einführung
1998, XIV,
250 Seiten, Broschur, DM 68,–
ISBN 3-409-12942-1

Marion Steven
Produktionstheorie
1998, XIV,
314 Seiten, Broschur, DM 68,–
ISBN 3-409-12930-8

Die Bestimmung der optimalen Finanzierungsweise von Unternehmen zählt zu den Kernproblemen der Betriebswirtschaftslehre. Dieses Lehrbuch wählt einen konsequent an den denkbaren Funktionen unternehmerischer Finanzierungsmaßnahmen ausgerichteten Ansatz und bietet somit einen didaktisch nützlichen und systematischen Überblick. Die einzelnen Kapitel umfassen:

- Grundlagen,
- Die Transformationsfunktion der Unternehmensfinanzierung und das Modigliani/Miller-Theorem,
- Steuern und Insolvenzkosten als Determinanten unternehmerischer Finanzierungsentscheidungen,
- Informationsübermittlung und Verhaltensbeeinflussung durch Unternehmensfinanzierung,
- Neuere Ansätze der Finanzierungstheorie.

Dieses Lehrbuch ist eine gut verständliche Einführung in die Produktionstheorie und bietet einen vollständigen Überblick über dieses betriebswirtschaftliche Grundlagenfach. Dabei werden insbesondere die Einbeziehung des Zeitablaufs der Produktion, Umweltaspekte und die Dienstleistungsproduktion sowie die Produktionsplanung berücksichtigt. Die Kapitel umfassen:

- Grundbegriffe,
- Ertragsgesetzliche Produktionsfunktionen,
- Gutenberg-Produktionsfunktion, Heinen-Produktionsfunktion, Input/Output-Analyse,
- Dynamische Produktionsfunktionen,
- Strukturalistische Produktionstheorie, unscharfe Produktionsfunktionen, Dienstleistungsproduktion.

Betriebswirtschaftlicher Verlag Dr. Th. Gabler GmbH, Abraham-Lincoln-Str. 46, 65189 Wiesbaden

DIE WIRTSCHAFTSWISSENSCHAFTEN

Horst Albach
Allgemeine Betriebswirtschaftslehre
Einführung
1999, XVI, 494 Seiten,
Broschur, DM 78,–
ISBN 3-409-12935-9

Diese Einführung in die Betriebswirtschaftslehre ist das Ergebnis langjähriger Lehr- und Forschungstätigkeit. Ausgehend von einem produktivitätsorientierten Ansatz und unter Einbeziehung vertragstheoretischer Gedanken werden in 11 Kapiteln die Grundlagen der Betriebswirtschaftslehre dargestellt – ausgerichtet an den Lehrveranstaltungen eines Semesters, dabei anschaulich, praxisnah und auf dem neuesten wissenschaftlichen Stand.

Aus dem Inhalt
- Gewinn- und Verlustrechnung, Bilanz
- Gütermärkte
- Faktormärkte
- Arbeit, Personal und Leitungsstruktur
- Produktionsfunktion
- Finanzierung, Investition und Steuern

Reinhard Haupt
Industriebetriebslehre
Management im Lebenszyklus
industrieller Geschäftsfelder
1999, VIII, 238 Seiten,
Broschur, DM 78,–
ISBN 3-409-12943-X

Im Zeitalter der Dienstleistungsgesellschaft kommt der Industriebetriebslehre eine ganz neue Bedeutung zu. Technische Neuerungen und globale Veränderungsprozesse stellen Unternehmen vor besondere Herausforderungen. Das Industrieunternehmen im Wandel steht daher im Mittelpunkt dieses Lehrbuchs, das umfassend auf das Management im Lebenszyklus industrieller Geschäftsfelder eingeht. Systematisch und mit vertiefenden Aufgabenstellungen werden folgende Schwerpunkte behandelt:

- Der Industriebetrieb in der wirtschaftlichen Entwicklung
- Der Industriebetrieb in der Einführungsphase
- Der Industriebetrieb in der Wachstumsphase
- Der Industriebetrieb in der Sättigungsphase

Betriebswirtschaftlicher Verlag Dr. Th. Gabler GmbH, Abraham-Lincoln-Str. 46, 65189 Wiesbaden

Surfer-Glück ...

Das Internet-Angebot der Verlage **Gabler, Vieweg, Westdeutscher Verlag, Deutsches Finanzdienstleistungs-Informationszentrum** sowie des **Deutschen Universitätsverlages** bietet frei zugängliche Informationen über Bücher, Zeitschriften, Neue Medien und Fernkurse der Verlage. Die Produkte sind über einen Online-Bookshop recherchier- und bestellbar.

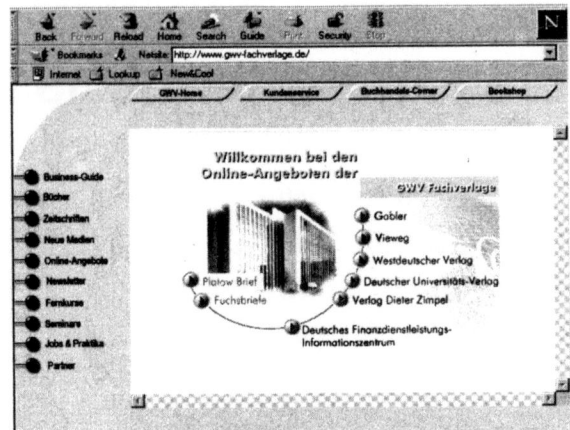

Für ausgewählte Produkte werden Demoversionen zum Download, Leseproben, weitere Informationsquellen im Internet und Rezensionen bereitgestellt. So ist zum Beispiel eine Online-Variante des Gabler Wirtschafts-Lexikon mit über 500 Stichworten voll recherchierbar auf der Homepage integriert.

Über die Homepage findet der Nutzer auch den Einstieg in die kostenpflichtigen Online-Angebote, insbesondere zu den Online-Ausgaben der zu den Verlagen gehörenden Wirtschaftsinformationsdienste Platowbriefe, Fuchsbriefe und DFI gerlach-report.

Selbstverständlich bietet die Homepage dem Nutzer auch die Möglichkeit mit den Mitarbeitern in den Verlagen via E-Mail und/oder per Online-Leserbrief zu kommunizieren. In unterschiedlichen Foren ist darüber hinaus die Möglichkeit gegeben, sich mit einer „community of interest" online auszutauschen.

... wir freuen uns auf Ihren Besuch!

www.gabler.de
www.vieweg.de
www.westdeutschervlg.de
www.duv.de
www.dfi-report.de

Abraham-Lincoln-Str. 46
65189 Wiesbaden
Fax: 06 11.78 78-400

MIX
Papier aus verantwortungsvollen Quellen
Paper from responsible sources
FSC® C105338

If you have any concerns about our products,
you can contact us on
ProductSafety@springernature.com

In case Publisher is established outside the EU,
the EU authorized representative is:
Springer Nature Customer Service Center GmbH
Europaplatz 3, 69115 Heidelberg, Germany

Printed by Libri Plureos GmbH
in Hamburg, Germany